[意] 魏正中 编　方笑天　王倩 译

北京大学中国考古学教材书系

西出葱岭

亚洲考古八讲

Over the Karakorum, Past the Pamir

Eight Lectures on Asian Archaeology

北京大学出版社
PEKING UNIVERSITY PRESS

图书在版编目（CIP）数据

西出葱岭：亚洲考古八讲 /（意）魏正中编；方笑天，王倩译. -- 北京：北京大学出版社，2025.5.
ISBN 978-7-301-36180-1

I. K883

中国国家版本馆CIP数据核字第202567HL64号

书　　名	西出葱岭：亚洲考古八讲 XI CHU CONGLING: YAZHOU KAOGU BA JIANG
著作责任者	[意]魏正中 编　方笑天　王　倩 译
责任编辑	张　晗
标准书号	ISBN 978-7-301-36180-1
出版发行	北京大学出版社
地　　址	北京市海淀区成府路205号　100871
网　　址	http://www.pup.cn　新浪微博 @ 北京大学出版社
电子邮箱	编辑部 wsz@pup.cn　总编室 zpup@pup.cn
电　　话	邮购部 010-62752015　发行部 010-62750672 编辑部 010-62750577
印　刷　者	天津裕同印刷有限公司
经　销　者	新华书店
	650毫米×980毫米　A5　16印张　386千字 2025年5月第1版　2025年5月第1次印刷
定　　价	118.00元

未经许可，不得以任何方式复制或抄袭本书之部分或全部内容。
版权所有，侵权必究
举报电话：010-62752024　电子邮箱：fd@pup.cn
图书如有印装质量问题，请与出版部联系，电话：010-62756370

目 录
CONTENTS

编者序 i
本书主要涉及的地理区域 v
年　表 vii
凡　例 ix

第一讲　公元前 4 世纪至公元 3 世纪欧亚大陆的历史背景 001
第二讲　印度-巴基斯坦次大陆社会演进的考古学证据：
　　　　从城镇的出现到消亡 052
第三讲　印度佛教考古概况 134
第四讲　巴基斯坦和犍陀罗地区的考古现状概述 179
第五讲　前伊斯兰时代的阿富汗考古：挑战、成就与展望 226
第六讲　南高加索考古：从史前到帝国时期 284
第七讲　东西之间：从阿契美尼德时代到萨珊王朝的伊朗考古 ... 350
第八讲　中亚考古概况 413

译名对照表 460
作者简介 479

详　目

编者序 i
本书主要涉及的地理区域 v
年　表 vii
凡　例 ix

第一讲　公元前 4 世纪至公元 3 世纪欧亚大陆的历史背景
.... 托马索·格诺里（Tommaso Gnoli）001

在游牧和定居者之间的欧亚大陆 001
专栏 1-1　戈尔甘长城：欧亚大陆的"西部"长城 004
亚历山大大帝 005
继业者和塞琉古帝国 006
帕提亚人 018
帕提亚人与东方 024
美索不达米亚的帕提亚人 028
查拉塞尼王国 029
乌斯儒涅 034
哈特拉 037
帕尔米拉 039
帕提亚衰落与萨珊崛起 041
参考文献 046

第二讲　印度-巴基斯坦次大陆社会演进的考古学证据：
　　从城镇的出现到消亡 ...... 马西莫·维达莱（Massimo Vidale）052

导　论 052
　　地理和资源：五条河流与两个雨季 055
　　农业和畜牧业 057
　　矿物、岩石和其他有价值的原材料 059
目前公认的文化序列和年表 060
铜石并用时代的发展 064
　　城市形态 069
　　精英和纪念碑 075
　　工艺技术和贸易 083

专栏 2-1：印度炻器手镯之秘 086
　　世界性联系 088
　　独角兽、官僚制和独特的早期国家类型 094
　　思想和（或）宗教表达 098

专栏 2-2："祭司王"传说 099
　　书　写 101
　　印度语言学背景的危险理论 104
　　丧葬习俗 106

崩溃和文化转型 108
　　文化余波 111
　　索诺里和戴马巴德的战车 114
　　灰陶与铁器 117
　　小　结 118

参考文献 120

第三讲　印度佛教考古概况 ············ 皮艾·布兰卡乔（Pia Brancaccio）134

　　早期佛教考古 ·· 134
　　北印度地区的佛教考古 ·· 146
　　德干地区的佛教考古 ··· 150
　　专栏 3-1：西德干地区的佛教寺院和"棉花之路" ·················· 154
　　印度佛教考古面临的问题与挑战 ··· 166
　　专栏 3-2：康纳冈那哈里遗址 ··· 167
　　参考文献 ··· 171

第四讲　巴基斯坦和犍陀罗地区的考古现状概述

　　·· 卢卡·奥里威利（Luca Olivieri）179

　　导　论 ··· 179
　　文化地理与气候 ·· 182
　　专栏 4-1：间隔期与气候危机：一个假说 ····························· 186
　　史前和原史时代 ·· 194
　　　　水稻的传入和"北方新石器时代" ·································· 194
　　　　印度河或哈拉帕文明的成熟阶段 ···································· 195
　　　　原史时期的墓地 ··· 195
　　　　聚落以及铁器的早期使用 ··· 196
　　　　埋葬习俗的变化 ··· 198
　　历史时期的不同阶段 ··· 198
　　　　术语 ··· 198
　　　　城市化的新阶段 ··· 199
　　专栏 4-2：巴里果德考古项目 ··· 206
　　　　佛教根基与犍陀罗艺术 ·· 210
　　　　非佛教传统和岩刻艺术 ·· 214

贵霜权力体系下的犍陀罗……215
　　　城市系统的崩溃……218
　　　古代晚期佛教的衰落与婆罗门教的复兴……218
未来展望……221
参考文献……222

第五讲　前伊斯兰时代的阿富汗考古：挑战、成就与展望
………………………………安娜·菲利真齐（Anna Filigenzi）226

导　论……226
全球化视野下的文化：阿富汗文化遗产的地位……228
阿富汗考古研究简史……230
当下阿富汗考古面临的挑战……232
　　　客观困难：考古遗存的脆弱性……236
　　　迫切的修复需求：需要重新制定的优先事项？……237
西方意识形态下的阿富汗文化遗产……239
　　　"希腊化的东方"：文化模式的传播与接受……239
　　　希腊化模式的新理解……240
　　　看似不可调和的两个世界……244
　　　非佛教语境中的希腊化模式……247
　　　考古、艺术与现实……250
　　　被忽视的文化财富……251
专栏 5-1：失而复得：提利亚特佩的宝藏……258
意大利在阿富汗的考古任务：历史、活动和选择……260
　　　塔帕萨达尔的考古调查及其对学术界的影响……261
专栏 5-2：图像复原的方法与目标：以塔帕萨达尔佛寺的
　　　难近母像（杜尔迦）为例……268

5

结语：学术研究的职责和前景..........274
参考文献..........274

第六讲　南高加索考古：从史前到帝国时期

..........罗伯托·丹（Roberto Dan）284

导　论..........284
地理环境..........285
史前时期（青铜时代早期—铁器时代早期）..........287
  青铜时代早期（公元前3600/前3500—前2600/
  前2500年）..........288
  青铜时代中期（公元前2500/前2400—前1500/
  前1400年）..........292
  青铜时代晚期或铁器时代早期（公元前1500/
  前1400—前900年）..........296
专栏6-1：南高加索的军事化进程..........298
铁器时代中期或乌拉尔图王国时期（公元前900—
  前600年）..........303
专栏6-2：亚美尼亚-意大利考古学研究：科泰克调查
  项目与瓦约茨佐尔项目..........312
专栏6-3：格鲁吉亚-意大利考古学研究：萨姆茨赫-
  扎瓦赫季项目..........317
铁器时代晚期或"米底"和阿契美尼德时期
  （公元前600—前400年）..........322
地方文化传统的继续及隐形的帝国考古学
  （公元前4世纪—公元7世纪）..........331
参考文献..........334

第七讲　东西之间：从阿契美尼德时代到萨珊王朝的伊朗考古
.... 皮耶尔弗朗切斯科·卡列宁（Pierfrancesco Callieri）350

导　论..350
　　"伊朗"..350
　　伊朗地理..351
　　历史地理学概念..353
　　宗教史诸方面..356
考古研究史..358
伊朗考古的问题与方法..375
　　古代伊朗的宗教建筑..376
专栏7-1：萨珊王朝的源头：菲鲁扎巴德及其遗迹..................382
法尔斯伊朗-意大利联合考古队的成果..............................388
专栏7-2：波斯波利斯地区的早期阿契美尼德乐土
　　——托尔·阿佐里门..396
参考文献..404

第八讲　中亚考古概况..................罗慕齐（Giro Lo Muzio）413

概念界定..413
　　当前的地缘政治和语言格局..................................414
　　历史地理和古代语言格局....................................415
　　伊朗和图兰、"突厥人之地"、河中地区....................416
　　中亚考古的特点..417
　　中亚考古的主要参与者......................................418
　　苏联考古..418
　　苏联解体之后..419
青铜时代中晚期：巴克特里亚-马尔吉亚那考古学文化............420

7

中亚的希腊遗产 425
　　考古证据 426
　　中亚游牧考古 431
专栏 8-1：纳骨瓮 435
　　佛教的传播 437
专栏 8-2：贵霜人 444
　　粟特壁画 447
简要的几点结论 453
参考文献 454

译名对照表 460
作者简介 479

插图目录

图 1-1　特里帕拉迪苏斯分封协议后的亚洲 008
图 1-2　塞琉古王朝及邻近政权 009
图 1-3　帕提亚帝国 019
图 1-4　查拉塞尼 030
图 1-5　哈特拉 037
图 1-6　帕尔米拉的剧院 039
图 1-7　罗马东部 042
图 1-8　纳什·洛斯塔姆遗址 045
图 2-1　印度河谷地（主要在今天巴基斯坦疆域内）以及印度西北部地图，标记了文中提到的大多数整合时期的史前遗址位置 053
图 2-2　梅赫尔格尔的最早聚落 062
图 2-3　梅赫尔格尔Ⅰ期的新石器时代四室房屋复原图 063
图 2-4　梅赫尔格尔Ⅰ期新石器时代墓地及附近的砖坯平台，与房屋居址混杂在一起 063
图 2-5　哈拉帕遗址拉维阶段（公元前 3300—前 2800 年）各地层出土的彩绘和素面陶器 067
图 2-6　上图：大印度河流域地图
　　　　下图：不同地区陶器上的类似图像 068
图 2-7　摩亨佐达罗与哈拉帕遗址的相似布局 070
图 2-8　哈拉帕独立有墙大院的逐步聚集 072
图 2-9　不同情境下的印章 077

图 2-10	摩亨佐达罗"城堡土丘"上建造的"大浴场"复原图 079
图 2-11	惠勒在摩亨佐达罗"城堡"上发掘的所谓"粮仓"的艺术家复原图及平面图 080
图 2-12	摩亨佐达罗三角形的 HR 岛上的"小浴场" 082
图 2-13	根据摩亨佐达罗的手工业作坊复原的印度炻器手镯烧制技术 085
图 2b-1-1	哈拉帕遗址出土的炻器手镯 087
图 2-14	公元前 3 千纪不同遗址及环境所出的不同类型的"蚀刻红玉髓珠" 091
图 2-15	印度河流域印章上的图案 095
图 2-16	印度河流域的行政体系 097
图 2b-2-1	摩亨佐达罗 DK-G 区域出土的"祭司王"陶像及其可能的复原图 100
图 2-17	印度文字系统中可能可整理的符号列表之一 103
图 2-18	哈拉帕（H-37）整合化时代墓地的两座葬仪相同的墓葬 107
图 2-19	巴基斯坦俾路支斯坦省皮腊克遗址出土的陶器 112
图 2-20	恒河-亚穆纳河冲积平原铜器群中的重要铜器类型 113
图 2-21	印度北方邦的索诺里遗址 115
图 3-1	安得拉邦阿玛拉瓦蒂窣堵波遗址 135
图 3-2	阿玛拉瓦蒂窣堵波上的浮雕石板 135
图 3-3	阿玛拉瓦蒂窣堵波栏楯石柱残件 136
图 3-4	坎宁安在菩提伽耶发掘的摩诃菩提寺遗址中的金刚座 139
图 3-5	毗邻桑奇 1 号窣堵波的 17 号、18 号礼拜堂 141
图 3-6	桑奇 1 号窣堵波 141
图 3-7	巴尔胡特窣堵波塔门及栏楯 144
图 3-8	德维尼莫里遗址大窣堵波出土的刻铭文舍利盒 146
图 3-9、图 3-10	德维尼莫里遗址出土的窣堵波上的陶土装饰构件 147
图 3-11	那烂陀佛寺主殿及周围建筑 148
图 3-12	那烂陀佛寺出土青铜塔拉像 149

图 3-13	久纳尔图尔贾勒纳第 3 窟	152
图 3-14	阿旃陀石窟远景	153
图 3b-1-1	奥兰加巴德第 7 窟门廊，救苦救难的观世音菩萨	156
图 3-15	阿旃陀第 17 窟内景	158
图 3-16	阿旃陀第 26 窟内 5 世纪晚期半圆形支提殿	159
图 3-17	阿旃陀第 17 窟右壁师（狮）子商主本生壁画	160
图 3-18	奥兰加巴德第 3 窟跪姿供养人像	162
图 3-19	纳加尔朱纳康达佛寺，复原的柱廊	165
图 3-20	纳加尔朱纳康达 3 号遗址	165
图 3b-2-1	康纳冈那哈里窣堵波遗址	168
图 4-1	班波尔遗址，巴基斯坦信德省	180
图 4-2	阿克拉遗址，巴基斯坦班努市	180
图 4-3	印度河上游地区所见佛教图像岩画（某些图像上被增添了晚期部落的象征），公元 5—8 世纪	181
图 4-4	犍陀罗地区主要佛寺遗址分布图	183
图 4-5	阿育王石刻法敕残块	185
图 4-6	斯瓦特出土带圆孔的矩形石镰，约公元前 2000 年	195
图 4-7	斯瓦特乌德格兰墓地的单人葬，公元前 1200—前 800 年	197
图 4-8	塔克西拉 II 平面图	201
图 4-9	塔克西拉珍迪尔佛寺遗址的爱奥尼亚式柱础	202
图 4-10	白沙瓦平面呈十字形的窣堵波	203
图 4-11	斯瓦特巴里果德发掘区	204
图 4-12	斯瓦特巴里果德遗址出土郁金香钵	205
图 4b-2-1	巴里果德考古遗址	207
图 4b-2-2	巴里果德卫城：伽色尼时期的建筑遗存（宏观阶段 9）	209
图 4-13	塔克西拉达摩拉吉卡窣堵波	211
图 4-14	斯瓦特布特卡拉 I 号窣堵波	211
图 4-15	斯瓦特塞杜沙里夫 I 号大窣堵波复原图	212

3

图 4-16　斯瓦特阿穆鲁克达拉窣堵波..................213
图 4-17　斯瓦特贡巴特佛殿..................213
图 4-18　斯瓦特古代晚期彩绘岩画局部..................215
图 4-19　斯瓦特巴里果德 K 神庙遗址出土的印度化陶器，公元 3 世纪....216
图 4-20　贵霜王室标记..................217
图 4-21　斯瓦特古代晚期摩崖浮雕像，公元 8 世纪..................220
图 4-22　斯瓦特巴里果德遗址出土的夏拉达文石刻，公元 11 世纪早期.....220
图 5-1　阿富汗地区考古遗址分布图，截至 2018 年之前的所有遗址....227
图 5-2　哈达窣堵波和洞窟线图..................231
图 5-3　巴米扬 38 米高大立佛像，照片拍摄于 1977 年..................233
图 5-4　卡瓦地区出土彩绘泥塑像..................234
图 5-5　被炸毁的加兹尼伊斯兰艺术博物馆..................235
图 5-6　被修复的舍瓦基窣堵波..................238
图 5-7　布特卡拉 I 号遗址出土的犍陀罗片岩浮雕板，上刻佛传故事....241
图 5-8　塔帕绍托尔（哈达）V2 龛内的金刚手-赫拉克勒斯像..................242
图 5-9　塔帕绍托尔（哈达）V3 龛内的金刚手-亚历山大大帝像..................242
图 5-10　微型象牙质剑鞘残块，雕刻亚历山大大帝戴狮子头饰的理想化形象，出自塔赫特-伊·桑金乌浒水神庙，公元前 3 世纪.....243
图 5-11　布特卡拉 I 号遗址出土的浮雕门框残块，下刻佛像，上刻情侣像..................245
图 5-12　桑奇 2 号窣堵波栏楯雕刻线图，西门："爱侣"..................246
图 5-13　恰赫里-伊·贡迪窣堵波基座..................247
图 5-14　阿伊哈努姆出土的"宙斯之足"..................249
图 5-15　梅斯艾娜克出土的银盘..................254
图 5-16　特佩纳伦吉的白匈奴王室夫妇供养人..................255
图 5-17　丰都基斯坦出土的王室夫妇塑像..................255
图 5-18　丰都基斯坦出土的彩绘泥塑菩萨像..................256
图 5b-1-1　"一人双兽"金饰..................258

插图目录

图 5-19　特佩纳伦吉 2 号礼拜堂，内立圆形基座的窣堵波..................262
图 5-20　库勒图特佛寺遗址出土的佛像..................262
图 5-21　塔帕萨达尔佛寺遗址出土的泥塑像（早期）..................263
图 5-22　塔帕萨达尔佛寺遗址出土的泥塑像（晚期）..................263
图 5-23　塔帕萨达尔 37 号礼拜堂..................264
图 5-24　克孜尔衔环飞鸽窟（第 123 窟）复原..................265
图 5-25　梅斯艾娜克遗址出土的女性供养人像，其眼眶涂成蓝色..................266
图 5-26　特佩纳伦吉佛寺遗址出土的佛头像，头发和眼眶上保存有蓝色颜料..................267
图 5b-2-1　杜尔迦头像..................269
图 5b-2-2　杜尔迦神像复原图..................270
图 5b-2-3　梅斯艾娜克遗址 32N 礼拜堂..................271
图 6-1　南高加索地区位置及地形图..................286
图 6-2　南高加索及附近地区库拉 - 阿拉克塞斯文化的全部范围及主要遗址..................289
图 6-3　克瓦茨克赫勒比的青铜时代早期遗址，B 层以及房址详情..................290
图 6-4　亚美尼亚不同遗址出土的库拉-阿拉克塞斯文化 I 期（A）、II 期（B-D）陶器..................291
图 6-5　青铜时代中期遗址分布图..................293
图 6-6　阿纳努里大墓出土战车..................294
图 6-7　纳金·纳沃尔出土的青铜时代中期彩绘陶容器..................295
图 6-8　卡拉沙姆大墓出土银杯..................295
图 6-9　南高加索地区的青铜时代晚期 / 铁器时代早期传统..................297
图 6-10　鲁查申堡垒航拍图..................297
图 6b-1-1　戴维提·布勒 / 阿尔吉什蒂尼尼利王宫 - 堡垒航拍图..................302
图 6b-1-2　安泽夫青铜盾牌局部..................302
图 6-11　特里出土的 3 条金属腰带，上有高加索、乌拉尔图 / 亚述，以及游牧图像元素..................304

5

图 6-12　乌拉尔图楔形文字刻石（CTU A 5-3），乌拉尔图王伊什普伊尼之子米努阿制作 305

图 6-13　发掘中的阿扬斯乌拉尔图殿堂 308

图 6-14　3 件乌拉尔图皇家用碗上表现的模式化塔庙，亚美尼亚卡米尔-布勒遗址出土 308

图 6-15　土耳其恰武什特佩乌拉尔图时期的墙体遗存 309

图 6-16　乌拉尔图红色磨光陶器 310

图 6b-2-1　杰拉瑞特遗址发掘的青铜时代晚期墓葬 313

图 6b-2-2　亚美尼亚索拉克-1/瓦萨克遗址航拍图 315

图 6b-2-3　索拉克-1/瓦萨克遗址建筑 A 航拍图 315

图 6b-3-1　格鲁吉亚萨罗巨石遗址航拍图 319

图 6b-3-2　阿布里遗址航拍图 321

图 6b-3-3　绍利火山航拍图，上有考古学遗址 321

图 6-17　后乌拉尔图时期的多柱大厅 324

图 6-18　凡城的薛西斯三语碑铭 325

图 7-1　伊朗地形图 352

图 7-2　波斯与希腊文献中的伊朗历史地区 355

图 7-3　苏萨，进入大流士王宫的壮观入口（廊道），背景中是 19 世纪末期法国考古学家建造的城堡 359

图 7-4　锡亚尔克特佩（卡尚）概貌 361

图 7-5　胜父堡（设拉子） 361

图 7-6　波斯波利斯（法尔斯）遗址概貌 362

图 7-7　德黑兰国家博物馆藏"波斯王子"青铜像，沙米（埃利迈斯）出土 363

图 7-8　比沙布尔（法尔斯）圣火殿平面图，之前被认为是沙普尔的王宫 364

图 7-9　德黑兰伊朗国家博物馆藏马赛克镶嵌画，比沙布尔出土 365

图 7-10　赫瓦贾山（锡斯坦）宗教建筑群 367

插图目录

图 7-11　达罕古莱曼（锡斯坦），1963 年时的 3 号建筑 367
图 7-12　意大利考古人员在波斯波利斯的修复工作 368
图 7-13　尸罗夫（布什尔）的岩坑墓 369
图 7-14　塔赫特·苏莱曼（西阿塞拜疆）的火神庙平面图 370
图 7-15　苏萨的大流士一世王宫：进入私密部分的入口，背景为
　　　　法国城堡 371
图 7-16　伊斯法罕的星期五清真寺，意大利国际地中海与东方研究
　　　　协会的发掘揭露出第一个哈巴斯清真寺（772 年）的结构 371
图 7-17　坎加瓦尔（克尔曼沙阿）支撑着第一级台地南部的一段城墙 373
图 7-18　博拉兹詹的查克王宫 373
图 7-19　唐·查克查克（达拉布）圣火殿及附属建筑 378
图 7-20　菲鲁扎巴德的塔赫·内什建筑群，胡夫绘制的平面图显示
　　　　其使用了罗马单位 379
图 7-21　菲鲁扎巴德的塔赫·内什建筑群，无人机航拍识别出的
　　　　圣火殿附属建筑 380
图 7-22　比沙布尔（法尔斯）的半地下庙宇 381
图 7b-1-1　菲鲁扎巴德的沙赫尔·古尔，对圆形城市中心区域的
　　　　　地形勘测 384
图 7b-1-2　沙赫尔·古尔高程图，显示出位于高处的塔赫·内什
　　　　　（黄-红色）以及两处盆地（蓝色） 384
图 7b-1-3　沙赫尔·古尔的塔赫·内什遗址航拍图 385
图 7b-1-4　沙赫尔·古尔的塔赫·内什建筑，伊朗-德国发掘的
　　　　　遗址东南角 385
图 7-23　唐·波拉吉（帕萨尔加德）遗址 TB76 全览 390
图 7-24　法尔斯伊朗-意大利联合考古队在塔勒·塔克发掘的探沟 391
图 7-25　波斯波利斯百柱厅的西南门，石材已严重破坏 393
图 7-26　波斯波利斯菲鲁兹花园平面图 396
图 7b-2-1　托尔·阿佐里门平面图 397

图 7b-2-2　托尔·阿佐里门内室，自东南方向..................398

图 7b-2-3　托尔·阿佐里门内室的三维复原图..................398

图 7b-2-4　左侧：托尔·阿佐里门 11 号探沟，内墙一段保留在原位的装饰砖；右侧：巴比伦的相同装饰图案..................399

图 7b-2-5　蛇-龙的复原，基于巴比伦伊什塔尔门的图形，嵌入托尔·阿佐里门的砖块..................400

图 7-27　纳伊班德湾海岸线演变图，地貌学家森布罗尼复原..................403

图 8-1　中亚地区主要遗址..................414

图 8-2　古诺尔遗址平面图..................422

图 8-3　BMAC 绿泥石和石灰石制女性石雕像..................423

图 8-4　镂空型印章..................424

图 8-5　阿伊哈努姆遗址平面图..................427

图 8-6　带凹龛的神庙平面图..................429

图 8-7　鎏金银盘..................430

图 8-8　陶壶..................432

图 8-9　腰带残件..................434

图 8-10　嵌绿松石黄金饰品..................434

图 8b-1-1　科伊科里干卡拉出土的人形纳骨瓮..................435

图 8b-1-2　赫曼特佩出土的四臂神像纳骨瓮..................437

图 8-11　卡拉特佩遗址平面图..................440

图 8-12　法耶兹特佩佛寺遗址平面图..................441

图 8-13　阿吉纳特佩佛寺遗址平面图..................443

图 8-14　涅槃佛像局部..................444

图 8b-2-1　贵霜时期苏尔赫科塔尔神庙出土的大夏语刻文石板局部...446

图 8b-2-2　贵霜王迦腻色伽时期发行的金币..................446

图 8-15　"红厅"壁画..................448

图 8-16　"大使厅"壁画局部..................449

图 8-17　可能与印度有关的壁画局部..................450

表格目录

表 2-1　印度河流域文明的文化序列年表 060

表 2-2　根据楔形文字文献和考古证据确定的从美路哈（印度河谷地?）输入美索不达米亚的物品列表 093

表 4-1　斯瓦特地区断代表 189

表 6-1　亚述和乌拉尔图王国年表 306

编者序

近几十年来，中国考古学科研机构越来越重视建立与其他国家和地区的联系。北京大学考古文博学院设立了外国语言与外国考古专业，除学院教师讲授的课程外，还邀请了多位来自不同国家的教授开展有关国外考古的课程与讲座。

2022年秋季学期，在"北京大学丝绸之路重大考古发掘与丝路文明传承"重大项目的支持下，我组织了8场系列讲座，涉及包括南亚（印度、巴基斯坦、阿富汗）、西亚（高加索地区、伊朗）和中亚在内的中国以西地区。

由于这些地区目前的考古发掘和文物保护以现代国家为单位组织实施，因此讲座选择以国家为单位介绍其考古学现状。讲座的时间范围从历史时期的开端（或铁器时代）至伊斯兰时期之前；鉴于各区域情况的差异，一些讲座涉及的时间稍有变通。

讲座结束后，讲座专家按照一定的模式（主要的考古发掘、近十年的收获及问题、未来发展趋势，以及自己近十年进行的考古工作）完成了一篇扎实的论文，并以几个小专栏的形式介绍重要遗址的发掘或艺术品。最后，我还提出希望专家们提供一份基础的阅读书目以供感兴趣的读者进一步学习。

本书与讲座一样分为8讲。格诺里的文章提供了公元前4世纪至公元3世纪欧亚大陆的总体历史背景，主要强调西方的部分。维达莱展现了印度-巴基斯坦地区印度河流域文明的社会演进。布兰卡乔对印度历史时期佛教遗存进行了介绍。奥里威利概述了意大利学者在巴基斯坦（特别是斯瓦特谷地）进行的持续70余年的发掘工作。菲利真齐说明了阿富汗的艰巨形势，以及考古学目前及未来面临的挑战。丹分析了南高加索地区的发展进程，尤其是乌拉尔图王国时期文明的巨大发展。卡列宁聚焦于伊朗考古学的历史与方法，特别是与宗教建筑相关的问题。罗慕齐介绍了广阔的中亚地区的考古史，以及不同时期的若干问题。

本书无意于系统而统一地展现这些地区的考古学，每一章都反映了作者不同的研究路径、视角和兴趣。本书展现了20世纪取得的考古成果，虽然出发点各不相同，但都对清晰理解这些地区的过去卓有贡献。现在，中国以西的考古学面临着更多样的挑战，但当地和外国学者的协作大大有助于更好地理解这一复杂又相当独特的地区的过去。

为使本次合作具有一定的统一性，我们进行了许多编辑工作：要求作者提供每一章的层级目录，有助于读者了解每一章的结构；每一章的参考书目很难统一，但请作者挑选出其中最重要的数本；在书中附加了表格和年谱，以供加深对本书所涉历史时期的理解，也尽可能地统一了地形图的风格。

这是本书的策划与形成过程，而它的影响及未来可能的发展已不由我们掌控。我们的主要目的是为初学中国以西考古的学生提供学习的起点以及详尽的参考书目，以利于他们进一步研究这些迷人的地区。相信本书也将有助于对这些地区的历史与考古感兴趣的读者，它们也与中国文化发生了或多或少的交流并产生影响，丰富了中国文化。

衷心感谢为这一项目付出的所有人员。感谢考古文博学院沈睿文院长对课程及图书的支持。感谢方笑天和王倩在很短时间内完成了涉及地域广大，时间跨度长，并有一系列人名、王朝名和地名的复杂翻译工作。感谢戴恬专业地制作了书中地图。感谢本书责任编辑张晗的细致工作。最后，真诚感谢本书的所有作者，他们大多数是我相交多年的老友，也有一些人在长达一年的图书编辑过程中逐渐熟悉起来。感谢他们牺牲了很多其他活动与安排，将宝贵的时间奉献给本书的写作。

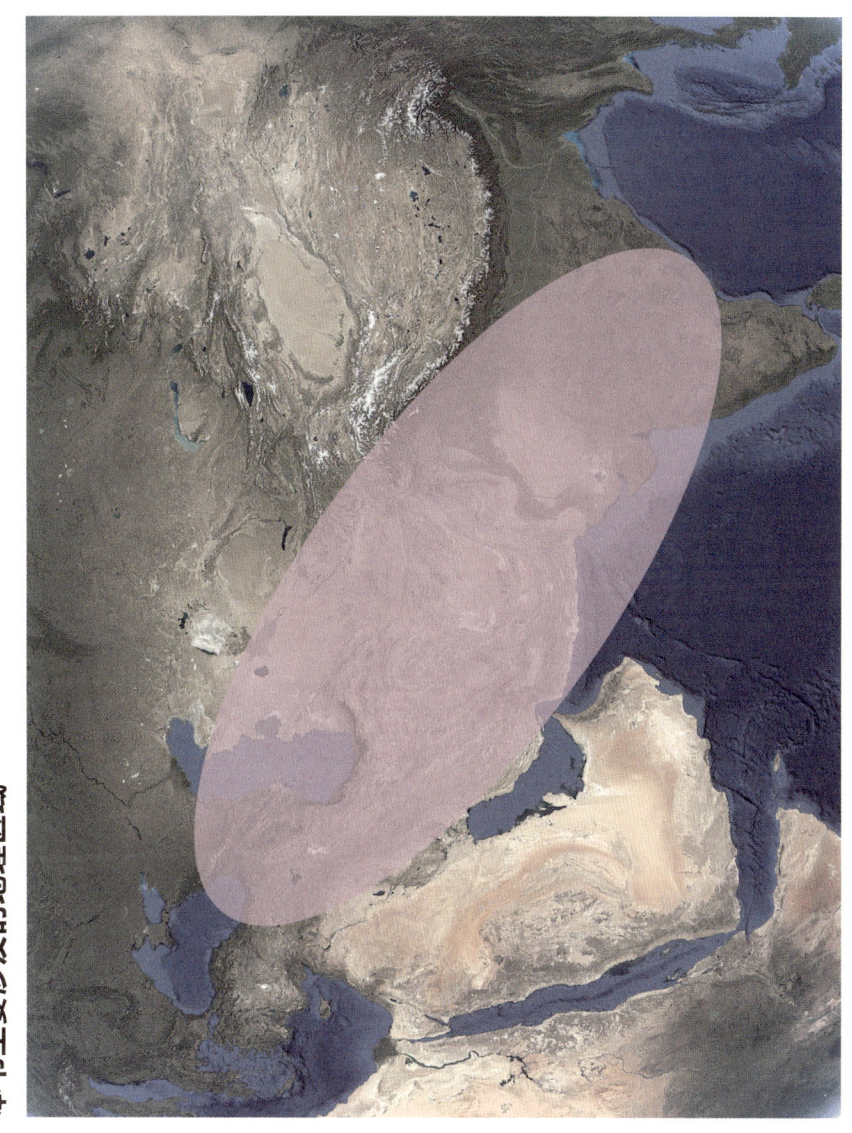

本书主要涉及的地理区域

年表*

	高加索	伊朗	印度	巴基斯坦	阿富汗	中亚
600	当地文化传统的继续	萨珊	佛教考古	突厥沙希	嚈哒	地方王国
500				嚈哒		突厥
400				寄多罗		嚈哒/寄多罗/贵霜—萨珊
300				贵霜—萨珊	贵霜—萨珊	
200						
100		帕提亚		贵霜	贵霜	贵霜
0				印度—斯基泰	塞人—帕提亚	塞人/月氏
				印度—希腊		
-500	阿契美尼德王朝/米底	塞琉古王朝		孔雀王朝 阿契美尼德王朝	希腊—巴克特里亚 孔雀王朝 塞琉古王朝	希腊
		阿契美尼德王朝			阿契美尼德王朝	阿契美尼德王朝
-1000	乌拉尔图时期/铁器时代中期			斯瓦特史前墓地	铁器时代	铁器时代
	铁器时代早期/青铜时代晚期					
-1500			哈拉帕晚期			
-2000	青铜时代中期				青铜时代	青铜时代中晚期
-2500			哈拉帕成熟阶段			
-3000	青铜时代早期		哈拉帕前期			
-3500						

* 本表仅列出本书中所讨论的主要地域及年代，不同作者用不同颜色标记。

凡 例

本书中的所有图片均为版权保护作品，我们已尽最大努力联系相关版权方并取得授权。如果您发现任何遗漏或版权问题，请及时与我们联系，我们将尽快进行处理。

本书中的图片命名，正文中采用"章节序号-本章中的图片序号"格式，专栏中采用"章节序号-专栏标志b-本章中的专栏序号-专栏中的图片序号"格式。

为保证文字阅读的流畅，本书不在行文中以括号的方式标注专有名称的原文，在书后附"译名对照表"，按中文音序排列，供有需要的读者查阅。

第一讲　公元前 4 世纪至公元 3 世纪欧亚大陆的历史背景

托马索·格诺里（Tommaso Gnoli）

在游牧和定居者之间的欧亚大陆

　　亚历山大大帝的征服永久地改变了欧亚大陆历史。公元前 334—前 323 年短短十余年中，希腊世界迅速扩展至东方，远及印度次大陆。尽管之后发生了重大变化——亚历山大大帝崩殂后，在如此大的领域内迅速建立的政权立即分崩离析——但我们称为"希腊化"的广阔文化环境却持续了千年之久，直到伊斯兰政权兴起。"希腊化"的概念与"希腊"有所区别，后者仅仅局限于希腊、小亚细亚的地中海沿岸、西西里岛和意大利南部。

　　尽管亚历山大大帝的征服举足轻重，但并非这段历史中唯一的关键事件。亚历山大世界虽然曾抵达西藏的山脊，穿过印度次大陆的山脉，但它并没有直接跨越印度北部的大河谷地，只是间接产生了影响。而真正改变局势，并将整个亚欧大陆长时间地联结在一起，甚至渗透至中国——当时仍处于希腊罗马世界的影响范围之外——的事件发生于五百余年后数千公里之外的北方。这就是北方草原强大力量的崛起，它给公元 3 世纪的希腊–罗马帝国、以伊朗为中心的亚洲中部、中国这三大势力带来了强大压力。这一时期被称为欧亚大陆的古典时代晚期,年代为公元 250—750 年[1]。

欧亚大陆的古典时代晚期有三条主要发展线索:

罗马与草原的关系。罗马与北邻的争斗重塑了北方地区及其民众,形成了拜占庭世界观下的传统外交模式、地理知识和宗教预言[2]。

在游牧世界与中国的边界上演的漫长历史。公元 6 世纪突厥霸权崛起时,是草原而非中国成为真正的变革动力(狄宇宙所言"中国-草原关系的新意在于,游牧政治成为促进商路发展以及中国与西方之间经济联系的决定性因素"[3])。

以欧洲中心的观点观之,最重要的是伊朗在欧亚大陆事务中的核心作用。萨珊帝国在草原地区皇家宇宙观的形成中发挥了决定性作用,而罗马和中国的君主由于参与到国际性的竞争中,也共享了这种宇宙观[4]。

维克多·李伯曼提出,更晚时期的欧亚大陆(公元 9—19 世纪)应被分为两个独立区域:受内亚传统及草原民众影响的内陆部分,以及相对应的在欧亚大陆两端的"被屏蔽"的边缘[5]。

相对于古典时代晚期,我认为亚历山大大帝之后欧亚大陆的帝国力量也可考虑为三种:希腊罗马传统、古代内陆亚洲帝国传统,以及早期中国。

---

[1] Di Cosmo & Maas 2018.
[2] Sommer 2005.
[3] Di Cosmo 2018:52.
[4] Shayegan 2011.
[5] Lieberman 2009:92-116.

在此，对于"帝国"的定义十分关键。什么是帝国？根据狄宇宙十分宽泛的定义，帝国是"远超其原始领地或族群边界的一种政治形态，帝国中心由王族及卡里斯玛式领袖组成，并通过直接征服或政治威权，囊括与中心有不同关系的各种民族及土地"[①]。

亚历山大所创造的世界在他死后前 500 年占据统治地位，草原民众则在剩余时间中行使权力。本文将重点讨论的是前一阶段。

然而，需要强调的是，这种三分的视角首先是历史学的观察角度，会被史料来源的性质以及古代帝国在第一阶段对文化结构非常不稳定的北方游牧群体的巨大吸引力所扭曲。

以长时段视角观之，辛梅里安人和斯基泰人的军事入侵是中东的新亚述帝国——古典时期第一个强权大国——衰亡的关键原因之一[②]。他们预示了后续瓦解罗马帝国的匈人入侵。

近东古代史为研究游牧和定居人群之间的复杂关系提供了重要启发：它是一个基于游牧和定居人群间深刻的相互影响之上的二元社会。

游牧和定居群体之间的微妙平衡也塑造了伊朗以东的内亚历史，前者来势汹汹地向广阔的绿洲地带施加压力。不过，用中亚地区复杂且常常不为人知的事件讨论二元社会，是一种概念上的延伸。马克尔·罗顿[③]提出的这一概念，用于描述古代近东游牧人群与定居人群间复杂的共生关系。铁器时代之前，所有统治了西亚的帝国都具有这种二元社会结构，新孕育出的城市与畜牧底层之间显

---

① Di Cosmo 2011:35.
② Adalı 2017.
③ Rowton 1976a-b, 1977.

示出不可调和的不同结构。在这个意义上,二元社会的概念与极其广阔的地理区域有关,这一区域并未由一个强力政权统治在同一结构中,这听上去是危险的,但事实却并非如此。不同的社会、政治以及文化族群已交流交往了数千年,欧亚大陆正因这种交流交往而发展。交流意味着关系的存在。亚历山大帝国崩溃后诞生的王国中,没有一个独自在茧房中存在,同样,也没有来自北方和东方的族群不被令人着迷的希腊文化影响。尽管如此,它们之间的交流无疑常常伴随冲突。中亚可以被描述为被两道长城包围的空间:著名的中国长城和并不为人熟知但在政治和文化上也十分重要的戈尔甘和塔米斯赫长城,它们位于里海以东的戈尔甘平原上(专栏1)。

专栏 1-1　戈尔甘长城:欧亚大陆的"西部"长城

在里海以东戈尔甘平原的古代赫卡尼亚,有一个巨大的防御系统,由现已分为两段的长城和一系列堡垒、壕沟和防御性城市组成,其久为考古学家所知,但直到现在仍无法确定准确年代。长城的两段被命名为戈尔甘长城和塔米斯赫长城,分别长195公里、11公里。有30多座与这些城墙相关的堡垒已被确认,其中一些面积超过40公顷。它们代表了古代已知的最大军事设施。这些壮观的防御结构旨在保护萨珊帝国的经济主体不受欧亚大草原游牧人口的影响。

最近的发掘将这一防御结构的年代确定在公元5世纪中叶,延续了2个多世纪。

该工程由萨珊国王卑路斯(公元457—484年在位)始建,而

> 关于长城的毁弃时间，尚无法确定是在公元614—617年土耳其人入侵时，还是在630年代穆斯林进攻时，或者是由于650年代的其他事件。萨珊王朝的长城是古典时代晚期用烧制砖块建造的最宏伟的防御结构。罗马人在德国的城墙由土建造，而中国长城则在晚近才有了现在的面貌。无论是在英国，还是德国和中国，都没有在城墙附近发现任何类似的军事建筑。伊朗的这一防御结构是迄今为止已知的最复杂和最缜密的线性防御系统。

亚历山大大帝

亚历山大大帝征服了中亚的部分地区，并创造了在欧亚大陆延续千年的神话：19世纪，关于"亚历山大王"的故事仍在遥远的阿富汗地区流传。然而，亚历山大的征服并不足以对这一地区的政治及文化产生永久影响。对地中海诸文化而言，希腊化文化到达的最东地区仍是神秘的传说。亚历山大自知其事业的非凡价值，马其顿军队向东进发的途中常有学者和知识分子相伴，他们受命记录下国王的惊人壮举，以及也许最重要的，他们曾到过的神秘土地。特别是两位作品很快就散佚了的作家：阿斯提帕拉的奥内西克里图斯，他曾常伴亚历山大左右，以及奈阿尔科斯，他受马其顿国王之命从印度航行至埃及，这条新开拓的航线在随后数世纪中日益重要。

这两位学者的作品有明显的缺陷，降低了它们的可信度，使它们对揭开所描述地区的神秘面纱无甚帮助。事情甚至在之后变得更糟：奥古斯都时期的伟大地理学家斯特拉博，也是唯一作品从古希腊-罗马时代流传至今的地理学家，曾论及塞琉古一世和安条克一世时出使中亚及印度的使节麦加斯提尼和戴马库斯：

> 不过，所有写过有关印度问题的作家，大多数被证明是撒谎者，但是戴马库斯更加突出，仅次于他的是麦加斯提尼，然后是奥内西克里图斯、奈阿尔科斯和其他开始讲了一些真实情况，虽然语言结结巴巴的作家。……但是，戴马库斯和麦加斯提尼特别不受信任。因为他们给我们讲述的人是这样一些人："在自己的耳朵上睡觉的人""没有嘴巴的人""没有鼻子的人""独目人""长腿人""手指向后翻的人"。①

尽管在这个著名段落中，奥内西克里图斯和奈阿尔科斯的可信度比"撒谎者"戴马库斯和麦加斯提尼高，但公元2世纪后半叶，从希腊返回意大利南部的格利乌斯在布林迪西港下船，发现有书摊向航海者贩卖消遣文学，以供他们消磨漫长的旅程。他提到"所有希腊人的书籍，都是离奇且难以置信的"，其中充满了不可思议的事情，并且在众多作者中提及了奥内西克里图斯②。

继业者和塞琉古帝国

公元前323年，正值33岁盛年的亚历山大突然在巴比伦去世，随后政局陷入混乱，王权多次转手于将领之间③。帝国最东部的领

---

① Strabo 2.1.9 transl. H.L. Jones, 1917, I, 263. 译文采自（古希腊）斯特拉博著，李铁匠译：《地理学》，上海三联书店，2014年，第105页。
② Gellius *NA* 9,4.
③ 亚历山大的传记见 Green 1974；希腊时期简史见 Will 1979–1982。

土也处于飘摇之中。特里帕拉迪苏斯协议中,安提柯一世获益最多,出任显赫的"亚细亚统帅"①(图1-1)。他立即与被任命为巴比伦总督的塞琉古开战,二者之争的焦点是亚洲的最西端。而关于上部行省,即底格里斯河东部地区,我们仅仅知道一些亚历山大的官员的名字,他们占据了前阿契美尼德帝国的领土,但并没有更多信息流传下来②。亚洲以外的领土由另外的官员负责:托勒密占据埃及,安提帕特占据马其顿。总之,公元前321年特里帕拉迪苏斯协议后,亚历山大的征服地区被分为三部分,三大马其顿王朝建立起来:安提柯(马其顿)、托勒密(埃及)以及塞琉古(亚洲),其间夹杂着其他小区域。

塞琉古王朝将建国元年定为公元前312—前311年,从塞琉古一世新征服巴比伦的公元前312年8月之后一年开始计数(图1-2)③。马其顿的征服并未改变伊朗的行政管理制度和统治阶层。现代学者普遍认为,塞琉古帝国是一个巨大的亚洲地区和民族的集合体,由一个王朝及其高级官员支配,他们只醉心于欧洲,并倾尽全力重新征服那里。这个假设并不正确④。塞琉古的"欧洲中心"政策在今天被注意到,主要由两个因素造成。我们的材料来源于欧洲——更确切地说是希腊,这一点已无需再次澄清。另一个方面的因素也应被纳入考虑,它可以被评价为一种原始的缺陷。塞琉古王朝并非诞生于东方,也没有像阿契美尼德帝国一样天然地向世界扩张。相反,塞琉古王朝诞生于伟大的亚历山大帝国瓦解之时,

---

① Billows 1990.
② Klinkott 2000.
③ Bickerman 1938.
④ Kuhrt & Sherwin-White 1987.

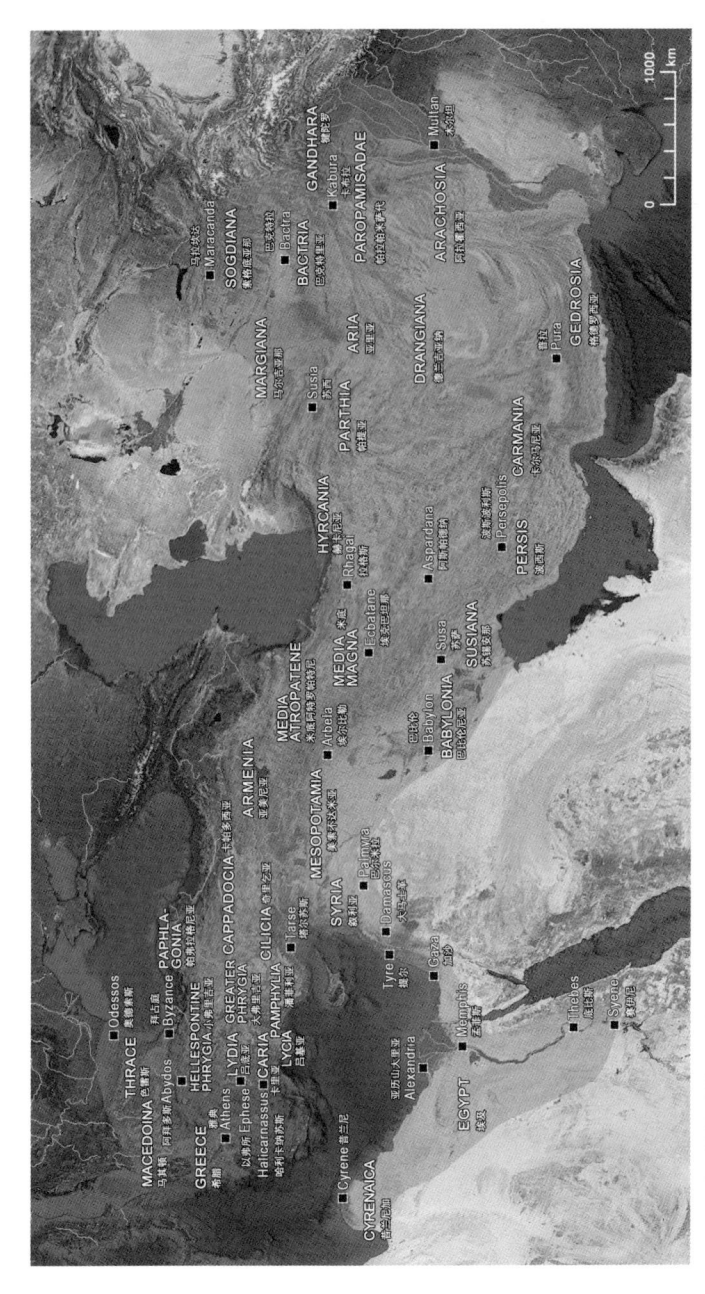

图 1-1 特里帕拉迪苏斯分封协议后的亚洲 © 戴恬改绘

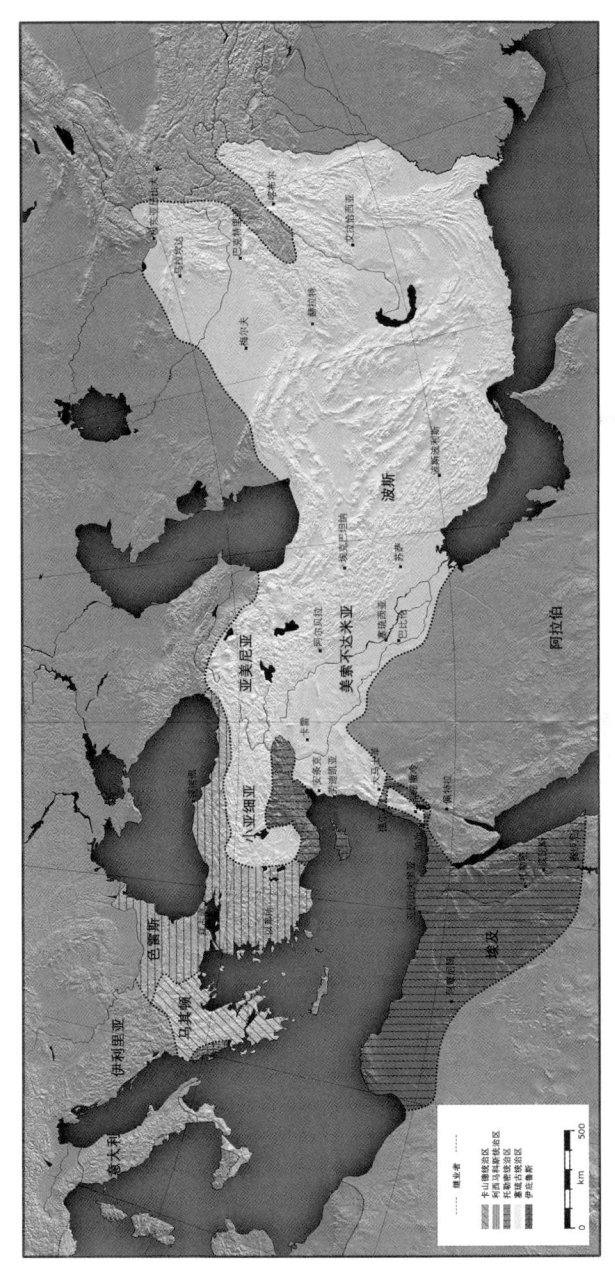

第一讲 公元前 4 世纪至公元 3 世纪欧亚大陆的历史背景

图 1-2 塞琉古王朝及邻近政权 © Wikipedia，方笑天改绘

它的根基在欧洲。塞琉古像除托勒密之外的所有亚历山大的继承者一样，拥有恢复全盛时期帝国的梦想。显然的结果是，塞琉古王朝君主的政治行为最应向西发展，以抵御亚历山大的其他继承者并最终向他们发起攻击。而以此观之，哈里斯河与底格里斯河以东地区——传统的地理观念认为地中海在亚洲大陆南部而非西部，所以也称这里为上部行省——代表着地中海世界霸权的根据地。塞琉古王朝统治的几个世纪中发生的事件很难条理清楚地进行梳理，我们甚至对此时那里发生的关键性事件，即安息王朝的诞生，都无法完全了解[1]。不管怎样，多种西方史料证明了塞琉古在伊朗高原统治的连续性：例如，塞琉古王朝的创建者塞琉古一世（公元前311—前281年在位[2]）与巴克特里亚公主阿帕玛的婚礼。

这场婚礼可能是塞琉古一世在与安提柯一世的生死之战中取得决定性胜利的最重要原因，在此之后，整个伊朗东部都与塞琉古及其后继者牢固地捆绑在一起。显而易见，安提柯一世与塞琉古一世对伊朗地区的重视程度不同，前者在公元前315年任命将军尼卡诺为米底和其他上部行省的总督，而将西方的重要任务委任给自己的儿子德米特里·波立尔塞特司；相反，后者则将自己与巴克特里亚公主之子安条克任命为上部行省的摄政王。

塞琉古与安提柯斗争期间，不得不寻求埃及的托勒密的庇护，并参与到反安提柯霸权联盟之中，抵制安提柯及其子德米特里·波立尔塞特司再次统一亚历山大帝国。卡山德和利西马科斯也加入了这一联盟，他们在北部与安提柯展开对抗，而托勒密与塞琉古则从

---

[1] Hauser 2012.

[2] Hannestad 2020.

南部进攻德米特里。塞琉古在公元前312年取得加沙战争的胜利后,重新控制了自己的行省,塞琉古王朝诞生。由于塞琉古对美索不达米亚和伊朗的长期占领,安提柯被迫于公元前311年与除塞琉古之外的所有亚历山大后继者议和,他与塞琉古的战争持续到公元前309或前308年。事实上,塞琉古在击败安提柯并与他握手言和后,离开巴比伦对上部行省发起了远征。此后,塞琉古在东方的统治十分稳定,甚至攻击了孔雀王朝的建立者旃陀罗笈多(希腊人称之为Sandrakottos)。就在那几年间,孔雀王朝对伊朗东部的印度边界展开了争夺。最终,公元前303年,塞琉古不得不至少将自北至南的犍陀罗、阿拉霍西亚和格德罗西亚东部地区让与孔雀王朝。公元前294—前293年间,塞琉古专注于西方事务,将儿子任命为王,让他负责管理并保卫上部行省的领土,包括所有幼发拉底河以东的地区,而不仅仅是底格里斯河以东。这样,一个两极的王朝建立起来,它的第二个首都是塞琉古于公元前311年前后建立的底格里斯河畔的塞琉西亚。

在公元前309或前308年的和平之后,安提柯将注意力集中于亚历山大帝国西部,这成为他此后的唯一追求。公元前306年,安提柯成为亚历山大的后继者中首位称王的人。次年,包括塞琉古在内的所有后继者也都称王,如此一来,在亚历山大去世20年后,希腊化的君主制最终获得了合法性地位。公元前301年,安提柯于伊普苏斯战役中去世。随后签订的协议涉及了整个希腊化世界,但就内陆亚洲而言,相关内容主要是关于塞琉古和托勒密王朝之间小亚细亚和叙利亚南部的一些有争议的沿海地区,以及斯特拉托尼斯王后决定抛弃丈夫塞琉古——他并不想在朝廷中削弱巴克特里亚公主阿帕玛的威望——并嫁给自己的继子安条克一世,即塞琉古和阿帕玛之子[①]。塞琉古于公元前286年击败安提柯之子德米特里·波立尔塞特司,于公元前281年在库鲁佩迪安战役中击败了小亚细亚的统治者利西马科斯,而自己作为亚历山大后继者中的最后一位也于这一年驾崩。

与此同时,被父亲塞琉古任命为上部行省总督的安条克一世(公元前281—前261年在位)与王后斯特拉托尼斯,因军事行动和根据防御战略推动的城市建设而在东方声名鹊起:将军德莫达马斯跨越锡尔河兴建的西徐亚的安条克城,被认为可与亚历山大建的亚历山大城相提并论;建设了梅尔夫的安条克城;重建了位置不详的由亚历山大初建的埃拉克莱阿城,并改名为阿提斯。波利比乌斯的一段著名文字描述了塞琉古统治者早期阶段在最东方的活动:

> 不管是从领土的广袤、人口的数量与品质,还是从它出产的马匹来看,米底都是亚洲地区最著名的公国。事实上,它几乎为整个亚洲提供这些动物,王室的种马场托付给米底人管理,因为,他们拥有肥美的牧场。诸多希腊城邦——这些希腊城邦是由亚历山大建造的——以保护它免于蛮族部落的侵袭。埃克巴塔纳是一个例外。这座城邦位于米底的北部,它控制着与梅奥提斯和欧克西涅海接壤的亚洲部分。[②]

斯特拉博断言,建立了帕提亚王国的帕尼部落在安条克一世前已进

---

① Coloru 2009.
② Polybius X 27, transl. by W. R. Paton, *Polybius* IV, Loeb Classical Library 159, Cambridge Mass.; London: 1925:165. 译文采自(古希腊)波利比乌斯著,杨之涵译《通史(下)》,上海三联书店,2021年,第60页。

入塞琉古王朝,因此,塞琉古一世在位时期可能有一支斯基泰人入侵了梅尔夫以及雅利安东北方[①]。草原的游牧族群并不是边疆的唯一威胁:索格底亚那省北部阿姆河与锡尔河下游的花剌子模国,与阿契美尼德时期一样,代表了东方上部行省的永久离心力量。

  由于被称为法拉塔拉卡的小君主曾在法尔斯地区发行货币,一些学者认为,恰好在塞琉古与安条克一世权力交接的时候,即公元前 280 年前后,波西斯从塞琉古王国中独立出来,但这并不太切合实际:维瑟霍夫证明,将法尔斯的独立系于公元前 3 世纪的前几十年是不正确的,因为法尔斯和伊朗是塞琉古和安条克的重要权力基础[②]。

  伊朗地区常处于摇摆不定中,一方面,仍有忠诚于安提柯或尼卡诺的马其顿官员,另一方面,当地的民众天然地不屈服于马其顿的征服。因此,与其说是因为"意识形态的"不确定性,不如说是由于实际情况,塞琉古王朝不得不放弃了强迫马其顿人和波斯人融合的政策(尽管关于这一点,最好考虑到我们只知道一些最高统治阶层的例子,而缺失了中层的相关信息,其中伊朗人可能更多)。据我们所知,公元前 324 年的尼萨婚礼中所有被迫娶了波斯女性的马其顿人,只有塞琉古没有在亚历山大去世后离婚,他的儿子安条克一世也因外公曾任巴克特里亚和索格底亚那反马其顿运动首领,而地位尴尬。不管安条克执政的前十年如何,我们要在塞琉古二世执政后期(公元前 230—前 225 年)才能再次在伊朗找到王室的存在。

[①] Overtoom 2016.

[②] Wiesehöfer 1988.

根据波利艾努斯的材料来源不详的记载[1]，塞琉古命塞勒斯将军击败了一支波斯军队，同时一位名叫奥波拉左斯的人杀害了一些马其顿居民。奥波拉左斯就是伊什塔克尔货币上的瓦胡波兹，因此波斯和马其顿之间的战争应发生在某位塞琉古执政时期，无疑是塞琉古二世。同时，帕提亚-赫卡尼亚总督辖区脱离了塞琉古王朝。总督安德拉戈拉斯宣布独立，发行了新的货币。查士丁所撰的另一种西方史料中，将安德拉戈拉斯称为帕提亚长官，劳迪科战役后数年，帕提亚的阿萨西斯入侵安德拉戈拉斯的领地并最终将他杀死。简而言之，安德拉戈拉斯拒绝屈服，背叛了塞琉古王朝，发行了自己的货币，一直担任当地的领导者直至亡于帕提亚人之手。根据传统文献，帕提亚人在公元前239年或前238年杀死了安德拉戈拉斯，当时巴克特里亚的总督狄奥多图斯也宣布独立并称王。对狄奥多图斯发行货币的研究表明，他是逐步脱离塞琉古王朝的[2]。

塞琉古二世在小亚细亚西部的安卡拉大败于兄弟安条克·伊厄拉斯，此后帕提亚人进入伊朗，而巴克特里亚建立了希腊化王国[3]。文献中将帕尼人阿萨西斯占领帕提亚系于安卡拉之战后，即公元前239年或前238年，但他们可能在此前就已进入塞琉古帝国，并于塞琉古一世统治末期定居于马尔吉亚那。他们很可能被狄奥多图斯逐回草原（公元前250年？），可能进入了阿斯泰尔山脉，在安德拉戈拉斯执政的公元前239年至前238年前后进入帕提亚。我们不知道阿萨西斯具体占领了哪些地区，但其中包括从米底到马

---

[1] Polyenus XII 40.
[2] Wiesehöfer 2013.
[3] Coloru 2009.

尔吉亚那的一段官道。查拉克斯的伊西多尔[1]记载，阿萨西斯在呼罗珊山区的阿萨卡称王，地处赫卡尼亚和马尔吉亚那之间，我们也知道，帕提亚王国始建于公元前247年。无论是在这个问题上互相矛盾的文献，还是年代不明确的钱币，都无法肯定狄奥多图斯称巴克特里亚之王是在帕尼人入侵帕提亚之前还是之后。长期以来，狄奥多图斯被认为除统治巴克特里亚之外，还全面控制了索格底亚那和马尔吉亚那，但这一假设的依据十分薄弱。因这些具有挑战性的事件，塞琉古二世与安条克·伊厄拉斯之间自公元前236年起握手言和，塞琉古王朝在小亚细亚和上部行省的势力也严重削弱。此前，在最初的挫折后，塞琉古二世似乎将阿萨西斯打回了草原，但后来他不得不因"两兄弟战争"而放弃了这个战场。这些事件的年代都不确切，只能根据塞琉古二世与他的兄弟签订的和平协议推断，即公元前239年或前238—前236年间。因此，塞琉古二世对伊朗的征讨不应早于公元前237年。他是否因阿塔罗斯一世征服了安条克·伊厄拉斯占领的地区（公元前229年），或威胁到他的塞琉古王国（公元前227年）而折返仍是存疑的问题。在塞琉古三世的短暂统治后（公元前226—前223年），塞琉古王朝由安条克三世（公元前223—前187年）执政，因他过于年轻，重要的改革措施实际上皆是由赫尔米亚斯等同僚做出的[2]。

我们未谈及安条克三世登基时在米底之外发生的事情。不管怎么说，东部各行省日益渴望脱离塞琉古中央政权而自治，这使塞琉古国王开始发动战役，重申在这些地区的权力。这项事业持续了六

---

[1] Schmitt 2007.

[2] Grainger 2015.

年多的时间。我们通过波里比乌斯的故事片段了解到，这可以被视为一种"远征"，其成功甚至让同时代的人重忆起亚历山大的征服。在巴克特里亚，狄奥多图斯二世的王位被欧西德莫斯（约公元前230—约前227年在位）篡夺，而帕提亚国王阿萨西斯一世则努力重回被塞琉古国王驱逐出的地区。似乎在安条克三世"远征"前，唯一承认他全部权力的上部行省是埃利迈斯和米底。公元前212年，安条克三世远征薛西斯统治的亚美尼亚。后者只是一个附属的小国，但拒绝上交任何贡品。此外，薛西斯还娶了安条克三世的妹妹安条尼丝。安条克三世对米底的征服发生在公元前211—前210年间，在此期间，他由于军队规模太大而遇到财政问题：甚至被迫掠夺了埃克巴坦纳的阿纳蒂斯圣殿，从那里窃取了数千枚塔兰特币。他在米底逗留期间，将公元前220年出生的幼子塞琉古立为继承人。公元前209年，安条克三世继续对东方的征服，与帕提亚人开战，与继位时间不详的阿萨西斯二世发生冲突。他毫无阻碍地进军到赫卡通皮洛斯，阿萨西斯二世则撤出了赫卡尼亚的山地。更鲜为人知的是安条克三世对巴克特里亚的欧西德莫斯的远征（公元前208—前206年）：后者在阿里奥斯河上迎击安条克，战败，逃往巴克特拉（札里亚斯普），在那里被困两年。在统治末期，安条克三世与欧西德莫斯缔结了盟约，并将女儿嫁给欧西德莫斯的儿子德米特里乌斯以巩固结盟。在巴克特里亚立足后，安条克三世越过兴都库什山脉，沿印度河谷而下（公元前206—前205年），遭遇了幸军王。其地显然是印度-伊朗边境上那些被印度君主吞并的地区：帕拉帕米萨斯和阿拉霍西亚。我们对幸军王一无所知，只知道波利比乌斯告诉我们：他给塞琉古军队提供了大象和补给，并支援了大量的金钱。随后，安条克回到西方，但这次是通过伊朗南部。

第一讲　公元前 4 世纪至公元 3 世纪欧亚大陆的历史背景

他在卡曼尼亚过冬，并远征阿拉伯（格拉哈，毗邻今天的巴林）。大量碑文表明，安条克三世在远征结束时，获得了"大帝"称号。

然而，安条克三世的辉煌及其对王国版图的伟大扩张并未持续很久。公元前 199 年或前 198 年，塞琉古王朝试图重新征服曾失去已久的小亚细亚领土，很快就导致了与罗马的直接冲突。希腊城市士麦那和兰普萨库斯向罗马求援。战争主要发生在希腊领土，并以阿帕米亚协议的签订作结，塞琉古王朝最终撤出了托罗斯以南的全部小亚细亚领土。塞琉古王朝支付了巨额战争赔偿，导致这一伟大的王朝最终降格为地方势力。

我们无需追踪此后塞琉古王朝和上部行省的相关事件。上部行省受帕提亚王国控制，并有一定的自治权。波利比乌斯的另一段著名记录涉及塞琉古王朝最后一位伟大君主安条克四世（公元前 216—前 164 年），展现出塞琉古军队内部的多样性，以及公元前 160 年代（即安条克三世远征之后的一代）伊朗军队的匮乏。下文是关于安条克四世于公元前 166 年在安条克的达弗涅组织阅兵的文本[1]：

> 开启这场运动会的游行队伍，其组成如下。首先，五千名正值壮年且以罗马人的样式进行武装的男子行走在最前面，他们全部身穿由铁环制成的铠甲。接着出现的是五千名米西亚人，紧跟在他们身后的是三千名以轻装步兵的方式进行武装和头戴金制王冠的西西里人。接着出现的是三千名色雷斯人和五千名高卢人。在他们后面的是两万名马其顿人，其中一万人手持金制盾牌，五千人手持铜制盾牌，其余的人则手

---

[1] Strootman 2019.

持银制盾牌。接着的是两百五十对角斗士，在角斗士身后的是一千名来自尼萨的骑兵和三千名来自安提阿的骑兵，其中大部分骑兵都戴有金冠和其他金制饰物，其余的骑兵则佩戴银制的饰物。在这些人旁边的是所谓"近卫骑兵"，其人数是一千，他们所有人都佩戴金制的饰物；紧跟在他们后面的是所谓的"王室之友"的兵团，他们的人数和装备都相同。接着的是一千名精锐骑兵，跟在他们后面的是所谓的"埃基马"，这些"埃基马"也被视为精锐的骑兵部队，其人数大约是一千。行进在最后的是所谓的"甲胄骑兵"或者装甲骑兵，这种骑兵的士兵和战马就像其名字那样全部以甲胄进行武装。他们的人数大约也是一千五百人。上述所有这些人都身穿紫色的外套，在许多情况下，这些外套绣有金色和纹章图案。接着出现的是一百辆由六匹马拉的战车和四十辆由四匹马拉的战车；接着的是由四头大象拉的一辆战车和由一对大象拉的一辆战车，最后则是排成一列的三十六头大象及其象轿[①]。

帕提亚人

帕提亚人迅速地将塞琉古王朝的统一力量化为己用，这对于古代作家而言十分难解[②]（图1-3）。因此，斯特拉博写道：

---

① Polyb. XXX 25, transl. W. R. Paton, *Polybius* VI, Loeb Classical Library 161, Cambridge Mass., London 1927, pp. 143-145. 译文采自（古希腊）波利比乌斯著，杨之涵译《通史（下）》，上海三联书店，2021年，第60页。

② Hackl, Jacobs & Weber 2010.

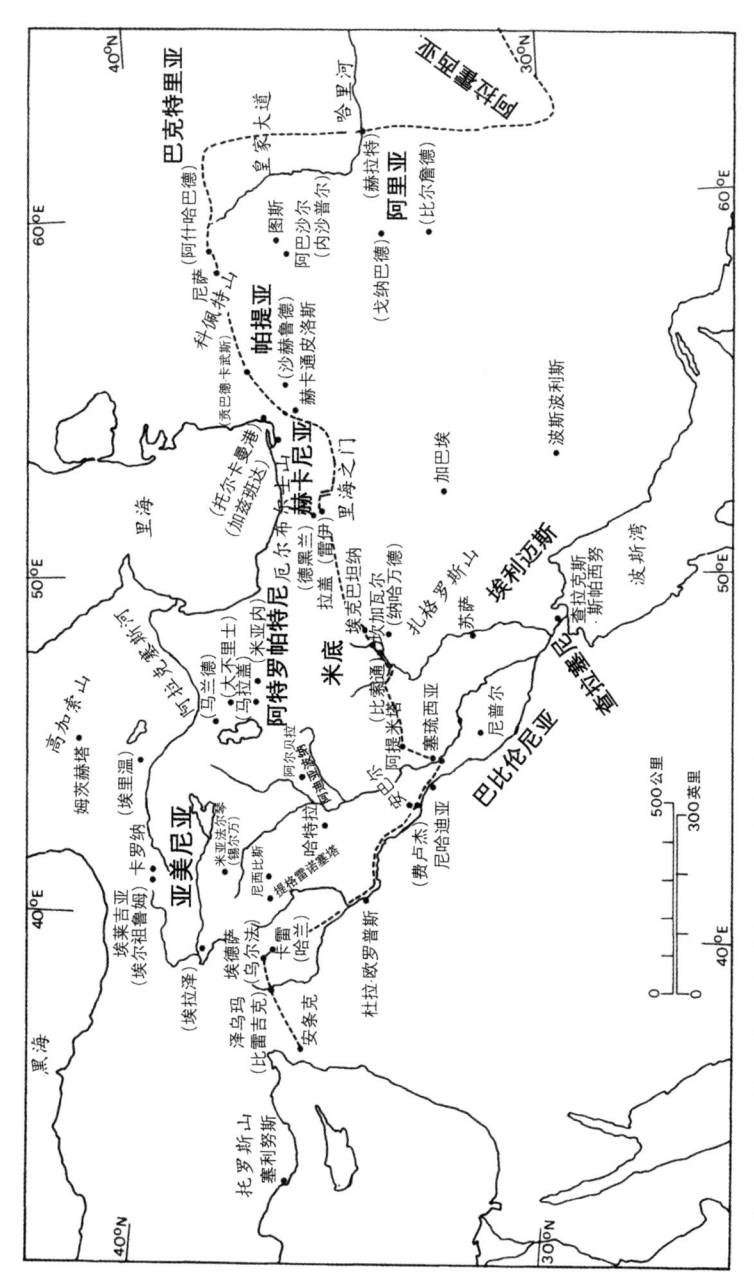

第一讲　公元前 4 世纪至公元 3 世纪欧亚大陆的历史背景

图 1-3　帕提亚帝国 © The Cambridge Histories of Iran, Ⅲ, 1, p.25

后来，一个西徐亚人阿萨息斯带领大益人（也就是居住在奥库斯河边被称为帕尼人的游牧部落）侵入帕提亚，并且征服了它。阿萨息斯最初力量很弱，他不断地和人作战，夺取他们的土地，无论是他还是他的继承人都是这样；后来，他们由于军事方面的胜利，不断地占领邻近的土地，变得十分强大，最后成了幼发拉底河内侧整个地区的统治者……现在，他们统治了如此辽阔的领土和众多的部落，在某种程度上，他们的帝国在面积上与罗马人的领土不相上下。其原因是他们的生活方式，还有他们的风俗习惯，在许多方面具有蛮族和西徐亚的特点，更得益于他们的霸权和军事上的胜利。[1]

帕提亚时代的起源可上溯很远（公元前247年），我们已无法找到其进入历史舞台的确切证据。所有最早的关于帕提亚人的证据都表明，他们聚集在北方（阿什哈巴德附近的尼萨、阿什哈巴德与阿比维尔附近的达拉，以及梅尔夫）。直到弗拉特斯一世时（公元前180年后），他们发动了对厄尔布尔士山脉北部山地民众的数场战争，并在后继者的领导下推进到山地南部。米特里达梯一世时，科米塞内及赫卡通皮洛斯永久地纳入了帕提亚的版图。

有充分的理由相信，在回顾帝国的成功建立时，以及在努力使他们的主权得到承认时，帕提亚国王"发现"帕提亚

---

[1] Strabo XI 9, 2, transl. by H. L. Jones, *Strabo* V, Loeb Classical Library, Cambridge Mass.; London 1928, p. 275. 译文采自（古希腊）斯特拉博著，李铁匠译：《地理学》，上海三联书店，2014年，第766页。

是他们的"祖国",阿契美尼德国王是他们的"祖先"。我们可以进一步假设,米特里达梯一世是第一个获得阿契美尼德的王号"万王之王"的帕提亚人,他在创造这一传统方面起到了不可忽视的作用。这也是有历史意义的,因为毕竟是在他的领导下,帕提亚变成了一个超越伊朗边界的大帝国,其需要历史的合法性。[1]

米特里达梯一世(公元前171—前139/138年在位)、弗拉特斯二世(公元前139/138—前128年在位)、阿尔达班一世(公元前128—前124/123年在位),直至弗拉特斯三世(公元前71/70—前58/57年在位)在位期间,帕提亚人在伊朗及近东的力量逐步稳固,没有任何动荡,这与安条克四世之后塞琉古君主的政治权力日益下降相称。然而,形势自公元前64年开始产生变化,一支新兴政治力量登上了近东舞台。

第三次米特里达梯战争时,格涅乌斯·庞培·马格努斯击败了本都国王米特里达梯六世(公元前111—前63年在位),战争结束时,罗马指挥官正式宣布塞琉古王朝灭亡,建立了罗马的叙利亚行省[2]。亚历山大大帝在亚洲建立的政治统治荡然无存。取而代之的是包括帕加马的阿塔里斯王朝在内的许多地方统治者,他们在地中海沿岸发展起来,而一支新的力量登上舞台:罗马。跨过幼发拉底河,则是繁荣的帕提亚王国及一系列在政治和文化上与之关系密切的臣属君主。

---

[1] Wiesehöfer 1996:133.

[2] Millar 1993.

帕尼人虽然信奉琐罗亚斯德教，但并不认为自己像米底人、波斯人、巴克特里亚人以及粟特人一样，属于雅利安民族。事实上，他们属于更为广泛的游牧族群，被称为大益，在不同历史时期的文献中均可见到踪迹。他们最初来自雅利安人的领地之外，在伊朗、伊朗宗教以及琐罗亚斯德教的历史上扮演了重要角色，起到勾连阿契美尼德和萨珊王朝的桥梁作用。帕尼人首次占领帕提亚地区时，接受了当地的信仰和文化，甚至吸收了他们的语言和传统：他们从帕尼人变为帕提亚人。这意味着他们在正常演进中经历了融合的进程，获得了定居的习俗与传统。此后，强势的阿尔萨息家族自称继承了阿契美尼德王朝的遗产，是他们的直接后裔，将权力合法化，并有效地变得更为伊朗化。因此，他们采用了阿契美尼德"万王之王"的称号。这可能始于米特里达梯一世执政的公元前139/138年，在米特里达梯二世时期的公元前109年已明确开始使用，自公元前38年起持续使用。公元1世纪中叶，帕提亚货币逐渐取代希腊货币，公元1或2世纪，某位帕提亚王决定保存《阿维斯陀》经及其注释，表明帕提亚人的伊朗化进程逐步加深。在帕提亚王朝末年，"伊朗复兴"已成型，并吸收了希腊化元素[①]。

这是帕提亚王朝的创建者阿萨西斯一世"征服"帕提亚的重要背景。关于帕尼人渗透入塞琉古王朝、阿萨西斯一世加冕为王的时间以及帕提亚时代的开始（尼散月1日 = 公元前247年4月14日）等问题相当复杂，因为它们基于两种在文本上都存在一些困难的文献：其一是简明的《摘要》[②]，在一些关键记载上存在难点，

---

① Gnoli 1989.
② Just. *Epit.* 41.4.1–5.

其二是斯特拉博《地理学》[1]，已散佚严重，不同历史学家对之有不同的解读。布鲁诺·雅各布斯对相关问题的研究做出了清晰的最新评价[2]。私以为，安德烈亚斯·卢瑟的精妙解释相当合理[3]，查士丁《摘要》中记载上部行省的叛变时间为执政官曼里奥·弗尔松（L. Manlio Vulsone）和阿提利奥·雷吉奥（M. Atilio Regulo）时，被解释为公元前 256 或前 250 年——基于对第二位执政官名字貌似合理实则存在问题的修正——这应被简单地认为是一个错误：事实上，在公元前 247 年，罗马选举出了两任监察官，他们的名字部分与查士丁记载的相同，即曼利乌斯·托夸图斯·阿提库斯（A. Manlius Torquatus Atticus）与阿提利乌斯·凯亚提努斯（A. Atilius Caiatinus）。查士丁《摘要》的原文作者庞培·特罗古斯似乎有一份年表，包含了双重错误：两位监察官的名字错误地取代了与之近似的两位执政官的名字，因为在这两对名字中，都有一个罗马名字相似。无论多么复杂和难以确定，卢瑟提出的假设具有不可否认的优势，把唯一明确的希腊-罗马资料中包含的帕提亚独立的日期与标志着帕提亚新时代开始的传统日期合并，即公元前 247 年。

塞琉古王朝对于帕提亚的新形势的反应快速且有效：塞琉古二世（公元前 246—前 225 年在位）和安条克三世（公元前 223—前 187 年在位）均致力于收复失土。波利比乌斯的远征叙事史诗中记载[4]，安条克三世成功使新来者屈服，再次臣属于强力的塞琉古帝

---

[1] Strabo, *Geogr.* XI 9, 2.
[2] Hackl, Jacobs & Weber 2010:34–40.
[3] Luther 1999.
[4] 10.28.5– 31.15.

国。在19世纪以来的伟大学者中根植并广泛流传的理论认为[①]，帕提亚帝国的成长与相应的塞琉古帝国的窘境，是由于亚历山大后继者们被假设的"懒惰"及对上部行省失去兴趣，但这一理论没有考虑到新入侵者表现出的强大政治和军事力量，以及塞琉古帝国对其不屈不挠且常十分有效的反抗，入侵者在上部行省十分活跃，使塞琉古帝国不得不抵御三线进攻。尽管地缘政治形势严峻，塞琉古的帝王们在很长一段时间内还是成功地抵抗了帕提亚统治者的压力，后者花费了一个多世纪才到达美索不达米亚，取代塞琉古帝国成为近东最重要的政治和军事力量之一。

更多信息是有关商业活动的：更具体地说，帕提亚王室非常关注获利丰厚的长距离贸易，甚至可能给予了积极支持。一方面，货物从叙利亚——奥伦特河流域的安条克城以及泽乌玛——出发，穿过美索不达米亚，到塞琉西亚、泰西封和沃洛加西亚，翻越扎格罗斯山脉到达比索通、埃克巴坦纳、里海沿岸以及中亚的赫卡尼亚、梅尔夫、赫拉特、锡斯坦、撒马尔罕，并最终抵达中国，这条重要的路线被称为丝绸之路；另一方面，同样重要的一条线路将叙利亚与查拉塞尼连接起来，穿过美索不达米亚到达波斯湾，并从海路到达印度与中国。

帕提亚人与东方

帕提亚和巴克特里亚的希腊总督安德拉戈拉斯（卒于约公元前238年）和狄奥多图斯（公元前285—前235年），于公元前247年

[①] Droysen 1843; Gutschmid 1888; Will 1979–82.

趁塞琉古王朝处理西面麻烦时宣布独立,但与此同时,他们也面临着北方骑马游牧的塞人的威胁。其中,阿萨西斯是骑马半游牧的帕尼部落的领袖;他离开了居住在咸海东岸和东南岸的大益塞人部落联盟,首先对巴克特里亚的狄奥多图斯发动攻击;被击退后转而向西攻占帕提亚。这次他成功了,于公元前238年左右杀死并接替了帕提亚的统治者安德拉戈拉斯。阿萨西斯以帕提亚为国名,建立了安息王朝,统治土库曼斯坦南部和伊朗东部地区。塞琉古二世和安条克三世试图将帕提亚重新收入塞琉古王朝版图。安条克三世在公元前209年率大军东进,占领帕提亚首都赫卡通皮洛斯,并最终迫使阿萨西斯二世(公元前218或前211—约前191年在位)承认塞琉古的宗主地位[1]。阿萨西斯二世的后继者弗里阿帕提乌斯(约公元前191—前176年在位)似乎并未铸造自己的钱币,表明此时帕提亚可能被塞琉古帝国统治了三十余年。情况在弗拉特斯一世(公元前176—前171年在位)时发生了变化,他摆脱塞琉古的控制,开始西进,后继者米特里达梯一世完成了这一行动[2]。米特里达梯一世也将帕提亚帝国向东扩展,趁巴克特里亚国王欧克拉提德一世(公元前171/170—前145年在位)南征兴都库什之际,控制了斯特拉博所称的图里瓦和阿斯皮奥努斯省,其中很可能包括重要的贸易城市赫拉特。米特里达梯一世也占领了马尔吉亚那和梅尔夫城,奠定了控制两条陆上丝绸之路中段,即从中国以及印度北部出发到达罗马的基础。这为帕提亚帝国的权力和财富提供了经济基础。公元前119—前115年间,张骞遣使米特里达梯二世,使帕提亚国王

---

[1] Grainger 2015.

[2] Debevoise 1938.

认识到控制丝绸之路及其沿线货物税收的重大经济潜力。

随着对美索不达米亚的征服，帕提亚帝国的重心西移，这主要是因为帕提亚腹地的第一个首都尼萨受到凶狠的塞人骑马民族与日俱增的进攻威胁[①]。另外三个因素也促使帕提亚将战略重心向西转换：第一，公元前 129 年，安条克七世被弗拉特斯二世击败，驾崩；第二，帕提亚介入了亚美尼亚政治；第三，罗马向东扩张。罗马的东扩很快受阻于幼发拉底河，帕提亚骑兵多次击败罗马军队，其中最重要的一次发生于公元前 53 年，"前三头同盟"之一克拉苏的罗马军团在卡雷被引入沙漠，大败。

然而，游牧的月氏人于公元前 133/132 年从伊犁谷地和伊塞克湖地区迁徙而出，引发了游牧民族的移动，使帕提亚帝国的中亚领土陷入长期动荡之中。月氏人向巴克特里亚行进，迫使那里的塞人向南，越过兴都库什山后直面印度-希腊王国，不得不转向西面的赫拉特，进入帕提亚帝国东部。其中一些塞人骑兵成为帕提亚军队的雇佣兵，但帕提亚王拒付酬劳，导致了直接军事冲突及两位帕提亚王驾崩：首先是弗拉特斯二世，随后阿尔达班一世（公元前 128—前 124/123 年在位）也在对塞人的战争中战败，被毒箭射中手臂而亡。相反，米特里达梯二世（公元前 124/123—前 88/87 年在位）成功处理了塞人问题，迫使他们中的一些人退到印度谷地，另一些定居于萨卡斯坦，即今天的锡斯坦。那里建立了小型的塞人王国，一直处于帕提亚势力范围内，有些甚至成为附庸国。曾生活在塞人中间的帕提亚王子萨纳特鲁斯（公元前 78/77—前 70 年在位）可以登上王位，证明塞人的重要性几乎可忽略不计。

---

① Frye 1962.

帕提亚帝国拥有不同的文化和宗教。伊朗语言在东部占主导地位，而西部以阿拉姆语为主，希腊语则在城市中盛行。由于受到希腊-巴克特里亚的影响，即使是东部的帕提亚精英们也浸淫于希腊文化中。部分自治的希腊语城市在商业上十分重要，因此帕提亚的银币上有希腊语铭文，希腊语也在一定程度上被用作官方管理的语言。帕提亚精英对希腊文化有强烈认同，米特里达梯一世在硬币上将自己描述为"爱好希腊之人"。帕提亚人向伊朗文化和宗教的转向发生得很晚，始自沃洛加西斯一世（公元51—76/79年）时，他被认为首次编纂了琐罗亚斯德教的圣典《阿维斯陀》经。此时，钱币上的希腊文字被阿拉姆文字取代。这种变化的原因可解释为，他们对希腊文化的倡导者罗马的敌意日益加深。因此，帕提亚文化发展成为希腊、阿契美尼德、旧帕提亚和当地元素的综合体。阿拉姆语成为一种国际交流的语言，也是安息王朝对外交往的语言，重要性日益增加。

帕尼人最初的宗教信仰已不得而知，但当他们渗入塞琉古帝国的时候，接触到了希腊和古老伊朗的神系，并接受了琐罗亚斯德教。事实上，查拉克斯的伊西多尔提到，据说在亚撒克城有一座皇家火神庙，阿萨西斯第一次称王就是在那里。尼萨出土的带文字碎陶片显示，帕提亚人在使用自己历法的同时也使用琐罗亚斯德历。然而，琐罗亚斯德教的优越地位并没有阻断旧宗教的实践或新宗教的传播。在城市和贵族中，希腊诸神仍然很受欢迎，往往伪装成伊朗旧神：宙斯是阿胡拉·马兹达，阿波罗是密特拉，赫拉克勒斯是韦雷斯拉格纳，雅典娜是娜娜女神。帕提亚帝国的东南边缘地区见证了佛教的发展，印度-帕提亚王子安世高是最早将佛教文本翻译成中文的人之一。

基督教社区也遍布整个帝国，从西部的阿迪亚波纳一直到东部。事实上，巴代珊提及，约公元196年，里海西南岸地区和巴克特里亚出现了基督徒，当时巴克特里亚是贵霜王国的一部分，通过叙利亚商人与罗马有着密切的贸易关系。巴克特里亚很可能从公元2世纪初就开始信奉基督教，因此在今天的阿富汗西部地区传播了这种宗教。

美索不达米亚的帕提亚人

最早记录帕提亚人在美索不达米亚出现的文献是一份关于新年庆典的天文日记，用楔形文字写在3块残片上，现存于大英博物馆，确切年代是公元前141年的4或5月[①]。这也是首次使用两种日期系统：一个以塞琉古历为基础，另一个则源自安息王朝。

帕提亚人耗费百余年时间才将势力扩展到美索不达米亚。其原因不仅是我们已经提及的塞琉古帝国的强烈反应，也由于美索不达米亚的社会和经济状况与上部行省不同。事实上，美索不达米亚基本的生产网络由村庄组成，而非上部行省那样的大庄园；此外，两河流域自前阿契美尼德时代以来，王权就特别根深蒂固，因此，国王和他的臣民有一种更直接的关系，当地贵族很少或根本没有发挥居中调停的作用。相反，在伊朗的上部行省，当地贵族强大而重要，一旦安息王朝的统治者获得了他们的支持，吞并这些领土就是一场轻松的游戏。美索不达米亚被纳入帕提亚的势力范围也是一个巧合，因为这需要两个不同因素的融合，一个是具有杰出能力、

---

① BM 45703 + 45741 + 45748 = Hackl, Jacobs & Weber 2010: vol. 3, 45–47, no.3.4.2.

积极性和魅力的帕提亚国王（米特里达梯一世，公元前 171—前 139/138 年在位），另一个是塞琉古国家内部的深刻危机，即公元前 145—前 140 年德米特里乌斯二世和安条克六世之间发生的战争。塞琉古王朝的极端虚弱也激起了离心力量：在那些年里，美索不达米亚由北向南被民族领土收复运动席卷，催生出若干独立或半独立的国家，包括查拉塞尼、哈特拉和埃德萨，这使得征服美索不达米亚极其困难。

自此以后，美索不达米亚南部的中心一直处于帕提亚以及随后的萨珊控制之下。公元前 141 年，帕提亚人占领美索不达米亚无疑是希腊化和罗马时期近东发生的最重要事件之一，当然也是整个公元前 2 世纪最为重要的事件，同样重要的还有公元前 1 世纪罗马势力的崛起，叙利亚此时已成为罗马行省。

查拉塞尼王国

查拉塞尼王国也被称为米西尼（图 1-4）。前者来源于王国的首都，即许斯鲍希尼斯建立的查拉克斯·斯帕西努，后者似乎源自波斯，意为"野牛之地"或"绵羊之地"。

查拉塞尼王国位于美索不达米亚南部。底格里斯河与幼发拉底河滋养出广阔的漫滩平原，河流的沉积物使波斯湾海岸日益向南移动，普林尼已经注意到这一现象[1]。当时该地区的中部是一个被称为麦山的岛屿，其名称见于现存德国科隆的 5 世纪摩尼教文献，其中

---

[1] *HN* VI 140.

图 1-4 查拉塞尼 © Wikipedia

记录了 3 世纪的情况[1]。底格里斯河的两条支流分开后又汇合，形成了麦山岛。阿帕米亚城建立在两条支流重新汇合后的地方，查拉克斯·斯帕西努则更偏南一些。由于波斯湾海岸线日趋向南，查拉克斯·斯帕西努、弗拉特和泰瑞顿（托勒密记载泰瑞顿在幼发拉底河河口，查拉克斯·斯帕西努在底格里斯河河口）等希腊化时期的重要贸易海港变为了河港[2]。与今天不同的是，底格里斯河与幼发拉底河分别注入波斯湾，形成了水道变化莫测的广阔三角洲[3]。

---

[1] P. Colon. inv.no.4780, p.140.6, see Koenen & Römer 1988.
[2] Schuol 2000: 280–284.
[3] Arr. *Anab.* 7.20.3.

第一讲 公元前 4 世纪至公元 3 世纪欧亚大陆的历史背景

希腊化时期，阿拉伯人居住在这一地区①，他们至少在提格拉特帕拉沙尔三世时（公元前 745—前 727 年在位）就已在这里生活；而公元前 9—前 6 世纪，美索不达米亚南部被迦勒底人占据。

查拉塞尼王国中，河流与大型可通航运河交织，将这里与美索不达米亚北部连接在一起，从那里到达地中海东部地区以及伊朗和中亚，为繁荣的跨地区贸易提供了良好条件。优越的地理位置使查拉塞尼在公元前 2 世纪至前 1 世纪成为与东方贸易的陆上路线（丝绸之路）的一部分，其后通过水路到达海岸，将美索不达米亚与阿拉伯半岛及更远的印度贸易港口相连。

公元前 1 世纪，帕提亚中央政权在美索不达米亚的衰落使陆路和水路都变得相当危险，以至于纳巴泰人选择穿越沙漠而不是帕提亚领土到达查拉塞尼地区。公元 1 世纪，查拉塞尼地区在帕尔米拉商队贸易路线上的地位至关重要，当时罗马对这一地区表现出极大兴趣，至少从经济角度而言是如此，并给予帕尔米拉极大的经济和政治独立性。帕尔米拉人在查拉塞尼的贸易于公元 2 世纪达到顶峰，当时帕尔米拉商人开始直接与印度建立贸易关系②。帕提亚人很快就认识到这种贸易对自身经济繁荣的重要性，因此支持商队通过其领土，并允许在沿途设置驿站。跨越波斯湾贸易的货品主要是奢侈品，如丝绸、珍珠、柚木和进口香料，而地中海地区和希腊化世界则提供金条、银条、玻璃、珊瑚和芝麻油与亚洲交易。即使公元 272 年帕尔米拉沦陷后，查拉塞尼的贸易仍继续蓬勃发展，尽管在萨珊的统治下，该地区已不再是独立王国，但仍然保持着弗拉特

---

① Strabo *Geogr.* XV 3, 5, XVI 1, 8.
② Bowersock 1989.

和查拉克斯·斯帕西努等繁荣的港口。

自新石器时代以来，查拉塞尼地区的商业贸易往来已有据可查，所有不同的统治阶层都对贸易十分感兴趣。亚历山大大帝在准备入侵阿拉伯半岛时（他从未成功过），推动了奈阿尔科斯领导的在波斯湾和阿拉伯湾的几次试探性远征，甚至直抵印度[①]。他在这里建立了两个亚历山大港，其一在底格里斯河上，另一在帕拉科帕斯运河的闸口处，具有军事和商业双重功能。塞琉古时代，特别是公元前222年，安条克三世在这里建立了厄立特里亚海行省[②]，并选择底格里斯河上的亚历山大港作为新省的都城。安条克三世和四世都推动了对波斯湾的新探索，以保护海上航线，满足他们的扩张主义和商业目标。事实上，在公元前3世纪末至前2世纪上半叶之间，安条克三世在厄立特里亚海边建立了塞琉西亚，在奥伦特河上建立了阿帕米亚，在波西斯建立了阿瑞塞莎、哈尔基斯和安条克，而安条克四世在底格里斯河上建立了安条克（以取代被洪水摧毁的原亚历山大城）。

文献和钱币材料中均记录了许斯鲍希尼斯的起义，他从安条克四世手下的厄立特里亚海总督变成了独立的国王。公元前138年，他击败埃兰，征服了美索不达米亚南部，并在公元前130—前127年之间获得国王称号。然而，在这一年，帕提亚军队征服了巴比伦，并将其废黜；从那时起，他的王国可能受帕提亚控制。在许斯鲍希尼斯的统治下，美索不达米亚南部的大部分地区，甚至可能包括波斯湾南岸在内，都是查拉塞尼的一部分，但公元前126年，他

---

① Högemann 1985.
② Polyb. V 46, 7, V 48, 14, V 54, 8.

再次被帕提亚人击败,领土面积缩小,在公元前122年暂时失去了独立。

公元前1世纪查拉塞尼的历史可分两部分描述:帕提亚人对这一地区表现出持续的兴趣,以及查拉塞尼王朝保持独立并向美索不达米亚南部扩张的趋势,正如阿坦巴洛斯一世时期的情况一样。因为查拉塞尼国王插手帕提亚的王位继承并支持其中一个竞争者(显然是失败方),帕提亚人至少两次入侵并推翻了查拉塞尼国王,用更忠诚的君主取而代之。

阿坦巴洛斯三世统治时期(公元37/38—44/45年),查拉塞尼再次扩张到乌鲁克和阿帕米亚,当时帕提亚正因瓦尔达涅斯一世和戈塔尔泽斯二世之间的权力斗争而面临严重困难,巴比伦也被叛乱运动搞得四分五裂。公元1世纪下半叶,该地区在独立[1]和长期臣服于帕提亚王国之间徘徊,特别是沃洛加西斯一世执政时期,于公元66年对罗马的战争结束后,采取了旨在加强统治内部稳定的中央集权政策。阿坦巴洛斯七世时期,约公元113年,查拉塞尼重获独立,并从帕提亚人手中重新夺取了美索不达米亚南部领土——这次独立非常短暂,罗马在116年即征服了这些领土[2];然而,罗马并没有剥夺阿坦巴洛斯七世的王权,仅需他向皇帝图拉真缴税,还给予查拉塞尼王国特殊政治地位,与亚美尼亚、乌斯儒涅和阿迪亚波纳等国地位相当。

根据图拉真的政治策略,查拉塞尼应该在罗马和帕提亚之间扮演缓冲国的角色,事实上他还在当地部署了军队,但由于乌斯儒

---

[1] Cass. Dio LXVIII 28; Pliny HN VI 146; Tac. Ann. XVI 25, 2.
[2] Cass. Dio LXVIII 28, 4.

涅、亚美尼亚和巴比伦爆发了大范围的反罗马起义，以及美索不达米亚的犹太人起义和几次军事失败，哈德良决定撤销在美索不达米亚的省份，将罗马的边界收缩至幼发拉底河沿岸；因此，从公元 117 年开始，查拉塞尼不再是罗马的附庸省。自此直至公元 131 年，查拉塞尼与罗马的关系模糊不清。公元 131 年，帕提亚国王帕科罗斯二世的儿子梅瑞达特成为查拉塞尼国王，领土包括巴林，甚至可能也包括阿曼。然而，他在公元 150 年被帕提亚人自己废黜了，查拉塞尼又重新成为一个服从于帕提亚统治的王国。

公元 222 年，萨珊王朝的第一位国王阿尔达希尔征服了查拉塞尼，自此，这个王国一直由萨珊王子代表国王进行统治[①]。

乌斯儒涅

在美索不达米亚北部，塞琉古王朝衰落后诞生了新的独立实体乌斯儒涅。埃德萨城（古叙利亚语中称为 Orhaï，即今天的乌尔法）被分为四部分，成为乌斯儒涅的都城。埃德萨坐落于巴利赫河源头，距离科马基尼王国的都城萨莫萨塔以及幼发拉底河的渡口泽乌玛不远，向美索不达米亚谷地边缘延伸。城堡依山而建，将被岱山河穿过的城市与山地区隔开来。当地阿布加尔王朝的皇宫位于卫城之中，后来成为冬宫，而王室夏天移居于城市的更低位置，策略性地选择了岱山河形成的小湖附近。地方精英的房屋在夏宫附近，十分华丽，有漂亮的马赛克地板[②]。城市中心还有市场及纳布神庙和

---

① Schuol 2000: 227–228.
② Segal 1970; Ross 2001.

第一讲　公元前 4 世纪至公元 3 世纪欧亚大陆的历史背景

贝尔神庙，城中的河流两岸建有柱廊。

乌斯儒涅占据了托罗斯山脉边缘的河漫滩；尽管属少雨的大陆性气候，但已能满足种植特定庄稼的条件，地下水也有助于地方农业的繁荣。它具有创建二元社会的理想环境（对二元社会概念的深入分析，借用了古代近东的研究[①]），促进了集权结构的产生与发展。因半沙漠地区农产品的短缺，希腊政治模式在这里实施得并不理想，因此，正如哈特拉和帕尔米拉那样，二元化的民族开始发展，使蕴含希腊-马其顿元素的城市居民与附近的游牧族群融合，产生新的族群认同，他们以城市为政治和行政中心，而经济则以牲畜和远距离贸易为基础（埃德萨位于多条贸易线路的交会处，与安纳托利亚、四城镇以及地中海、帕尔米拉、尼西比斯、哈特拉均有联系[②]）。这些新的族群在城市中建立了新的行政结构，使希腊元素逐步消失，代之以居住在皇宫中的君主，那里也是地方经济的中心[③]。

关于埃德萨的起源，除了把它与亚伯拉罕联系在一起的传说外，唯一确切的信息是，它是由塞琉古一世因东西、南北通路上的战略位置而兴建。公元前 133 年，埃德萨城独立，处于领主治下，直至公元前 34/33 年，所有埃德萨的统治者都开始使用王的称号[④]。

早在公元前 69 年，卢库卢斯就已开始卷入对乌斯儒涅及其首领的战争中，不久后的公元前 64 年，庞培向叙利亚发起进攻，埃德萨处于罗马、帕提亚、亚美尼亚等多方压力之下。乌斯儒涅军队

[①] Sommer 2005, 2018.
[②] Young 2001.
[③] Sommer 2005: 227–228.
[④] Ross 2001.

虽与庞培签订了协议，但他们的介入似乎实际上在帕提亚对克拉苏的胜利中发挥了关键作用。同样，在迈赫达特斯与戈塔尔泽斯争夺帕提亚王位时（公元49年），乌斯儒涅支持戈塔尔泽斯对抗罗马。

由于图拉真在亚美尼亚的战役取得了胜利，最终征服了巴特奈和尼西比斯，埃德萨的国王阿布加尔七世被迫向罗马皇帝俯首称臣。其后美索不达米亚北部爆发反对罗马的叛乱，罗马皇帝命令帕塔玛斯帕特斯取代阿布加尔七世成为乌斯儒涅国王。公元2世纪，埃德萨在罗马和帕提亚间左右摇摆；公元260年左右，继承埃德萨王位的国王入质罗马，以保证罗马对该城市和领土的影响力。虽然乌斯儒涅在公元166年就已成为罗马的附属国，但阿布加尔王朝从公元170年代到2世纪末仍能保持一定程度的独立。公元195年，塞普蒂米乌斯·塞维鲁建立了新的罗马乌斯儒涅行省，谨慎地划出了埃德萨地区，使之继续成为新省内的一块独立飞地（这一点可以从最近发现的重要铭文中推断出来）。埃德萨的国王继续统治该城市，并被罗马授予"执政官"职位，这意味着他处于罗马的行省体系中，在某种程度上，他的王国是该体系的一部分。公元2世纪末至3世纪初，埃德萨国王的这种有限的主权经常被罗马收回，将之授予高级骑兵军官。在这一时期，埃德萨是一个自由城镇，在随后的埃拉伽巴路斯治下则属殖民地，亚历山大·塞维鲁时期成为一个大都市，直到公元248年，阿布加尔王朝才被皇帝"阿拉伯人"菲利普永久推翻。在这个王朝最终灭亡前，一个相当模糊的故事还记录了从未登上王位的王室成员马努，他被伊朗人称为"王储"[①]，证明了他的这种身份。权力结构的这些变化可能与帕提亚王国的衰

---

① Gnoli 2002.

第一讲　公元前 4 世纪至公元 3 世纪欧亚大陆的历史背景

弱有关，也与新的萨珊王朝重新创建的地缘政治格局有关，该王朝当时正在吞并美索不达米亚地区的所有独立和半独立政权。

哈特拉

哈特拉位于广阔的杰齐拉平原中部，是区域的中心，北部有无数小河及托罗斯山脉西麓余脉，使这一半干旱地区有一部分可耕种的土地（图 1-5）。

哈特拉的建立取决于一系列政治和经济因素：帕提亚力量的巩固，以及美索不达米亚北部远距离贸易的增长，使杰齐拉地区的一部分游牧人口成为定居者，并兴建了城市聚落。公元 2 世纪，它从一个地方的重要聚落发展为跨区域商业中心。在公元 1—3 世纪间，哈特拉发展为直径约 2 公里的圆形城市。其外围有双重城墙：

图 1-5　哈特拉 © Encyclopaedia Britannica

内墙高 20 米，厚 3 米，设有 11 处城堡、28 座高塔和 132 座小塔。内墙外是 5 米深的壕沟，以及直径 3 公里的外墙。城市中心被大面积的神圣区域占据，被称为"神之家"，汇聚了众多庙宇，它们多数兴建于公元 2 世纪。事实上，它们融合了希腊化-罗马以及帕提亚-东方的建筑元素。城市的其他区域有更为紧凑的结构；街道并非垂直相交，似乎是根据现有建筑来设计的，垂直的道路在圆形的城市中是不切实际的。显然，这里没有专门用于进行某种活动的特殊街区，城市中除"神之家"外，还存在大大小小的庙宇，表明宗教、工作、市场和家庭生活交织在一起①。

哈特拉位于连接辛加拉与泰西封的重要战略位置，这肯定引起了图拉真的注意，他试图把这里作为兼并美索不达米亚北部的基石，同时也是未来对亚述及巴比伦军事战争的前哨；然而，由于天气及哈特拉坚固的城墙，图拉真的军队没能夺取这里。公元 197—199 年，塞普蒂米乌斯·塞维鲁在对帕提亚的战争中也试图攻占哈特拉，但同样未获成功。

萨珊人成为伊朗的新统治者后，哈特拉的政治气候突然发生变化。于是，哈特拉寻求罗马的保护，在王朝的最后几十年里获得了驻军。公元 230 年，第一帕提亚军团的一支队伍入驻哈特拉，但这并不足以拯救这个美索不达米亚沙漠的伟大首都。公元 240 年，阿尔达希尔的儿子沙普尔一世征服并永久摧毁了这座城市，以此来庆祝他的即位元年②。

---

① Sommer 2003，大量铭文材料可见 Vattioni 1981, 1994; Bertolino 1995。
② 上文提及的保存于科隆的摩尼教古卷中记载了哈特拉的陷落、沙普尔掌权的第一年和摩尼的传教之间的同步性。

帕尔米拉

自公元 1 世纪始，位于地中海和幼发拉底河之间的叙利亚沙漠中央的阿拉姆语城市泰德穆尔，成为日益重要的叙利亚内陆的商业中心，它在希腊语和拉丁语中被称为帕尔米拉（图 1-6）。这座商旅城市借罗马之势兴起，正好与罗马的叙利亚行省相伴而生[1]。该城市的性质——它是否被纳入叙利亚行省，或者相反，尽管与罗马有制度上的联系，但仍然保持自治——一直是学者们争论的话题。我认为最好把它看作一个自公元 1 世纪以来与罗马有依附关系的城镇，它仍具有充分的自治权，自治权的大小根据地方的权力平衡而决定。普林尼将泰德穆尔描述为在两个帝国之间摇摆不定的实体，较为可信。只有当它被承认有良好的自治水平时，才可能成长为罗马帝国和帕提亚帝国之间的商业中心。在帕尔米拉以外的帕尔米拉商人只认为自己是泰德穆尔人或帕尔米拉人，绝不认为自己是罗马人。但可以肯定的是，罗马军队中有帕尔米拉人，而且是在远离他们家乡的地方：不列颠、达契亚和北非。事实上，散居的帕尔

图 1-6 帕尔米拉的剧院 © Wikipedia

---

[1] Yon 2022；Sommer 2020；Andrade 2013；Kaizer 2002.

米拉人在罗马世界的任何地方都留下了文字踪迹,甚至在罗马和波佐利也不例外。

帕尔米拉商队是高度组织化的,其领导者是一位被称为塞诺狄阿科的地方贵族。商队由数千头骆驼组成,首先将帕尔米拉与波斯湾沿岸连接起来,继而到达地中海附近。在公元1—2世纪,即帕尔米拉财富和地位的鼎盛时期,最频繁的一条东方商贸路线是从帕尔米拉出发,向南到达赫特河畔,随后乘用皮桶制作的船顺流而下到达查拉克斯·斯帕西努。经证实,在查拉塞尼和巴林也有帕尔米拉商人,其中的一位被称为"巴林公民的总督,以查拉克斯·斯帕西努之王米尔得特斯之名"[①]。

罗马帝国的前三个世纪,帕尔米拉的庞大贸易是长途贸易的大头。在印度、巴基斯坦、也门、埃及、意大利、罗马,甚至是遥远的非洲之角索科特拉岛,都有帕尔米拉商人的踪迹[②]。帕尔米拉人的贸易事业并不令人震惊:他们生活在干燥的叙利亚沙漠中,善骑骆驼,顺其自然地占据了主要的贸易路线,而有赖于季风之力,在3世纪时,红海和印度之间的航行得以实现。这条路线离他们的家乡很远,这表明他们愿意把钱投资在高风险高回报的事业上。公元260年,罗马皇帝瓦莱里安被萨珊国王沙普尔一世俘虏,罗马帝国接近崩溃,此时一位杰出的帕尔米拉人奥德奈苏斯保护了罗马的利益,击退了波斯侵略者,甚至发起了两次反攻,威胁到波斯帝国首都泰西封。

在瓦莱里安之子伽利埃努斯统治时期(公元260—268年),奥

---

① IGLS XVII.1, 245.
② Strauch 2013.

德奈苏斯被委以整个罗马帝国东部的重任，但突然不明不白地被杀害。他的妻子芝诺比亚以他们的儿子瓦巴拉特的名义接管了权力，开始与罗马皇帝的拉锯战。罗马皇帝克劳狄二世于公元 268 年年底即位，他忙于与多瑙河沿岸日益强大的日耳曼人联盟争斗，无力处理东方问题。克劳狄二世的继任者奥勒良（公元 270—275 年在位）通过两次决定性的军事行动灭亡了帕尔米拉，在第二次行动中夷平了帕尔米拉城。帕尔米拉的漫长历史于公元 272 年宣告结束。十年后，戴克里先皇帝在其废墟上建造了一座堡垒，持续使用了两个多世纪，但帕尔米拉这个伟大的东方贸易女王已不复存在。帕尔米拉的出现改变了叙利亚草原和阿拉伯北部的平衡，其军事能力代表了叙利亚古代晚期复杂的边境中的一角。

帕提亚衰落与萨珊崛起

尽管在整个公元 1 世纪，帕提亚在美索不达米亚的权力并未被罗马严重威胁，但它仍常常受到成长起来且日益巩固的地方力量的挑战，特别是当国王集中力量于国家东部的遥远边疆之时。一旦帕提亚国王在对东方游牧部落的战争中身亡，西方，特别是美索不达米亚的地方领袖就起而反抗，并能够向中央政权争取到很大程度的独立。

公元 2 世纪，罗马和帕提亚的军事力量日益不平衡，加快了美索不达米亚地方独立的进程（图 1-7）。2 世纪中叶，帕提亚卡雷大胜的记忆逐渐淡去，罗马开始劫掠帕提亚帝国首都泰西封。图拉真于 116 年、路奇乌斯·维鲁斯于 164 年、塞普蒂米乌斯·塞维鲁于 198 年都发动过对泰西封的战争。在此情况下，美索不达米亚的统治者们试图通过与优势一方联盟而保护自己免受报复性行动的影

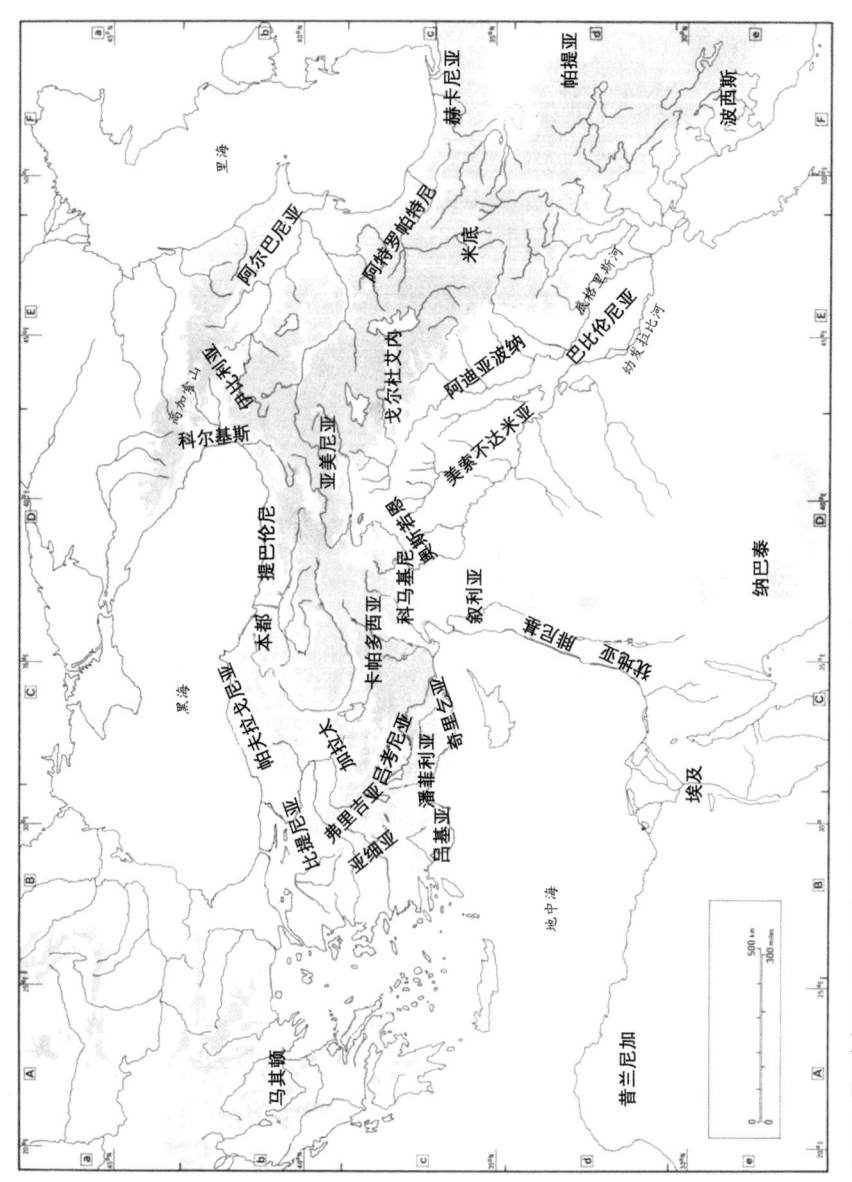

图 1-7 罗马东部 Cambridge Histories Online © Cambridge University Press, 2008

响,这进一步促成了后来罗马军队的胜利。

公元2世纪后半叶,强烈的不再忍受古代帕提亚王朝的情绪开始在法尔斯省蔓延。一场波斯贵族发起的运动成功推动了萨珊王朝崛起,萨珊王朝起源的传说被记录在有重大文化意义的史诗《阿尔达希尔功绩书》中①。

这个新王朝在一开始就显示出紧密根植于他们的伊朗传统。国王们采用了"伊朗万王之王"的称号,随后又使用"伊朗和非伊朗万王之王";他们认为自己是神话中的凯扬王朝的后裔——该王朝是一个史诗般的传奇故事的核心,起源伊朗东部而非波斯,特别是锡斯坦省(亚历山大大帝时期,希腊人称之为阿里安)。萨珊人继承了这一遗产并化为己用。因此,伊朗的概念是建立在受宗教思想启发的政治计划之上的。公元3世纪,琐罗亚斯德教成为统治王朝根据法尔斯地区祭司的意见进行的强大政治-宗教宣传②。王权成为绝对的权力中心,所有在帕提亚统治时期享有一定独立性的政治实体随之失去了主权。支持阿尔达希尔上台的伊朗贵族具有农业大庄园背景,在帝国的社会和政治生活中发挥了关键作用。他们奉行琐罗亚斯德教,这与城市商人阶层有很大不同,后者对贸易和变革的态度更为开放③。

正是为了辩证地替代这一价值体系,沙普尔统治的第一年,摩尼教开始在美索不达米亚传播。摩尼教的创始人是摩尼,公元216年出生在巴比伦北部。他出身于帕提亚贵族家庭,但从幼年开始,

---

① 关于萨珊王朝的起源,见 Frye 1962:238–242;关于史诗的翻译,见 Grenet 2003。
② Gnoli 1989:137–140.
③ Gnoli 1989:158.

就和父亲一起生活在古老的犹太基督教浸礼派的群体中，他宣称在12 岁及 24 岁得到两次启示，之后迁徙至印度传教。公元 242 年，摩尼乘船回到伊朗宣传教义，似乎说动沙普尔一世的兄弟佩罗兹皈依。他在那里派出教徒，其中的两支分别前往埃及和东方。后者在接下来的几个世纪里一直到达中亚和中国。公元 8 世纪，一些摩尼教传教者成功地使一位吐鲁番地区的回鹘国王皈依。摩尼教成为那里的国教，直到 11 世纪。随后，它伪装成佛教隐秘地存活下来，到达了中国南方，被证明直到 14 世纪还存在。摩尼教是一个建立在善与恶、光明与黑暗对立基础上的诺斯底宗教，旨在彻底解放被禁锢在物质中、显现为黑暗的神性之光。该宗教的一些教义显示出伊朗、基督教和佛教的特点，它旨在实现统一，通过摩尼教成员的强烈传教活动来实现。沙普尔一世似乎对这种宗教取向感兴趣，这与他使新生王国成为一个普遍政治实体的政治计划不谋而合，但在他死后，他的继承人选择坚持他们的民族传统和琐罗亚斯德教。因此，摩尼教义显然与这一背景相悖。此外，摩尼教认为农业是支持黑暗势力的消极活动，因而反对农业，这种立场在商人中得到很好传播，但却引起了高级贵族的强烈反感，他们的繁荣源自农业，并与琐罗亚斯德教神职人员有着密切的联系。因此，摩尼被关进监狱并处以死刑。

　　沙普尔一世的执政时间很长（公元 240—271/272 年），开辟了一个疆域大扩张时期，他似乎模仿了阿契美尼德王朝，至少在执政的前一阶段对东方和西方均显示出一致的用心。这必然与罗马发生冲突：在父亲阿尔达希尔大败亚历山大·塞维鲁后，沙普尔击败并杀死或俘虏了两位罗马皇帝，戈尔迪安三世和瓦莱里安。沙普尔一世对卡帕多西亚和叙利亚发动了三次入侵，两次攻占叙利亚首都安

第一讲　公元前 4 世纪至公元 3 世纪欧亚大陆的历史背景

图 1-8　纳什·洛斯塔姆遗址 © Wikipedia

条克，他的功绩被用帕提亚、中波斯语和希腊语三种语言记述在琐罗亚斯德天房①以及一系列巨石浮雕上（图 1-8）。还有一些铭文记述了大祭司克尔迪尔的功业②，他充当了沙普尔一世宗教政策的倡导角色。

罗马陷于剧烈的内部冲突之中，无力应对东方的萨珊入侵者，直到戴里克先成功地收复已丧失了一段时间的美索不达米亚北部（关于这一问题的材料极度缺乏，卢瑟已指出了这一问题③，尽管他细致地进行了分析，但也无法得到确定答案）。公元 297 年或 298

---

① 完整的三语文本见 Huyse 1999。
② Humbach & Skjærvø 1978.
③ Luther 2006.

年签订的尼西比斯和约带来了短暂的喘息之机,然而条约在另一位强大的萨珊国王沙普尔二世的扩张政策压力下以破裂告终,沙普尔二世的统治几乎持续了整个4世纪(公元309—379年)。然而,沙普尔二世的最大成就并非击败尤利安以及永久征服尼西比斯。事实上,在他统治期间,有赖于他极端正统的治国态度,萨珊帝国进入了文化扩张的最重要时期之一,他也是对琐罗亚斯德教神圣经典《阿维斯陀》经的传播贡献最大的国王之一。

正如本讲开始所言,公元3世纪中叶是一个至关重要的时刻,草原民众大迁徙所激起的动力终结了古典时代。新的人群登上大帝国的历史舞台,改变了环境。尽管这些帝国中的两个,即罗马或者说拜占庭帝国和伊朗帝国曾努力共同抵抗北方游牧者的进击,但他们仍然在面对南方的新兴力量——阿拉伯的穆罕默德——时毫无还击之力。

参考文献

精选参考文献

Andrade, N.J. 2013. *Syrian Identity in the Greco-Roman World* (Greek Culture in the Roman World). Cambridge: Cambridge University Press.

Debevoise, N.C. 1938. *A Political History of Parthia.* Chicago: University of Chicago.

Di Cosmo, N. 2018. The Relations between China and the Steppe: from the Xiongnu to the Türk Empire. In Nicola Di Cosmo & Michael Mass (Eds.), *Empires and Exchanges in Eurasian Late Antiquity* (pp.35–53). Cambridge: Cambridge University Press.

Kaizer, T. (Ed.) 2022. *A Companion to the Hellenistic and Roman Near East*

(Blackwell Companions to Ancient World). Hoboken, NJ: John Wiley & Sons.

Kim, H.J. 2013. *The Huns, Rome and the Birth of Europe*. Cambridge: Cambridge University Press.

Kuhrt, A. & Sherwin-White, S. (Eds.) 1987. *Hellenism in the East: The Interaction of Greek and non-Greek Civilizations from Syria to Central Asia after Alexander*. Berkeley; Los Angeles: University of California Press.

Millar, F. 1993. *The Roman Near East, 31 B.C.–A.D. 337*. Cambridge (MA); London: Harvard University Press.

Scheidel, W. (Ed.) 2015. *State Power in Ancient China and Rome* (Oxford Studies in Early Empires). Oxford; New York: Oxford University Press.

Wiesehöfer, J. 1996. *Ancient Persia from 550 BC to 650 AD*. London; New York: I.B. Tauris Publishers.

Young, G.K. 2001. *Rome's Eastern Trade: International Commerce and Imperial Policy, 31 BC–AD 305*. London; New York: Routledge.

其他参考文献

Adalı, S.F. 2017. Cimmerians and the Scythians: the Impact of Nomadic Powers on the Assyrian Empire and the Ancient Near East. In Hyun Jin Kim, Frederik Juliaan Vervaet & Selim Ferruh Adalı (Eds.), *Eurasian Empires in Antiquity and the Early Middle Ages* (pp. 60–82). Cambridge: Cambridge University Press.

Bertolino, R. 1995. *La cronologia di Hatra: interazione di archeologia e di epigrafia* (Supplemento n. 83 agli Annali IUO). Napoli; Berlin: W. de Gruyter.

Bickerman, E.J. 1938. *Institutions des Séleucides* (Bibliothèque archéologique et historique 26). Paris: Librairie orientaliste Paul Geuthner.

Billows, R.A. 1990. *Antigonos the One-Eyed and the Creation of the Hellenistic State*. Berkeley: University of California Press.

Bowersock, G.W. 1989. La Mésène (Maisan) antonine. In T. Fahd (Ed.), *L'Arabie préislamique et son environnement historique et culturel* (pp.159–168). Leyden: Brill. [= G.W. Bowersock, *Studies on the Eastern Roman Empire* (Bibliotheca eruditorum 9, pp.275–284) 1994, Goldbach: Kelp.]

Centanni, M. 1991. *Il romanzo di Alessandro*. Torino: Einaudi.

Coloru, O. 2009. *Da Alessandro a Menandro: il regno greco di Battriana* (Studi ellenistici 21). Pisa: F. Serra.

Di Cosmo, N. 2011. Ethnogenesis, Coevolution and Political Morphology of the Earliest Steppe Empire: The Xiongnu Question Revisited. In U. Brosseder & B.K. Miller (Eds.) *Xiongnu Archaeology: Multidisciplinary Perspectives of the First Steppe Empire in Inner Asia* (pp. 35–48). Bonn: Vor-und Frühgeschichtliche Archäologie, Rheinische Friedrich-Wilhelms-Universität Bonn.

Di Cosmo, N. & Maas, M. (Eds.). 2018. *Empires and Exchanges in Eurasian Late Antiquity, Rome, China, Iran, and the Steppe, ca. 250–750*. Cambridge: Cambridge University Press.

Droysen, J.G. 1843. *Geschichte des Hellenismus 3. Geschichte der Diadochen*. Hamburg: Friedrich Perthes.

Frye, R.N. 1962. *The Heritage of Persia*. London: Weidenfeld and Nicolson.

Gnoli, G. 1989. *The Idea of Iran: An Essay on Its Origin* (Serie Orientale Roma 62). Roma: Istituto italiano per il Medio ed Estremo Oriente.

Gnoli, T. 2002. Paşgribā at Ḥatra and Edessa. In A. Panaino & G. Pettinato (Eds.), *Ideologies and Intercultural Phenomena: Proceedings of the Third Annual Symposium of the Assyrian and Babylonian Intellectual Heritage Project Held in Chicago, october 27–31, 2000* (MELAMMU Symposia 3, pp.79–87). Milano: Mimesis.

Grainger, J.D. 2015. *The Seleukid Empire of Antiochus III: (223–187 BC)*. Barnsley: Pen & Sword Military.

Green, P. 1974. *Alexander of Macedon, 356–323 B.C.: a Historical Biography* (Pelican Biographies). Harmondsworth: Penguin books.

Grenet, F. 2003. *La Geste d'Ardashir fils de Pâbag (Kārnāmag ī Ardaxšēr ī Pābagān)*. Traduit du pehlevi par Frantz Grenet, Die.

Gutschmid, A. von. 1888. *Geschichte Irans und seiner Nachbarländer von Alexander dem Grossen bis zum Untergang der Arsaciden*. Tübingen: H. Laupp.

Hackl, U., Jacobs, B. & Weber, D. (Eds.) 2010. *Quellen zur Geschichte des Partherreiches 1. Prolegomena, Abkürzungen, Bibliografie, Einleitung, Indices,*

Karten, Tafeln (Novum Testamentum et Orbis Antiquus 83). Göttingen: Vandenhoeck & Ruprecht.

Hannestad, L. 2020. *Nicator Seleucus I and his Empire*. Aarhus: Aarhus Universitetsforlag.

Hauser, R. 2012. The Arsacid (Parthian) Empire. In D. T. Potts (Ed.), *A Companion to the Archaeology of the Ancient Near East* (pp. 1001-1020). Oxford/New York: Wiley-Blackwell.

Högemann, P. 1985. *Alexander der Große und Arabien* (Zetemata 82). München: Verlag C. H. Beck.

Humbach, H. & Skjærvø, P. O. 1978. *The Sassanian Inscription of Paikuli, Part 1-3*. Wiesbaden: Dr. Ludwig Reichert Verlag.

Huyse, P. 1999. *Die dreisprachige Inschrift Šābuhrs I. an der Kaʿba-i Zardušt (ŠKZ)* (Corpus Inscriptionum Iranicarum III. Pahlavi Inscriptions. Bd. 1). London: School of Oriental and African Studies.

Isaac, B.H. 1992. *The Limits of Empire: The Roman Army in the East*. Oxford; New York: Clarendon Press.

Kaizer, T. 2002. *The Religious Life of Palmyra: A Study of the Social Patterns of Worship in the Roman Period* (Oriens et Occidens 4). Stuttgart: F. Steiner.

Kim, H.J., Vervaet F. J. & Adalı, S. F. (Eds.) 2017. *Eurasian Empires in Antiquity and the Early Middle Ages, Contact and Exchange between the Graeco-Roman World, Inner Asia and China*. Cambridge: Cambridge University Press.

Klinkott, H. 2000. *Die Satrapienregister des Alexander- und Diadochenzeit* (Historia Einzelschriften 145). Stuttgart: F. Steiner Verla.

Koenen, L. & Römer, C. 1988. *Der Kölner Mani-Kodex: Über das Werden seines Leibes: Kritische Edition* (Abhandlungen der Rheinisch-Westfälischen Akademie der Wissenschaften. Sonderreihe Papyrologica Coloniensia 14). Opladen: Westdeutscher Verlag.

Lieberman, V. 2009. *Strange Parallels: Southeast Asia in Global Context, c. 800-1830*. Cambridge: Cambridge University Press.

Luther, A. 1999. Überlegungen zur defectio der östlichen Satrapien vom Seleucidenreich, *Göttinger Forum für Altertumswissenschaften*, 2, 5-15.

Luther, A. 2006. Roms mesopotamische Provinzen nach der Gefangennahme Valerians (260). In J. Wiesehöfer & Ph. Huyse (Eds.), *Ērān ud Anērān. Studien zu den Beziehungen zwischen dem Sasanidenreich und der Mittelmeerwelt. Beiträge des Internationalen Colloquiums in Eutin, 8.–9. Juni 2000* (Oriens et occidens 13, pp.203–219). Stuttgart: Franz Steiner Verlag.

Overtoom, N.L. 2016. The Power-Transition Crisis of the 240s BCE and the Creation of the Parthian State, *The International History Review, 38*(5), 984–1013.

Pédech. 1984. *Historiens compagnons d'Alexandre: Callisthène, Onésicrite, Néarque, Ptolémée, Aristobule.* Paris: Les Belles Lettres.

Potts, D.T. (Ed.) 2012. *A Companion to the Archaeology of the Ancient Near East.* London: Blackwell.

Potts, D.T. (Ed.) 2013. *The Oxford Handbook of Ancient Iran.* Oxford: Oxford University Press.

Ross, S.K. 2001. *Roman Edessa: Politics and Culture on the Eastern Fringes of the Roman Empire, 114–242 CE.* London; New York: Routledge.

Rowton, M.B. 1976a. Dimorphic Structure and the Tribal Elite. In J. Henninger, *Al-Bahit, Festschrift Joseph Henninger zum 70. Geburtstag* (Studia Instituti Anthropos 28, pp. 219–257). St. Augustin: Verl. d. Anthropos-Inst.

Rowton, M.B. 1976b. Dimorphic Structure and Topology. *Oriens Antiquus 15*, 17–31.

Rowton, M.B. 1977. Dimorphic Structure and the Parasocial Element. *JNES, 36*, 181–198.

Schmitt, R. 2007. Isidorus of Charax. In *Encyclopaedia Iranica* XIV.

Schuol, M. 2000. *Die Charakene: Ein mesopotamisches Königreich in hellenistisch-parthischer Zeit* (Oriens et Occidens 1). Stuttgart: Franz Steiner Verlag.

Segal, J. 1970. *Edessa, the Blessed City.* Oxford: Clarendon Press.

Shayegan, M.R. 2011. *Arsacids and Sasanians: Political ideology in post-hellenistic and late antique Persia.* Cambridge: Cambridge University Press.

Sommer, M. 2003. *Hatra: Geschichte und Kultur einer Karawanenstadt im römisch-parthischen Mesopotamien.* Mainz: von Zabern.

Sommer, M. 2005. *Roms orientalische Steppengrenze: Palmyra-Edessa-Dura-Europos-Hatra, Eine Kulturgeschichte von Pompeius bis Diocletian* (Oriens et

Occidens 9). Stuttgart: F. Steiner Verlag.

Sommer, M. 2018. *Palmyra, A History* (Cities of the Ancient World). London; New York: Routledge.

Sommer, M. (Ed.) 2020. *Inter duo Imperia: Palmyra between East and West* (Oriens et Occidens 31). Stuttgart: Franz Steiner Verlag.

Strauch, I. (Ed.) 2013. *Foreign Sailors on Socotra, The inscriptions and drawings from the cave Hoq* (Vergleichende Studien zu Antike und Orient 3). Hamburg: Hempen Verlag.

Strootman, R. 2019. Antiochos IV and Rome: The Festival at Daphne (Syria), the Treaty of Apameia and the Revival of Seleukid Expansionism in the West. In A. Coşkun & D. Engels (Eds.), *Rome and the Seleukid East, Selected Papers from Seleukid Study Day V, Brussels, 21–23 August 2015* (Collection Latomus 360, pp. 173–216). Bruxelles: Société d'Études Latines.

Vattioni, F. 1981. *Le iscrizioni di Ḥatra* (Supplemento n. 28 agli Annali dell'Istituto Orientale di Napoli vol. 41). Napoli: Istituto Universitario Orientale di Napoli.

Vattioni, F. 1994. *Hatra* (Annali dell'Istituto universitario Orientale. Supplemento 81a). Napoli: Istituto Universitario Orientale di Napoli.

Wiesehöfer, J. 1988. Die Persis nach Alexander: Widerstand gegen den Hellenismus zur Zeit der Fratarakā-Dynasten. In T. Yuge & M. Doi (Eds.), *Forms of Control and Subordination in Antiquity* (pp. 488–491). Tokyo: The Society for Studies on Resistance Movements in Antiquity.

Wiesehöfer, J. 2013. *Fratarakā and Seleucids*, In D. T. Potts (Ed.), *The Oxford Handbook of Ancient Iran* (pp.728–751). Oxford; New York: Oxford University Press.

Will, É. 1979–1982. *Histoire politique du monde hellénistique (323–30 av. J.-C.), Tome I–II* (Annales de l'Est, Mémoire 30–32). Nancy: Presses universitaires de Nancy.

Yon, J.-B. 2022. *Palmyra*, In Kaizer 2022, pp. 284–294.

第二讲 印度-巴基斯坦次大陆社会演进的考古学证据：从城镇的出现到消亡

马西莫·维达莱（Massimo Vidale）

导 论

印度河流域文明是壮观的早期青铜文明（约公元前 3000—前 1900 年，其中完全的城市阶段或"哈拉帕成熟期"为公元前 2600—前 1900 年），地理范围包括从今巴基斯坦到阿曼海沿岸，直到今伊朗与巴基斯坦的边境，以及印度西北部的旁遮普平原、印度西部古吉拉特邦与马哈拉施特拉邦之间的肯帕德湾沿岸[1]（图 2-1）。"壮观"一词不仅指印度河流域文明的广阔范围或其早期城市的壮丽雄伟，也包括它的许多与其他早期青铜文明不同的重要特点，至今仍有一部分尚属难解。

印度河流域文明的独特性主要在于对水资源管理和城市水源控制的兴趣[2]，以及手工业群体的精湛技术[3]，尽管这些制品第一眼

---

[1] Courtillier 1930; Marshall 1931; Mackay 1935, repr. 2001; 1938, 1943, repr. 2001; Piggot 1950; Fairservis 1967, 1986; Wheeler 1968, repr. 2001; Shaffer 1982, 1992; Kenoyer 1991a, 1997, 1998, 2003; Meadow 1991; Possehl 2002; McIntosh 2002, 2008; Wright 2010; Coningham & Young 2015; Robinson 2015.

[2] Jansen 1993.

[3] Vidale 1990; Vidale & Miller 2000.

第二讲 印度-巴基斯坦次大陆社会演进的考古学证据：从城镇的出现到消亡

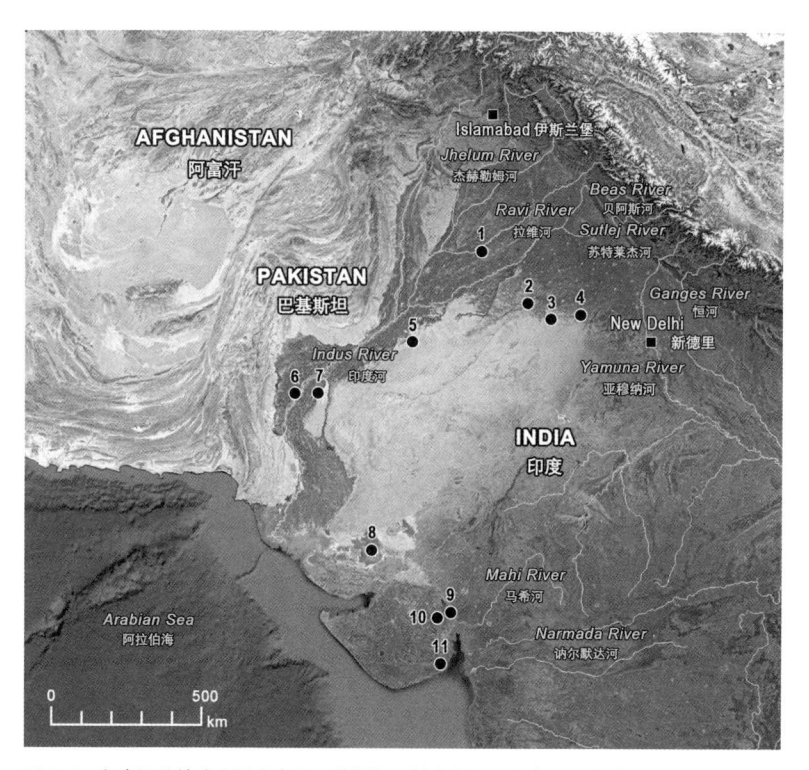

图 2-1 印度河谷地（主要在今天巴基斯坦疆域内）以及印度西北部地图，标记了文中提到的大多数整合时期的史前遗址位置

1. 哈拉帕 Harappa
2. 卡里班根 Kalibangan
3. 索蒂 Sothi
4. 西斯瓦尔 Siswal
5. 甘瓦里瓦拉 Ganweriwala
6. 摩亨佐达罗 Mohenjodaro
7. 科托底基 Kot Diji
8. 多拉维拉 Dholavira
9. 洛塔 Lothal
10. 朗布尔 Rangpur
11. 伯德里 Padri

看上去可能被判断为"次要的"——至少在严格的经济和功能意义上是如此，如精致的珠子、手镯以及其他种类的小装饰品和个人标识（下文将论及）。

在广阔的印度河流域，发现了数以千计不同规模的遗址，它们可能被5个超常规模的主要城市控制：巴基斯坦旁遮普省的哈拉帕（80公顷或更大）、巴基斯坦信德省的摩亨佐达罗（400公顷?）、印度喀奇湾的多拉维拉（50公顷或更大）、印度哈利亚纳邦的拉吉加西（80公顷或更大）、巴基斯坦焦利斯坦的甘瓦里瓦拉（邻近今天的印巴边境，50公顷或更大）[1]。许多学者认为，这5个相距约250—350公里的城市是独立政权的所在地。

不幸的是，这显然是一种过分简化的认识。虽然在摩亨佐达罗、哈拉帕、多拉维拉以及更小些的洛塔等城市都开展过有意义的发掘，但它们的表层常被不同程度地扰乱或毁坏；这些遗址以及其他遗址中的一部分可能已不可见，被晚期甚至当代的设施占据，或被大量冲积物覆盖[2]。最后，由于印度河流域城市的发展过程是长达数世纪的围墙院落逐渐聚集（见下文），且定居点和小范围废弃遗迹的规模可能不断波动，因此，对上述城市静态扩展的估计可能没有什么意义。

此外，奇怪的是，除戴尔斯和凯诺耶完整出版了HR岛西部边缘发掘的陶器资料外[3]，迄今为止，还没有人对成熟哈拉帕时期城市定居点出土的大量陶片进行系统地记录、绘制、分类和排序工

---

[1] Kenoyer 1998.
[2] 关于摩亨佐达罗，见 Leonardi 1988.
[3] Dales & Kenoyer 1986.

作。如果不能正确认识陶器的变化规律，陶片就不能作为断代标记使用。因此，对于公元前 3 千纪后半期的遗址，仍然很难用陶器准确地将一个聚落或其中的一部分定位到漫长的哈拉帕成熟期（约公元前 2600—前 1900 年）中的某个世纪。

最后，经验表明，即使是大型遗址，仍可能由于种种原因而未被发现：上信德省（巴基斯坦）的拉赫恩佐达罗就是一个典型例子，它被叠压在苏库尔郊外的现代工业区（现在的信德省工业和贸易区）之下[①]。该遗址被现代工程严重扰乱，不同的报道称其面积在 50—100 公顷之间，离摩亨佐达罗很近（85 公里），足以让人怀疑传统"五统治区"模式的真实性。更有甚者，在拉赫恩佐达罗发现了两块带有符号（也许是铭文）的青铜"板"，其类型常见于哈拉帕，但在更近的摩亨佐达罗却没有。这个最新证据似乎提醒我们对印度河平原网络中最大的城市中心所知仍然甚少。

牢记这一点和其他应注意之事（将逐步探讨），本文将简要回顾印度河流域文明的经济基础，它所遵循的路径和在城市阶段所具有的形式，以及在公元前一千年前半期演变的考古学图景。

地理和资源：五条河流与两个雨季

印度河流域文明繁荣于印度河与萨拉斯瓦蒂河孕育出的盆地中，这两条河流断断续续地流经印度西北和巴基斯坦东部。然而，最近的地貌研究提出了新的问题，认为印度河谷地并不像底格里斯河与幼发拉底河孕育的美索不达米亚一样，一直被两条"孪生河流"滋养；萨拉斯瓦蒂河应主要福泽北方苏特莱杰的主河床以东，以及

[①] Kazi 1989；Shaik *et al.* 2004–2005；Biagi & Vidale 2022.

印度河以南的地区。仍有一些印度学者拒绝使用"印度河文明",而支持用"萨拉斯瓦蒂"文明[①]。这种冲突的观点和看法很可能在未来的研究中不断回响。

印度河是亚洲最长的河流之一。它流经中国西藏、查谟和克什米尔以及巴基斯坦平原,在信德省的港口城市卡拉奇附近流入阿拉伯海,全长3180公里。印度河的总排水面积1165000平方公里,每年流量207立方公里。在巴基斯坦的上游平原,印度河左岸的支流是洁纳布河。洁纳布河又有4条主要支流,即杰赫勒姆河、拉维河、贝阿斯河和苏特莱杰河;旁遮普("五条水")的得名即来自包括印度河在内的这五条河流。

印度河的源头是山泉,加上喜马拉雅的冰川及小河,供养了山前地带的温带森林、河岸林,以及干旱但肥沃的乡村中的广泛农业活动。今天的旁遮普平原仍未被破坏,有一望无际的绿色田野。在信德省,印度河常在8月中旬或9月初达到流量顶峰;每年泛滥两次,分别在春夏喜马拉雅山川融雪和季风雨季之后。泛滥形成了一条宽80公里的可耕种的紧致黏土地带,被河岸林围绕。整个谷地的农业潜力巨大,至今也是如此。

此外,水路常常创造出贸易和交流网络。河流也通过遥远的山口将巴基斯坦和哈里亚纳(印度西北部)的平原与阿富汗、克什米尔及中国西藏的内陆山地连接在一起;并连接了阿拉伯海(印度洋),印度人至少在公元前3000年就已通过海路到达了阿曼海岸(见下)。

---

① Clift et al. 2012; Khonde et al. 2017; see also Gupta 1996.

第二讲　印度-巴基斯坦次大陆社会演进的考古学证据：从城镇的出现到消亡

农业和畜牧业

俾路支山脉以及兴都库什和喜马拉雅山脉带将印度河和恒河-亚穆纳河盆地东部的平原地区封闭在巨大的自然屏障系统内。在季节性周期中，夏季季风（7、8月）从炎热的海洋中心向北移动，在山麓地带登陆，为内部的北部平原带来持续数周的雨季。这种节律支持种植夏季作物（秋收作物，主要是小米、高粱和水稻；以及各种水果、种子植物和蔬菜，其中包括甜瓜、橘子、丝瓜、甘蔗、豌豆和豆子、花生和芝麻、棉花、葫芦、茄子以及印度饮食中两个永远重要的元素：辣椒和姜黄）。至少在新石器时代晚期，俾路支省北部的梅赫尔格尔似乎就已开始提取棉花和羊毛纤维，用来制作纺织品。

另一个季风是中纬度西风，从俾路支省的西部山区腹地吹向印度河中游平原，使重要的冬收作物得以在冬季生长（主要是小麦和大麦；也包括香蕉、棕枣、葡萄、柠檬等水果；种子植物中的扁豆、芫荽、小茴香、芥末和黑胡椒；以及洋葱、菠菜、胡萝卜、白菜等蔬菜）。

印度河文明传播的区域，或发现其特殊物质文化之处，是广阔而多变的。两种风系的不同影响，加上与海的距离、海拔高度、土壤的差异、水的可利用性——以及由此产生的"双雨季"的季节性模式，导致了重要的生态差异。虽然对哈拉帕的古植物学研究[①]为主要中心城市的农业生产和消费提供了重要参考，但上述差异足以影响整个宏观区域的农业潜力，可能是进一步影响文化整合、适应

---

① Weber 1991, 1999, 2003.

和抵御气候变化的关键因素①。

在农业发展受限的地方，如旁遮普省稍高的河间地，春汛时不能通过简单的分流改道和蓄水来聚集并分配水资源，因而必须用"波斯轮"和类似的系统（今天使用升降泵）来提水，或者从深井中取水。在南部的信德省，春汛时可以通过小水坝和运河进行某种程度的分流和控制，但至少在英国占领之前，人们仍难以阻挡强大的河水。没有实质证据表明这里有像史前美索不达米亚或同时期的中亚其他地区那样的永久性运河网络。

在信德省、旁遮普省以及所谓的伽葛-哈克拉-萨拉斯瓦蒂上游和亚穆纳平原可耕土地的边缘，是可为游牧的畜群和驯养动物提供牧草的草原及其他干旱地区。瘤牛是印度的田园底色和经济基础，它们的遗存通常在动物群（动物骨骼）中占最大份额。公牛为印度农民拉车、犁地，母牛则产出牛奶。这些动物的粪便是珍贵且高效的肥料。对印度陶片上油脂残留物的分析证明，黄牛、水牛、山羊、绵羊和猪是主要的肉类来源，羊也被饲养来获得毛料。鱼也是常见食物。鸟、狗、猫是宠物，猴子可能也是。

冲积河谷的自然植物包括草和一些树，如刺槐和黄檀木。树木和森林环绕平原四周，东南方向除外，那里冲积土壤与塔尔沙漠的移动沙丘混合在一起；树木除提供木材和其他森林产品，还是狩猎和采集的丰饶场所。

---

① Vishnu-Mittre & Savithri 1982; Petrie 2017, 2019; Bates *et al.* 2017; Petrie *et al.* 2017, 2021; Fuller 2003; Madella & Fuller 2006.

第二讲 印度-巴基斯坦次大陆社会演进的考古学证据：从城镇的出现到消亡

矿物、岩石和其他有价值的原材料

山坡和山内谷地为印度河流域的城市提供了几乎所有种类的有用矿物资源[①]：印度-伊朗边境，特别是查盖山脉和萨拉万地区，可开采或收集盐、滑石、雪花石、铜和银。人们可以在俾路支斯坦的米扬瓦利地区提炼出沥青，在附近的多样化地带获得滑石，在盐岭获得盐，在克什米尔寻得多种宝石和其他石头；在喀奇和古吉拉特邦获得玛瑙、红玉髓和碧玉；在次大陆多样的生态系统中得到象牙和珍贵木材。金粒可以从印度河的沉积物中淘洗出来；其他黄金来自克什米尔、喜马拉雅的其他地区，以及阿富汗（与青金石一起）和德干高原南部。阿拉瓦利山同样蕴藏包括滑石在内的丰富矿物，是印度用铜的主要来源之一；同样也提供锡、金、银和铅。此外，梅赫尔格尔发掘的早期遗址和墓葬证明，海贝是最早的远距离贸易和交换物品之一。

印度河文明是在异常丰富的生物生态多样性以及由此产生的融合潜力的基础上发展起来的。它是来自不同文明、地区和（很可能）使用不同语言的人们间通过物品和思想的交换交流，在不同且遥远的生态系统间建立起的巨大连锁进程的结果。

50年前，人们对印度-巴基斯坦次大陆史前时期的情况还知之甚少。很多人长期认为，摩亨佐达罗和哈拉帕（1921—1934年间发现并发掘）等大城市发展得较晚，是与更发达的西方（主要是美索不达米亚南部的城市）贸易与交流的间接结果。

---

① Law 2011.

目前公认的文化序列和年表

表 2-1 印度河流域文明的文化序列年表

时间（公元前）	阶段	时期
7000—5500	梅赫尔格尔 I（无陶器的新石器时代）	食物生产时期早期
5500—3300	梅赫尔格尔 II-VI（有陶器的新石器时代）	区域化时期
3300—2600	哈拉帕前期	
3300—2800	哈拉帕 1（拉维阶段）	
2800—2600	哈拉帕 2（科托底基阶段，瑙莎罗 I，梅赫尔格尔 VII）	区域化时期晚期
2600—1900	哈拉帕成熟文化（印度河文明）	
2600—2450	哈拉帕 3A（瑙莎罗 II）	整合化时期
2450—2200	哈拉帕 3B	
2200—1900	哈拉帕 3C	
1900—1700	哈拉帕 4	
1900—1300	哈拉帕晚期（H 墓地）；赭色陶器	地方化时期
1700—1300	哈拉帕 5	

食物生产时期的绝对年代是由在梅赫尔格尔发掘的法国考古队在交叉比较了物质文化后确定的[1]；其后的年代根据巴基斯坦与美国在哈拉帕遗址发掘获得的 400 余个 ^{14}C 数据确定[2]。

今天我们已经知道，西部的印度河流域平原以及东部的恒河平原，是野生谷物大规模驯化过程发生的地点，与古代近东及扎格罗斯山谷平行发展（印度河流域的小麦和大麦、恒河流域的水稻，至

---

[1] Jarrige *et al.* 1995.
[2] Meadow 1991; Meadow & Kenoyer 1994, 2005.

第二讲　印度-巴基斯坦次大陆社会演进的考古学证据：从城镇的出现到消亡

少自公元前 6 千纪开始，可能更早；但无论如何都要比西边的记录晚[1]）。直到公元前 1900 或前 1800 年之际，印度河流域的经济仍在很大程度上停留在新石器时代的组合上：冬小麦、大麦、棉花和其他产油植物的种子，以及牛、绵羊、山羊和它们的奶与肉。然而，目前对印度河-恒河或亚穆纳河平原东部宏观区域的调查和勘探发现，"双雨季"的气候类型对当地的影响，可能逐渐改变并丰富了这种经济基础。

公元前 8000—前 3000 年之间，有赖于夏季季风的影响，次大陆的气候条件在夏季和冬季都比较温暖（+3.5℃）和湿润，有利于农业的发展和一般的牛群饲养。据一些学者研究，这种原始的食物组合中的一部分通过与中东地区的杂交，获得了除瘤牛（一种非常古老的当地驯化品种）和水牛之外，最具有经济价值的品种。在更低处还有一个以水稻和水牛为主的恒河农业中心，其年代上限尚存争议，但肯定在公元前 4000—前 3000 年时已完全繁荣。德干高原在稍晚时期也有一个早期农业中心，以集约的牛群饲养和粟为特色，可能在公元前 2000 年左右进口并传播了非洲-阿拉伯品种。

新石器时代或食物生产时期早期的遗存——如前所述——仅见于卡奇平原上的梅赫尔格尔（图 2-2），该遗址位于通往阿富汗山谷的博兰山口附近。需要注意的是，在任何其他文明中，新石器时代的起源都只见于一处遗址，这给目前所有对印度次大陆史前历史的复原带来了不确定性。无论如何，梅赫尔格尔是一个由农民和牧民组成的固定村庄；地层学显示瘤牛的体型逐渐缩小，这是驯化的反映。穆廷在 2022 年对所谓的印度-伊朗边境地区（从俾路支

---

[1] Mutin 2022.

图 2-2　梅赫尔格尔的最早聚落 © Coningham & Young 2015

巴基斯坦俾路支斯坦省卡奇平原，I–IIa 期（无陶器的新石器时代）及 IIb 期（新石器时代晚期或有陶器的新石器时代）

白色的网格状多室建筑年代较晚，四个房间的建筑属于更为古老的 I 期（约公元前 7000—前 6000 年）

腹地到扎格罗斯东南部山地）最早的农业遗址和社会进行了最新的述评[①]。

当时梅赫尔格尔的居民住在简单的泥砖房里，房子由四到五个同一方向的房间组成[②]（图 2-3、2-4）。有时墙壁上绘有红点和简

---

① Mutin 2022.

② Jarrige C. *et al.* 1995；Jarrige *et al.* 2013.

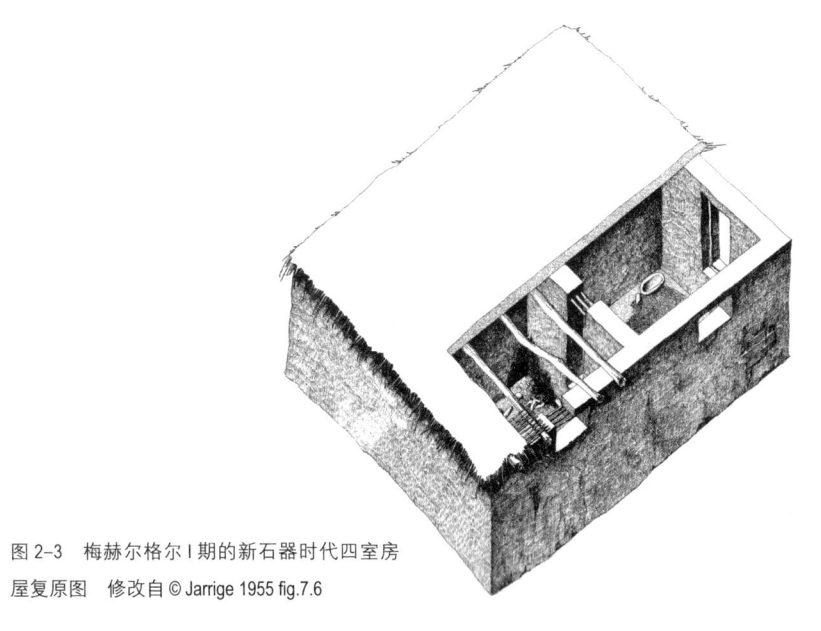

第二讲 印度-巴基斯坦次大陆社会演进的考古学证据：从城镇的出现到消亡

图 2-3 梅赫尔格尔 I 期的新石器时代四室房屋复原图　修改自 © Jarrige 1955 fig.7.6

图 2-4 梅赫尔格尔 I 期新石器时代墓地及附近的砖坯平台，与房屋居址混杂在一起
© Jarrige *et al.* 2005

单的几何图案。定居人群制作了未经烧制的泥土动物和非常简单的、没有装饰的女性塑像；他们使用磨制石头工具和石制器皿，用棉花和（可能的）羊毛制作纺织品，佩戴方解石、滑石、绿松石制成的珠饰和从阿拉伯海进口的成品大贝壳手镯（远距离贸易）。少量的滑石珠饰上有釉，经高温烧成。简单烧制的滑石珠饰改变了石头的晶体结构，使之变成白色，以模仿闪亮的海贝。

梅赫尔格尔墓地是迄今为止发现的最大的新石器时代墓地[①]。死者被埋葬在"墓穴"中（由一个竖井和一个放置死者的侧室组成，用泥砖墙密封）。就连新生儿也要随葬体现家庭威望或财富的丰富随葬品。随葬品包括项链、手镯、腰带、脚镯，以及更罕见的用小珠编织的头饰；另外还有石器（磨制的和打制的）、篮子和羊毛织物。有时候，墓葬的随葬品反映了墓主的专门职业（放羊和打制燧石；在一座女性墓葬中，出土了一件大型的未经烧制的女性泥塑，表明墓主是一个"萨满"或其他类型的宗教人士）。人骨显示了世界上最早的牙科手术证据：牙齿上存在 11 个生前的钻孔，可能是为治疗因富含谷类面粉的饮食引起细菌繁殖而造成的龋齿[②]。

铜石并用时代的发展

我们对铜石并用时代（上文定义的区域化时期第一阶段，有陶器的新石器时代，约公元前 5500—前 3300 年）的聚落模式所知不多。除梅赫尔格尔的一处定居点外，很少有遗址群被发掘出来，而

---

① Jarrige *et al.* 2013.

② Coppa *et al.* 2006.

第二讲　印度-巴基斯坦次大陆社会演进的考古学证据：从城镇的出现到消亡

且通常仅发掘有限的探沟。然而，正是在这个时间范围内，居无定所的生活被季节性两地迁徙或永久的定居成功地整合或取代。较小但人口稠密的村庄的居民完成了对重要动植物的驯化。然后，根据大多数学者的观点，以前的群体生活方式中产生了扩展但紧凑的家庭管理下的经济。家庭的活动范围和经济规模日渐扩大，感到有必要用正式的行政措施来控制超出普通亲属关系的更大的实践群体（例如，制陶群体）。因此，同一时期的人们开始普遍在出售的陶器的盖部和封口戳盖印章。

在梅赫尔格尔[①]发现了泥砖建造的房屋，有多个平行的、形状和大小均模块化的房间（图 2-3）。它们的意义和功能目前仍不明确，与同时期的大美索不达米亚的类似房屋建筑相比较，推测是用于仓储。一些此类建筑周围发现了手工活动增强的证据（制作滑石珠饰、骨锥，可能也加工棉花籽）。年代最早的失蜡铸造的铜器出现于公元前 5500 年左右，体现冶金业的地位超越了传统石器工业。

梅赫尔格尔公元前 5 千纪的聚落中，制陶群体似乎占据了很大面积，他们创造并制作了大量精美的彩绘陶器，可能使用了泥条盘筑法，用陶轮作为辅助，大批量烧造。在俾路支斯坦，考古学家认识到在 2000 年的时间跨度中（约公元前 5000—前 3000 年），出现了三个重要的陶器传统或工艺风格，分别以最开始被识别出来的遗址命名，即乞力古尔·穆罕默德、托高、盖奇·贝格或纳尔早期。所有传统都证明，除高度发展的审美外，陶器在制作和烧造、颜料配制、高效率窑炉中的火候控制等方面的技术坚实。其他的物质生

---

① Jarrige *et al.* 2005.

产也普遍技术精湛（当地的工艺品数量远超外来者），反复出现手工艺品的微型化，以及滑石的高温膨胀和施釉等趋势。

这一时期墓葬的挖掘和修建方式大致与新石器时代一致。随葬品通常较少。而此前裸体无装饰的女性陶塑像，现在用极其精致、夸张的发型和多串珠饰装饰；就此而论，装饰不仅是随葬品的表现形式，也转移到了生活之中。

公元前4千纪后半叶和前3千纪早期（区域化时期晚期），考古上发现了许多独立的铜石并用时代晚期文化，它们具有独特的陶器风格且广泛传播。当然，很难说陶器风格的差别在多大程度上反映了更重要的差异，如种族、语言、血统、信仰及其他方面。换言之，我们再次被束缚在了传统考古科学的限制中。

这种区域文化的范围广大，从新石器时代继承下来的传统农村经济（主要是冬季谷物作物）广泛传播，人们也十分依赖瘤牛，其很快成为众多相关群体的重要特征。另一方面，这些文化不得不面对夏季和冬季逐渐变冷变干的气候条件的影响[1]。这种部分干旱化过程与印度河流域文明的城市阶段相伴，并可能最终在公元前2200年左右全球季风减弱的影响下达到顶峰。

这一时期，可识别出一个真正复合的、丰富的区域文化马赛克式拼图，从今天的巴基斯坦-阿富汗边界北部到俾路支斯坦北部（使用所谓奎达/丹布·萨达特陶器的遗址，与南-中亚关系亲近）、乔利斯坦和哈里亚纳邦（使用哈克拉陶器的遗址）、河流中心的旁遮普-信德平原（拉维/科托底基和阿米里传统；拉维陶器，图2-5）、俾路支斯坦中南部（库里、纳尔和巴拉克特陶器）、恒河/亚穆纳

---

[1] Ponton *et al.* 2012.

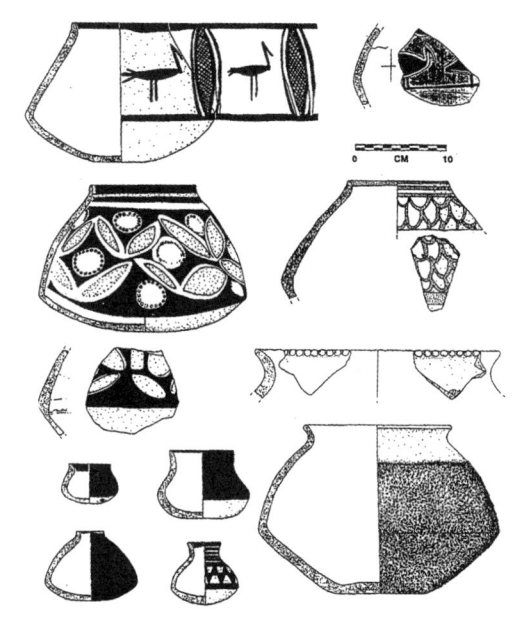

河盆地西北部（索蒂-西斯瓦尔传统）以及更南的古吉拉特半岛（阿纳塔和伯德里陶器）。虽然只有少数遗址有重要发现且使用了最新的考古方法，但演变的路径似乎相对清晰。在五六个世纪的进程中，这些地区的文化选择了独特的文化特征和象征性遗产，并最终开始采用相似的社会形式、技术和同一套关键的符号。

图 2-5　哈拉帕遗址拉维阶段（公元前 3300—前 2800 年）各地层出土的彩绘和素面陶器 © J.M. Kenoyer

这个过程首先见于陶器的设计上，其次也表现在早期印度河文明的其他物质产品上。具有跨群体意义的图像包括雄伟的头上长出植物叶子的水牛角人物、枇杷叶（图 2-6）、相交的圆形几何纹样、鱼鳞纹和其他一些代表性图案，它们很快就在遥远且广泛的定居地区传播。同时，苏库尔（巴基斯坦）附近罗赫里山矿区的相当独特的棕褐色带状白垩岩的分布和使用范围不断扩大，并在称重和砖的尺寸方面采用相同的重量和长度标准（见下文），为新的认同和结构策略铺平了道路。新兴的测重系统显然是基于一种高度可识别的红黑相间的种子的平均重量，它们被称为相思子（基本单位 =0.853

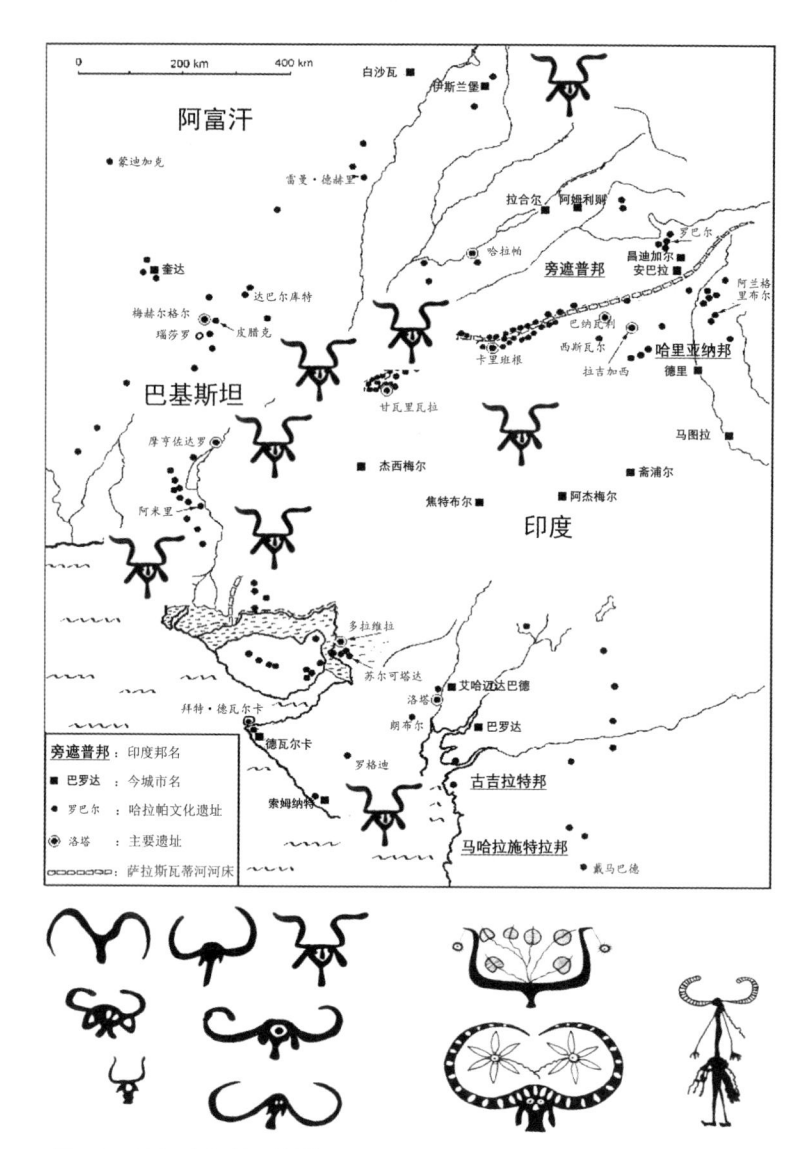

图2-6　上图：大印度河流域地图

有角的人形图像标志着约公元前3300—前2600年在彩陶上出现水牛角、人脸的人物（神灵）的区域。一些例子中，牛角上会长出植物枝条

下图：不同地区陶器上的类似图像 © M. Vidale

克）。这种印度河流域的衡器在波斯湾的贸易中经常使用，似乎也被印度-巴基斯坦次大陆的当代珠宝商直接继承。

长期的适应性选择和文化整合过程，在公元前 2600 年后促成了印度河流域城市文明的诞生，它们在 20 世纪 20—30 年代的伟大考古发现时期被揭露出来。

城市形态

就人工制品和建筑井然有序的发展而言，印度河流域文明的核心无疑已在连接了今巴基斯坦旁遮普东部和信德北部这两个最适宜农业的地区的东北-西南轴线上形成。摩亨佐达罗的早期印度河文明地层因地下水位过高而尚未系统揭露，我们对这一演化阶段的认识主要依靠在哈拉帕的发掘成果，以及那些像科托底基（巴基斯坦）和卡里班根（印度）一样的小型定居点。信德省科托底基遗址的年代在公元前 2800—前 2600 年之间，由令人印象深刻的城堡建筑群和附近的"下城区"两部分构成。卡里班根也建造于同一时期，有用大量泥砖建造的城堡，周围环绕着田野和推测的次要建筑区及农田。虽然我们仍未最终弄清南亚城市化的最早来源和演化轨迹[①]，但对印度河流域城市的基础考古学研究已十分充分，严格来说至少就物质领域而言是如此。

哈拉帕遗址[②]的拉维阶段（公元前 3300—前 2800 年，图 2-7）和科托底基阶段（约公元前 2800—前 2600 年）具有精密的聚落结

[①] Noble 1998; Yonekura 1984; Possehl 1990 带来了启发性观点；其他重要的成果见 Miksic 2000。

[②] Meadow 1991; Meadow & Kenoyer 1994, 2001, 2005.

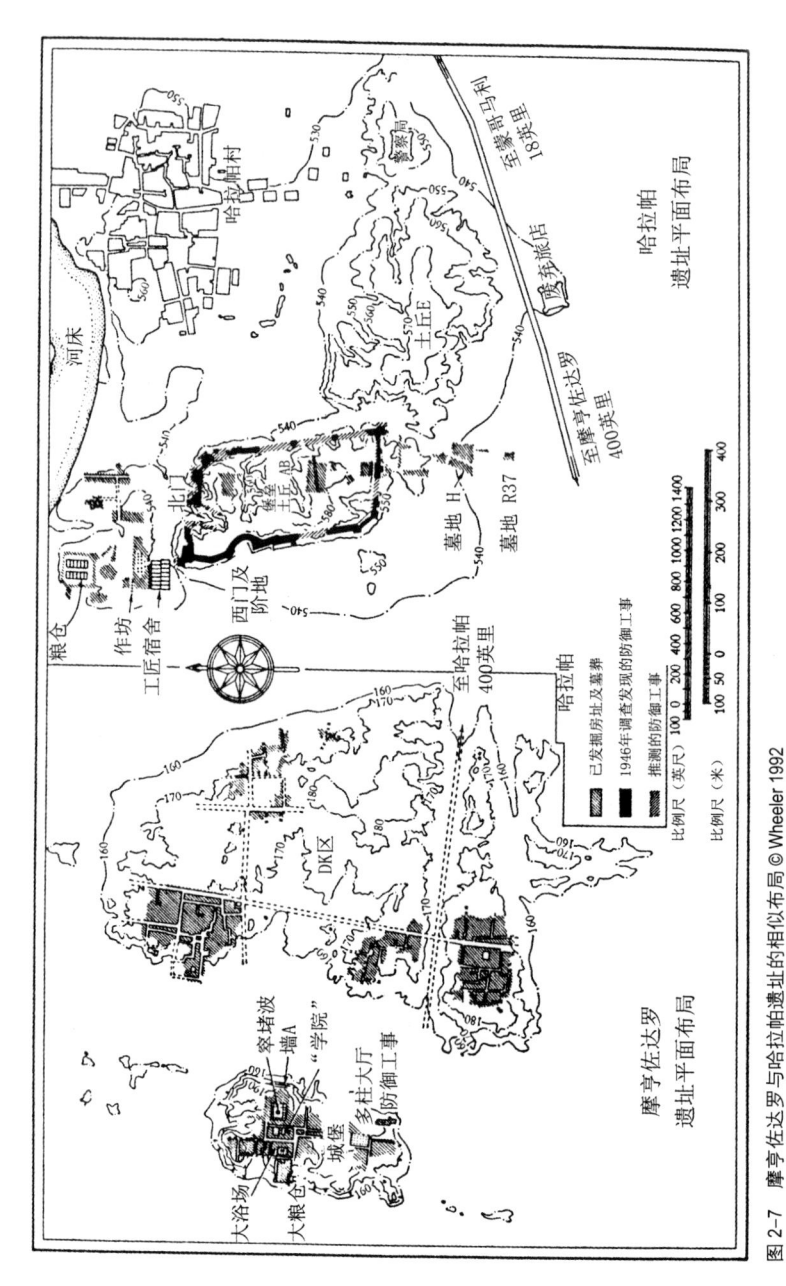

图 2-7 摩亨佐达罗与哈拉帕遗址的相似布局 © Wheeler 1992
早期的发掘者已注意到这一显而易见的现象,如这张 1940 年的地图

构、先进的工艺技术和社会-经济网络支持，这成为后来哈拉帕成熟阶段的城市结构的基础。拉维阶段最初的村落分为两个部分，其一位于现在的 AB 土丘北部边缘，另一个在 E 土丘的西北角，这两个部分被一个低洼的、可能非永久的居住区分隔。

哈拉帕最早的房子是西北和东西向的小屋，用木桩精心建造，以涂泥的茅草作墙。生土中保存了木车的车辙，显示私人住所间有牛车往来。哈拉帕遗址的最早陶器为手制（有时以陶轮辅助），有彩绘装饰。在拉维阶段末期（约公元前 3000 或前 2900 年），已可辨认出轮制的普遍使用，也出现了新的和多样的容器形式。其中的一些样式成为随后的科托底基阶段陶器的基础。

印度河流域早期城市最初发展于科托底基阶段，公元前 2800—前 2600 年之间，此时——我们重申——许多印度河流域社会晚期的基本特征已可被轻易识别出来。聚落在旧有遗址上兴建或重建起来，以泥砖围墙建造了巨大的堡垒，至少有一个可控制的门（土丘 AB 和 E），其外的居住区（如土丘 ET）则是开放式的。它们及其他有厚泥砖围墙的建筑，比印度河成熟文明的类似建筑早两个世纪，其性质尚存争论，但可能同时满足不同需求（控制安全、征税和贸易，抵御洪水，与其他城市人口的隔离象征）。另一方面，这些泥砖围墙被不断修补、增筑、恢复，它们的大小、立面和其上的堡垒被多次改变，因此复原最初的规划和精确至某一年代的外表绝非易事。

在科托底基阶段，哈拉帕的定居点面积在 25 公顷以上（可能有 12000—13000 名居民），覆盖了土丘 AB、E 的大部和土丘 ET 的一部分（图 2-8）。街道和房屋的方向是南北及东西向。一些考古学家认为，城市的方向可能与天象一致。整合化时期，摩亨佐达

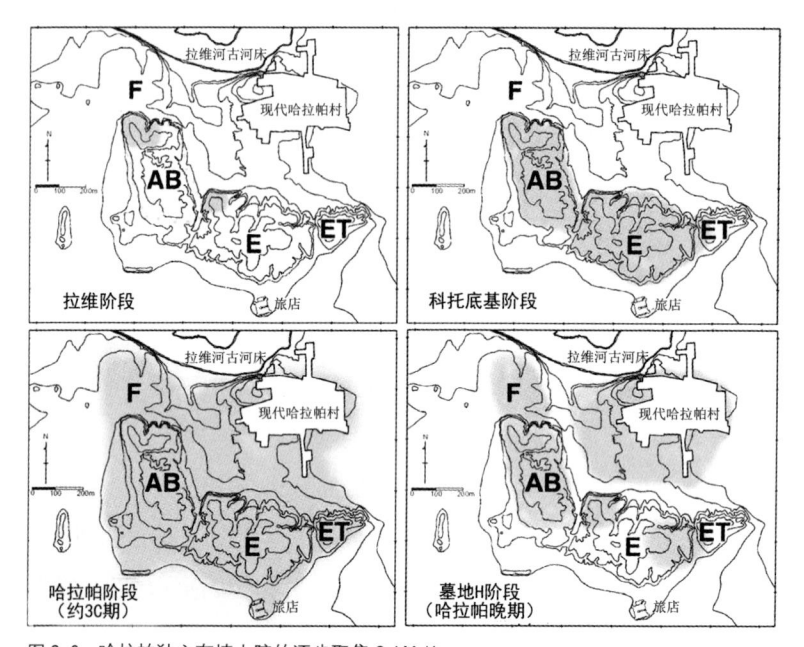

图 2-8 哈拉帕独立有墙大院的逐步聚集 © J.M. Kenoyer
AB、E、ET 丘肯定被单独的防御工事所包围，并通过数量有限的防卫大门进入 F 丘，F 丘周围也可能有墙。

罗的房屋用烧制砖块做地基（填充陶片和过火的陶粒以隔绝潮气和盐），用泥砖做墙。窗户极少且小；陶屋模型显示它们有木梁，用席子封门。

私人房屋可能有两层，很可能全部使用了更轻的木材结构。最好的房子一层是带厨房、浴室的庭院，可能也有马厩；墙中内置陶管道，可用于楼上向下排出废物。为保护隐私，门通常偏离庭院中心。

造房所用泥砖有两种尺寸，大量的砖的长、宽、厚比例为 4:2:1，另有大型泥砖专门用于建造厚重的城墙或纪念碑式的城市平

第二讲　印度-巴基斯坦次大陆社会演进的考古学证据：从城镇的出现到消亡

台。事实上，哈拉帕遗址分为不同的土丘（AB 和 E），它们各有厚重的泥砖外墙及单独的入口。

传统范式和流行说法认为，早期印度河文明的城市是高度集中的行政部门所建，可以将统一的城市规划向每个群体推行。事实上在科托底基时期，第一群人建立了第一座堡垒，这一中心就发展起来了；随后其他竞争性群体在附近定居，并最终把自己封闭在一个有围墙的地方，模仿前一群人建造相似的权力和身份展示场所，如此类推。

有墙居民区逐步聚集，且街道方向都与基础轴线的方向接近，这一过程的最终结果形成了"死板规划"的误导性印象；但行为是由社会的协调引导的，而非建筑师或简单的政治领导人。在旁遮普的哈拉帕、信德的摩亨佐达罗和科托底基、哈里亚纳的巴纳瓦利和卡里班根、喀奇的苏尔可塔达和其他聚落，都发现了将居住区划分为两个独立的墙内大院的现象。这些证据表明，具有不同起源和经济专长，甚至可能有自己的语言或方言的群体杂居在一起。值得注意的是，以前试图证明居住在位置较高的"城堡"中的家庭比居住在"下城区"的更富有[①]的尝试并无结果。相反，在摩亨佐达罗的"城堡"和"大浴场"堆积中发现了系统性重新放置的遗物，表明城市的这一重要部分在后期无意间被工匠们占据，他们把垃圾丢在那里[②]。

在成熟印度河文明或哈拉帕时期（约公元前 2600—前 1900 年），这一过程仍在继续。哈拉帕、摩亨佐达罗、拉吉加西等最大

---

① Fentress 1976; Rissman 1998.

② Ardeleanu-Jansen *et al.* 1983.

的中心城市似乎具有相似的城市规划，在西部有菱形的、在高处的堡垒或（不太可能的）"城堡"（在遗址最早的地层中即已发现，并发展起来），以及在东部和北部有更大、更低的围墙居址。对哈拉帕和摩亨佐达罗的地面调查表明，较大城市的东南部是手工业最为活跃的地区（至少在定居的最后阶段）[①]。

小型定居点可以复制相同的基本组织（如印度哈里亚纳邦的卡里班根），但更多的是有一个主要的围墙居住区，内部由其他墙体细分，或以同心的方式进行分割（如巴纳瓦利或多拉维拉）。在外围或边缘地区，如印度的卡奇平原，更小的定居点采取了更简单的被巨大泥砖墙包围的堡垒形式。在这里，一些迹象表明印度河文明的群体在生活上与本地人隔离，吃他们自己的食物并使用自己的陶器和装饰品；这些堡垒（如巴加斯拉等）被用来在产源地附近拦截和囤积宝贵的基础材料，如海洋贝壳和彩色碧玉。考古学家在这里发现了大量令人印象深刻的未用完的、部分加工的石材和软体动物贝壳堆积，其原因有待推测（见下文）。

最早的防御性居址经历了几个世纪的使用与重建，可能高达10—15米，比旁边的居住区要高得多。在公元前3千纪后半叶，像摩亨佐达罗、哈拉帕、拉吉加西这样的城市由4—5个或更多的独立围墙大院组成，它们各有单一的入口，不相连通，围合着普通房屋和一些特殊的建筑[②]，形成一种独特的多中心城市模式。

在这个过程的主要阶段，哈拉帕的土墩面积约为80公顷，但100—120公顷的估计可能更接近现实（约50000—60000名居民）。

[①] Miller 2007; Vidale 1990, 2000.

[②] Vidale 2010, 2018a; Petrie 2013; Mosher 2017.

第二讲　印度-巴基斯坦次大陆社会演进的考古学证据：从城镇的出现到消亡

当然，我们不能确定每一个独立的有墙土丘都是在同一时间居住的。包括周围平坦的定居空间在内的摩亨佐达罗整个遗址群，经测量总共占用了 400 公顷面积。同样，它们也很可能并不属于严格意义上的同一时期。在哈拉帕 3B 和 3C 期，可谨慎地认为主要防御工事及其周邻共占地 150—200 公顷（75000—100000 名居民）（但不要忘记导论中提到的注意事项）。

另外，与通常认识相反，印度河流域的城市并不总是有统一、普遍、集中的供水和污水处理系统。只有富裕的街区和出类拔萃的建筑才能拥有并维护与复杂的排水设施和下水道相连的厕所。其他房屋则将污水排入街道两侧地下埋藏的坛子中，还有一些房屋根本就没有排水设备。洛塔[①]的"城堡"最初拥有独特的排水系统，但后期随着城市维护标准的降低，排水系统被填满，每间房子都将其废物排放在街边的坛子中。因此，对水和其他液体的控制程度是起伏不定的，与有围墙的城市群中各个不相通部分的财富和生活标准相关。

精英和纪念碑

另一个错误的常识，是认为印度河文明是平等的，几乎没有成熟的社会分化：换句话说，认为它是一种"共产主义"社会[②]。其他学者对印度河文明缺乏表现战争或有组织暴力的艺术品印象深刻，推测这里拥有地方性的和平，这引发了其他讨论[③]。

[①] Rao 1979.

[②] Maisels 2010a, 2010b；Green 2017, 2020, 2021；Vidale 2018a 中对这些说法有批评性评论。

[③] Ratnagar 1991, 1996; Cork 2005, 2006; Robbins-Shug *et al.* 2012.

就笔者而言，这种青铜时代早期的平等主义很难让人相信。对印度河文明城市建筑的分析表明，最早的防御工事，除了外围有泥砖和个别烧制砖块组成的巨墙，还有泥砖、瓦砾和沙子组成的巨大平台支撑，这需要（为了建造，也为了维护）成千上万的工人的协调努力。在平台之上，特别是在哈拉帕 3A 时期（公元前 2600—前 2450），建造了大型房屋，甚至是"宫殿式"的建筑群，其中有几十个房间，有带柱头的复合石柱的雄伟大门、大型庭院、储藏室、仆人所居的厢房、浴室和水箱。在这些大型建筑内部或周围，精英们监督和管理各种工艺活动，其中包括制造滑石印章（图 2-9），可能还有相关的书吏学校。印度河文明的精英们陶醉于囤积小而精致的珠宝（由金、银、铜、红玉髓和其他半宝石制成），以及成套的非常有价值且制作精良的铜制工具。它们似乎是嫁妆或遗产，代代相传，埋在私人庄园的地板下，但由于某些原因被永远地遗忘和遗失了[①]。

广为流传的"社会均一性"的粗浅印象和平等主义的主张完全无视上述证据。这也是由于到目前为止，没有人在有墙的大院之外进行发掘，或注意到密集的沉积过程导致的地层累积，及其对印度河流域城市的持续干扰。20 世纪 80 年代，联合国教科文组织的专家们在摩亨佐达罗周围或沿其边缘挖掘水渠，以期降低地下水位，在距离土丘地区 1—2 公里的范围内，发现了多处公元前 3 千纪的建筑遗迹；在土丘外最新冲积出的平原下，至少发现了一处切割滑石的工坊和一处加工贝壳的地点。因此，即使没有最终证明，这种周边延伸地带也很有可能生活和工作着地位较低的群体。

---

① Rissman 1998.

第二讲 印度-巴基斯坦次大陆社会演进的考古学证据：从城镇的出现到消亡

图 2-9 不同情境下的印章 © J.M. Kenoyer
1：科托底基阶段的早期印度河文明滑石印章碎片；2、3、8：一体化时代的滑石印章；4-7：陶制和费昂斯信物和棱柱；9：带有卍字纹的费昂斯印章

摩亨佐达罗的砖建筑通常都保存完好，而哈拉帕出土的建筑则破败不堪，条件很差，这是因为在 19 世纪末，为修建拉合尔-木尔坦铁路，最高级的烧制砖被系统性地掠夺。特别是哈拉帕"城堡"的最上层，几乎完全被毁，没有完整的建筑幸存下来；该遗址其他地方的建筑保存较好。

无论如何，几乎所有这些古代城市建筑的功能都是未知的。在摩亨佐达罗，可确知位于"下城区"最下层的最早的大型建筑属精英阶层[1]。"城堡"的"大浴场"（图2-10）肯定是一个巨大的水池，周围有引人瞩目的门廊和一排小房间，内有一个椭圆形大井用来给水池注水。水池的水通过一条有支撑的排水沟排向西北方。传统上认为摩亨佐达罗的"大浴场"独一无二，但在喀奇的多拉维拉古城似乎发现了另一处挖在基岩上的气势磅礴的水池[2]。

摩亨佐达罗的"城堡"上，靠近"大浴场"的地方矗立着一个巨大的长方形平台，由烧制砖块组成了一个个凸起的方格，发掘者惠勒认为是一个粮仓（图2-11）。这一假设目前还没有事实依据。它的平面类似于在洛塔（印度古吉拉特邦）发现的另一处损毁严重的建筑，推测用于储存。在摩亨佐达罗的"粮仓"和窣堵波区域之间，有一座长方形的精英住宅，由庭院及错综复杂的房间和走廊组成，被称为"祭司学院"，虽然这一判断并无客观依据。这可能是为居住在城堡的精英家庭保留的一座大房子或宫殿。

"城堡"的北缘有另一座特殊建筑，包含一组沐浴的平台，而南边的其他建筑遗存包括一个有成排木柱和壮观大门的大厅。最引人瞩目的建筑区域是"佛塔"，它被认为是早期历史时期或贵霜时期（公元1—3世纪）的建筑群，尽管一些学者最近对这个年代提出了怀疑（也是因为旧报告中的地层信息十分不充分）。目前，重要的是要仔细核实该纪念碑式建筑的原始、未受干扰的地层中还保留了什么（如果那里还有遗存的话）。

---

[1] Wilkins 2005.

[2] Bisht 1991, 2015.

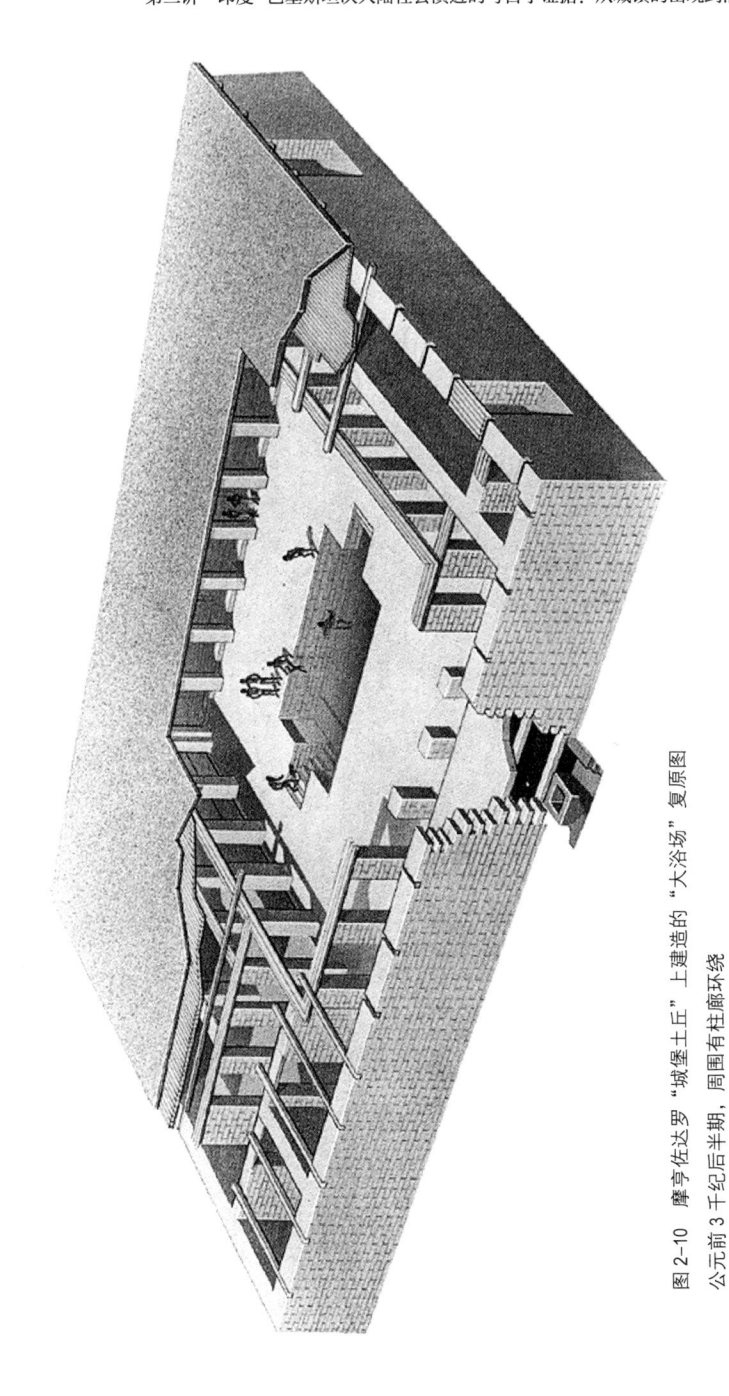

第二讲 印度-巴基斯坦次大陆社会演进的考古学证据：从城镇的出现到消亡

图 2-10 摩亨佐达罗"城堡土丘"上建造的"大浴场"复原图
公元前 3 千纪后半期，周围有柱廊环绕
修改自 © Umer 2017, Fig.1.3

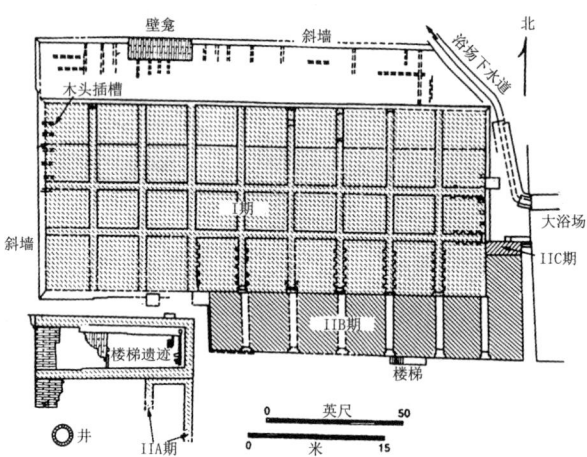

图 2-11 惠勒在摩亨佐达罗"城堡"上发掘的所谓"粮仓"的艺术家复原图及平面图 © 改绘自 https://www.reddit.com/r/papertowns/comments/y9s8fi/reconstruction_of_mohenjodaro_of_the_indus_valley/; courtesy of www.harappa.com.

建筑的功能不详。复原图假设这个宏伟建筑的高架部分由木材制成。注意在背景中有附近的"大浴场"的一角。

HR 岛的核心地带是一座大型宫殿式建筑，形成摩亨佐达罗的南部边缘，其西是与之连通的另一个游廊环绕的水池，该水池正是按大水池的模式建造的，但规模要小得多[①]（图 2-12）。这是一项决定性证据，证明不同的竞争性围墙大院中复制了相同功能的建筑。

"小浴场"以东的宫殿有大院子，有带小房间、厨房和烤炉的服务性侧翼，还有一个已被拆除的复合石柱宏伟大门。其建筑环境与所谓的"城堡"相当类似。这一证据可能解释了中央宫殿和寺庙的缺失；事实上，它强烈地表明，不同的围墙大院为了竞争地位和政治权力，建造了同样的宫殿、大型房屋，以及浴场和有柱廊、大水井的水池等特殊建筑[②]。

在哈拉帕，除发掘出保存较差的房屋、巷道、排水沟和水井等遗迹外，早期发掘者们还把注意力集中在紧邻"城堡"北部的土丘上。他们在这里发现了两排模块化的房屋单元，被解释为"工人区"（但在摩亨佐达罗北部的 DK-G，有一个十分类似的建筑位于中央非常明显的位置，显然与精英有关），还有一排排烧制砖块组成的圆形平台，惠勒解释为加工谷物的臼的基底。

最近发掘的探沟显示，每个平台都包含在一个用泥砖建造的方形小房间内，这一证据排除了谷物加工装置的观点，但没有揭示其功能。在整合化时代晚期，"城堡"以北区域被陶工及其窑场重新占据。

再往北，还有一座神秘的大型建筑：两排由狭窄的平行单元组

[①] Vidale 2010.

[②] Jansen 1993.

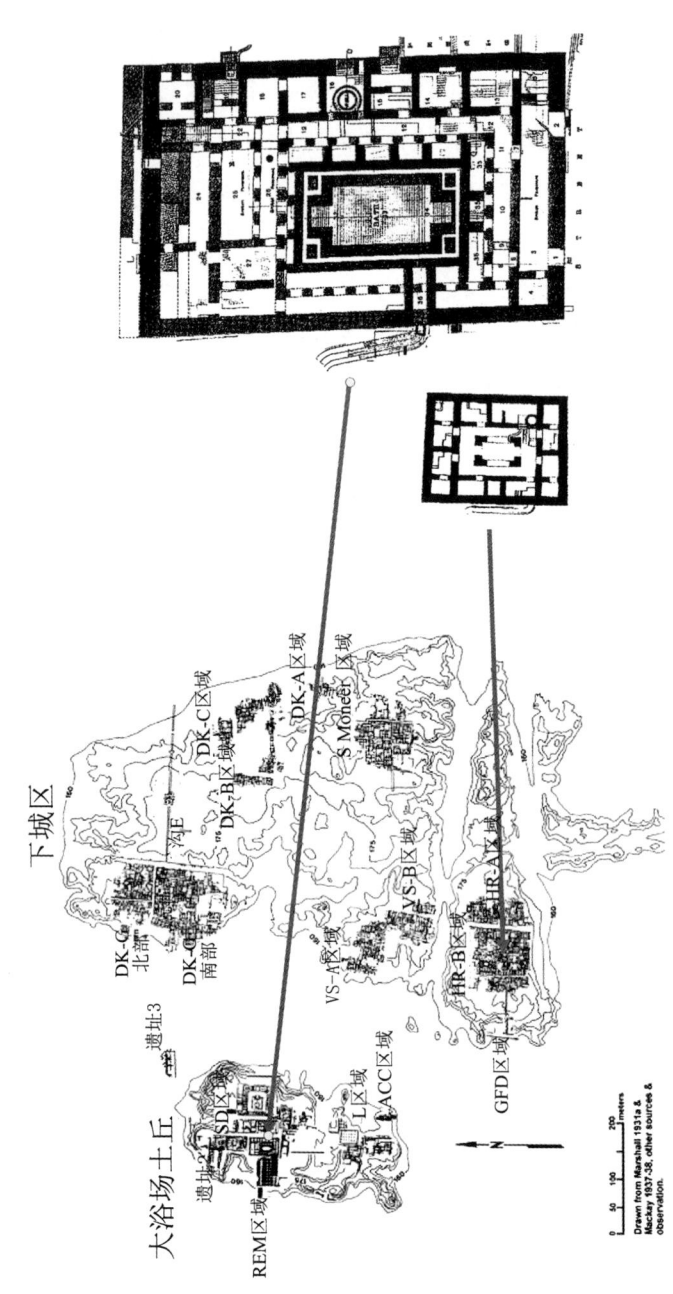

图 2-12 摩亨佐达罗三角形的 HR 岛上的"小浴场" ©M. Vidale
以更小的规模复制了"城堡"上"大浴场"的形式和功能,雄辩地证明了印度河流域城市中各种围墙院落的竞争过程

成的街区，被一条宽阔的中央小巷分隔。尽管没有相关的证据，这个建筑也被称为"粮仓"。虽然它的分隔的地基部分可能会让人想起惠勒所谓粮仓的隔断，但建筑形式却完全不同。有人认为，该建筑最初有一个巨大的木质上层建筑。

洛塔的"卫城"[①]（印度古吉拉特邦）发现了一处大型设施，有一排浴池和隔间建筑，与上文所述摩亨佐达罗的惠勒所认为的粮仓类似。北面紧邻的普通房屋（据报道可能还有商店和工场）也被部分勘查出来。位于喀奇的兰恩[②]（印度古吉拉特邦）的可塔达岛上的多拉维拉也有高度有序的城市规划。它有保护"中城"的四边形石头围墙，围墙外又有另一个防御工事；中城旁有一座"城堡"，其占据高地，通过带石阶和复合石柱的宏伟大门进入。发掘者认为，在中央堡垒和最外墙之间存在一处低地，可能由于被淹没过而利于耕种。

工艺技术和贸易

自科托底基阶段（公元前2800—前2600年）以来，陶器制作就采用了将使用陶轮与手制、敲打和塑形等多种方式相结合的技术。陶罐十分精美，经常被涂成红色，有时还被涂上丰富的黑色植物、动物和几何图案。这些复杂的设计很可能受到印章或刺绣纺织品上类似设计的影响。

在区域化时期晚期，即科托底基阶段，哈拉帕成为主要的区域中心，整合其腹地，并从遥远的资源产地获得材料。铜、海贝、燧

[①] Rao 1979.

[②] Bisht 1991, 2015.

石、黑硅石、半宝石和金属经过数百甚至数千公里的长途跋涉到达作坊和仓库。来自俾路支斯坦的灰黑色黑硅石和来自信德省罗赫里山的棕褐色带状黑硅石的贸易表明，贸易网络的竞争性扩张包含对贸易往来和当地资源的垄断，而且更普遍的是，外来物品的重要性日益增加。来自印度洋的大型贝壳和象牙被用卧式的和铜制的工具切割，制成各种各样的小型珍贵工艺品。而印度象牙，在阿姆河流域的朝廷中受到了极大追捧[1]。

在公元前3千纪，滑石（硅酸镁）和石英粉被越来越多地用于制作人工装饰品。施釉滑石珠和印章以及费昂斯装饰品是对早期施釉滑石制造技术完善的结果[2]。为生产一种独特的炻器手镯，人们发明了复杂的烧制技术，使用一组同心的匣钵或烧制容器烧造，每件手镯上都有1—5个字的微小铭文，肉眼几乎不可见，独具特色。匣钵上刻有单一的符号，在烧制前用盖章的封泥固定其盖子（图2-13）。

印度河流域的工匠们乐于创造人工（陶瓷）材料，例如烧红玛瑙，处理硅石和滑石粉，制作彩色金属氧化物，他们使用高效的高温炉和窑。他们的许多技术是不传之秘，与伟大城市背后的复杂组织一起消亡，至今仍未被发现。有人认为，复杂的陶瓷热解技术的发展是印度河文明主要的技术能力之一，可能与城市官僚群体的扩大相伴随，为他们提供了成本较低但独特的地位标志。

铜和金等贵金属也被用于实用和装饰目的。印度河流域的工匠们从阿曼、东部的阿拉瓦利矿区以及伊朗东南部（克尔曼省）获得铜。他们在公元前2200年左右一直使用纯铜或砷化铜，之后则常用锡

---

[1] Frenez 2018b.

[2] Kenoyer 2005.

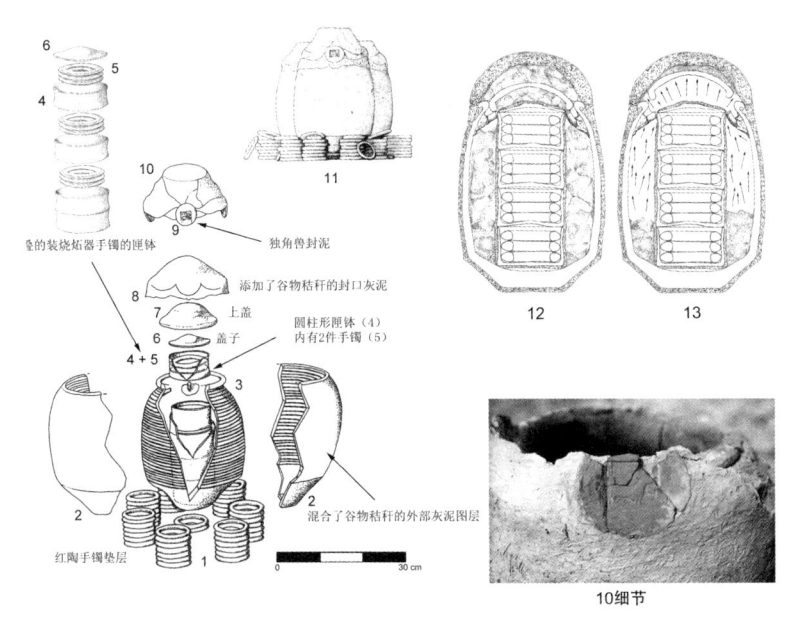

第二讲 印度-巴基斯坦次大陆社会演进的考古学证据：从城镇的出现到消亡

图 2-13 根据摩亨佐达罗的手工业作坊复原的印度炻器手镯烧制技术 © M. Vidale

1. 窑地面有孔，其上放置生坯制成的手镯，支撑着烧制的容器或匣钵
2. 用一层糠炼泥与更大的容器隔绝
3. 外匣钵
4+5. 堆在圆柱形盒子或内匣钵里的炻器手镯
6. 内匣钵的上盖
7. 外匣钵的上盖，被三个用碎炻器手镯做成的小柱子支撑，贴在外匣钵口沿下
8. 涂在 7 上的糠炼泥层
9-10. 最后的糠炼泥盖，用细泥密封，加盖椭圆形独角兽印章
11. 完整的烧制装置复原图
12. 烧制前的匣钵和所装炻器手镯的复原图，周围是干燥的动物粪便
13. 烧制时，粪便形成强烈的还原气氛，而燃烧的气体将上盖向上顶到 8—10 的糠炼泥缓冲层。被顶起来的上盖作为一个压力阀发挥作用，这是迄今为止世界上发现的最早的压力阀。

青铜。更加多样化的城市人口需要更多款式的手镯、珠子、陶器和其他实用物品：人们通常佩戴相同形式的项链、珠子和手镯，但在相对价值上有明显区别（例如，就手镯而言：金-银-铜-贝[？]-费昂斯和炻器-普通陶）。这种基本材料的价值等级，加上相同类型的装饰品和象征性物品，表明在同一性的伪装之下，存在着紧张的社会对抗和政治竞争过程[1]，与米勒所描述的"梵化"有某种相似[2]。

青金石和绿松石被用来制作珠子并与西方交易，但在印度河文明中并不太受欢迎。相比之下，红玉髓不那么罕见，不但在古吉拉特邦东南部的矿区蕴藏丰富，在伊朗高原的东部边缘地区和俾路支斯坦的一些地区也是如此，用途也很普遍。它用包括高温下的化学蚀刻在内的特殊的复杂材料和技术，进行烧制、切割、切削、钻孔。印度河流域的钻头用一种较硬的绿灰色斑纹岩石制成，含有硅线石和（或）莫来石[3]，其原料（至今不明）一定处于印度河流域的商人和工匠们的密切控制和垄断下。

专栏 2-1：印度炻器手镯之秘

印度河文明的炻器手镯可能是青铜时代欧亚大陆南部最复杂的陶瓷产品。这些手镯用极其纯净的黏土混合物制成，可能是通过

---

[1] Kenoyer 1991b, 1991c, 1995, 2000.
[2] Miller 1985b.
[3] Prabakhar 2012.

漫长而艰苦的倾析过程获得的，在非常高的温度下烧制而成，而且往往在强烈的还原条件下烧制，使用了非常复杂的两套匣钵（图2-13中进行了实验性的复原）。烧成温度估计在950—1050℃之间，足以使原来的黏土及其硅酸盐成分转化为新的人造钙斜长石和结晶石英（石英的高温转化晶相之一）。印度河流域的炻器手镯有两种不同样式：红色手镯（在高温下烧成深红色，但至少部分保留了较粗的纹理）和深灰色手镯。每件装饰品都十分紧凑均匀，以至于在断裂时仍然保留着螺髻状的断口，可能很容易被误认为是由燧石制成。

图 2b-1-1　哈拉帕遗址出土的炻器手镯 © Harappa project

虽然1980年代初在摩亨佐达罗进行的地表勘察标明了手镯作坊的位置，但迄今为止，哈拉帕和印度河流域其他较大城市还未发现手镯作坊遗址。对于这些独特的个人装饰品的功能和（或）象征意义，我们一无所知。考虑到它们在制作过程中所花费的精力，以及在烧制前用带有"独角兽"的精致印章仔细封口，它们肯定是非常重要的。统计显示，平均5或6个手镯残片中就有一个带有耐人寻味的由几个标志组成的微型铭文，由于一个手镯平均会断成5或6块残片，可推断每件手镯内径上都有几乎看不见的一连串标志，也许是

087

制作者的名字或其未来主人的名字。最后，由于摩亨佐达罗曾出土尺寸相对较小的手镯，我们可以推测，与拥有这种不寻常的陶瓷装饰品相关的特殊地位，可由孩童继承，并不一定是后天获得的。

参考文献

Halim, M. A. & Vidale, M. 1984. Kilns, Bangles and Coated Vessels: Ceramic Production in Closed Containers at Moenjodaro. In M. Jansen & G. Urban (Eds.), *Interim Reports Vol. 1* (pp. 63–97). Aachen: RWTH-IsMEO.

Schneider, G. 1987. Chemical Analysis of Stoneware Bangles and Related Material from Mohenjo-Daro. In M. Jansen & G. Urban (Eds.), *Interim Reports Vol. 2* (pp. 73–77). Aachen: RWTH-IsMEO.

Vidale, M. 1987. More Evidence on a Protohistoric Ceramic Puzzle, In M. Jansen & G. Urban (Eds.), *Interim Reports Vol. 2* (pp. 105–111). Aachen: RWTH-IsMEO.

Vidale, M. 1989. Specialized Producers and Urban Elites: On the Role of Craft Industries of Mature Harappan Contexts. In J.M. Kenoyer (Ed.), *Old problems and New Perspective in the Archaeology of South Asia* (Wisconsin Archeological Reports, pp. 171–182). Madison: Department of Archaeology, University of Madison.

Vidale, M. 1990a. Stoneware Industries of the Indus Civilization: an Evolutionary Dead-End in the History of Ceramic Technology. In D. Kingery (Ed.), *The Changing Roles of Ceramics in Society: 26,000 BP to the Present* (pp. 231–255). Westerville: The American Ceramic Society.

世界性联系

某些类型的陶器和印章有很强的相似性，表明在公元前2800—前2600年或前2500年左右的科托底基时期和哈拉帕3A早期，印度河流域上游、巴克特里亚（阿富汗北部）和锡斯坦（赫尔曼德河内陆三角洲）的贸易群体在风格和技术上有趋同性①。公元前 3 千纪后半叶，印度河流域的手工匠人出现在阿姆河流域，两个地区之间的接触也变得越来越明显（例如，在象牙贸易中②，或从北方传播的所谓"祭司王"图像中③）。在美索不达米亚、阿拉伯半岛东部、伊朗东南部④、阿姆河流域的宫殿⑤，以及（可能的）阿富汗腹地，印度河流域的群体似乎与外部世界进行了文化互动和重要的经济交流，并以各种新形式阐述了他们的技术知识和独有的文化模板和类型。

另一方面，在接下来的几个世纪里，印度河流域的主要城市出现了从伊朗东南部、中亚、阿拉伯东部和波斯湾进口的印章及其他物品。显然，几个世纪以来，商人们自由往来于印度河流域及中亚城市，以及阿拉伯半岛的贸易飞地之间。印度河流域的船员和商人在夏季利用季风（或季节性的风和洋流）到达阿曼的海岸，冬季则经由这条路线返回。曾有实验用涂有沥青的芦苇船来复制这些危险的跨洋旅行，但以失败告终，从而间接地支持了水手们使用大量木制船只的推测，不过至今尚未发现任何这些船只的遗存。

20 世纪，意大利和法国考古学者在阿曼半岛的东海岸及其内陆发掘了印度河流域的贸易转口港⑥。印度河流域的陶器几乎只集中在阿拉伯半岛东部：用于批量运输的黑色纹饰罐，标有简短的印度

---

① Francfort 1983；Frenez & Vidale 2020；Cortesi *et al.* 2008.
② Frenez 2018b.
③ Vidale 2018b.
④ Vidale & Frenez 2015.
⑤ Frenez 2018b; Frenez & Vidale 2020.
⑥ Cleuziou & Tosi 2020；Frenez *et al.* 2016；Frenez 2018a；Cattani *et al.* 2019.

河流域涂鸦；家庭遗址出土的红底黑彩罐和墓葬中出土的专为葬礼制作的红底黑彩小罐。最近的发现增加了普通的烹饪锅、受印度河文明图案和习俗影响的印章，以及更多带有印度河流域印章印记的陶片。铜、化妆品和（可能的）加工鱼制品将船只吸引到阿曼；作为交换，它们带来了腌菜、象牙、有纹饰的陶器，也许还有纺织品（但它们在考古学上难以发现）。

目前的研究，特别是对硬石钻孔的详细分析证明，乌尔王陵（约公元前2600—前2300年）发现的大部分红玉髓珠和贝壳制品均为印度河流域进口，或者主要由印度河流域的工匠在当地制作。所谓的"蚀刻红玉髓珠"，即在高温下用化学方法雕刻出白色图案的深红色红玉髓珠，是印度河流域的独特产品，在古代近东和中亚的各个地区非常流行[1]（图2-14）。类似的技术，以及获得其他知名原料和商品的机会，如象牙、乌木、棉花、芝麻油和异国动物，可以解释印度河流域与古代美索不达米亚的密集贸易交流的蓬勃发展[2]。但这种交流仍然是奇怪地不对称的：与在美索不达米亚发现的几件印度河流域印章和印模相比，在印度-巴基斯坦次大陆没有发现过可靠的古代背景下的西方圆筒形印章或楔形文字。

楔形文字文献中曾多次提及迪尔穆恩（科威特的费拉卡群岛和阿联酋的巴林岛）、马干（阿曼半岛，可能还有霍尔木兹湾）和美路哈（伊朗东南部和巴基斯坦之间的马克兰海岸，可能还有印度河谷下游的信德）等国[3]。

---

[1] Beck 1933；Reade 1979.
[2] Reade 1979；Gensheimer 1984；Kenoyer 2008.
[3] Possehl 1996a.

第二讲　印度-巴基斯坦次大陆社会演进的考古学证据：从城镇的出现到消亡

图 2-14　公元前 3 千纪不同遗址及环境所出的不同类型的"蚀刻红玉髓珠"© Beck 1933

位于印度河流域的美路哈，或其最西端的前哨，是一个重要的、有声望的贸易伙伴。在乌尔、基什、尼普尔、拉格什、温马等苏美尔城市发现了许多印度河流域的滑石印章和封泥（哈拉帕3A和3B时期，约公元前2600—前2200年），但相当奇怪的是，印度河流域没有发现苏美尔或阿卡德的印章。

乌尔王陵和其他后期遗址中出土的数千颗红玉髓珠饰、贝壳制品和其他物品是由印度河流域的工匠制作或交易的[①]。在阿卡德时期，贸易往来得到加强；一枚著名的印章上展示了一个美路哈翻译跪在其主人面前，前面是一群带来礼物的美路哈人。除印度河流域的印章之外，公元前21世纪的波斯湾还流传着在印度河流域影响下创作的印章：一些印章结合了印度河流域的肖像和楔形文字，或用印度河流域的文字书写的属于其他文化（闪米特?）的难以理解的名字。

乌尔第三王朝时期（公元前21世纪），梅根的船只和商人的崛起似乎掩盖了美路哈人的商业作用。公元前2000年后，伴随着主要中心城市的衰落，印度河流域的贸易似乎也急剧下降，迪尔穆恩（巴林和费拉卡的贸易定居点）取代其成为美索不达米亚直接贸易伙伴。在哈拉帕3C时期，约公元前2200—前1900或前1800年之间，印度河流域、俾路支斯坦和锡斯坦发现了新的圆柱形印章，表明后续与北方和西方邻国的贸易联系是持久的。

---

① Reade 1979；Kenoyer 2008.

表 2-2 根据楔形文字文献和考古证据确定的从美路哈（印度河谷地？）输入美索不达米亚的物品列表

文献中的材料和/或器物	种类	考古发现
石器、珠饰等	红玉髓（8）	
石器、珠饰等	青金石（1）	
石器、珠饰等	珍珠（?）(1)	
石器、珠饰等		长红玉髓珠
石器、珠饰等		蚀刻肉红石髓珠
石器、珠饰等		天河石
石器、珠饰等		钙铝榴石？（绿榴石）
石器、珠饰等		青金石、绿松石珠等
木材、植物等	印度黄檀？（7）	
木材、植物等	鲜枣（1）	
动物	美路哈的达尔鸟（鸡？）(3)	
动物	美路哈狗（1）	
动物	美路哈猫（1）	
动物	捻角山羊？（野山羊）*（1）	
动物材料		大海贝
动物材料		象牙？
金属	铜（2）	
金属	金（1）	
金属	锡（1）	
多种复合的器物	美路哈船（2）	
多种复合的器物	美路哈家具（3）	
多种复合的器物	鸟塑像（5）	
多种复合的器物	美路哈狗塑像（1）	
有关行政的器物		滑石印章
有关行政的器物		封泥（封装货物？）

* 表示未公开的信息，感谢詹尼·马尔凯西提供。表中显示了有趣的事实：就我们识读出的文本而言，文字材料和考古证据在总体上不太吻合。

独角兽、官僚制和独特的早期国家类型

至少在理论上，印章与标准化的砝码、微型砝码一样，是研究印度河流域世界的社会组织的关键文物（图 2-9、2-15）。印度河流域的印章与同时期其他文明的完全不同。它们是高度标准化的方形印章，边长通常为 2.5—3.5 厘米，背部有独特的半球形钮。其材料几乎都是滑石，覆盖着明亮的玻璃釉，经高温烧制。这些印章无疑有实际的行政管理功能：这一点在出土的许多带有印章印迹的封泥上得到体现（在洛塔和其他遗址中，用于封闭罐子、门板、篮子，也许还有动物笼子，但也用作可携带的标记）。同一封泥上的不同印记，体现了集体的责任或财产，或集中的官僚机构。

印章上的图案是严格模块化和重复性的：大多数情况下，它印有一个动物轮廓，立于一个实物之前，上面有少量的一或两行刻字符号。在最早的印章中（哈拉帕 3A，约公元前 2600—前 2450 年，甚至更早），有一些很小的标本（边长约 2 厘米），在动物附近只刻有一两个符号（例见图 2-9）。在哈拉帕 3A 和 3B 阶段（至公元前 2200 年），少数印章呈现出一些复杂的场景，显示了神灵（?）（图 2-15，右），可能还有仪式（?）。然而，最常见的图像（在 70%—80% 的印章中）是一只独角兽，有一个长长的、缠绕的、有节的角（图 2-15，左）。它也有立体的图像，过去经常被误认为是一种双角牛的侧面。

标准印章的其余部分有不同的动物形象，似乎属于一个固有系列：主要有短角公牛或印度野牛、水牛、气势雄伟的瘤牛、大象、山羊和捻角山羊、老虎和（更罕见的）野兔。也有混合的生物，如女人/老虎、有角的老虎、有角的类人动物、有三种动物的头的生物，以及一种独特的"奇美拉"，将独角兽、老虎、蛇、

第二讲　印度-巴基斯坦次大陆社会演进的考古学证据：从城镇的出现到消亡

图 2-15　印度河流域印章上的图案 © https://www.harappa.com
左图：最常见的印度河流域硬石印章类型之一（独角兽，出土于巴基斯坦的宁道瑞遗址）
右图：印章上最罕见的形象之一，所谓的"湿婆-帕苏帕蒂"（野兽之主）——当然这是一种随意的解释。这位超自然的人物或神灵，被咄咄逼人的危险动物所包围，坐在一个庇护着两只山羊的宝座上。他处于性兴奋状态，手臂上戴着手镯，头上戴着水牛角的扇形头饰。他还有三张脸（一张正面，两张侧面）。

捻角山羊、蝎子和人的部分结合在一个类似大象的组合中[1]。将山羊、爬行类和猫科动物的解剖学特征联系在一起，使印度河流域的"奇美拉"在某种程度上隐约与后来希腊神话中的"奇美拉"属于同一家族。

哈拉帕 3C 期，这种复杂的图像逐渐消失，至少在烧制的滑石印章中是如此。完全被较长铭文占据的长长的矩形印章变得很常见（图 2-9, 8）。各种类型和复杂程度的铭文和小图像也出现在其他类别的人工制品中，如烧制的滑石、陶土和费昂斯上的标记和小牌。它们有些是扭曲的，或者是断成两截后重新连接的。这表明它们被

---

[1] Frenez & Vidale 2012, 2020.

交易给不同的人，在各种形式的交易框架中，在不同的时间和状况下，被检查和反检查。

印度河流域城市的治理方式仍然是一个很大的悬而未决的问题，导致了许多猜测和争议[①]。由于印度河流域的主要城市之间相距 250—350 公里（但不要忘记之前表达的疑虑），它们的领土控制半径，至少在河流沿岸，应不少于 150 公里——比美索不达米亚或叙利亚城邦统治的领土大 6 或 7 倍。美国考古学家沃尔特·费尔塞维斯将这种扩大的土地控制与印度河流域群体对牛群（瘤牛）的强烈依赖联系起来[②]，因为牛群需要广阔的放牧地。

虽然精英们无疑是通过复杂的国家层面的组织来掌握权力的，但没有证据（也是因为没有历史资料）表明一个单一的政权或王朝曾经统一过这片巨大的领土，或统治了一个以上的城市（也没有证据表明这种情况没有发生）。此外，印度河流域的图像很少有军国主义或高压政治的证据，而美索不达米亚或埃及在这些方面是非常突出的。

总的来说，印度河流域的城市化清楚地表明，不同的精英群体建造并拥有独立的带围墙院落，他们的威望至少有一部分取决于其相对的古老性，是对原始祖先关系的一种表达：越古老就越合法、越重要[③]。洗浴用的水池和有立柱的大门象征着进入和离开这种权力建筑的庄严意义。人们在这些院落中的进出和移动在警卫岗的谨

[①] 其中包括：Fairservis 1967, 1986; Malik 1968; Chitalwala 1984; Kenoyer 1989; Miller 1985a; Jacobson 1986; Possehl 1998; Thompson 2005; Cork 2006; Coningham & Manuel 2009; Riisfeldt 2010; Ahmed 2014; Ratnagar 1991, 1996, 2016; Sen 1992; Green 2017, 2020, 2021; Vidale 2010, 2018a, 2019。

[②] Fairservis, 1986.

[③] Vidale 2010.

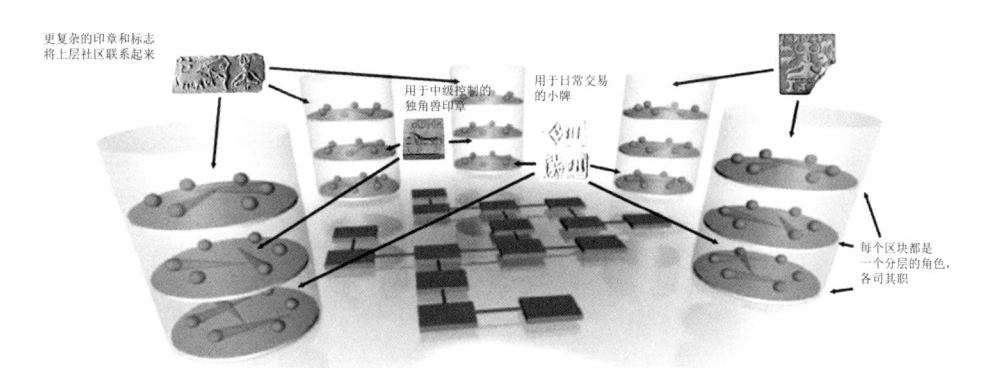

第二讲 印度-巴基斯坦次大陆社会演进的考古学证据：从城镇的出现到消亡

图 2-16 印度河流域的行政体系 修改调整自 © Stevenson 2009

图中假设行政结构是异质的。每个城市区域（圆柱体）都是部分独立的，拥有类似的机构和功能（不同的实体）。信物、印章、微型牌调节着货物、交易和信息从一个围墙区域向另一个围墙区域的流动。

慎控制之下，他们可以对个人进行检查。正如所见，事实上，印度河流域手工业生产的重要部门集中在制作天然和人工材料的小装饰品，以及可以在进入大院大门时使用的微型石牌、令牌和印章，这些东西（估计）也可以在他们的内部市场、作坊、仓库和记账机构中使用（图 2-16）。

一些学者最终提出，印度河流域的主要城市是独立的城邦，由各级统治者统治（有影响力的家族或联盟，或贸易利益联盟），他们居住在不同的城堡中，处于不断的竞争或平衡中，暂时获得政治权力[1]。

---

[1] 关于层级的概念和定义的进一步讨论，见 Crumley 1995, 2001; Grinin 2004; Bondarenko *et al.* 2004, 2011; Peukeat & Emerson 2007; Stevenson 2009; Kradin 2011; Child 2019。

印度河流域的城市及其政府被与中世纪的港口城市威尼斯和热那亚相比较，它们或由富裕家族按联盟或协议轮流统治，或由家族独立管理自己的财富并保障自己的安全[①]。有趣的是，在中世纪意大利和印度河流域文明中，可以积累的财富有很大一部分来自广泛但不稳定且非常多变的外国长途贸易网络，而不是来自与之相对的内陆农村。也许这有助于解释在信德省的旃符达罗或古吉拉特邦的巴加斯拉等遗址中出土的大量红玉髓和碧玉结或未完成的贝壳手镯的制作波动。

思想和（或）宗教表达

回想自科托底基时期（约公元前2800—前2600年）起，在后来印度河流域文明的整个范围内，陶器上出现了人类与水牛的复合体形象（图2-6）。如前所述，在一些情况下，这个重要人物的脸被牛的大角和枇杷叶的枝干覆盖。另一方面，在同一时期的陶器和小型雕塑中，牛的形象也很突出。尽管不清楚这一形象为何被表现在容器上，但他可能是一位男性神灵或超自然生物，逐渐在跨区域的层面上被认可，但类似的问题几乎不能确证。

在印度河文明后期的图像中，有一个人物以类似瑜伽的姿势坐着，手臂上有一排手镯，还有同样的角或角状头饰（图2-15，右）。他与"圣树"一起出现，或环绕着强大的动物；或者是其他类似人物祈祷或奉献的对象。他勃起的阴茎可能意味着，他除了生育能力还有一种强大的能量，也许是通过冥想获得的，就像在后来印度的历史中那样。

---

① Vidale 2018a.

第二讲 印度-巴基斯坦次大陆社会演进的考古学证据：从城镇的出现到消亡

学术界传统上认为他是湿婆神的祖先，这预设了遥远的青铜时代（非常不确定）的情景与很久以后印度教编成的法典之间存在某种联系。当然，时间上的差距并不容易支持类似的观点。其他图像也是如此，它们经常出现在微型陶牌上，使人联想到佛教的主题（竖立在"信众"后面的"那迦"蛇、"密宗结"、"圣树"和菩提叶）。但无论如何应当承认，这些相似之处是耐人寻味的。

在摩亨佐达罗出土的建筑中，对一些"寺庙"的识别也远不能令人信服。动物和人的陶塑像，也许是幻想的组合动物和复杂的几何符号的小型化表现，可能有宗教含义。但没有发现任何有明确的宗教设施或功能的建筑；也许，就像许多流行的印度拜神活动一样，仪式和供奉是在户外的特殊岩石或树木附近进行的。由于缺乏相关的、可释读的文本，这几乎是我们对古印度河流域宗教的全部了解。

专栏 2-2："祭司王"传说

摩亨佐达罗的"祭司王"虽已残损，但仍是印度河流域城市遗址中发现的少数保存下来的以一定大小表现人类的雕塑。它只保留了躯干，与印度河流域作坊制造的许多其他工艺产品和装饰品一样，由滑石制成。按照图 2b-2-1 中的复原方案，它的原始高度应该在 35 厘米左右或者更高。它很可能表现了一个坐着的人，左膝抬起，左手放在膝盖上，右手则落在另一个膝盖上，处于休息状态[①]。他右

---
① Ardeleanu-Jansen 1984.

图 2b-2-1 摩亨佐达罗 DK-G 区域出土的"祭司王"陶像及其可能的复原图
© A.Ardeleanu–Jansen (1984)

肩裸露在衣服外；衣服上装饰三叶草状的浮雕图案，上面还涂有红色颜料，或者更有可能是一种用来固定现已不存的贝壳镶嵌物的胶泥。右臂上的臂环和前面的带子都刻有环状装饰。半闭的双眼、紧抿的嘴唇和轮廓鲜明的胡须使他看上去有祭祀之王的霸气——这就是它的名字。

在摩亨佐达罗还发现了一些其他的雕塑，各具美感，但都被严重损坏，还有一件发现于印度喀奇的多拉维拉。在摩亨佐达罗，其中两件是在可能的"城堡"的宏伟入口附近发现的。这种雕塑都出土于这两个遗址的最上层。这意味着，这些雕像是在城市生活的最后几个世纪里制作且很可能是被故意破坏的。

从风格上看，"祭司王"与阿姆河文明（或巴克特里亚-马尔吉亚那文明）银器上的人类肖像有很大可比性：整体姿势、时尚的服饰、简单的胡须，甚至是两颗宝石的风格都是如此。雕像头部后面是平的，被切成一个角度，以便插入部分发型、假发或头饰，与巴克特里亚女性雕塑中的情况完全一样。甚至使用鲜红的胶泥进行镶嵌也是阿姆河流域雕刻家的一个独特特征。在伊朗东部和阿富汗西南部交界处的锡斯坦盆地，还发现了另外四个石雕残片，尺寸可能较小[①]。因此，"祭司王"——无论他代表谁，是神灵、先知、祭司、政治领袖还是国王——很可能在公元前3千纪晚期北方政体的强大压力下被推崇，而在最后放弃城市之前遭到反对和拒斥。因此，从这个角度来看，将"祭司王"视为印度河文明最负盛名的人物符号，也许是历史性的错误。

书　写

印度河流域的文字[②]目前尚未破译，因为：1. 我们不知道它表达的是哪种或哪几种语言；2. 我们不知道铭文涉及的内容；3. 文本太短；4. 到目前为止，还没有"双语"的铭文。截至 2020 年，发现了总计 4534 件铭文文物、5505 个文本和 19607 个符号（数据来自印度河流域文本的互动语料库[③]）。图 2-17 中列出了一些符号。

大多数铭文书写在方形和长方形的滑石印章上，用于贸易交易，也可能用于仪式；它们也出现在滑石、费昂斯、小陶牌和信物上。简短的符号序列也见于容器、铜器和个人装饰品。在多拉维

---

① Vidale 2018b.
② Possehl 1996b; Kenoyer 2006; Parpola 1994.
③ Fuls 2021.

拉，一块固定在雄伟大门上的大木板上有用彩陶板马赛克式拼成的巨大铭文——这是整个印巴次大陆、中亚和古代近东独一无二的发现。

我们所知道的最长的印度河流域铭文只有 17 个符号。每个铭文平均有 3.5 个符号——这不符合人们对一个充分发展的书写系统的期望，至少与在青铜时代克里特岛、埃及或美索不达米亚观察到的情况不同。无论其功能如何，印度河流域的文字似乎在公元前 1900 年后不久随着主要城市中心的废弃而迅速消亡，没有留下任何直接传人（与美索不达米亚楔形文字或中国商代文字的情况相反）。

至少，它的起源在考古记录中留下了痕迹。在拉维和科托底基时期，烧制前后刻在器皿上的"陶匠标记"，在后来的印度河流域文字中很常见。最早的印度文符号在科托底基时期就已经单独或成对出现在带有动物形象的印章上。因此，文字与印章的使用、标准尺寸砖的首次生产以及上文提到的高度标准化的体积和微量砝码系统同时出现。在成熟印度河文明时期（约公元前 2600—前 1900 年），引入统一的建筑、书写和称重系统，可能是因为城市经济规模扩大，需要快速简化会计和税收操作。

公元前 2600 年后，哈拉帕、摩亨佐达罗和其他大型中心城市的书吏们不得不学习一种书写系统，估计有 400—700 个不同的符号，这个数据取决于如何计算符号的变化。实际上，单独符号（被证实只出现一次的符号）的出现频率很高，表明该系统是由多个学校和权威中心各自独立更新和阐释的。铭文的顺序是牛耕式的，即上一行从左到右，下一行从右到左，以此类推。符号包括看上去不连续的疑似数字、粗略的动物和人物形象（后者有不同的使用物品，以暗示多变的活动或角色）以及抽象的形象；它们有复杂的连接模

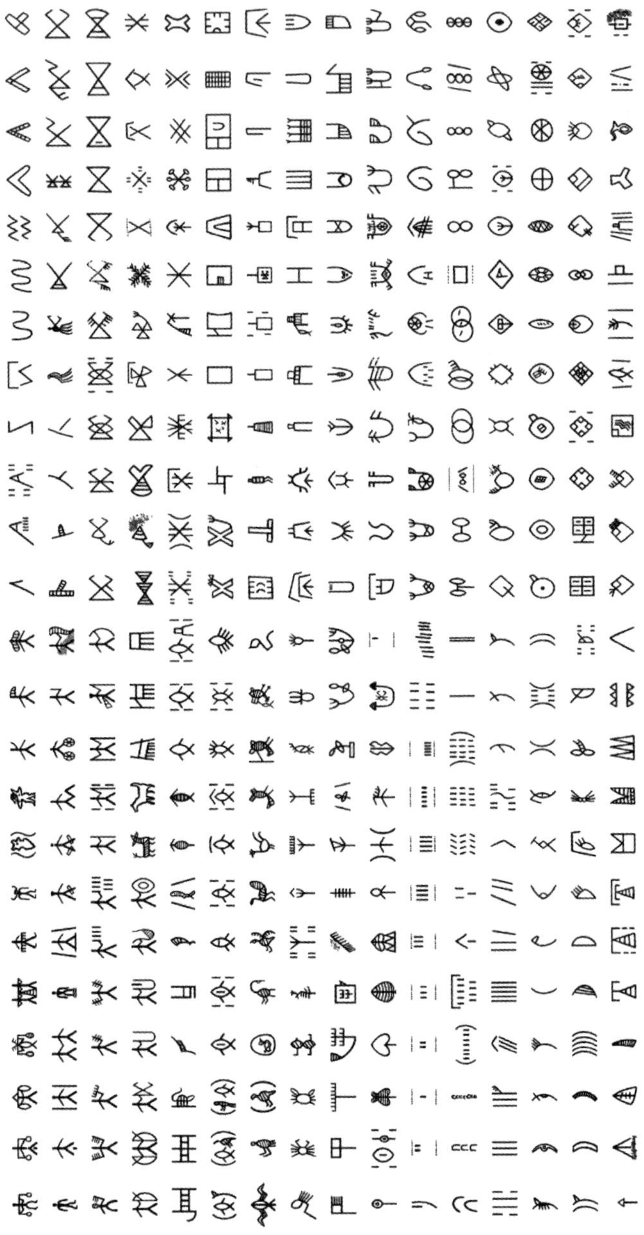

第二讲　印度-巴基斯坦次大陆社会演进的考古学证据：从城镇的出现到消亡

图 2-17　印度文字系统中可能可整理的符号列表之一　修改自 © Wells 2015, fig. 2.6
据我所知，尚无人将这些符号与中国北部商代的符号进行系统比较

式和位置规律,始终难以分析,即使有最新的统计资料辅助。

公元前3千纪的最后几个世纪中,动物形象和其他想象力丰富的图像从印章中消失(见上文),重要的信息转移到更长的文本中。这种走向更专业的信息渠道的步骤——不管动物的含义是什么——可能意味着城市世界的社会关系进一步层级化。

尽管人们经常声称印度河流域文明的文字系统已经被破译,但事实并非如此。认为印度河流域文明系统不是一种实际的文字,而是一种模糊的宗教符号或其他不严密的意识形态符号的代码,这种观点也是不正确的。相反,它很可能是一种高度编码的形象-音节系统,与苏美尔和阿卡德的楔形文字或埃及的象形文字一样;正如迄今发现的陶印章所证明的,在印章上使用的文字是城市和贸易管理的一个重要组成部分。到目前为止,还没有证据表明它被用在其他环境中,或用于其他目的(例如,在易腐烂的材料上的较长铭文)。尽管如此,我们不能忽视那些重要的未解之谜,这些问题一直盘旋在印度河流域文字的许多异常方面之上。

印度语言学背景的危险理论

当代印度-巴基斯坦次大陆的语言风貌是多样、复杂且分层的。吠陀梵语是我们所注意到的最古老的语言,通常被认为在大约公元前1500—前1300年传入旁遮普,但这些文本在被编成书面形式之前已经口头传播了1500年。吠陀梵语与伊朗语、印度-雅利安语、努里斯坦语和卡菲里语一样,是一种古老的印欧语言。

达罗毗荼诸语流行于印度南部的所有地区和中部的一些地区,以及北达罗毗荼语的外围区域:布拉辉语流行于俾路支斯坦(巴基斯坦),库鲁克语流行于中央邦,马尔托语流行于比哈尔邦(均在

第二讲 印度-巴基斯坦次大陆社会演进的考古学证据：从城镇的出现到消亡

印度）。芬兰学者认为，在印欧语系语言传播之前，达罗毗荼诸语在印巴次大陆广泛存在，并仔细探讨了印度河流域的语言是一种古老的达罗毗荼语的可能性，取得了部分成果。然而，俾路支斯坦的布拉辉语似乎是最近才出现的，而不是持续存在的基底语言。

除印欧语系和达罗毗荼语系外，印度还有南亚语系，其代表为印度中部和东部的蒙达语族、梅加拉亚山地的卡西语，以及尼科巴语。还有汉藏语系的藏缅语族，在喜马拉雅山脉地带使用。第五个语系的代表是布鲁夏斯基语，这是一种在罕萨（巴基斯坦最北端）使用的残留语言。最后是安达曼语，在印度-太平洋同名岛屿使用。从理论上讲，在摩亨佐达罗、哈拉帕和其他地方使用的语言可能与这些语言中的任何一个或它们的前身有关——或者相反，是完全独立的。

事实上，语言考古学表明，史前语言的重要词汇被巴基斯坦和印度现代语言从一种或多种语言中借用而持续存在（有时被昵称为"X 语言"），除此以外，这些语言没有留下其他重要痕迹。在神圣的吠陀梵文典籍中，约有 4% 的词明显来自非印欧语系，而且很可能来自这样的底层语。有趣的是，这些外来词包含了植物名称和农业术语，支持了讲梵语的社群是牧民而不是农民的观点（这一假设在某种程度上得到了独立的基因组研究的支持）。这些词汇的起源被不同程度地归结为蒙达语（南亚语系）或早期达罗毗荼语的基底。

公元前 3000 年，正如今天在中亚和南亚那样，人们可能会说（也可能会写）两三种不同的语言，在他们的原始社群和城市中新发展的社会文化环境中使用。到目前为止，已经有几十种不同的破译和翻译印度河流域简短文本的报道，但所有这些都是明显的失

105

败。简单地假设印度河流域的人说的是史前形式的梵语、印度-雅利安语或达罗毗荼语，且这种语言在现有的文本中得到了有意义的反映，目前是站不住脚的，也没有公认的、坚实的探索，尽管这种可能性也不能被完全排除。

丧葬习俗

食物生产时期早期和区域化时期的墓地，总的来说要比整合化时期的墓地丰富得多，也令人印象深刻，到目前为止，整合化时代的墓地相对罕见。公元前3千纪的印度人并不像中亚和南亚的其他早期文明那样埋葬死者。摩亨佐达罗、哈拉帕和其他城市一定有数百万从未被发现的死者，最简单的解释是，死者通常被火化，其骨灰撒向河流，这与当代印度社会的情况差不多。

在印度河流域的城市和村庄周围发现有小型墓地，通常由一组组墓葬组成，使用木棺。在哈拉帕、洛塔、菲尔马纳和其他公元前3千纪后半期的墓地中，人们挖一个大坑，在两端摆上几十件陶器，用土填满中间的空间，把装有死者的棺材放在上面，然后再把墓葬填平（图2-18）。这种复杂的墓葬用一些珠子或其他个人装饰品布置。在哈拉帕，常常挖掘或建造泥砖壁的长方形墓穴，墓上还有相同结构的小建筑。

这些墓葬的内容不如许多其他青铜时代文明的精英墓葬丰富，它们可能属于印度河流域城市社区的一个特殊的、有限的部分，更强调墓主的身份和文化上的规范性行为，而不是展示财富。

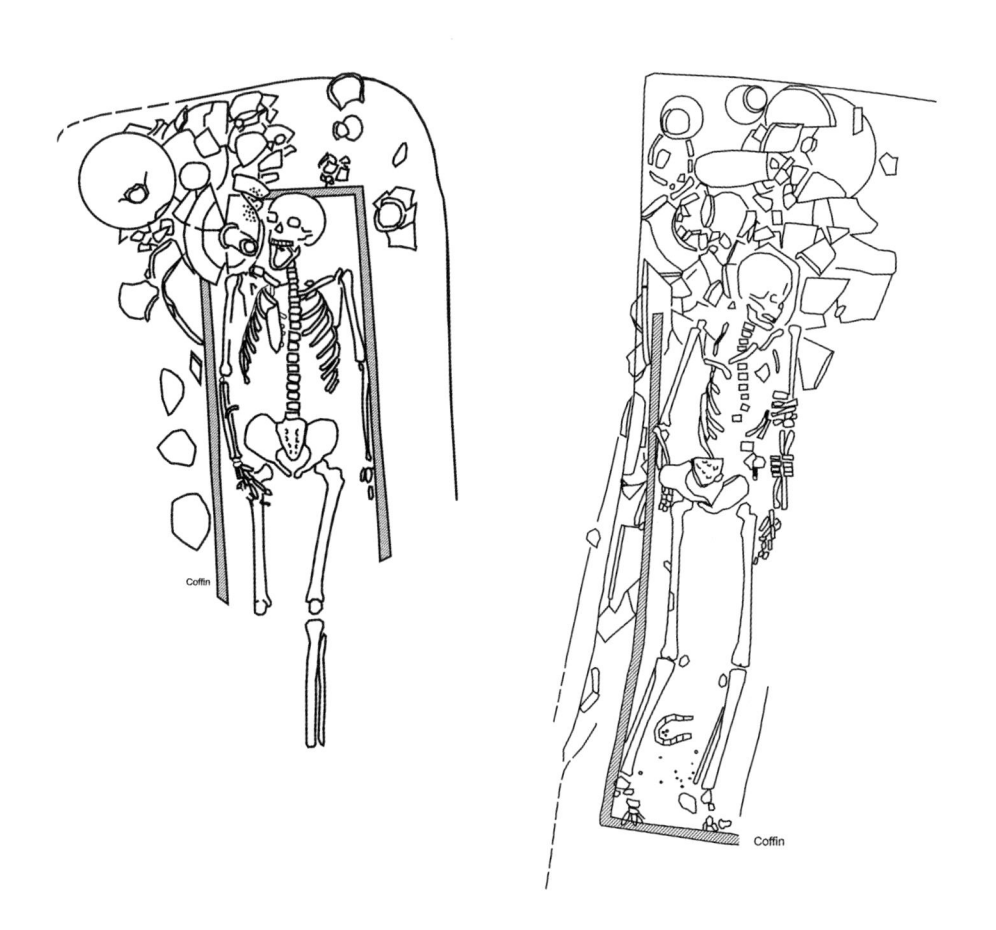

图 2-18 哈拉帕（H-37）整合化时代墓地的两座葬仪相同的墓葬 改自 © Coningham & Young 2005

首先，挖出一个长方形的大坑并填上泥土，然后在一端放上大量紧挨着的陶器。然后，在坑被部分填平后，放置装有死者的木棺，木棺的头部与陶器的位置一致；之后，继续填土。陶器和棺材的倒塌使人类遗骸与下层沉积物混在一起。像这样的埋葬肯定是特定群体或社会角色使用的，其余的人可能被火化，骨灰倒入河流。

崩溃和文化转型

公元前 1900 年后不久,摩亨佐达罗和其他城市中心被弃置不用。这一崩溃的范围可能比通常假定的要小,也可见后续的重要遗迹[①]。例如,人们在哈拉帕继续居住了数个世纪,这里成为一个繁荣的大村落,拥有革新的"铜石并用时代"(事实上是青铜时代晚期)物质文化(见下)。简而言之,印度河流域平原城市衰落的形式和原因需要通过深入的考古发掘来进一步观察。

与此相反,以前的学者试图寻找的简单的决定性解释,现在已经站不住脚。例如,现已不足信的陈旧水文地质理论认为,在信德省一次大的地壳隆升事件后,摩亨佐达罗南部突然形成的大湖使淤泥充塞了城市。当然,没有任何关于这个湖的沉积证据。

摩亨佐达罗的最上层地层显示出过度集中和建筑侵占的信号,而手工匠人集中在城市中心;最终城市废弃,杂乱的人骨被随意地埋在废墟上。因这些相当不可思议的大规模埋葬而产生了入侵和大屠杀的理论,传统的解释——痴迷于军国主义和军事史的英国考古学家惠勒(1890—1976)充分表述了这种主张——认为来自西方山脉腹地的使用"雅利安语"的印欧语系入侵者造成了这种破坏。

这个理论也被笃信《梨俱吠陀》的历史学家支持,这一最古老的关于印度古代传统的曼陀罗(即宗教诗集)似乎详细地描述了"雅利安"游牧者自阿富汗至恒河谷地的入侵。这种解释,至少是它的传统表述,现今已不足信;摩亨佐达罗晚期地层的人骨没有显示出曾受武器袭击,而可能应更好地解释为受到致命瘟疫的影响。

---

① Kenoyer 2017.

然而，最近的基因研究揭示，在公元前3千纪的印巴次大陆西北边境，草原游牧人群的基因受到来自"印度人群"的影响[1]。由于在巴基斯坦甚至印度的这种研究可能带有不恰当的政治色彩，当地获得的基因组数据仍然十分有限，因而必须小心使用。

目前大多数学者坚持毁灭是由于一场重大的气候危机（强烈的干燥气候席卷整个欧亚大陆南部，也促成了美索不达米亚阿卡德人"帝国"的衰落）。气候学家称之为4.2千年（即公元前2200—前2100年）干旱化事件，在欧亚大陆的很多部分可见相关证据（包括印度、近东、伊朗高原、阿拉伯半岛和埃及），但在欧洲北部则没有那么清晰。另一些学者强调，伴随着夏季风的减弱，可能促成了新的气候条件，使大部分伽葛-哈克拉-萨拉斯瓦蒂河迅速干涸。

印度河东部地区的干涸可能在公元前2千纪就已由喜马拉雅的构造活动引发。一些学者提出，滋养伽葛-哈克拉-萨拉斯瓦蒂水系的一条主要河流改道向东。随后，印度河夺取了西部水系的另一条主要支流苏特莱杰河，这一过程才得以结束。

另一个补充性的解释是，在夏季季风逐渐减弱的背景下，贸易网络和印度河流域影响范围的扩大，最终改变了人们在一系列小村庄中大量延续新石器时代的生活方式这种乡村背景。印度河流域的商人和农民越来越熟悉水稻、骆驼、驴子，最终熟悉了骑马。枣树可能自公元前7000—前6000年开始在从东阿拉伯海岸到俾路支斯坦南部内陆湿润山谷的广大地区驯化，从长远来看，其种植为创造不同的经济做出贡献，高粱和从阿拉伯半岛进口的作为食品和饲料

---

[1] Narasimhan *et al.* 2019.

的小米也是如此。新的经济机会、新的土地开发（在不同的生态区域系统地采用冬夏双耕，并更加强调小规模但密集的人工灌溉），以及更快的运输工具，可能创造了新的生活前景。

如果接受这一认为印度河谷地东缘发生了重大生态变化的理论，则会造成所谓伽葛-哈克拉-萨拉斯瓦蒂河体系的人向更东方移动，与印度河流域城市化的中心在政治上的联系减弱。由于水稻在东部地区比小麦和大麦的适应性更强，农业可能迅速地发生了转变。在西部，粟的种植引起了古吉拉特邦、拉贾斯坦邦和马哈拉施特拉邦的人口增长，那里的势力此前虽已存在，但微不足道。另一种可能是，海平面在公元前3千纪晚期下降，扰乱了马克兰海岸已建设的港口网络，印度河以及其他河流河口的沉积加重了这一恶化过程。

在这种及与之类似的条件下，印度河流域城市世界及其复杂的、专业性很强的官僚可能迅速被淘汰。印度河流域的精英聚集并垄断了一套重要的象征性符号和信息技术，当他们失去权威和效率时，普遍的崩溃可能迅速发生且不可逆转。

另一个可能的干扰因素是更直接的政治因素，可能源于中亚南部属于阿姆河文明或巴克特里亚-马尔吉亚那考古复合体的宏大政体的日益强大。自公元前2000年左右，也可能更早，阿姆河的手工艺品越来越频繁地出现在从苏萨到波斯湾和俾路支斯坦的地区；印度河流域的手工匠人和商人可能和阿姆河朝廷建立了紧密联系，最终导致了比印度河流域城市精英们最初预期的更大的干扰。

第二讲　印度-巴基斯坦次大陆社会演进的考古学证据：从城镇的出现到消亡

文化余波

在这种危急的环境中，在广阔的领土上，人们继续生活在更有活力的小-中规模村落中，种植水稻，驯养马和骆驼，发展铜器冶炼以制作更军事化的社会所需要的武器和身份符号。从兴都库什的南部谷地到古吉拉特邦（印度）的泥泞海岸，晚期青铜文化的集合体还原为与印度河流域文明城市化的整合时期之前情况相似的多种多样且不同的文化；因此印巴次大陆文明演进的这一阶段被称作地方化时期。

地方化时期最重要的文化包括：H 墓地文化（公元前 2 千纪在哈拉帕遗址废墟上继续繁荣的后城市化村庄，有陶器出土），"犍陀罗墓葬"文化（对斯瓦特谷地和附近山区青铜时代晚期文化的错误称呼，邻近今天的阿富汗边界），皮腊克文化（俾路支斯坦北部公元前 2 千纪的村落，少数经过科学发掘的定居遗址之一，显示了其已完成向稻作农业和骑马的转变[①]：图 2-19），朱哈尔文化（得名于信德省的土丘，以带有几何与花朵纹饰的彩绘陶为特色），朗布尔文化（古吉拉特邦），阿哈尔-巴纳什文化（拉贾斯坦邦）。

其中最为著名的是 H 墓地文化，这里曾是一处大型地方定居点，惠勒用地层学方法发掘了公元前 2 千纪早期的墓葬。墓葬包括一个或多个二次葬的成年个体，以及以胚胎姿势埋葬的婴儿——所有这些都装在绘有丰富黑色图案的深红色骨灰瓮中，考古学家试图从这些图案中识别出宇宙论的暗示和吠陀信仰的典故。图案包括星星、瘤牛、猫和孔雀。瓮中还有烧焦的骨头，但没有一个被确认为人类。其与早期印度河流域墓地的断裂十分明显。

[①] Jarrige & Santoni 1979.

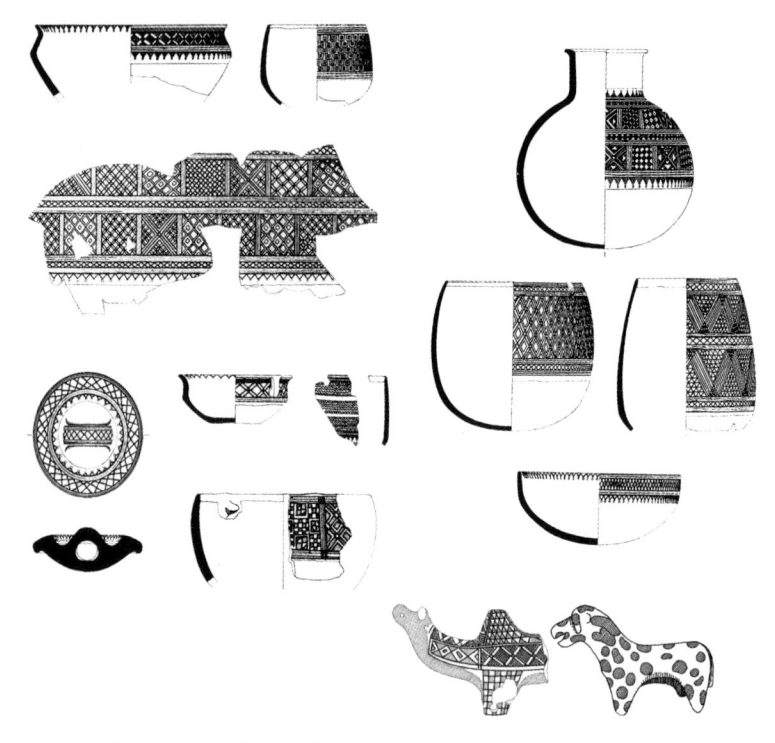

图 2-19　巴基斯坦俾路支斯坦省皮腊克遗址出土的陶器　改自 ©Jarrige & Santoni 1979
公元前 2 千纪，彩绘保留了整合化时代的特色。骆驼俑和马俑是印巴次大陆最早的陶俑之一。

在东部，从拉贾斯坦邦进入恒河-亚穆纳河平原，发现了加内什瓦尔和赭色陶器遗址，以某种方式与恒河的铜器窖藏传统（一种我们知之甚少的文化，使用并埋葬大量青铜制作的匕首、有齿鱼叉、容器、仪式用具、花瓶和手镯[①]，图 2-20）结合在一起。独特且神秘的 4 条手臂的器物十分常见，对其有多种解释，可能为武器

---

① Yule 1989.

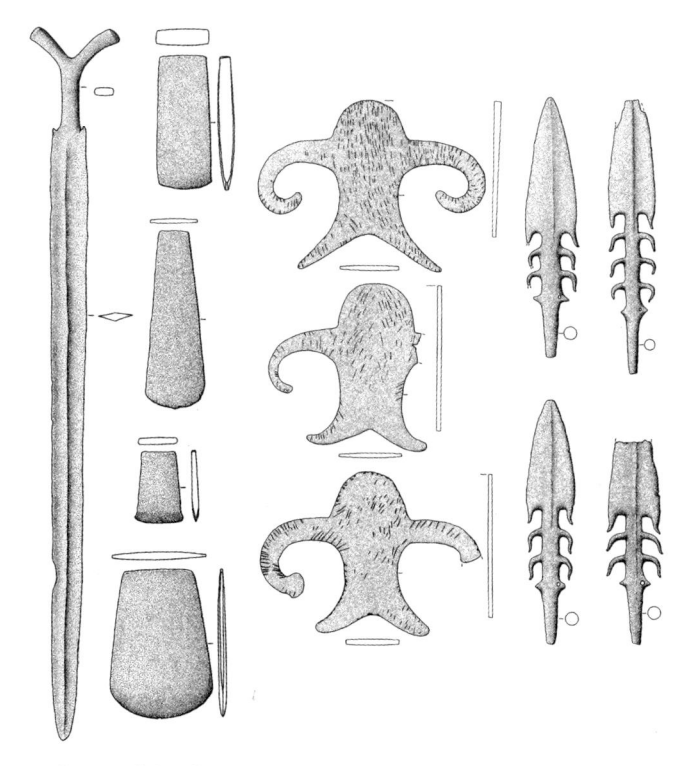

第二讲　印度-巴基斯坦次大陆社会演进的考古学证据：从城镇的出现到消亡

图 2-20　恒河-亚穆纳河冲积平原铜器群中的重要铜器类型 © Yule 1989，图中物体比例不一
年代为公元前 2 千纪上半叶，通常与赭色陶器文化有关。
从左起：触角剑；扁平的斧头；人形铜器；鱼叉。在索诺里墓葬中出土了与此图类似的触手剑。

或神圣的标志。洛塔遗址（印度古吉拉特邦）发现了同一类型器物的碎片，建立了印度河流域城市遗址和神秘的青铜窖藏之间独特而直接的时间联系。

没有人知道壮观的青铜窖藏被埋葬的原因。它们可能出现在远离同时代遗址的遥远地点。也许它们有一些重要的仪式性含义。没有青铜窖藏被科学地发掘过。一些经过发掘的定居遗址中发现了木骨抹灰篱笆墙或泥浆房。赭色陶器青铜时代遗址分布于恒河与亚穆纳河的汇流点或"岛"上，与青铜窖藏有部分重叠。许多人认为两种文化在一些方面上存在联系。

索诺里和戴马巴德的战车

近期，在距德里 68 公里的北方邦巴格帕特地区的索诺里发现了惊人的大型墓葬，出土了木制的战车或马车，车轮上有三角形的铜板或青铜片，木制的有足石棺上也有铜护板（图 2-21，a、b）。一具棺木上还印有一排有角人物的图像，有菩提叶位于上面的两角之间（图 2-21，c）。这些证据为恒河谷地史前时代后期的研究开辟了新的、完全出乎意料的视角[①]。墓室或陵墓中也出土了头盔、镶嵌铜箭形和圆盘的盾牌、黄金、半宝石和费昂斯装饰品、铜质安特纳剑和大量陶器。一些铜器可能指向恒河流域的铜器窖藏传统，而陶器则与印度河流域晚期有密切关系。所有这些都表明其年代大约在公元前 2 千纪的前半段。遗憾的是，这次发掘的材料尚未完全公布。

2022 年 2 月 22 日，《印度时报》报道勒克瑙的比尔巴尔·萨尼古代科学研究所测定了索诺里的 2 个 ^{14}C 数据，未详细说明其材料，并将结果报送印度考古调查局。其结果是"3815 和 3500（BP），误差范围 130 年"。虽然类似形式的报告是不被认可的，但这个数据如果得到科学的支持且完全公布，将具有非凡的重要性。

---

① Sharma *et al.* 2005, 2007；Kumar 2018；Manjul & Manjul 2018；Parpola 2020.

第二讲 印度-巴基斯坦次大陆社会演进的考古学证据：从城镇的出现到消亡

图 2-21 印度北方邦的索诺里遗址
a. 已发掘墓葬总图
b. 右下角的坑中出土的一或二辆战车（尚不清楚）
c. 在同一墓室的有腿木棺顶部发现的一系列有角的铜制人形器，注意从角上伸出的菩提叶
a © https://www.thebetterindia.com/250026/uttar-pradesh-sanauli-secrets-excavation-historic-findings-ancient-global-history-archaeological-survey-of-india-discovery-plus-gop94/
b © https://frontline.thehindu.com/arts-and-culture/heritage/article24923229.ece
c © Parpola 2020

阿斯科·帕尔波拉首先提出，索诺里战车实际上由公牛而非马匹牵拉，与马哈拉施特拉邦戴马巴德村的马尔瓦遗址中出土的铜牛车雕塑相同（见下文），而车、剑和有腿棺材则指向来自巴克特里亚和马尔吉亚那的阿姆河文明。帕尔波拉认为，所有这些都为"……说雅利安语的人到达南亚并与晚期哈拉帕人接触的前《梨俱吠陀》浪潮（现在是一组浪潮）"[1]在恒河平原的传播提供了令人信服的考古学证据。

马哈拉施特拉邦的马尔瓦文化定居遗址（约公元前1700—前1300年）由一些长方形和圆形的房屋组成，它们有木骨泥墙。遗址的居民使用彩绘陶器，与在印度河流域谷地观察到的一致，更像区域化时期的风格而非城市化的印度河流域世界。戴马巴德是这个文化圈的一处聚落，因发现了大型青铜器窖藏而著名，这些青铜器被埋藏在单独的地点，但无论如何，是属于印度河流域文明晚期地层的。其中包括一架战车模型，长45厘米、宽16厘米，由两头牛牵拉，一个16厘米高的御者站立于车上；一头水牛，高31厘米、长25厘米，站立于带4腿的平台上，平台有4个实心轮子；一头立于平台上的象高25厘米，长27厘米、宽14厘米，与水牛塑像类似（但轮子和轴缺失）；一头高度风格化的犀牛，高19厘米、长25厘米，立于两条平行的杆上，每条杆都附有一轴两实心轮。这些大型铜器总重超过60千克，可能是奢侈且未知的仪式所用器具的一部分。

索诺里和戴马巴德的铜器窖藏目前独一无二。它们的精密先进及展现出来的财富，与其他铜器窖藏一起（尽管年代尚不明确）为

---

[1] Parpola，2020.

人们提供了对印度北部后城市社会的想象,无疑比之前设想的更为复杂——当然与我们理想中匹配"城市衰落"阶段的简单、自给自足的村落社区相距甚远。

灰陶与铁器

最终,尽管十分缺乏相关背景中的 ^{14}C 年代数据,恒河谷地的彩绘灰陶传统[①]将我们直接带入铁器时代。这是印度北部铁器时代的一种典型陶器,^{14}C 数据通常属公元前 2 千纪晚期到早期历史时期(传统上始于公元前 6 世纪),此时可能发生了所谓的第二次城市化浪潮。代表器物是碗和浅碗或碟,均在强还原环境下经高温烧成,有点、圆圈和简单线性图案的黑色彩绘,被证实为盛放食物或祭品的贵重器物。

这些陶器在哈克拉河谷东部的焦利斯坦,亚穆纳河西岸,恒河、亚穆纳河交汇处以及恒河谷地西部均有发现,在巴基斯坦旁遮普腹地则很少。地表调查表明,使用这种陶器的遗址是在河岸边的相对较小的村庄,彼此距离 5—12 公里;在焦利斯坦,占地 1—4 公顷的遗址网络环绕在 13 公顷左右的主要聚落周围。房屋是用竹竿建造的圆形或长方形平面的小屋,或更坚固的有泥墙的房子;也发现了少数有多个房间的建筑。

被报道的出土彩绘灰陶器的遗址超过 1500 处,它们被与上文提到的雅利安入侵者这一旧考古传统联系在一起,或通过艰难的与《梨俱吠陀》文本的对应,同《梨俱吠陀》时期产生关系。虽然这类过分简单且费力的理论难以获得支持,但这些陶器作为印度

---

① Uesugi 2018a, 2018b; Gupta & Mani 2017.

史前时期最后阶段反复出现的标志仍然十分重要,这也是因为它们的技术可能与后来的恒河东部历史时期早期遗址中的黑陶传统交流融合。

彩绘灰陶文化在考古学上也与其他重要的革新相关:最重要的是与铁器的出现有关。事实上,此时铁器已集约化生产,包括家庭用品(夹钳、针、钉子、镊子和钩子)、农具和其他工具(凿、钻孔器、斧、刀),以及用于战争或狩猎的武器(主要是箭镞和矛头,而不包括剑)。这也是玻璃制品传播的社会技术背景,其遥远源头可以从长期获得的、可能正在消失的古代印度河流域作坊使用的技术中寻得。

然而,印度北部平原冶铁技术的发明和发展并不是一个独特事件。来自斯瓦特的新证据和此前来自克什米尔的数据,将印巴次大陆北部山谷冶铁开始的时间确定在公元前13—前12世纪[①],从而可与恒河谷地出土彩绘灰陶的定居遗址的最早年代相匹配。印巴次大陆以冶铁为基础的冶金业的发展是一个多焦点的大陆性的过程,在下兴都库什到印度半岛中南部同时展开,从公元前2千纪的最后3个世纪开始变得越来越显而易见。

小 结

正如所见,印巴次大陆的史前时代晚期阶段呈现出更加断断续续的考古学图景,而非连贯的叙述。思想性的框架也遭到破坏。印度学术界对彩绘灰陶和褐色陶器遗址及文化的解释,不仅常常囿于

---

① Vidale & Olivieri 2019.

将陶器与人群等同起来的过时范式①，而且还将从宗教传统中推断出的时间和地点与考古学层位和 ^{14}C 数据叠加在一起，一般只能获得模糊的结果。这些研究纠缠在一起，很难厘清。以印度知名学者的直率论述为例：

> 使用彩绘灰陶的人群所积累的坚实基础，引发了公元前6—前5世纪上层建筑的出现，不仅有传说中的优填王、波斯匿王和频婆娑罗王等十六雄国的国王，也有伟大宗教领袖大雄和释迦牟尼。②

现在，认为彩绘灰陶文明是"雅利安"前身的观点已逐渐不再盛行，其原因显而易见。在索诺里被发掘之后，其他印度学者目前将更早的"铜石并用"褐色陶器与《摩诃婆罗多》中提到的王国的地理位置以及"雅利安"入侵者联系在一起。褐色陶器/铜器窖藏的铜石并用时代的背景似乎更古老并因此更为著名。毋庸赘言，迄今为止，史诗中文学化描述的战士与他们的宫殿、宝剑、马匹和战车仍然难以与发掘出的遗迹遗物全然对应而毫无矛盾。因此，目前索诺里的发现十分重要，亟需详细的出版物。

印度河谷地另一侧的问题与此不同。大印度河谷地公元前2千纪的后城市文明被与印巴次大陆历史时期早期建立了历史性的联系，而事与愿违的是，经考古发现的这些文化相比公元前3千纪后半叶的印度河流域文明遗址大幅减少，且多数位于大的农业平原周边。

---

① 进一步的例子见 Benedetti 2020。
② Lal 1992: 431.

119

这些地方化时期的文明与印度河谷地文明之间联系（无论直接或间接）的问题，以及在这种史前背景下对印巴次大陆晚期社会结构的争论①必然会持续下去，如果没有新的、得到很好监督的发掘和无偏见的判断，问题将无法得到解决。

参考文献

精选参考文献

Beck, H.C. 1933. Etched Carnelian Beads. *The Antiquaries Journal, 13*(4), 384-398.

Coningham, R. & Young, R. 2015. *The Archaeology of South Asia: From the Indus to Asoka, c. 6500 BCE-200 CE*. Cambridge: Cambridge University Press.

Gupta, S.P. 1996. *The Indus-Saraswati Civilization: Origins, Problems and Issues*. Delhi: Pratibha Prakashan.

Kenoyer, J.M. 1998. *Ancient Cities of the Indus Valley Civilization*. Karachi: OUP Pakistan.

Law, R.W. 2011. *Inter-Regional Interaction and Urbanism in the Ancient Indus Valley: A Geological Provenience Study of Harappa's Rock and Mineral Assemblage* (Linguistics, Archaeology and the Human Past Occasional Paper 11). Kyoto: Research Institute for Humanity and Nature.

Marshall, J.H. 1931. *Mohenjo-daro and the Indus Civilization*. London: A. Probsthain.

McIntosh J.R. 2008. *The Ancient Indus Valley: New Perspectives*. Santa Barbara: ABC-CLIO.

Parpola, A. 1994. *Deciphering the Indus Script*. New York: Cambridge University Press.

Possehl, G.L. 2002. *The Indus Civilisation: A contemporary perspective*. Walnut

---

① Eltsov 2008; Kenoyer 1997.

Creek: AltaMira Press.

Robinson, A. 2015. *The Indus*. London: Reaktion Books Ltd.

其他参考文献

Ahmed, M. 2014. Chapter 1.5. A Stateless society? In M. Ahmed, *Ancient Pakistan: An Archaeological History*, Volume IV, *Harappan Civilization: Theoretical and the Abstract* (pp.135–165). Foursome Group.

Ardeleanu-Jansen, A. 1984. Stone Sculptures from Mohenjo-daro. In M. Jansen & G. Urban (Eds.), *Interim Reports 1* (pp. 139–157). Aachen: IsMEO/RWTH.

Ardeleanu-Jansen, A., Franke, U. & Jansen, M.J. 1983. An Approach towards the Replacement of Artifacts into the Architectural Context of the Great Bath at Mohenjo-daro. In G. Urban & M. Jansen (Eds.), *Forschungsprojekt DFG Mohenjodaro* (pp. 43–69). Aachen: Reinische-Westfalischen Technischen Hockschule.

Bates, J., Singh, R.N. & Petrie, C.A. 2017. Exploring Indus Crop Processing: Combining Phytolith and Macrobotanical Analyses to Consider the Organisation of Agriculture in Northwest India c. 3200–1500 BC. *Vegetation History and Archaeobotany, 26,* 25–41.

Benedetti, G. 2020. The Sanauli Chariot and its Archaeological and Historical Context. *АКТУАЛЬНЫЕ ПРОБЛЕМЫ АГРАРНОЙ НАУКИ, ПРОИЗВОДСТВА И ОБРАЗОВАНИЯ*, 255–259. Available at https://www.academia.edu/43127134/THE_SANAULI_CHARIOT_AND_ITS_ARCHAEOLOGICAL_AND_HISTORICAL_CONTEXT

Biagi, P. & Vidale, M. 2022. Lakheen-Jo-Daro, an Indus Civilization Settlement at Sukkur in Upper Sindh (Pakistan): A Scrap Copper Hoard and Human Figurine from a Dated Context. *Asian Perspectives, 61*(1), 1–27.

Bisht, R.S. 1991. Dholavira: A New Horizon of the Indus Civilization. *Puratattva,* 20, 71–82.

Bisht, R.S. 2015. *Excavations at Dholavira (1989-90 to 2005)*. Available at https://www.academia.edu/12012020/Excavations_at_Dholavira_1989_2005_RS_Bisht_2015_Full_text_including_scores_of_Indus_inscriptions_announced_ for_the_first_time_Report_validates_Indus_script_cipher_as_layered_rebus_ metonymy

Bondarenko, D.M., Grinin, L.E. & Korotayev, A.V. 2004. Alternatives of Social Evolution. In L.E. Grinin, R.L. Carneiro, D.M. Bondarenko, N.N. Kradin & A.V. Korotayev (Eds.), *The Early State, Its Alternatives and Analogues* (pp. 3–27). Saratov: Uchitel Publishing House.

Bondarenko, D.M., Grinin, L.E. & Korotayev, A.V. 2011. Social Evolution: Alternatives and Variations (Introduction). *Evolution: Cosmic, Biological, and Social, 2011*, 212–250.

Cattani, M., Kenoyer, J.M., Frenez, D., Law, R.W. & Méry, S. 2019. New Excavations at the Umm an-Nar site Ras al-Hadd HD-1, Sultanate of Oman (seasons 2016–2018): Insights on Cultural Interaction and Long-distance Trade. *Proceedings of the Seminar for Arabian Studies, 49*, 69–84.

Child, J. 2019. *Hierarchy. A Key Idea for Business and Society.* London: Routledge.

Chitalwala, Y.M. 1984. The Problem of Class Structure in the Indus Civilization. In B.B. Lal & S.P. Gupta (Eds.), *Frontiers of the Indus Civilization* (pp. 211–215). New Delhi: Books and Books.

Cleuziou, S. & Tosi, M. 2020. *In the Shadow of the Ancestors: The Prehistoric Foundations of the Early Arabian Civilization in Oman.* Oxford: Archaeopress.

Clift, P.D., Carter, A., Giosan, L. & Durcan, J. 2012. U-Pb Zircon Dating Evidence for a Pleistocene Sarasvati River and Capture of the Yamuna River. *Geology, 40*(3), 211–214.

Coningham, R.A.E. & Manuel, M.J. 2009. Priest-kings or Puritans? Childe and Willing Subordination in the Indus. *European Journal of Archaeology, 12*(1–3), 167–180.

Coppa, A., Bondioli, L., Cucina, A., Frayer, D.W., Jarrige, C., Jarrige, J.-F., Quivron, G., Rossi, M., Vidale, M. & Macchiarell, R. 2006. Early Neolithic Tradition of Dentistry. *Nature, 440*(6), 755–756.

Cork, E. 2005. Peaceful Harappans? *Antiquity, 79*, 411–423.

Cork, E. 2006. *Rethinking the Indus Myths. A Comparative Re-evaluation of the Indus Civilisation as an Alternative Paradigm in the Organisation and Structure of Early Complex Societies* (Volume 1 of 2: Text). [Ph.D Thesis]. Department of Archaeology, Durham University.

Cortesi, E., Tosi, M., Lazzari, A. & Vidale, M. 2008. Cultural Relationships beyond the Iranian Plateau: The Helmand Civilization, Baluchistan and the Indus Valley in the 3rd millennium BCE. *Paléorient, 34*(2), 5–35.

Courtillier, G. 1930. *Les Anciennes Civilisations de l'Inde*. Paris: Colin.

Crumley, C.L. 1995. Heterarchy and the Analysis of Complex Societies. In R.M. Ehrenreich, C.L. Crumley & J.E. Levy (Eds.), *Heterarchy and the Analysis of Complex Societies* (pp. 1–15). Washington, D.C.: American Anthropological Association.

Crumley, C.L. 2001. Communication, Holism, and the Evolution of Sociopolitical Complexity. In J. Haas (Ed.), *From Leaders to Rulers* (pp. 19–36). New York: Kluwer Academics.

Dales, G.F. & Kenoyer, J. M. 1986. *Excavations at Mohenjo Daro, Pakistan: The Pottery* (University Museum Monograph 53). Philadelphia: The University Museum, University of Pennsylvania.

Eltsov, P. 2008. *From Harappa to Hastinapura: A Study of the Earliest South Asian City and Civilization*. Leiden: Brill.

Fairservis, W.A.Jr. 1967. The Origin, Character, and Decline of an Early Civilization. *American Museum Novitates, 2302*, 1–48.

Fairservis, W.A.Jr. 1986. Cattle and the Harappan Chiefdoms of the Indus Valley. *Expedition, 28*(2), 43–50.

Fentress, M.A. 1976. *Resource Access, Exchange Systems, and Regional Interaction in the Indus Valley: an Investigation of Archaeological Variability at Harappa and Moenjodaro*. Dissertations available from ProQuest. AAI7710163. Accessed on May 2017 at the site http://repository.upenn.edu/dissertations/AAI7710163

Francfort, H.P. 1983. Excavations at Shortughai in Northeast Afghanistan. *American Journal of Archaeology, 87*(4), 518–519.

Frenez, D. 2018a. Indus Civilization Trade with the Oman Peninsula: An updated summary of the archaeological evidence. In S. Cleuziou & M. Tosi (Eds.), *In the Shadow of the Ancestors*: *The Prehistoric Foundations of the Early Arabian*

Civilization in Oman, Second expanded edition (pp. 385–396). Muscat: Ministry of Heritage and Culture, Sultanate of Oman.

Frenez, D. 2018b. Manufacturing and Trade of Asian Elephant Ivory in Bronze Age Middle Asia: Evidence from Gonur Depe (Margiana, Turkmenistan). *Archaeological Research in Asia, 15*, 13–33.

Frenez, D., Degli Esposti, M., Méry, S. & Kenoyer, J.M. 2016. Bronze Age Salūt (ST1) and the Indus Civilization: Recent Discoveries and New Insights on Regional Interaction. *Proceedings of the Seminar for Arabian Studies 46, Papers from the forty-seventh meeting of the Seminar for Arabian Studies held at the British Museum, London, 24 to 26 July 2015* (pp. 107–124). Oxford: Archaeopress.

Frenez, D. & Vidale, M. 2012. Harappan Chimaeras as 'Symbolic Hypertexts': Some Thoughts on Plato, Chimaera and the Indus Civilization. *South Asian Studies, 28*(2), 107–130.

Frenez, D. & Vidale, M. 2020. How Did a Chimaera Get Lost in Margush? Indus-Related Seals from Bronze Age Oases Along the Amu Darya and Murghab Rivers. In D. Usai, S. Tuzzato & M. Vidale (Eds.), *Tales of Three Worlds: Asia, Italy, Africa: A tribute to Sandro Salvatori* (pp. 53–64). Oxford: Archaeopress. doi.org/10.5281/zenodo.5513758

Fuller, D.Q. 2003. Indus and Non-Indus Agricultural Traditions: Local Developments and Crop Adoptions in the Indian Peninsula. In A. Weber & W.R. Belcher (Eds.), *Indus Ethnobiology: New Perspectives from the Field* (pp. 343–396). Lanham: Lexington Books.

Fuls, A. 2021. *Mathematical Epigraphy and the Interactive Corpus of Indus Texts (ICIT)*. Digital Classicist Seminar. Available: https://www.youtube.com/watch?v=FK5LM07sI74

Gensheimer, T.R. 1984. The Role of Shell in Mesopotamia: Evidence for Trade Exchange with Oman and the Indus Valley. *Paléorient, 10*(1), 65–73.

Green, A.S. 2017. Mohenjo-Daro's Small Public Structures: Heterarchy, Collective Action and a Re-visitation of Old Interpretations with GIS and 3D Modelling. *Cambridge Archaeological Journal, 28*(2), 205–223.

Green, A.S. 2020. Debt and Inequality: Comparing the "Means of Specification" in the Early Cities of Mesopotamia and the Indus Civilization. *Journal of Anthropological Archaeology, 60*, Article 101232. DOI: 10.1016/j.jaa. 2020. 101232.

Green, A.S. 2021. Killing the Priest-King: Addressing Egalitarianism in the Indus Civilization. *Journal of Archaeological Research, 29*, 153−202.

Grinin, L.E. 2004. The Early State and its Analogues: a Comparative Analysis. In L.E. Grinin, R.L. Carneiro, D.M. Bondarenko, N.N. Kradin & A.V. Korotayev (Eds.), *The Early State, its Alternatives and Analogues* (pp. 88−136). Volgograd: Uchitel Publishing House.

Gupta, V.K. & Mani, B.R. 2017. Painted Grey Ware Culture: Changing Perspectives. *Heritage: Journal of Multidisciplinary Studies in Archaeology, 5*, 370−379.

Jacobson, J. 1986. The Harappan Civilization: An Early State. In J. Jacobson (Ed.) *Studies in the Archaeology of India and Pakistan* (pp. 137−174). New Delhi: Oxford and IBH.

Jansen, M. 1993. Mohenjo-daro: Type-Site of the Earliest Urbanization Process in South Asia. In H. Spodeck & D. Meth Srinivasan (Eds.), *Urban Form and Meaning in South Asia: The Shaping of Cities from Prehistoric to Precolonial Times* (Studies in the History of Art 31, pp. 35−51). Hanover; London: Center for Advanced Studies in the Visual Arts.

Jarrige, C., Jarrige, J.-F., Meadow, R.H. & Quivron, G. 1995. *Mehrgarh: Field Reports 1974−1985: From Neolithic Times to the Indus Civilization*. Karachi: The Department of Culture and Tourism, Government of Sindh.

Jarrige, J.-F., Jarrige, C. & Quivron, G. 2013. *Mehrgarh Neolithic Period, Seasons 1997−2000, Pakistan*. Paris: De Boccard.

Jarrige, J.-F. & Santoni, M. 1979. *Fouilles de Pirak* (Vol. I: Texte, Vol.II: Etude Architecturale et Figures). Paris: White Lotus Press.

Kazi, M.M. 1989. Lakhueen-Jo-Daro. *Journal of Central Asia, 12*(1), 89−106.

Kenoyer, J.M. 1989. Socio-economic Structures of the Indus Civilization as Reflected in Specialized Crafts and the Question of Ritual Segregation. In J.M. Kenoyer, (Ed.), *Old Problems and New Perspectives in the Archaeology of South Asia* (Wisconsin Archaeological Reports 2, pp.183−192). Madison: Department of

Anthropology, University of Wisconsin.

Kenoyer, J.M. 1991a. The Indus Valley Tradition of Pakistan and Western India. *Journal of World Prehistory, 5*(4), 331–385.

Kenoyer, J.M. 1991b. Urban Process in the Indus Tradition: a Preliminary Model from Harappa. In H. M. Richard (Ed.), *Harappa Excavations 1986–1990* (pp. 29–60). Madison: Prehistory Press.

Kenoyer, J.M. 1991c. Ornaments Styles of the Indus Valley Tradition: Evidence from Recent Excavations at Harappa, Pakistan. *Paléorient, 17*(2), 79–98.

Kenoyer, J.M. 1994. The Harappan State: Was it or wasn't it? In J.M. Kenoyer (Ed.) *From Sumer to Meluhha: Contributions to the Archaeology of South and West Asia in Memory of George F. Dales, Jr* (Wisconsin Archaeological Reports, Volume 3, pp. 71–80). Madison: Department of Anthropology, University of Wisconsin.

Kenoyer, J.M. 1995. Ideology and Legitimation in the Indus State as Revealed through Symbolic Objects. *The Archaeological Review, 4*(1 & 2), 87–131.

Kenoyer, J.M. 1997. Early City-States in South Asia: Comparing the Harappan Phase and the Early Historic Period. In D.L. Nicols & T.H. Charlton (Eds.), *The Archaeology of City-States: Cross-Cultural Approaches* (pp. 51–70). Washington, D.C.: Smithsonian Institute.

Kenoyer, J.M. 2000. Wealth and Socio-Economic Hierarchies of the Indus Valley Civilization. In J. Richards & M. Van Buren (Eds.), *Order, Legitimacy and Wealth in Early States* (pp. 88–109). Cambridge: Cambridge University Press.

Kenoyer, J.M. 2003. Uncovering the Keys to the Lost Indus Cities. *Scientific American, 289*(1), 66–75.

Kenoyer, J.M. 2005. Steatite and Faience Manufacturing at Harappa: New Evidence from Mound E Excavations 2000–2001. *Museum Journal* (National Museum of Pakistan), *3 & 4,* 43–56.

Kenoyer, J.M. 2006. The Origin, Context and Function of the Indus Script: Recent Insights from Harappa. In T. Osada & N. Hase (Eds.), *Proceedings of the Pre-symposium and the 7th ESCA Harvard-Kyoto Roundtable* (pp. 9–27). Kyoto: Research Institute for Humanity and Nature, RIHN.

Kenoyer, J.M. 2008. Indus and Mesopotamian Trade Networks: New Insights from

Shell and Carnelian Artifacts. In E. Olijdam & R.H. Spoor (Eds.), *Intercultural Relations between South and Southwest Asia. Studies in Commemoration of E.C.L. During Caspers (1934–1996)*. (Oxford BAR International Series 1826, pp. 19–28). Oxford: Archeaopress.

Kenoyer, J.M. 2017. The Indus Valley: A Truly Lost Civilisation? In G.D. Middleton (Ed.), *Understanding Collapse. Ancient History and Modern Myths* (pp. 86–108). Cambridge: Cambridge University Press. DOI: https://doi.org/10.1017/9781316584941.005

Khonde, N., Singh, S.K., Maur, D. M., Rai, V.K., Chamyal, L.S. & Giosan, L. 2017. Tracing the Vedic Saraswati River in the Great Rann of Kachchh. *Scientific Reports,* 7(1), 5476. Available at: https://www.nature.com/articles/s41598-017-05745-8

Kradin, N. 2011. Heterarchy and Hierarchy among the Ancient Mongolian Nomads. *Social Evolution and History,* 10(1), 187–214.

Kumar, V. 2018. A note on Chariot Burials Found at Sinauli District Baghpat U.P. *Indian Journal of Archaeology,* 3(2), 735–755.

Lal, B.B. 1992. The Painted Grey Ware Culture of the Iron Age. In A.H. Dani & V.M. Masson (Eds.), *History of Civilization of Central Asia* (Vol. I, pp. 412–430). Vendóme: UNESCO Publishing.

Leonardi, G. 1988. *Moenjodaro: From Surface Evaluation to Ground Testing* (Interim Reports Vol. 3). Rome: IsMEO-Aachen University Mission.

Mackay, E.J.H. 1938. *Further Excavations at Mohenjodaro*. New Delhi: Government of India.

Mackay, E.J.H. 1943. *Chanhu-Daro Excavations 1935–36*. New Haven: American Oriental Society.

Mackay, E.J.H. 2001. The Indus Civilization. Lahore: Sang-e-Meel Publications [repr.].

Madella, M. & Fuller, D.Q. 2006. Palaeoecology and the Harappan Civilisation of South Asia: a reconsideration. *Quaternary Science Review,* 25, 1283–1301.

Maisels, C. 2010a. *The Archaeology of Politics and Power: Where, When, and Why the First States Formed*. Oxford: Oxbow Books.

Maisels, C. 2010b. *The Indus-Sarasvati Civilization ('Harappan Civilization')*. In Maisels, C. 2010a, pp. 37–80.

Malik, S.C. 1968. *Indian Civilisation, the Formative Period: A Study of Archaeology as Anthropology*. Delhi: Indian Institute of Advanced Study.

Manjul, S. K. & Manjul, A. 2018. Recent Excavation at Sanauli, District Bagpat, UP: A Landmark in Indian Archaeology. *Purātattva Bulletin of the Indian Archaeological Society, 48,* 220–225.

McIntosh, J.R. 2002. *A Peaceful Realm: The Rise and Fall of the Indus Civilization*. Boulder: Westview.

Meadow, R.H. (Ed.) 1991. *Harappa Excavations 1986–1990*. Madison: Prehistory Press.

Meadow, R.H. & Kenoyer, J.M. 1994. Harappa Excavations 1993: The City Wall and Inscribed Materials. In A. Parpola & P. Koskikallio (Eds.), *South Asian Archaeology 1993* (Vol. 2. pp. 451–470). Helsinki: Suomaleinen Tiedeakatemia.

Meadow, R.H. & Kenoyer, J.M. 2001. Recent Discoveries and Highlights from Excavations at Harappa: 1998–2000. *Indo-Koko-Kenkyu (Indian Archaeological Studies), 22,* 19–36.

Meadow, R.H. & Kenoyer, J.M. 2005. Excavations at Harappa 2000–2001: New Insights on Chronology and City Organization. In C. Jarrige & V. Lefèvre (Eds.), *South Asian Archaeology 2001* (pp. 207–225). Paris: CNRS.

Miksic, J.N. 2000. Heterogenetic Cities in Premodern Southeast Asia. *World Archaeology, 32*(1), Archaeology in Southeast Asia, 106–120.

Miller, D. 1985a. Ideology and the Indus Civilization. *Journal of Anthropological Archaeology, 4,* 34–71.

Miller, D. 1985b. *Artifacts as Categories: A Study of Ceramic Variability in Central India*. Cambridge: Cambridge University Press.

Miller, H.M.-L. 2007. Associations and Ideologies in the Locations of Urban Craft Production at Harappa, Pakistan (Indus Civilisation). In Z.X. Hruby & R.K. Flad (Eds.), *Rethinking Craft Specialization in Complex Societies: Archaeological Analyses and the Social Meaning of Production* (Archaeological Papers of the American Anthropological Association 17, pp.37–51). Berkeley: University of

California Press.

Mosher, M.S. 2017. *The Architecture of Mohenjo-Daro as Evidence for the Organization of the Indus Civilization Urban Neighbourhoods*. [Phd thesis]. Department of Anthropology, University of Toronto.

Mutin, B. 2022. Les premiers villages agricoles de l'est du plateau Iranien à la vallée de l'Indus : état de la question. *L'anthropologie, 126*(3). https://doi.org/10.1016/j.anthro.2022.103050

Narasimhan, V., Patterson, N., Moorjani, P. *et al.* 2019. The Formation of Human Populations in South and Central Asia. *Science, 365*(6457), eaat7487. DOI:10.1126/science.aat7487

Noble, A.G. 1998. Using Descriptive Models to Understand South Asian Cities. *Education About Asia, 3*(3), 24–29.

Parpola, A. 2020. Royal "Chariot" Burials of Sanauli near Delhi and Archaeological Correlates of Prehistoric Indo-Iranian Languages. *Studia Orientalia Electronica, 8*(1), 175–198.

Petrie, C.A. 2013. South Asia. In P. Clark (Ed.), *The Oxford Handbook of Cities in World History* (pp. 83–104). Oxford: Oxford University Press.

Petrie, C.A. 2017. Crisis, what Crisis? Adaptation, Resilience and Transformation in the Indus Civilisation. In T. Cunningham & J. Driessen (Eds.), *Crisis to Collapse: The Archaeology of Social Breakdown* (AEGIS 11, pp.44–64). Louvain: UCL Presses Universitaires.

Petrie, C.A. 2019. Diversity, Variability, Adaptation and 'Fragility' in the Indus Civilization. In N. Yoffee (Ed.), *The Evolution of Fragility: Setting the Terms* (pp.109–133). Cambridge: McDonald Institute for Archaeological Research, University of Cambridge.

Petrie, C. A., Parikh, D., Green, A.S. & Bates, J. 2021. Looking beneath the Veneer. Thoughts about Environmental and Cultural Diversity in the Indus Civilization. In D. Frenez, G. M. Jamison, R.W. Law, M. Vidale & R.H. Meadow (Eds.), *Walking with the Unicorn. Social Organization and Material Culture in Ancient South Asia* (Jonathan Mark Kenoyer Felicitation Volume, pp. 453–474). Summertown: Archaeopress Publishing Ltd.

Petrie, C.A, Singh, R.N., Bates, J., et al. 2017. Adaptation to Variable Environments, Resilience to Climate Change Investigating Land, Water and Settlement in Indus Northwest India. *Current Anthropology, 58*(1), 1–30.

Peukeat, T.R. & Emerson, T.E. 2007. Alternative Civilizations: Heterarchies, Corporate Polities, and Orthodoxies. In D.M. Bondarenko & A.A. Nemirovskiy (Eds.), Third International Conference "Hierarchy and Power in the History of Civilizations" (June 18–21 2004, Moscow. Selected Papers, I. Alternativity in Cultural History: Heterarchy and Homoarchy as Evolutionary Trajectories, pp. 107–117). Moscow: Center for Civilizational and Regional Studies of the RAS.

Piggott, S. 1950. *Prehistoric India*. London: Penguin.

Ponton, C., Giosan, L., Eglinton, T.I., et al. 2012. Holocene Aridification of India. *Geophysical Research Letters, 39*, L03704, doi: 10.1029/2011GL050722

Possehl, G.L. 1990. Revolution in the Urban Revolution: The Emergence of Indus Urbanization. *Annual Review of Anthropology, 19*, 261–282.

Possehl, G. 1996a. *The Indus Age: The Writing System*. Philadelphia: University of Pennsylvania Press.

Possehl, G.L. 1996b. Meluhha. In J.E. Reade (Ed.), *The Indian Ocean in Antiquity* (pp. 133–208). London: Kegan Paul International and The British Museum.

Possehl, G.L. 1998. Sociocultural Complexity without the State: the Indus Civilization. In G.M. Feinman & Marcus, J. (Eds.), *Archaic states* (pp. 261–291). Santa Fe: School of American Research Press.

Prabhakar, V. N. 2012. Stone Drill Bits from Dholavira – A Multi-Faceted Analysis. *Man and Environment, 37*(1), 8–25.

Rao, S. R. 1979. *Lothal A Harappan Port Town (1955–62)*. Vol. I, New Delhi: Archaeological Survey of India.

Ratnagar, S. 1991. *Enquiries into the Political Organization of Harappan Society*. Poone: Ravish.

Ratnagar, S. 1996. Ideology and the Nature of Political Consolidation and Expansion: An Archaeological Case. In H.J.M. Claessen & J.G. Oosten (Eds.), *Ideology and the Formation of Early States* (pp. 170–186). Leiden: E. J. Brill.

Ratnagar, S. 2016. *Harappan Archaeology: Early State Perspectives*. Delhi: Primus

Books.

Reade, J.E. 1979. *Early Etched Beads and the Indo-Mesopotamian Trade* (British Museum Occasional Papers No. 2). London: British Museum.

Riisfeldt, T. 2010. States and Social Complexity: the Indus Valley (Harappan) Civilisation. *History in the Making, 1*(2), 9–15.

Rissman, P. 1998. Public Displays and Private Values: A Guide to Buried Wealth in Harappan Archaeology. *World Archaeology, 20*(2), Hoards and Hoarding, 209–228.

Robbins-Shug, G., Grayb, K., Mushrif-Tripathy, V. & Sankhyand, A.R. 2012. A Peaceful Realm? Trauma and Social Differentiation at Harappa. *International Journal of Paleopathology, 2*(2–3), 136–147.

Sen, R. 1992. Formation of State and the Indus Valley Civilization. *Indian Anthropologist, 22*(1), 25–40.

Shaffer, J.G. 1982. Harappan Civilization: A Reconsideration. In G.L. Possehl (Ed.) *Harappan Civilization: A Contemporary Perspective* (pp. 41–50). New Delhi: Oxford-IBH.

Shaffer, J.G. 1992. The Indus Valley, Baluchistan, and Helmand Traditions: Neolithic through Bronze Age. In R. Ehrich (Ed.), *Chronologies in Old World Archaeology*, (Volume 1, pp. 441–464). Chicago: Chicago University Press.

Shaikh, N., Veesar, M.G. & Mallah, Q.H. 2004–2005. The Excavation of Indus Period Site Lakhan-Jo-Daro 2006. *Ancient Sindh, 8*, 7–193.

Sharma, D.V. Nauriyal, K.C., Prabhakar, V.N. & Vishnukant. 2005. Sanauli: A Late Harappan Site in the Yamuna-Hindon Doab. *Purātattva: Journal of the Indian Archaeological Society, 34*, 35–44.

Sharma, D.V., Nauriyal, K.C. & Prabhakar, V.N. 2007. Excavations at Sanauli, 2005-06: A Harappan Necropolis in the Upper Ganga-Yamuna Doab. *Purātattva: Bulletin of the Indian Archaeological Society, 36*, 166–179.

Stevenson, K. 2009. Neither Hierarchy nor Network: An Argument for Heterarchy. *People & Strategy Journal, 32*(1), 4–13.

Thompson, T.J. 2005. Ancient Stateless Civilisation: Bronze Age India and the state in history. *The Independent Review, 10*(3), 365–384.

Uesugi, A. 2018a. A Study on the Painted Grey Ware. *Heritage: Journal of Multidisciplinary Studies in Archaeology, 6*, 1–29.

Uesugi, A. 2018b. An Overview on the Iron Age in South Asia. In A. Uesugi (Ed.), *Iron Age in South Asia* (pp. 9–12). Osaka: Kansai University.

Vidale, M. 1990. On the Structure and the Relative Chronology of a Harappan Industrial Site. In M. Taddei & P. Callieri (Eds.), *South Asian Archaeology 1987* (Part 1, pp. 203–244). Rome: IsMEO.

Vidale, M. 2000. *The Archaeology of Indus Crafts: Indus Craftspeople and Why We Study Them*. Reports and Memoirs, Vol. 4. Rome: Istituto Italiano per l'Africa e l'Oriente.

Vidale, M. 2010. Aspects of Palace Life at Mohenjo-Daro. *South Asian Studies, 26*(1), 59–76.

Vidale, M. 2018a. Heterarchic Powers in the Ancient Indus Cities. *Journal of Asian Civilizations, 41*(2), 1–46, 193–200.

Vidale, M. 2018b. A "Priest King" at Shahr-i Sokhta? *Archaeological Research in Asia, 15*, 110–115.

Vidale, M. 2019. Review of S. Ratnagar, 2016. *Harappan Archaeology: Early State Perspectives.* New Delhi: Primus Books. *Paléorient, 45*(1), 57–60.

Vidale, M. & Frenez, D. 2015. Indus Components in the Iconography of a White Marble Cylinder Seal from Konar Sandal South (Kerman, Iran). *South Asian Studies, 31*(1), 144–154. Doi.org/10.5281/zenodo.5555116

Vidale, M. & Miller, H.M.-L. 2000. On the Development of Indus Technical Virtuosity and its Relation to Social Structure. In M. Taddei & G.D. Marco (Eds.), *South Asian Archaeology 1997* (pp. 115–132). Rome: Istituto Italiano per l'Africa e L'Oriente.

Vidale, M. & Olivieri, L. 2019. Review of A. Uesugi (Ed.), *Iron Age in South Asia*. Research Group for South Asian Archaeology, Archaeological Research Institute, Kansai University, Osaka, 2018 [ISBN 978-4-9909150-1-8]. *East and West, 42*(2), 185–200.

Vishnu-Mittre & Savithri, R. 1982. Food Economy of the Harappans. In G.L. Possehl (Ed.), *Harappan Civilisation* (pp. 205–221). Warminster: Aris & Phillips.

Weber, S.A. 1991. *Plants and Harappan Subsistence: An Example of Stability and Change from Rojdi*. Dissertations available from ProQuest. AAI8922625. https://repository.upenn.edu/dissertations/AAI8922625

Weber, S.A. 1999. Seeds of Urbanism: Palaeoethnobotany and the Indus civilization. *Antiquity, 73*, 813-826.

Weber, S.A. 2003. Archaeobotany at Harappa: Indications of Change. In A. Weber & W.R. Belcher (Eds.), *Indus Ethnobiology: New Perspectives from the Field* (pp. 175-198). Lanham: Lexington Books.

Wheeler, R.E.M. 1968 (2001). *The Indus Civilization*. Lahore: Niazahmad, Sang-e-Meel Publications.

Wilkins, H. 2005. From Massive to Flimsy: The Declining Structural Fabric at Mohenjo-daro. In U. Franke-Vogt & H.-J. Weisshar (Eds.), *South Asian Archaeology 2003* (pp. 137-147). Aachen: Linden Soft.

Wolpert, S. 1989. *A New History of India*. New York; Oxford: Oxford University Press.

Wright, R.P. 2010. *The Ancient Indus: Urbanism, Economy, and Society*. Cambridge: Cambridge University Press.

Yoffee, N. 2005. *Myths of the Archaic State. Evolution of the Earliest Cities, States, and Civilizations*. Cambridge: Cambridge University Press.

Yonekura, J. 1984. Indus Towns and Huanghe Towns: The Origin of the Grid Pattern Town Plan. *Geographical Review of Japan, 57* (Ser. B, 2), 101-110.

Yule, P. 1989 (1992). The Copper Hoards of the Indian Subcontinent: Preliminaries for an Interpretation. With Appendix I and II by Andreas Hauptmann and Michael J. Hughes. *Jahrbuch des Römisch-Germanischen Zentralmuseums* 36 (pp.193-275). Mainz: Römisch-Germanisches Zentralmuseum.

第三讲　印度佛教考古概况

皮艾·布兰卡乔（Pia Brancaccio）

早期佛教考古

印度佛教考古的历史如果从机构的角度来看，与1861年成立的印度考古调查局以及1784年威廉·琼斯设立的亚洲协会关系密切。不过，印度境内首次有记录的佛教遗址的考古发现要归功于东印度公司一位名叫科林·麦肯齐的军事工程师，他主持"发掘"了位于安得拉邦的阿玛拉瓦蒂窣堵波。此处遗址在1798年被首次调查，1817年被麦肯齐探测和发掘。麦肯齐还记录了出土遗物，并且抢救了装饰窣堵波的精美石刻以及窣堵波周围的栏楯[1]（图3-1、3-2、3-3）。这些文物被送往加尔各答，其中部分入藏位于孟加拉的亚洲协会和印度博物馆，部分被运往伦敦，但在伦敦流散开来，只有少量收藏在大英博物馆[2]。塞维尔在1880年主持了阿玛拉瓦蒂的进一步发掘，也是印度考古以拍摄照片的形式记录出土材料的开始[3]。作为印度有记载且最具代表性的佛教建筑之一，阿玛拉瓦蒂

---

[1] Shimada 2017.
[2] Knox 1992.
[3] Guha 2013.

第三讲 印度佛教考古概况

图 3-1 安得拉邦阿玛拉瓦蒂窣堵波遗址 © Akira Shimada

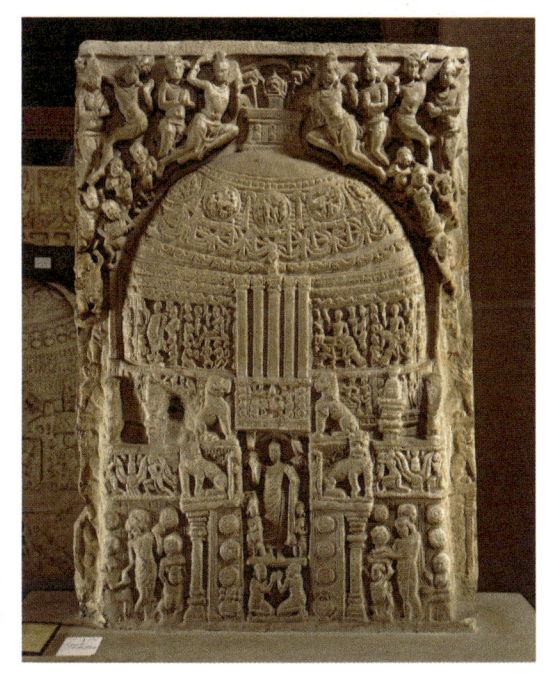

图 3-2 阿玛拉瓦蒂窣堵波上的浮雕石板，编号 No.1880,0709.79 © The Trustees of the British Museum

窣堵波的发现标志着殖民国家早期在拥有丰富文化遗存的印度发展起来的对佛教的兴趣。

阿玛拉瓦蒂窣堵波（石刻题记中称之为 *mahācetiya*；见图3-1）坐落在安得拉邦贡土尔区克里什纳河下游谷地，根据考古发掘报告及后来的研究，其年代可能追溯至孔雀王朝时期（约公元前3世纪），但如此之早的年代尚未得到确证。阿玛拉瓦蒂窣堵波展示出其被增扩以及安装新的浮雕板的年代在公元前250—前200年之间[①]。阿玛拉瓦蒂出土的异常丰富的石刻造像，以及大量的钱币、铭文和陶器，给人一种印度东南地区佛教广受赞助的繁荣之感。事实上，最近在安得拉邦的考古调查揭示出，阿玛拉瓦蒂时代该地区甚至存在更多佛教寺院及建筑[②]。阿玛拉瓦蒂窣堵波遗址出土的造像年代从早期的无偶像阶段——当时拟人化的佛陀像尚未被

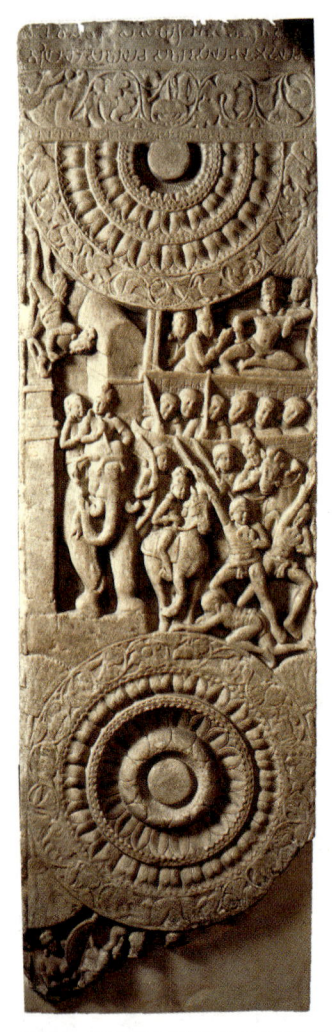

图3-3 阿玛拉瓦蒂窣堵波栏楯石柱残件，编号 No. 1880.7-9.37 © The Trustees of the British Museum

---

① Shimada 2006.

② Subrahmanyam & Sivanagireddy 2012.

创造出来，延续至公元 3 世纪——此时佛陀形像普遍见于石灰岩浮雕栏楯上（见图 3-3）。考古学者记录了窣堵波在整个使用阶段的各类装饰。雕刻叙事故事的大型花岗岩和石灰岩栏楯，装饰浮雕板的小型石灰岩栏楯和窣堵波（见图 3-2），以及带有动物造型柱头的独立石柱，都得益于当地早期萨达国王以及萨塔瓦哈纳王朝于公元前 2—1 世纪统治该地区时的赞助①。阿玛拉瓦蒂窣堵波的显著特征之一是后来增建在窣堵波上的四个带石柱的"阿耶迦"（基座在四个正方向上外凸）。1958—1959 年的发掘揭露出南侧"阿耶迦"内保存的遗物，其可追溯至公元 1 世纪之后的窣堵波扩建阶段。更晚的扩建和改建，主要是安装更大的栏楯以及在窣堵波覆钵顶和基座上装饰雕刻更加精美的浮雕板。将阿玛拉瓦蒂窣堵波以及印度其他早期窣堵波的建造年代归于孔雀王朝，是印度佛教考古的普遍认识，然而这在很多情况下值得商榷，因为窣堵波周围发现的大多数刻铭石柱残块并非属于阿育王时期。《阿育王譬喻》中记载的孔雀王建造 84000 座窣堵波的佛教传说在这种普遍认识的形成中无疑起到了推动作用②。

亚历山大·坎宁安少校是印度早期佛教考古的发起人，他创立了印度考古调查局，担任负责人，并以东印度公司工程师的身份启动考古工作。坎宁安首先调查的佛教建筑在鹿野苑，位于北方邦的瓦拉纳西附近，此处曾于 1815 年被麦肯齐调查但未有收获，却被坎宁安视为佛陀初转法轮之处。1834 年坎宁安打开了达麦克窣堵波，1834—1835 年间他系统调查了鹿野苑的佛寺和窣堵波；1904—

---

① Shimada 2017.

② Strong 2004: 136.

1905 年欧特尔工程师在大殿首次主持了考古发掘，出土了许多重要石刻，其中就包括现在作为印度象征的阿育王石柱，以及可追溯至迦腻色伽王统治第 3 年的红砂岩巴拉菩萨像。

印度许多早期佛教考古活动的动力来自对发现那些与佛陀生活有关的佛教遗迹的渴望。许多位于北印度恒河平原的佛教遗迹被古代中国赴天竺求法的 5 世纪高僧法显和 7 世纪高僧玄奘记述为壮丽的圣迹所在地，诸如佛舍利窣堵波、佛寺、佛堂等。他们的记载几乎成为 1871—1885 年间印度考古调查局负责人坎宁安进行部分调查活动的参考和指南。坎宁安负责著名的菩提伽耶的摩诃菩提寺的考古工作，此处被视为佛陀证得觉悟之地，位于比哈尔邦巴特那城以南 110 公里的伽耶区。坎宁安发掘了玄奘笔下传奇的摩诃菩提寺的局部，其现今又被埋在当代建筑之下，已被发掘的部分是一处公元 10—12 世纪的遗迹，它是对一座公元 4 世纪的砖砌礼拜堂的扩建。坎宁安还在菩提树周围发掘出一处早期礼拜堂基址（始建于公元前 3 世纪，公元前 2—前 1 世纪被扩建），出土了一件石座，即所谓的金刚宝座，用来纪念佛陀在此证得觉悟[①]（图 3-4）。菩提树礼拜堂周围树立的公元前 1 世纪的栏楯或围护性构件，见于加里克于 1880—1881 年间拍摄的历史照片，现收藏在大英图书馆的印度考古调查局所获文物馆藏中。20 世纪，菩提伽耶寺附近的考古发掘工作由比哈尔邦考古理事会（塔拉迪丘，1981 年）和印度考古调查局（巴克拉尔丘，1973—1974 年，2001—2006 年）主持。他们发掘出一处佛寺和一座舍利窣堵波，两者曾一直被沿用至公元 11—

---

① Cunnigham repr. 1961.

图 3-4　坎宁安在菩提伽耶发掘的摩诃菩提寺遗址中的金刚座 © Cunnigham 1892, Pl. XIII

12 世纪，13 世纪衰落[1]。过去十年间，辛格将重点转移至菩提伽耶地区的景观考古，旨在探索此地区不断扩展的城市和村庄聚落与佛教寺院之间的内在关系[2]。

坎宁安于 1849—1853 年间在桑奇遗址主持的考古工作，发表在名为《比尔沙窣堵波》（1854 年，1966 年再版）的三卷本著作中，标志着印度佛教考古史上的关键节点。桑奇是一处壮观的佛教遗址，坐落在今中央邦雷森区的维迪沙附近。从该地区发现的几处

---

[1] Schaik 2021.
[2] Abhishek 2010.

遗存来看，它从孔雀王朝时期就声名鹊起。该遗址在 1911—1912 年间由马歇尔爵士主持进行了考古发掘，马歇尔爵士是英国考古学家，于 1902 年被任命为英属印度考古局局长。马歇尔关于此遗址的论述与富歇的著作一同出版[1]，目前仍是关于桑奇考古遗存最详细的报告，并有重要的早期照片作为补充[2]。该报告包括 1、2、3、4 号窣堵波栏楯及其他建筑上的题记和释读。根据题记可知，这些窣堵波似乎是由不同个体共同赞助捐建的，其中包括寺院中的比丘、比丘尼，以及本地和外地供养人[3]。

马歇尔在桑奇主持的考古发掘主要集中在三座窣堵波以及位于山顶的其他遗存，包括僧院和礼拜堂，这些遗存持续使用至公元 12 世纪佛教衰落之际[4]。规模最大的 1 号窣堵波附近有一座 5 世纪左右、可能供奉着佛像的 17 号礼拜堂以及一座重建于 7 世纪的早期半圆形礼拜堂，被编号为 18（图 3-5）。桑奇遗址内最古老的窣堵波是 2 号窣堵波，其规模稍小，年代可追溯至当地的巽伽王朝时期（公元前 2 世纪末至公元前 1 世纪初）。2 号窣堵波外有一周石栏楯围绕，其上雕刻与佛教没有直接关联的莲花、人物等形象[5]。更大、更精美的 1 号窣堵波上的装饰迥然不同（图 3-6），根据南侧塔门上题刻铭文中提到的萨塔瓦哈纳王朝的萨塔迦尼王，光素的栏楯，仅在四座壮观的塔门上雕刻佛陀生平故事、精选的本生故事、各种佛教象征物，但不见拟人化佛陀像等推测，1 号窣堵波的年代很可

---

[1] Marshall & Foucher 1912.
[2] Guha 2010.
[3] Dehejia 1992.
[4] Verardi & Barba 2011.
[5] Taddei 1996.

第三讲　印度佛教考古概况

图 3-5　毗邻桑奇 1 号窣堵波的 17 号、18 号礼拜堂 © Nicolas Morrisey

图 3-6　桑奇 1 号窣堵波 © Nicolas Morrisey

能在公元前1世纪末至公元1世纪。3号窣堵波规模较小，没有装饰，其内核心处供奉一件舍利容器，容器上的铭文显示埋藏的舍利属于舍利弗和目犍连——佛陀的两位著名弟子。1851年坎宁安和麦西上尉发掘了萨达拉附近窣堵波中的一件舍利容器，据称其内也收纳着佛陀这两名弟子的舍利[①]。

桑奇遗址是维迪沙地区众多佛教遗存的组成部分，其他还包括索纳里、萨达拉、安得里和波杰布尔等处的窣堵波，它们自坎宁安调查以来，相关的记录很少，且很少得到学术界的关注和讨论。古代印度的佛教建筑总是呈集群式发展，形成壮观的宗教圣地景观。从事桑奇景观研究的朱莉娅·肖[②]是首位在桑奇-维迪沙地区开展佛教景观考古研究项目的学者，她摒弃了传统的仅关注重要建筑的模式。她的研究成果凸显出该地区的窣堵波分布在山顶上，彼此之间有一定距离，但也有内在关联，沿着清晰的视线分布。肖还揭示出此地区的地标性建筑如何与当地的、逐渐融入佛教的那迦、夜叉等保护神结合起来，并作为它们所在之地固有神圣性的证明。她的工作表明佛教遗址作为景观转变的媒介如何发挥重要作用，并在促进农业发展的基础设施如水坝等的维护中发挥影响力。佛教史学家邵朋[③]在过去二十年中进行的"文本考古"研究中也强调了古代印度佛教寺院发挥着重要的经济作用。邵朋通过重新释读古代铭文、实物材料以及《根本说一切有部毗奈耶》中的相关戒律，令人信服地证明了古印度的佛教僧侣是如何大量参与经济活动和商业

---

① Willis, Crib & Shaw 2000.
② Shaw 2003.
③ Schopen 1997.

事务的[1]。

坎宁安在巴尔胡特发现并发掘的窣堵波为印度佛教考古树立了另一个标杆。1873 年坎宁安首次注意到巴尔胡特的土丘，其位于今中央邦的萨特那区，一年之后坎宁安开始发掘此处遗址，揭露出一座大型窣堵波的基座，直径约 20 米[2]。如今遗址上不见任何遗存，只有数量约三分之一的石栏楯现在加尔各答印度博物馆展出。坎宁安发掘出土的其余石刻被运往伦敦，至为可惜的是，它们并未抵达目的地，而是在 1885 年从加尔各答驶往伦敦途中的科伦坡随船沉没。根据石刻铭文以及与栏楯有关的实物遗存，许多学者倾向于将这座窣堵波的年代定在公元前 2 世纪末或公元前 1 世纪[3]。雕刻精美的窣堵波栏楯是坎宁安在巴尔胡特工作的重点，而窣堵波周围的其他建筑大多被忽略了，其中就包括遗址平面图中显示的一座礼拜堂，其可能在公元 11 世纪之前一直在使用。

加尔各答印度博物馆目前展出的巴尔胡特窣堵波塔门上有一处供养题刻（图 3-7），其中提到巽伽王室，为判断石刻装饰的年代提供了有价值的参考。塔门横梁间的小型石柱底部刻写的佉卢文字母，可能是石匠指导塔门安装的标记符号。巴尔胡特佉卢文题刻的存在表明，来自犍陀罗地区的工匠曾参与北印度最早的佛教石构建筑的建造。这并不奇怪，因为工匠的流动是古代社会中的常见现象，而且至公元 1 世纪左右，犍陀罗雕工已经拥有了扎实的雕刻石材的经验，并运营着高效的作坊，提炼出精简的制作流程。巴尔胡

---

[1] Schopen 2004.
[2] Hawkes & Shimada 2009.
[3] Brancaccio 2022.

图 3-7 巴尔胡特窣堵波塔门及栏楯,印度加尔各答博物馆藏 © B. Ganguly

特窣堵波塔门的小石柱本身就是按照印度西北地区已确立的艺术传统雕刻的,带有所谓的"犍陀罗波斯波利斯"式柱头。巴尔胡特石刻的特殊之处也体现在,巽伽王朝时期的塔门题刻的供养铭文中明确称赞其为"石刻艺术品"。

巴尔胡特石栏楯的图像题材是同类中首见者,且十分清晰。巴尔胡特窣堵波的显著特征之一是,图像内容都可通过婆罗迷字母题刻辨识出来,这为我们对比佛经文本中的相关记载提供了有趣的线索。窣堵波入口处的栏楯上雕刻着站立的王室供养人和当地神祇(夜叉)形象。顶部两面都有繁密的刻纹:外侧雕刻连续的莲花卷草纹,而内侧则雕刻卷草纹圈,圈内刻动物、花蔓、水果以及其他图像,还有若干小幅故事画,其中部分被认为是本生故事。佛传故事都雕刻在窣堵波的入口处。图像旁刻榜题的做法表明卷草纹圈可能是此遗址图像叙事的一种常见构图形式。现代图像辅助分析手段表明故事画都有榜题，也有证据显示相似的卷草纹圈在巴尔胡特窣堵波同时代使用非常普遍。此外，巴尔胡特窣堵波上雕刻的许多故事画的地域性和口传性特点使得上述推测成为解释印度佛教叙事艺术起源时合理的操作假设①。事实上在巴尔胡特，"讽诵者"或"布道者"既是修建工作的指挥者也是监督者，而且很可能是石栏楯背后的构思者，这意味着印度早期的佛教艺术与其图像展现是紧密交织在一起的②。

殖民时代和现代，发掘北印度地区与佛陀生平有关的遗址的兴趣继续激发了许多考古研究。北方邦西达尔斯纳加尔区皮普拉瓦镇的英国工程师裴佩，1897 年在自己的领地上发掘出一片遗迹，他在一座雄伟窣堵波的砖墙上挖开一条深沟，发现了一间装有五个小型舍利容器的储藏室。其中一件刻有婆罗迷字母铭文，其内容被释读为此座窣堵波与迦毗罗卫的释迦牟尼直接相关，且圣物属于佛陀，但这种释读并非没有争议。1970 年代印度考古局和斯里瓦斯塔瓦在皮普拉瓦窣堵波、周围的佛寺以及附近的甘瓦里阿地区进行了新一轮的考古发掘，以确定将此遗址定为佛陀曾居住的迦毗罗卫城是否正确。斯里瓦斯塔瓦提出窣堵波的建造年代非常早，与佛陀生活的时代相当，此观点值得商榷，他还将窣堵波后续的两个重建阶段归于公元前 3 世纪和贵霜时代。晚期发现的提及迦毗罗卫佛寺的陶印章证实了此地与佛陀的故乡有关③。

---

① Dehejia 1997.
② Brancaccio 2022.
③ Srivastava 1996.

北印度地区的佛教考古

自印度独立以来,印度考古调查局在北印度地区开展的与佛教有关的考古发掘很难浓缩成几段话。印度考古调查局定期出版的《考古年报》以及年度刊物《印度考古概要》让我们了解到此机构所开展工作的强度和连续性。国家考古部门与地方大学合作的模式,在记录和出版有关新见佛教遗址的考古报告中发挥了重要作用。例如1960—1963年古吉拉特邦德维尼莫里遗址的发掘,由巴罗达大学考古系和古代史系主持。他们发掘了两处遗迹,一座砖砌半圆形礼拜堂和一座大窣堵波。大坝建成后整个遗址被洪水淹没,所有的考古遗存都被摧毁。根据钱币铭文和陶器,学者推测此遗址始建于萨特拉普时期(公元2—4世纪),这被发现于大窣堵波内的舍利容器上的题刻铭文证实,大窣堵波修建于摩诃萨特拉普·鲁陀罗犀那统治时期 "卡提卡时代"的第127年,很可能是公元3—4世纪的某个时段(图3-8)。砖砌大窣堵波周围没有石栏楯,而是有若干座小型窣堵波,其上有陶土制成的各种装饰,表现的是犍陀

图3-8 德维尼莫里遗址大窣堵波出土的刻铭文舍利盒 © University of Baroda Museum

图 3-9、图 3-10　德维尼莫里遗址出土的窣堵波上的陶土装饰构件 © P. Brancaccio

罗艺术中常见的题材（图 3-9、图 3-10），然而佛寺的布局以及半圆形礼拜堂（所谓的支提殿）的存在让人联想到德干地区佛寺建筑的传统特征。陶质坐佛像被安置在大窣堵波鼓座的凹处，也模印在大窣堵波内部装饰精美的砖块上。

砖砌建筑也是比哈尔邦那烂陀寺的重要特色，这是恒河平原规模最大的佛寺之一。佛陀传记中提到了此处寺院，中国古代求法高僧也对其进行了详细的描述。在中世纪早期的印度，那烂陀寺是一处重要的佛学院，享有国际声誉，许多高僧大德在前往喜马拉雅地区之前都在那烂陀寺修习精进。1911—1912 年汉密尔顿首次对该遗址进行了个人调查，但 1847 年马卡姆·基托少校是将考古遗存与著名的那烂陀寺联系起来的第一人。那烂陀遗址被首次官方调查是 1861—1862 年间坎宁安以及新成立的印度考古调查局主持的，但真正的发掘工作是在 1915—1937 年间展开的，1974 年和 1982

年开展了进一步的发掘和保护工作[①]。

那烂陀佛寺自笈多时代（公元5世纪）开始享有盛誉，然而大多数被发掘的建筑属于波罗王朝（公元8—12世纪），不过它们的始建年代可能更早。遗址内发现了11处砖砌的大型多层方形院落，其中1号院落就可划分出九个显著的建造阶段。大部分僧房建筑是两层的，可以容纳多名僧人。那烂陀寺最突出的礼拜建筑是所谓的主佛殿（图3-11），整个宏伟结构用来供奉一尊大型佛像，后被小型建筑群侵占。砖砌建筑外表再涂抹灰泥，偶见有残块保留在原处。遗址内挤满了小型窣堵波和还愿建筑，是其在佛教世界

图3-11 那烂陀佛寺主殿及周围建筑 © P. Brancaccio

---

① Stewart 2018.

广受欢迎的佐证[1]。题刻铭文表明那烂陀寺在发展史上一直受到大量皇室、非皇室人员的捐助,这些布施被用来维修建筑、供养僧人以及建设庞大的图书馆。遗址内出土的许多石刻、青铜造像的年代在波罗王朝时期,反映出大乘佛教和密教的信仰实践(图 3-12)[2]。

图 3-12 那烂陀佛寺出土青铜塔拉像 © Nalonda Archaeological Museum

北印度东部地区发掘的大型佛教遗址之一是拉特纳吉里,其年代与那烂陀寺相当。此遗址位于克拉克区的山顶,在 1985—1991 年被印度考古调查局发掘[3]。遗址中有一座大窣堵波(1 号),其砖砌基座的年代与泥皮年代同时期,还有一座稍小的窣堵波(2 号)以及散布的大量小型窣堵波,如同那烂陀寺所见。大窣堵波北侧有两处两层砖砌僧院,入口和装饰精美的石门所在的中轴线上有一间佛堂。遗址内还发现了其他八座砖砌建筑的基座,出土了大量大乘佛教和密教万神殿中的青铜、石刻神像[4]。

---

[1] Asher 2015.
[2] Paul 1995.
[3] Mitra 1981–1983.
[4] Mitra 1971.

德干地区的佛教考古

自 19 世纪以来，学者在西德干地区进行的考古调查将重点从发掘窣堵波转移至对佛寺建筑的记录。殖民地学者对精美的石构建筑以及相关的题刻文字产生了浓厚兴趣，尤其是普林赛普于 1830 年代破译了婆罗迷字母之后。孟买政府于 1848 年设立了"石窟协会"，并在 1873 年西印度考古调查局成立之后，对各处石窟进行了详细调查。福格森和伯吉斯的调查成果于 1880 年出版，这标志着印度石窟现代学术研究的开端。在这项开创性的工作之后，若干艺术史学者和考古学者也开启了对西德干地区佛教石窟的调查，他们包括德赫贾[1]、桑德拉·拉詹[2]、达瓦里卡尔[3]等。伯吉斯及其助手布勒和因德拉吉撰写、西印度考古调查局出版的报告中首次编辑并释读了石窟中所见的供养题刻铭文[4]，这些铭文在伯吉斯编撰的《印度碑文集》中被陆续刊布[5]。

公元前 1 世纪早期至公元 2 世纪晚期，德干高原西部边缘、今马哈拉施特拉邦的西高止山脉残存的大量佛教石窟遗址表明，佛教在此地区的突出地位与萨塔瓦哈纳王朝的城市化与经济一体化相契合[6]。《厄立特里亚航海记》是一本为印度洋商人编写的手册，用希腊文写成于公元 1 世纪中叶，展现出印度洋西海岸和地中海世界

---

[1] Dehejia 1972.
[2] Rajan 1981.
[3] Dhavalikar 1984.
[4] Burgess & Indraji 1881; Burgess 1883.
[5] Senart 1902–1903, 1905–1906.
[6] Ray 1986; Morrison 1995.

之间频繁的贸易往来，而这种交流也得到了其他文献和考古证据的支持[1]。国际贸易的收入为西德干地区的佛教寺院提供了经济支持，来自西方的外国人也参与了西德干佛教洞窟的捐资营造，这由早期支提殿内许多题刻铭文中提到的供养人中有"臾那"（希腊语，源于波斯语，指代印度-希腊人）可知[2]。

久纳尔地区的佛教石窟群中有部分洞窟位于古老的奈纳杰特山口附近一片肥沃的平原旁，是此地区最早的。山口有一条古代贸易路线通过，古道上还有非佛教石窟、水池以及题刻铭文，其中提到了萨塔瓦哈纳王朝的早期统治者[3]。公元前1—2世纪的几组佛教洞窟开凿在马哈拉施特拉邦普那地区久纳尔附近的四座山崖上[4]。久纳尔洞窟的供养人既有本地的，也有外来的，题刻铭文中提到供养人来源地有西海岸的卡延港和婆卢羯车港、安得拉邦的阿玛拉瓦蒂附近，还有某个臾那或外国人来自"加塔"地区。久纳尔的一则题刻铭文中提到一笔永久捐赠，用于在城内建造一座洞窟、一座蓄水池和一座尼寺，这意味着洞窟与寺院相连的形式可能是在窟前地面上修建其他互补性建筑[5]。久纳尔也发现了数则题刻铭文，其中提到大片肥沃的耕地被赠给当地僧团[6]，提示出修建在位于连接海岸和德干高原贸易路线上的奈纳杰特山口附近的佛寺内，僧团组织如何适应并处理当时商业与农村经济的关系。

---

[1] Casson 1989; Strauch 2012; De Romanis 2020.
[2] Brancaccio 2005.
[3] Ollett 2017.
[4] Dehejia 1969, 1972.
[5] Burgess 1883.
[6] Burgess & Indraji 1881.

图 3-13　久纳尔图尔贾勒纳第 3 窟 © Kevin Standage

　　久纳尔石窟群包括曼莫迪、希夫内里、伦亚德里和图尔贾勒纳等数处石窟，是西德干地区年代最早的窟群，图尔贾勒纳石窟中的一座洞窟可能是所谓的支提窟的一种早期形式，其平面呈圆形，有一周立柱，中心处有一座石凿窣堵波（第 3 窟，图 3-13）。平面呈半圆形、内带柱廊的支提窟（内有窣堵波的洞窟）是德干地区最常见的佛教洞窟类型。伦亚德里石窟中有一座方形僧房窟（第 7 窟），窟内三面开凿小室，这在后来仍是佛教寺院中居住空间的标准形制[1]。久纳尔地区最近展开的考古发掘位于库德基河右岸，学者发现一处与石窟年代相当的聚落遗址[2]。久纳尔考古遗址中出土的古

---

[1] Brancaccio 2009.
[2] Shinde 2013.

图 3-14　阿旃陀石窟远景 © Nicolas Morrissey

吉拉特地区萨特拉普统治者纳哈帕纳发行的钱币，佐证了《厄立特里亚航海记》中萨塔瓦哈纳或萨特拉普争夺贸易路线控制权的相关历史[①]。遗憾的是，像在久纳尔那样，佛教石窟窟前地面开展的考古发掘很少，这有碍对古代聚落和佛教石窟寺院之间关系的更全面认识。

西德干地区最著名的佛教石窟寺院非阿旃陀莫属（图 3-14），它位于马哈拉施特拉邦的奥兰加巴德区，个别洞窟内还保存有大面积壁画[②]。阿旃陀石窟是被一名马德拉斯总统随员史密斯在 1819 年 4 月 28 日狩猎老虎时偶然发现的，这些洞窟目前已被详细记录、

---

① Casson 1989.

② Schlingloff 1974.

保护和研究，相关学者中包括著名的考古学家德什潘德，他是接受过莫蒂默·惠勒培训的印度独立后最著名的考古学家之一[1]。过去二十年间，阿旃陀石窟一直是已故学者沃尔特·斯平克深入研究（2005—2017年）的重点，他将阿旃陀在5世纪的复兴归功于伐卡塔卡国王诃梨西那（公元460—478年在位），并且制作了诸窟的编年框架，虽十分详细，但并未得到一致认可[2]。

专栏3-1：西德干地区的佛教寺院和"棉花之路"

西德干地区的佛教石窟寺院不仅占有贸易路线重要节点的战略地位[3]，也充分利用古吉拉特、马尔瓦和德干地区自红铜时代（公元前2800—前2500年）以来就被肥沃黑土覆盖的农业耕地种植棉花。这在数处石窟群中得到了很好的证明，包括阿旃陀石窟，以及奥兰加巴德和皮塔尔科拉石窟，它们皆位于重要商业路线的十字路口处，将德干地区的棉花产区与不同的贸易中心连接起来，如北部的乌贾因，以及自公元1世纪以来活跃于东西部跨洋贸易的索普拉、卡延和巴鲁克港口[4]。当棉纺织品成为国际市场上最受欢迎的印度出口商品之一时，远距离的长途贸易刺激了与棉花生产相关的农业活动。这种利润丰厚的贸易的部分收入可能直接用于佛教洞窟

---

① Lahiri 2021.
② Bakker 1997.
③ Ray 1986.
④ Brancaccio 2011.

第三讲 印度佛教考古概况

的营建和维护①。

两部在不同时期用希腊文写成的重要文献有助于我们理解"棉花之路",或者说以西德干地区棉织品为中心展开的远距离贸易的复杂交换系统②。公元1世纪写成的《厄立特里亚航海记》③中已经记载马哈拉施特拉邦的特尔镇出产"大量普通布料和各种棉质衣服"运往国外。特尔地区的考古发掘已证实此处曾被纳入印度-地中海贸易网络之中④。公元6世纪晚期,景教徒迪科普莱斯特斯在其《基督教地志》⑤中再次指出棉纺织品业让卡延港口繁荣起来,使其成为棉花和各种纺织品的主要国际出口港。公元5、6世纪棉花长途贸易的兴盛,似乎与西德干内陆地区佛教活动的复兴相契合,例如佛教活动长期停滞后再度繁荣的阿旃陀。

阿旃陀壁画中描绘的数量繁多、富丽精致的纺织品,精心设计的图案和配色,以及第1窟所绘的妇女纺织棉花图⑥,均表明棉织物不仅是当地物质文化的一部分,也是在该地区生产的。国际与国内蓬勃发展的棉花贸易的收入很可能为寺院的运转提供了经济支持⑦。佛教也与古代印度的棉纺织业有关:大众部的《比丘尼毗奈耶》中记载,公元1世纪西德干地区的一座佛学院中比丘尼众参与到棉

---

① 莫里森(Morrison,1995)论述了萨塔瓦哈纳王朝统治者在德干高原地区农业扩张过程中扮演的关键角色。红海岸边的罗马港口贝雷尼克公元1世纪的考古地层中发现了与阿旃陀第10窟(约公元前1世纪)所绘纺织品相似的印度套染棉布残片。
② Brancaccio 2022.
③ Casson 1989.
④ Chapekar 1969.
⑤ Cosmas & McCrindle 1847.
⑥ Schlingloff 1974.
⑦ Brancaccio 2018.

155

图 3b-1-1 奥兰加巴德第 7 窟门廊，救苦救难的观世音菩萨
© P. Brancaccio

花的采摘和纺织活动中①。救苦救难的观世音菩萨形象在阿旃陀、西高止山脉的奥兰加巴德（图 3b-1-1）、埃罗拉和坎黑里石窟以及卡延港口的传播，似乎证实了公元 5—6 世纪间，受益于印度洋国际商业贸易的群体大力支持佛教石窟的营造②。观世音菩萨像在陆上丝绸之路沿线也很常见，但却不见于北印度地区。

---

① Schlinghoff 1974.
② Brancaccio 2014. 奥兰加巴德雕刻的一艘两桅扬帆船是救苦救难的观世音菩萨拯救海上商人图像的一部分。显然当地的雕工对这种用于越洋航行的船颇为熟悉。

参考文献：

Brancaccio, P. 2014. Aṣṭamahābhaya Avalokiteśvara in the Western Deccan: Buddhist Patronage and Trade between the 5th–6th c. CE. In D. Klimburg Salter & L. Lojda (Eds.), *South Asian Archaeology and Art, Changing Forms and Cultural Identity: Religious and Secular Iconographies*, Vol 1 (pp.91–98). Turnhout: Brepols Publishers.

Brancaccio, P. 2018. The Buddhist Caves in Western Deccan, India, between the Fifth and Sixth Centuries. *Hualin International Journal of Buddhist Studies*, *1*(2), 1–13.

Brancaccio, P. 2022. The Silk Road and the Cotton Road: Buddhist Art and Practice between Central Asia and the Western Deccan. In Xinru Liu (Ed.), *The world of the Ancient Silk Road*. New Delhi: Routledge.

Casson, L. 1989. *The Periplus Maris Erythraei: Text with Introduction, Translation, and Commentary*. Princeton: Princeton University Press.

Chapekar, B.N. 1969. *Report on the Excavation at Ter, 1958*. Poona: Deccan College.

Cosmas, I. & McCrindle, J.W. 1847. *The Christian Topography of Cosmas, an Egyptian Monk*. London: Hakluyt Society.

Morrison, K.D. 1995. Trade, Urbanism, and Agricultural Expansion: Buddhist Monastic Institutions and the State in the Early Historic Western Deccan. *World Archaeology*, *27*(2), 203–221.

Ray, H.P. 1986. *Monastery and Guild: Commerce under the Sātavāhanas*. Delhi: Oxford University Press.

Schlingloff, D. 1974. Cotton-manufacture in Ancient India. *Journal of the Economic and Social History of the Orient*, *17*(1), 81–90.

阿旃陀26座洞窟分布在瓦格拉河峡谷内，年代在公元前1世纪（第10—15窟）至公元5世纪末。其中大多数洞窟——20座僧房窟和2座支提窟（第19、26窟）是5世纪晚期增建于早期窟群中的，内部雕刻了拟人化佛陀像。公元5世纪晚期修凿的洞窟内都

西出葱岭 亚洲考古八讲

图 3-15　阿旃陀第 17 窟内景 © Nicolas Morrissey

于后壁中央开一间小室，室内雕刻一尊大型坐佛像，两侧各胁侍一尊菩萨像。此类小室被认为是佛陀的香室，这种结构意味着佛陀现身于僧侣之中[1]（图 3-15）。阿旃陀石窟中共发现 97 条题刻铭文，其中包括若干条较长的纪念性诗体铭文，超过一半是洞窟完工后添加的供养人出资开凿龛像的铭文。铭文中显示供养人发愿要在佛陀作为见证人的情况下获得佛果[2]，个别供养人称自己为"释迦比丘"，此名称由科恩释读，但没有具体含义，或许是表示对菩萨道的坚持以及与释迦牟尼佛的亲缘关系[3]。

---

[1] Schopen 2015.
[2] Tournier 2020.
[3] Cohen 2000.

阿旃陀石窟中年代最早的洞窟是半圆形支提窟第 10 窟及与其毗邻的僧房窟第 12 窟，第二座半圆形支提窟第 9 窟可能凿建于一个世纪之后。这组小型的早期洞窟组合内一直没有增建新窟，直到公元 5 世纪晚期，当时开始修建的第 16 窟位于峡谷的中央处，还有第 17 窟和精美的半圆形支提窟第 19 窟，后者于窟内后半部的半圆形空间内凿建一座窣堵波，窣堵波的正面雕刻出一尊大型立佛像。另外一座半圆形支提窟（第 26 窟，图 3-16）修凿在峡谷的西端，其内窣堵波正面雕刻一尊坐佛像、左壁上雕刻一尊 4 米长的涅

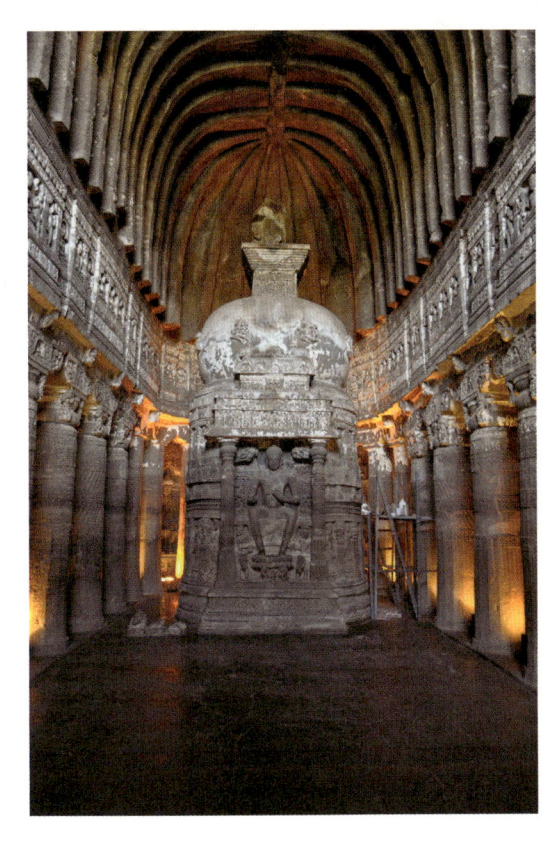

图 3-16　阿旃陀第 26 窟内 5 世纪晚期半圆形支提殿 © Nicolas Morrisey

图 3-17 阿旃陀第 17 窟右壁师（狮）子商主本生壁画 © Nicolas Morrissey

槃佛浮雕。所有窟内都绘制有精美壁画，包括最早的洞窟，其内还有清晰可辨的壁画残块，如第 10、1、16、17 窟内保存了古代印度最精美的图像：身姿优美的菩萨像，佛传故事和本生故事画（图 3-17）绘于四壁，而莲花、神奇的水生动物、飞鸟、侏儒和浪漫的夫妇则绘于窟顶[①]。在 1999—2000 年调查窟前的瓦格拉河河岸

---

① Schlingloff 1987; Schlingloff & Zin 1999–2003.

时，印度考古调查局发现了一处砖砌佛寺遗址。遗址最后阶段的堆积中发现了一枚金币，它是 5 世纪上半叶（公元 402—450 年）东罗马皇帝狄奥多西二世发行的，表明 5 世纪的长途贸易交流可能直接促进了印度此地区佛教寺院的发展[①]。洞窟开凿有时因政治和经济环境的不利而中断，有时因高原玄武岩或德干岩群的塌陷而停止。部分洞窟未完成而停工，而部分洞窟则在后来才开凿完成[②]。

我在奥兰加巴德主持的考古研究表明，阿旃陀地区对佛教石窟的赞助一直持续至公元 6 世纪，此时可以观察到佛教与湿婆教派之间更大规模的互动和一定程度上的图像流动，这是后来密教及其图像传播的前奏。奥兰加巴德西组洞窟（第 1—5a 窟）首先凿建于萨塔瓦哈纳王朝（公元 1—2 世纪），并于公元 5 世纪晚期扩建——此时期最具代表性的洞窟是第 3 窟，其平面形制与阿旃陀第 1 窟相似，包括独特的真人大小的跪拜形象，表现的很可能是王室赞助人（图 3-18）。东组洞窟（第 6—10 窟）很可能修建于公元 6 世纪，其时虔诚信奉印度教湿婆神的卡拉丘里国王的形象也出现在这里。这组洞窟包括中央为方形礼拜空间、四周开凿小室的洞窟（第 6、7 窟）、矩形廊道两侧开凿多个礼拜小室的洞窟（第 9、10 窟，两窟皆未完工），以及一座较小的"婆罗门窟"，其内雕刻佛教和非佛教的神像，如杜尔迦、象头神迦尼萨和坐佛。东组洞窟丰富的图像表明与菩萨和女神崇拜相关的习俗在当地传播。湿婆教派的图像和神学元素在此时进入佛教世界，奥兰加巴德的图像传达了《庄严宝王

---

① Brancaccio 2018.

② Dehejia & Rockwell 2016.

图3-18 奥兰加巴德第3窟 跪姿供养人像 © P. Brancaccio

经》中的相关记述，这是一篇观世音菩萨向湿婆讲授佛经的释经，传递拯救的教义。此经与《湿婆法论》之间密切的文本关系表明，湿婆信仰与佛教团体之间存在着更大程度的互动[1]。湿婆信仰在西德干地区颇为流行，其在公元6世纪初因虔诚信奉自在天派的卡拉丘里王朝早期的推动而进一步扩大。卡拉丘里国王将他们的势力范围从南部的古吉拉特邦和马尔瓦——他们的故乡以及自在天派的据点，拓展到西德干地区和卡延港口。奥兰加巴德东组洞窟第6、7、9窟的图像似乎表明佛教图像在当地的传播，预示着后来的密教传

---

[1] Bisschop 2018.

统。最引人注目的是第 7 窟的图像内容，包括数组女神，为咒语的拟人化形象，塔拉像，以及一身观世音菩萨像——作为旅行者之主，拯救供奉者于八难之中（见图 3b-1-1），风格上与象窟和埃罗拉第 29 窟的湿婆像十分接近。第 9 窟的门廊上雕刻一尊长 5.6 米的大型涅槃佛像，此类涅槃像亦见于阿旃陀第 26 窟。此处涅槃佛像与四臂观世音像不同寻常地组合在一起。遗憾的是，由于没有题刻铭文，我们对洞窟的年代、赞助者及其与佛教的具体关系一无所知。

德干高原东部地区的安得拉邦也有几处佛教石窟寺院遗址。年代最早的贡塔帕里石窟位于埃卢鲁北 40 公里处，与戈达瓦里河和克里什纳河河谷相连，包括修建在山顶的砖砌寺院以及开凿在河谷崖壁上的洞窟。雷亚于 1889 年首次发掘了一座支提窟，其报告收录在朗赫斯特的著作中[①]，他调查了遗址内的圆形无柱支提窟，它似乎与久纳尔石窟群的图尔贾勒纳的圆形支提窟有关。如岛田氏指出的[②]，贡塔帕里石窟很可能是在当地萨达国王的赞助下修建的，此王室家族也捐建了阿玛拉瓦蒂的早期建筑，并且一直在当地活跃至公元 5 世纪。

东德干地区最大的佛教遗址之一是纳加尔朱纳康达（或译为龙树丘遗址），1927—1931 年由朗赫斯特主持发掘，后来又由拉马钱德兰重新发掘。大坝修建之前（建成后淹没了整个遗址），苏布拉曼尼亚姆于 1954—1960 年间对整个纳加尔朱纳康达山谷进行了考古发掘。该地区自石器时代起就有先民居住，还发现了巨石结构。

---

① Longhurst 1917.

② Shimada 2013.

佛教遗存大多属于公元 3—4 世纪伊克什瓦库统治时期。遗址的名字易于使人联想到佛教思想家龙树菩萨，但尚未得到证实。考古发掘还揭露出 28 处与维贾普里古城相关的佛教遗迹。纳加尔朱纳康达的佛教遗址大多被规划成独立的、自足的宗教聚落，毗邻世俗居住聚落。这些砖砌寺院包括成排的僧房及走廊、中心的柱廊庭院（图 3-19）、一或两间礼拜堂以及一座窣堵波（图 3-20）。窣堵波内用砖或碎石和泥浆建造出轴心，四个正方向上建阿耶迦。遗址内 1 号大窣堵波是朗赫斯特首次发掘中规模最大的遗迹。窣堵波外涂抹灰泥并装饰雕刻精美的石灰岩石板[①]，还发现了埋藏的若干舍利容器。礼拜堂平面通常为半圆形，周围环绕一圈较低的平台，半圆空间内矗立一座窣堵波或一尊立佛像。此外，还有平面呈圆形的礼拜堂，内矗立一座窣堵波，类似于贡塔帕里的支提窟。与之一同发现的钱币似乎表明，位于东德干地区的此处重要佛教遗址与罗马世界有关。两枚模仿提比略和奥古斯都钱币的金挂饰，发现于纳加尔朱纳康达 IV 遗址中 6 号窣堵波内的一件金质舍利容器内，而纳加尔朱纳康达 II 佛寺遗址出土了一枚仿提比略奥里斯的金币，纳加尔朱纳康达 I 遗址出土了一枚仿哈德良奥里斯的金币以及 17 枚萨塔哈瓦纳王朝的铅币[②]。此外，罗曼尼斯的研究指出，纳加尔朱纳康达遗址内坎塔穆拉 1 号石柱（公元 2 世纪晚期）上的题刻铭文中提到寺院被捐赠一笔罗马奥里斯[③]。

[①] Stone 1992.
[②] Romanowski 2021.
[③] De Romanis 2006.

第三讲　印度佛教考古概况

图 3-19　纳加尔朱纳康达佛寺，复原的柱廊 © Akira Shimada

图 3-20　纳加尔朱纳康达 3 号遗址 © Akira Shimada

印度佛教考古面临的问题与挑战

　　印度佛教考古最初是一门殖民地学科，印度考古调查局在印度独立之后孜孜不倦的工作为非殖民化考古学做出了巨大贡献，他们关注印度文化遗产的多元性，而非优先考虑曾是早期殖民利益核心所在的佛教遗存。自独立以来，印度考古调查局继续在殖民时期首次发现和调查的数处佛教遗址进行发掘，还发掘了一批新遗址，如康纳冈那哈里遗址，并且对北印度和德干地区的所有大型佛教遗址展开了高强度的保护工作。此外，与印度境内已有考古传统的高校院系，如巴罗达大学和普那德干学院等机构合作，发现并发掘了几处重要的佛教遗址，如古吉拉特邦德维尼莫里遗址[1]、马哈拉施特拉邦的包尼遗址[2]等。近年来在康纳冈那哈里遗址的考古发掘凸显出当代印度佛教考古的若干成就、问题和挑战。许多重要的遗址，如康纳冈那哈里遗址一般拥有丰富的遗物和铭文材料，仍有待深入调查。不少学者希望将更多的注意力用于辨识和记录那些较小的城市佛教遗存，它们很可能融入了古代城市的整体规划布局之中。然而，考古调查的资金不断被缩减，印度考古调查局等机构日益官僚化，导致考古报告的刊布速度缓慢，考古的政治化色彩愈加浓厚[3]，这些都是印度佛教考古未来面临的主要挑战。此外，由于印度考古遗产的丰富性和多样性，出于促进旅游发展的考虑，同时也是为了保护遗址免遭盗挖以及无处不在的城市化的侵占，当下大量的精力不得不倾注于保护和管理已发掘的遗存。

---

[1] Mehta & Chowdhary 1966.
[2] Deo & Joshi 1972.
[3] Chakraborti 2008, 2022.

专栏 3-2：康纳冈那哈里遗址

位于卡纳塔卡邦卡拉布拉吉区桑纳蒂的康纳冈那哈里窣堵波（图 3b-2-1），无疑是近年来最突出的佛教考古发现之一。桑纳蒂也是 1969 年发现阿育王敕令的地方。大窣堵波及相关结构被普纳恰发掘[1]，而遗址内发现的与大窣堵波有关的铭文被冯胡博释读[2]。达亚兰等学者[3]出版了大窣堵波上装饰的浮雕石板，最近莫妮卡·茨茵详细研究了其中 80 块浮雕石板的图像，特别关注叙事图像与文本之间的关系[4]。1986—1989 年，印度考古调查局和南亚研究协会组成的联合考察团对桑纳蒂地区进行勘察时，发现了康纳冈那哈里遗址[5]。豪厄尔在报告中将康纳冈那哈里遗址编号为 1 号窣堵波（SAN-4），属于考古学者在毕马河转弯处发现的遗址群的组成部分。此遗址群包括已发掘的 2 号窣堵波，一座稍小的未发掘的 3 号窣堵波，一座被称为坎德拉拉姆巴的印度教神庙——其内发现了阿育王题刻（SAN-10），一座带防御性围墙的城址（SAN-5），其中心城堡（SAN-2）已被豪厄尔发掘。城墙外的一处堆积（SAN-3）可能是一座大型寺院遗址。豪厄尔在毕马河左岸 1 号窣堵波遗址（即被普纳恰发掘的康纳冈那哈里大窣堵波）附近发现了一处古代制陶窑址（SAN-7）以及一座浴池，毕马河岸的远处还发现了另一

---

[1] Poonacha 2011，公元 2—3 世纪，第二期。
[2] Nakanishi & Hinüber 2014.
[3] Noritoshi, Dayalan & Nakanishi 2011.
[4] Zin 2018.
[5] Howell 1995.

图 3b-2-1　康纳冈那哈里窣堵波遗址 ©P. Brancaccio

座浴池遗址。桑纳蒂遗址出土的大部分陶器为红陶，还包括70枚钱币，其中几枚被确认为属于萨塔瓦哈纳王朝时期。珠宝、半宝石珠子、小铁钉和陶塑像似乎都与萨塔瓦哈纳时期的文化面貌一致。豪厄尔报告中提到的石刻大多是特殊性的纪念石刻，现保存在卡拉布拉吉博物馆。这些石刻残缺不全，部分保留了简短的婆罗迷字母题记，涉及个人姓名及纪念性词语[1]，还有人物和建筑图像，整体风格类似于康纳冈那哈里大窣堵波上的装饰。

桑纳蒂的考古景观证实了古代印度的窣堵波是被成群建造的。由普纳恰主持发掘的康纳冈那哈里遗址（豪厄尔的SAN-4）揭示出大窣堵波附近有一座僧院、一座小型的半圆形礼拜堂，以及大量小型窣堵波的基座和铺砌的平台。大窣堵波的主要建造阶段属于萨塔瓦哈纳时期（普纳恰2011年报告中的第二阶段）。直径26米的大窣堵波被称作 *Adhālaka mahācetiya*，此名见于装饰浮雕上刻写的铭文。大窣堵波上下各有一个圆柱形基座，四个阿耶迦平台修建在正方向上，每个宽约3.6米，东侧阿耶迦平台有四根立柱。大窣堵波周围有一圈石栏楯，四个入口与四个阿耶迦平台对齐，环绕大窣堵波的走道宽约3.25米。

普纳恰在遗址内发现了曾装饰在大窣堵波上的极其丰富的浮雕石刻，包括装饰圆柱形基座的石板以及雕刻人物故事图的石板[2]。其中有60件大型石板，高约3米，贴附在窣堵波圆柱形基座上。圆雕佛像和菩萨像也是大窣堵波装饰的组成部分，它们被安装在阿

---

[1] Ollett, Griffiths & Tournier forthcoming.
[2] 从风格上看，康纳冈那哈里遗址所见石刻浮雕与安得拉邦的阿玛拉瓦蒂和纳加尔朱纳康达遗址所见石刻浮雕相似。

耶迦平台上，平台座上装饰夜叉像。六尊带有刻铭的贤劫佛像被安置在绕行礼拜道上①。遗址内发现了约300条刻写在石板上的铭文，它们构成了古代印度最丰富的铭文集。许多铭文提到的是佛教建筑的供养人，少数铭文提到供养给窣堵波的银质花环，其他铭文则是包括国王和王后在内的人物形象旁的榜题。这些榜题最独特之处在于标明了人物身份，其中部分是萨塔瓦哈纳王朝的统治者，甚至还有阿育王。基于古文书学的证据，石刻铭文表明时人对大窣堵波的供奉在萨塔瓦哈纳王朝持续了200年之久。

大窣堵波保存了大量的浮雕石板，即使大部分是残块断片，图像依然精美富丽。印度考古调查局煞费苦心地修复了这些残块，并将它们安置在至今仍依稀保留着原初辉煌的大窣堵波上。然而，这种复原的图像程序存在问题。茨茵在她最近的研究中试图复原浮雕石板的原初放置顺序和叙事内容，以重建大窣堵波的整体图像设计。浮雕石板上的题刻铭文有助于她对图像的辨识。但昆塔尼拉②指出这些简短的铭文是完全脱离文本的，而且是在约一个世纪之后被添加到浮雕板上以赋予图像特指性和相关性。

茨茵重建了上层圆柱形基座上装饰的大型叙事浮雕板的图像顺序，从东侧入口的本生故事开始，此处有带四根立柱的阿耶迦平台，而后沿着顺时针方向展开。大型叙事浮雕板被组织成两排，并被一条较窄的水平装饰带分隔，下部刻栏楯式图案。图像场景之间用壁柱隔开，壁柱雕刻在每个石板的一侧，方式类似于阿玛拉瓦蒂窣堵波。

---

① 根据冯胡博的研究（Nakanishi & Hinüber 2014:18），题刻铭文中没有任何涉及佛教部派或大乘佛教实践的信息。
② Quintanilla 2017.

参考文献：

Howell, J.R. 1995. *Excavations at Sannathi, 1986–1989*. Delhi: Archaeological Survey of India & Government of India.

Nakanishi, M. & Hinüber, O.Von. 2014. *Kanaganahalli Inscriptions*. Tokyo: International Research Institute for Advanced Buddhology, Soka University.

Noritoshi, A., Dayalan, D. & Nakanishi, M. 2011. *A New Approach to the Origin of Mahayanasutra Movement on the Basis of Art Historical and Archaeological Evidence. A Preliminary Report on the research*. The Japan Society for the Promotion of Science, Project (C) no. 20520050.

Poonacha, K.P. 2013. *Excavations at Kanaganahalli (Sannati, Dist. Gulbarga, Karnataka)*. Delhi: Archaeological Survey of India.

Quintanilla, S.R. 2017. Transformations of Identity and the Buddha's Infancy Narratives at Kanaganahalli. *Archives of Asian Art*, 67(1), 111–142.

Zin, M. 2018. *The Kanaganahalli Stūpa: An Analysis of the 60 Massive Slabs Covering the Dome*. New Delhi: Aryan Books International.

参考文献

精选参考文献

Asher, F.M. 2015. *Nalanda: Situating the Great Monastery*. Mumbai: Marg Foundation.

Asher, F.M. 2020. *Sarnath: A Critical History of the Place Where Buddhism Began*. Los Angeles: Getty Research Institute.

Brancaccio, P. 2010. *The Buddhist Caves at Aurangabad: Transformations in Art and Religion*. Leiden: Brill.

De Romanis, F. 2020. *The Indo-Roman Pepper Trade and the Muziris Papyrus*. Oxford: Oxford University Press.

Hawkes, J. & Shimada, A. 2009. *Buddhist Stupas in South Asia: Recent*

Archaeological, Art-Historical, and Historical Perspectives. Delhi: Oxford University Press.

Huntington, S. L. & Huntington, J. C. 1985. *The Art of Ancient India: Buddhist, Hindu, Jain*. New York: Weatherhill.

Leoshko, J. 1988. *Bodhgaya, the Site of Enlightenment*. Bombay: Marg Publications.

Marshall, J. & Foucher, A. 1940. The monuments of Sanchi, 3 Vols. *Calcutta: Government of India*. Delhi: Swati Publications.

Morrison, K. D. 1995. Trade, Urbanism, and Agricultural Expansion: Buddhist Monastic Institutions and the State in the Early Historic Western Deccan. *World Archaeology*, 27(2), 203–221.

Ray, H. P. 1986. *Monastery and Guild: Commerce Under the Sātavāhanas*. Delhi: Oxford University Press.

Schopen, G. 1997. *Bones, Stones, and Buddhist Monks*. Honolulu: University of Hawai'i Press.

Shaw, J. 2007. *Buddhist Landscapes in Central India: Sanchi Hill and Archaeologies of Religious and Social Change, c. Third Century BC to Fifth Century AD*. London: British Association for South Asian Studies.

Shimada, A. 2012. *Early Buddhist Architecture in Context: The Great Stūpa at Amarāvatī (ca. 300 BCE–300 CE)*. Boston: Brill.

Spink, W. M. 2005. *Ajanta: History and Development, Vol. I–VII*. Leiden: Brill.

Zin, M. 2018. *The Kanaganahalli Stūpa: An Analysis of the 60 Massive Slabs Covering the Dome*. New Delhi: Aryan Books International.

其他参考文献

Abhishek, A.S. 2010. Contextualizing Bodhgaya: A Study of Monastic Settlements and Monastic Sites in the Bodhgaya Region. In P. Callieri & L. Colliva (Eds.), *South Asian Archaeology 2007: Proceedings of the 19th Meeting of the European Association of South Asian Archaeology in Ravenna, Italy, July 2007* (pp. 1–13). Oxford: Archaeopress.

Asher, F.M. 2008. *Bodh Gaya*. New Delhi: Oxford University Press.

Bakker, H. 1997. *The Vākāṭakas: An Essay in Hindu Iconology*. Groningen: E.

Forsten.

Bisschop, P. 2018. Buddhist and Śaiva Interactions in the Kali Age: The Śivadharmaśāstra as a Source of the Kāraṇḍavyūhasūtra. *Indo-Iranian Journal*, *61*(4), 396−410.

Brancaccio, P. 2018. Monumentality, Nature and World Heritage Monuments: The rock-cut Sites of Ajanta, Ellora and Elephanta in Maharashtra. In H.P. Ray (Ed.), *Decolonising Heritage in South Asia: The Global, the National and the Traslanational* (pp. 111−127). New Delhi: Routledge.

Brancaccio, P. 2013. Buddhist Caves of the Deccan Plateau: Art, Religion and Long-Distance Exchange in the 5th and 6th Centuries. In Pia Brancaccio (Ed.), *Living Rock: Buddhist, Hindu and Jain Cave Temples from Western Deccan* (pp. 108−115). Mumbai: Marg.

Brancaccio, P. 2010. *The Buddhist Caves at Aurangabad: Transformations in Art and Religion*. Leiden: Brill.

Burgess, J.A.S. 1883. *Report on the Buddhist Cave Temples and Their Inscriptions* (Archaeological Survey of Western India Vol. IV). London: Trübner.

Burgess, J. & Indrājī, B. 1881. *Inscriptions from the Cave-temples of Western India*. Bombay: Government Central Press.

Chakrabarti, D.K. 2022. *Towards a Nationalist Narrative of India's Ancient Past: Including Recent Research on the Indus Civilization*. India: Aryan Books International.

Chakrabarti, D.K. 1997. *Colonial Indology: Sociopolitics of the Ancient Indian Past*. India: Munshiram Manoharlal Publishers Pvt. Limited.

Cohen, R.S. 2000. Kinsmen of the Son: Śākyabhikṣus and the Institutionalization of the Bodhisattva Ideal. *History of Religions*, *40*(1), 1−31.

Cunningham, A. (with Cornell University Library). 1892. *Mahâbodhi, or the Great Buddhist Temple under the Bodhi Tree at Buddha-Gaya*. London: W.H. Allen.

Cunningham, A. (with Cornell University Library). 1854. *The Bhilsa Topes; or Buddhist Monuments of Central India; Comprising a Brief Historical Sketch of the Rise Progress and Decline of Buddhism with an Account of the Opening and Examination of the Various Groups of Topes around Bhilsa*. London: Smith, Elder.

Dayalan, N.A.D. & Nakanishi, M. 2011. *A New Approach to the Origin of Mahayana-sutra Movement on the Basis of Art Historical and Archaeological Evidence. A Preliminary Report on the research.* The Japan Society for the Promotion of Science, Project (C) no. 20520050.

Dehejia, V. 1997. *Discourse in Early Buddhist Art: Visual Narratives of India.* New Delhi: Munshiram Manoharlal.

De Romanis, F. 2006. Aurei after the Trade: Western Taxes and Eastern Gifts. In F. De Romanis (Ed.), *Studi e materiali. Istituto Italiano di Numismatica, 1* (pp. 54–82). Rome: Istituto Italiano di Numismatica.

Dehejia, V. 1969. Early Buddhist Caves at Junnar. *Artibus Asiae, 31*(2/3), 147–166.

Dehejia, V. (with Internet Archive). 1972. *Early Buddhist Rock Temples: a Chronology.* Ithaca: Cornell University Press.

Dehejia, V. 1992. The Collective and Popular Basis of Early Buddhist Patronage: Sacred Monument. In Barbara Stoler Miller (Ed.), *The Powers of Art: Patronage in Indian Culture* (pp. 35–45). Delhi: Oxford University Press.

Dehejia, V. & Rockwell, P. 2016. *The Unfinished: Stone Carvers at Work on the Indian Subcontinent.* New Delhi: Roli Books.

Deo, S.B. & Joshi, J.P. 1972. *Pauni Excavation, 1969-70.* Nagpur: Nagpur University.

Dhavalikar, M.K. 1984. *Late Hinayana Caves of Western India.* Poona: Deccan College Postgraduate and Research Institute.

Fergusson, J. & Burgess, J. 1880. *The Cave Temples of India.* London: W.H. Allen.

Guha-Thakurta, T. 2004. *Monuments, Objects, Histories: Institutions of Art in Colonial and Postcolonial India.* New York: Columbia University Press.

Knox, R. 1992. *Amaravati: Buddhist Sculpture from the Great Stūpa.* London: Trustees of the British Museum.

Lahiri, N. 2021. *Archaeology and the Public Purpose: Writings on and by M.N. Deshpande* (First Ed.). New Delhi: Oxford University Press.

Longhurst, A.H. 1917. The Buddhist Monuments at Guntupalle, Kistna District. *Annual Report of the Archaeological Department, Southern Circle, Madras (1916-17).* Madras: Government Press.

Longhurst, A.H. 1938. *The Buddhist Antiquities of Nāgārjunakoṇḍā, Madras*

Presidency. India: Manager of Publications.

Marshall, J. & Foucher, A. 1912. *The Monuments at Sanchi*, 3 Vols. Delhi: Archaeological Survey of India.

Marshall, J. 1927. *The Monuments of Sanchi*. Bombay: Indian State Railways.

Mehta, R.N. & Chowdhary, S.N. 1966. *Excavations at Devni Mori. M.S. University Archaeology Series No.8*. Department of Archaeology and Ancient History, Faculty of Arts, M.S. University of Baroda.

Mirashi, V.V. 1981. *The History and Inscriptions of the Sātavāhanas and the Western Kshatrapas*. Nagpur: Government Press.

Mirashi, V.V. 1963. *Corpus Inscriptionum Indicarum, Vol.5 (Inscriptions of the Vakatakas)*. Ootacamund: Government Epigraphist for India.

Mitra, D. 1971. *Buddhist Monuments*. Calcutta: Sahitya Samsad.

Mitra, D. 1981. *Ratnagiri, 1958–61*, Vol. I (1981) & Vol. II (1983). Delhi: Archaeological Survey of India.

Nakanishi, M. & Hinüber, O. Von. 2014. *Kanaganahalli Inscriptions*. Tokyo: International Research Institute for Advanced Buddhology, Soka University.

Ollett, A. 2017. *Language of the Snakes: Prakrit, Sanskrit and the Language Order of Premodern India*. Oakland: University of California Press.

Ollett, A., V. Tournier. & A. Griffiths. Forthcoming. Early Memorial Stones from the Deccan (up to 300 CE). In V. Tournier & A. Shimada (Eds.), *Early Āndhradeśa: Towards a Grounded History*. Leiden: Brill.

Paul, D. 1995. *The Art of Nalanda: Development of Buddhist Sculpture, A.D. 600–1200*. New Delhi: Munshiram Manoharlal.

Ramachandran, T.N. 1953. *Nagarjunakonda, 1938* (Memoirs of the Archaeological Survey of India No. 71). Delhi: ASI.

Rajan, K.V.S. 1981. *Cave Temples of the Deccan*. New Delhi: Archaeological Survey of India.

Romanis, F. D. 2020. *The Indo-Roman Pepper Trade and the Muziris Papyrus*. Oxford: Oxford University Press.

Romanowski, A. 2021. Roman Coins in Andhra in the Early Historical Period. *Wiadomości Numizmatyczne*, 15–76.

Sarkar, H. 1966. *Studies in Early Buddhist Architecture of India*. New Delhi: Munshiram Manoharlal.

Schopen, G. 2004. *Buddhist Monks and Business Matters: Still More Papers on Monastic Buddhism in India*. Honolulu: University of Hawaii Press.

Schaik, S.V., Simone, D. de, Hidas, G. & Willis, M.D. 2021. *Precious Treasures from the Diamond Throne: Finds from the Site of the Buddha's Enlightenment*. London: British Museum.

Schlingloff, D. & Zin, M. 1999–2003. *Guide to the Ajanta Paintings, Vols. 1–2*. Delhi: Munshiram Manoharlal Publishers Private.

Schlingloff, D. 1987. *Studies in the Ajanta Paintings: Identifications and Interpretations*. Delhi: Ajanta Publications: Distributors Ajanta Books International.

Sewell, R. 1880. *Report on the Amarávati Tope: And Excavations on Its Site in 1877*. London: G. E. Eyre and W. Spottiswoode.

Shimada, A. 2006. The Great Railing at Amarāvatī: An Architectural and Chronological Reconstruction. *Artibus Asiae*, 66(1), 89–141.

Shimada A. 2013. Guntupalle: The Oldest Rock-cut Buddhist Monastery in the Eastern Deccan. In Pia Brancaccio (Ed.), *Living Rock: Buddhist, Hindu and Jain Cave Temples from Western Deccan* (pp. 60–76). Mumbai: Marg.

Shimada, A. & Willis, M.D. 2016. *Amaravati: The Art of an Early Buddhist Monument in Context*. London: British Museum.

Stewart, M.L. 2018. *Nālandā Mahāvihāra: A Critical Analysis of the Archaeology of an Indian Buddhist Site*. New Delhi: Manohar.

Stone, E.R. 1994. *The Buddhist Art of Nāgārjunakoṇḍa*. Delhi: Motilal Banarsidass.

Strauch, I. 2012. *Foreign Sailors on Socotra: The Inscriptions and Drawings from the Cave Hoq*. Bremen: Hempen Verlag.

Strong, J.S. 2018. *Relics of the Buddha*. Princeton NJ: Princeton University Press.

Subrahmanyam, R. 1975. *Nagarjunakonda, 1954–60, Vol. 1*. Delhi: Archaeological Survey of India.

Sudeshna, G., Chattopadhyaya, B., Sepia International Inc & the Alkazi Collection of Photography. 2010. *The Marshall Albums: Photography and Archaeology*. New

Delhi: Mapin.

Sudeshna, G.U.H.A. 2013. Beyond Representations: Photographs in Archaeological Knowledge. *Complutum, 24*(2), 173–188.

Taddei, M. 1996. The First Beginnings: Sculptures on Stupa 2. In V. Dehejia & K.B. Agrawala (Eds.), *Unseen Presence: The Buddha and Sanchi*. Mumbai: Marg Publications.

Tournier, V. 2020. Stairway to Heaven and the Path to Buddhahood: Donors and Their Aspirations in 5th/6th-century Ajanta. In Cristina Pecchia & Vincent Eltschinger (Eds.), *Mārga: Paths to Liberation in South Asian Buddhist Traditions, Vol. I* (pp.177–248). Vienna: Verlag der Österreichischen Akademie der Wissenschaften.

Verardi, G. & Barba, F. 2011. *Hardships and Downfall of Buddhism in India*. New Delhi: Manohar Publishers & Distributors.

Willis, M.D., Cribb, J. & Shaw, J. 2000. *Buddhist Reliquaries from Ancient India*. London: Trustees of the British Museum by British Museum Press.

关于印度佛教艺术与考古研究的基础读物：

Chakrabarti, D.K. 2006. *The Oxford Companion to Indian Archaeology: The Archaeological Foundations of Ancient India, Stone Age to AD 13th Century*. New Delhi: Oxford University Press.

Dehejia, V. 1997. *Indian Art*. London: Phaidon Press.

Huntington, S.L. & Huntington, J. C. 1985. *The Art of Ancient India: Buddhist, Hindu, Jain*. New York: Weatherhill.

关于印度佛教考古区域性研究的论著：

Chakrabarti, D.K. 1998. *The Issues in East Indian Archaeology*. New Delhi: Munshiram Manoharlal.

Chakrabarti, D.K. 2005. *The Archaeology of the Deccan Routes: The Ancient Routes from the Ganga Plain to the Deccan*. New Delhi: Munshiram Manoharlal.

Rajan, K.M. & Saha, P.K. 2020. Early Buddhist Sites in the East Coast of Tamil Nadu. *Heritage: Journal of Multidisciplinary Studies in Archaeology, 8*(2), 175–

192.

Ray, H.P. 2010. *Sanghol and the Archaeology of Punjab*. New Delhi: Aryan Books International.

Subrahmanyam, B. & Reddy, E.S.N. 2012. *Buddhist Archaeology in Andhra Pradesh*. Vijayawada: Department of Archaeology & Museums, Government of Andhra Pradesh.

第四讲　巴基斯坦和犍陀罗地区的考古现状概述

卢卡·M.奥里威利（Luca M. Olivieri）

导　论

巴基斯坦境内拥有丰富的考古遗迹，在印度河两岸肥沃的平原、富含金属矿的山脉以及伊朗高原尽头（曾经的）林地中都有遗存，见证了此地历史上连续不断的古代文明。关于南亚史前和原史时代的考古概况，维达莱已有论述（见本书第二讲），此处不再赘言。

值得注意的是意大利-巴基斯坦考古队在班波尔古港口开展的重要工作，此港口在阿拉伯和基督教文献史料中被称作德巴尔。班波尔遗址（图4-1）是一处被掩埋在地下的大型城址，目前正由皮阿切提尼主持发掘，位于信德省的印度河入海口处，毗邻现代都市卡拉奇。

印度河上游开伯尔-普赫图赫瓦省北部班努市附近分布着另一处重要遗址——阿克拉遗址（图4-2）。巴基斯坦-英国考古队在此发现一处自阿契美尼德王朝一直沿用至古代晚期的聚落遗址。

印度河上游再向东北是夹在克什米尔、塔吉克斯坦和中国之间的特殊地区，即吉尔吉特-巴尔蒂斯坦。已故学者霍普特曼带领德

图 4-1 班波尔遗址，巴基斯坦信德省 © ISMEO/Ca' Foscari Italian Archaeological Mission in Pakistan

图 4-2 阿克拉遗址，巴基斯坦班努市 © ISMEO/Ca' Foscari Italian Archaeological Mission in Pakistan

图 4-3 印度河上游地区所见佛教图像岩画（某些图像上被增添了晚期部落的象征），公元 5—8 世纪 © ISMEO/Ca' Foscari Italian Archaeological Mission in Pakistan

国考古队在此地区内调查记录了数以万计的岩画——从史前到古代晚期记录在岩石上的图像史书（图 4-3），还有数以百计的以印度、中亚、伊朗、喜马拉雅和中国等地使用的语言、文字题写的铭文。这些材料通常被嵌入佛教、印度教，甚至是摩尼教的信仰，为从喜马拉雅山脉到印度洋海岸沿着印度河蜿蜒绵亘的这片土地上的非凡文化蒙上了神秘的面纱。

幸运的是，这些珍贵的文化遗产遇到了愿意保护它们的国家。1948 年巴基斯坦独立后，考古体系也很快创建起来，至 2011 年被纳入联邦政府的管辖，目前各省都设有考古机构。这是一个值得敬重的考古系统，其所依托的法律和技术支持是英属印度考古调查局。如今，巴基斯坦的每个省都有自己保护考古遗产的法规条文、独立的文物保管部门以及藏品丰富的博物馆。联邦政府对联合国教科文组织评定的文化遗产（巴基斯坦境内已有六处世界文化遗产，还有许多候选遗址）、国家博物馆（藏品非常丰富）以及大型国际展览都有监管权。在巴基斯坦进行考古发掘首先且最重要的是获得合法执照，临时或非专业的发掘被严格禁止，非法贩卖文物——这也是该国的痛处——将受到严厉的起诉和惩罚。在这种情形下，大学的作用十分重要，许多优秀的大学开设了考古专业，如白沙瓦、凯浦尔、卡拉奇、旁遮普以及真纳大学，近年来社会上的许多协会和民间组织也参与到相关的项目中，特别是在修复和保护濒危遗产方面。

限于篇幅，本讲无法详细介绍整个巴基斯坦的考古工作，而是主要集中于我最了解的犍陀罗地区，我曾在那里连续工作了35年，从事发掘、整理、培训和修复工作。在犍陀罗，特别是斯瓦特河谷，由朱塞佩·图齐先生创立的意大利考古队已经在此地工作了70年，现由我担任考古队负责人。若用比喻的方式来形容巴基斯坦的地位，可以说如果印度河是南亚的血脉，那么犍陀罗（今巴基斯坦）就是南亚的心脏。事实上，在最古老的史料中，犍陀罗甚至被视为吠陀文明的摇篮，古印度中心马德亚迪沙的心脏。而犍陀罗核心区就位于今天巴基斯坦普什图民族聚居的开伯尔-普赫图赫瓦省。

文化地理与气候

喀布尔-印度河流域周边地区——今巴基斯坦开伯尔-普赫图赫瓦省，即闻名于世的犍陀罗地区（图4-4）。犍陀罗曾在《梨俱吠陀》（I：126-127）中被提到，而且印度古代语法学家波尼尼（约

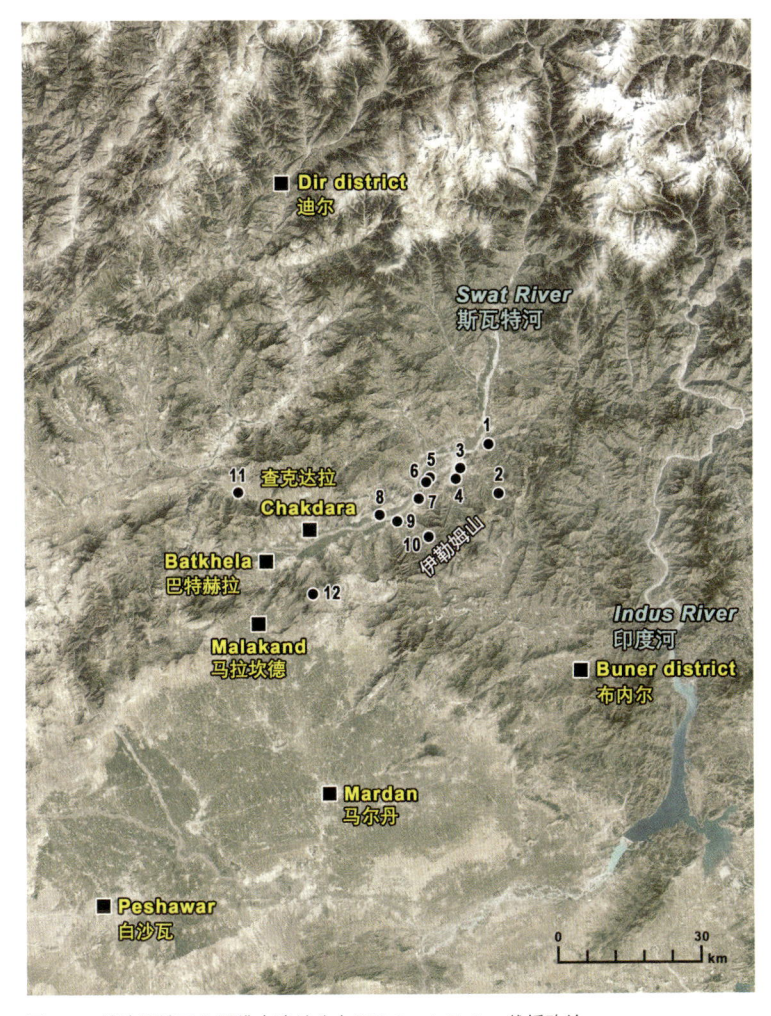

图 4-4　犍陀罗地区主要佛寺遗址分布图 © Google Earth，戴恬改绘
1. 曼格拉瓦尔 Manglawar
2. 詹比尔谷 Jambil Valley
3. 布特卡拉 Butkara
4. 塞杜沙里夫 Saidu Sharif
5. 乌德格兰 Udegram
6. 戈格达拉 Gogdara
7. 马尼亚尔 Manyar
8. 贡巴特 Gumbat
9. 巴里果德 Barikot
10. 阿穆鲁克达拉 Amluk-dara
11. 塔拉什谷 Talash valley
12. 扎拉姆·科特 Zalam-kot

公元前4世纪）指出，此地是口说和教授梵语最好的地方。古波斯语中的犍陀罗一名最早见于比索通的大流士题刻中（DB1.16；约公元前520年），当时犍陀罗属于阿契美尼德王朝东部地区（还包括萨塔吉底亚、阿拉霍西亚以及马卡等地）的领地。犍陀罗地区的居民被希罗多德称为犍陀罗人——较比索通题刻晚了约一个世纪（《历史》III，91）。犍陀罗的领土沿着两条主要河流分布，即东西流向的喀布尔河与南北流向的印度河，也就是喀布尔河以北或以南，以及印度河以西或以东之地。印度河构成了印度-恒河地区与印度-伊朗边界地区的界限，尽管这是"同一世界的两边，但常有密切的接触和互动"[①]。印度河东北部和喀布尔河以北区域具有相同的生态和气候特征。白沙瓦平原向东延伸至远在印度河附近的阿托克，此地也是向南到喀布尔河的核心区。塔克西拉及其后的山脉（哈扎拉与曼瑟拉）也属于犍陀罗的范围。此外阿富汗的能加哈、库纳尔和拉格曼等省也被认为属于犍陀罗的文化范畴。

关于犍陀罗的边界，曼瑟拉与沙泊斯伽梨发现的阿育王石刻法敕（RE）可以提供间接推测的线索（图4-5）。曼瑟拉的阿育王法敕（RE V）中提到犍陀罗是族名。曼瑟拉和沙泊斯伽梨的阿育王法敕中同时使用了佉卢文与婆罗迷字母。佉卢文源自阿契美尼德王朝行政区内使用的阿拉姆语，是犍陀罗俗语的书写文字，而犍陀罗俗语是历史上犍陀罗地区的主要语言。作为地理连接者的喀布尔河也构成了犍陀罗连接印度本土的北道或北天竺的古代路线。这条北道与印度河上游路线相连，印度河上游路线穿越喀喇昆仑山将犍陀罗与克什米尔和跨喀喇昆仑山地区连接起来。北天竺道可被视为"冬

---

① Olivieri 2020: 390.

图4-5 阿育王石刻法敕残块 © ISMEO/Ca' Foscari Italian Archaeological Mission in Pakistan

季道路",在河流水位最低时使用,很容易跨河而过。

　　位于喀布尔河沿岸的犍陀罗领土,是半干旱的平坦地带,传统上依靠季风带来的雨水种植农作物。而位于北部丘陵的领土自古至今为双季作物(同一块土地每年可以收获两季作物,即小麦和水稻)的种植提供了更加稳定的条件。主要城市如布色羯罗伐底城(今贾尔瑟达),及后来的布路沙布逻(今白沙瓦),由于处于生态环境较差之地,很可能依赖丘陵地区的双季作物和农产品来维持运转。当然,城市与丘陵地区的互动有赖于气候的稳定性。

　　尽管对该地区缺乏详细的古气候研究,但可从考古遗存中推测出若干重要信息。斯瓦特等双季作物区的考古遗存更为丰富,发掘揭示出以废弃堆积为代表的过渡阶段或"间隔期"的存在,以及考古文化层中不同阶段出现的非人为土层。尤其是在斯瓦特,类似的过渡阶段代表着考古堆积的收缩期。与公元前 2 千纪早期或中期相关的信息表明，此时期是农业集约化（种植双季作物）阶段，内容包括广泛种植驯化水稻和专门农业工具的引入。考古堆积显示出此阶段晚期（约公元前 1400 年）至公元前 1200 年之间有一个间隔期。此后，斯瓦特墓地及相关聚落开始出现。这些聚落的出现很可能与一次异常小冰期的结束有关，公元前 1300—前 1000 年之间此次小冰期在北印度有所缓解。斯瓦特墓地结束的标志是公元前 800—前 500 年之间的一个记录较多的间隔期。克什米尔地区也有相似的证据，21 世纪初的田野工作中记录了公元前 700—前 200 年之间一层较薄的文化堆积。斯瓦特地区的第三个间隔期是公元 550—650 年，此时整个斯瓦特及其周边地区考古堆积呈明显的收缩现象。尽管存在这些间隔期，生物遗传学研究已经证实了斯瓦特地区从公元前 1200 年到前现代的连续性[①]。

专栏 4-1：间隔期与气候危机：一个假说

考古学者常把有实物遗存的堆积与地层学关联起来，因此在考古记录中往往不会注意到诸如废弃堆积上层以及间隔期等关键阶段。间隔阶段或"间隔期"通常由废弃堆积、洪水证据、滑坡、崩塌或贫瘠土壤（之前居住区有大量的植被证据）构成。尽管间隔期有歧义，但它对文化序列的分期和重建具有重要意义。在有大量人类居住的连续性记录的斯瓦特地区，间隔阶段尤其引人注目。间隔

---

① Narasimhan *et al.* 2019.

期显然是突然开始的，由自然因素引发，如骤然的气候剧变。最早的间隔期出现于青铜时代末期（约公元前1700年，巴里果德宏观阶段0，见表4-1）和斯瓦特墓地及相关聚落开始之间（约公元前1200年：宏观阶段1）。第二个间隔期在公元前800年（宏观阶段1结束）至公元前500年之间。另一个重要的间隔期是在公元500年（宏观阶段7结束）至公元700年（宏观阶段8开始，沙希时期）之间，考古遗存显示斯瓦特及其周边地区经历了一次惊人的建造危机以及佛教寺院与相关建筑的废弃。尽管没有直接的气候数据，但同期农业生产的崩溃，使我们能够合理地将这场危机解释为突发性的气候变化所致。

佛教与农业生产面临的危机密切相关。斯瓦特的农业生产牢牢掌握在佛教寺院手中，这一点已经得到证明。从公元6世纪中叶开始，农业生产和佛教进入危机时期，其影响一直持续至公元7世纪上半叶。"……在[玄奘]时代（629—645年游历天竺），许多圣迹变成了废墟[……]。[宋云]（518—523年游历天竺）盛赞的佛教僧团，未能预料[玄奘]所见的景象。"[1] 开伯尔河以西从加兹尼到卡比萨几乎所有被调查的考古遗址地层中都见有类似的间隔。

"在北半球的大部分地区，我们认为这一寒冷的小冰期是引发诸多事件的环境导火索：查士丁尼瘟疫的暴发，东罗马帝国的转型和萨珊帝国的崩溃，亚洲草原和阿拉伯半岛的崛起，操斯拉夫语族群的扩散，以及中国的政治动荡。"[2] 除这些主要的转型危机外，我们还可以补充佛教的危机、婆罗门教领地的扩张，以及斯瓦特农业

---

[1] Tucci 1977: 67.

[2] Büntgen *et al.* 2016:1.

生产的崩溃，这也由玄奘和同时代的汉文史料证实。

最后需要提及的是，公元500年之前斯瓦特农业生产的大致规模。除克什米尔、卡比萨等少数双季作物地区，斯瓦特的农作物产量可以说是同一地区最高的。斯瓦特大约有1000平方公里适合双季作物种植的农田，粮食产量能够养活50多万人。根据不同的统计模型，在城市和寺院发展的高峰期，斯瓦特可能有25万居民，其中约3万人居住在城市（仅巴里果德一地就占地12公顷，拥有6000人口）。根据英国殖民时期的资料，1907年斯瓦特河谷的常住人口不超过9万。1954年的人口普查登记了30万人，其中四分之三居住在斯瓦特河谷。

参考文献

Büntgen, U., Myglan, V. S., Ljungqvist, F. C., McCormick, M., Di Cosmo, N. & Sigl, M., *et al.* 2016. Cooling and Societal Change during the Late Antique Little Ice Age from 536 to around 660 AD. *Nature geoscience, 9*(3), 231–236.

Tucci, G. 1977. On Swāt: The Dards and Connected Problems. *East and West, 27*(1/4), 9–85, 94–103.

第四讲 巴基斯坦和犍陀罗地区的考古现状概述

表 4-1 斯瓦特地区断代表

当地朝代/时期	主要朝代/时期	国王	年代	巴里果德宏观阶段
	达尔迪克 Dardic		1200—1500	10
	古尔王朝 Ghurids		1186—1204/6	9a-b
	伽色尼王朝 Ghaznavids	马维德 Mawedud	1041—1050	
		穆罕默德 Muhammad	1040—1041	
		马苏德一世 Mas'ud I	1030—1040	
		马哈茂德 Mahmud	1002—1030	
	印度沙希 Hindu-Shahi	伽耶帕拉提婆 Jayapaladeva	约 964—1002	8b
		比马提婆 Bhimadeva	约 921—964	
		头罗曼/卡马卢/瓦咯提婆 Toramana/Kamalu/Vakkadeva	约 903—921	
		拉利亚 Lalliya	约 880—902	
		胡达尔雅卡 Khudarayaka	约 870—880	
		萨曼塔提婆 Samantadeva	约 850—870	
		卡拉尔/斯巴拉帕提婆 Kallar/Spalapatideva	约 843—850	

189

(续表)

当地朝代/时期	主要朝代/时期	国王	年代	巴里果德宏观阶段
	突厥沙希 Turki-Shahi	拉古图曼 Lagaturman（继任者）	约820—843	8a
		巴尔哈提津 Barhatigin（继任者）	7世纪早期	
	嚈哒 Hephtalites	醯罗尼矩罗 Hiranyakula		7
		摩醯逻矩罗 Mihirakula	6世纪中叶	
		头罗曼 Toramana	6世纪早期	
	寄多罗 Kidarites			
	贵霜-萨珊 Kushano-Sasanians	沙普尔二世 Shapur II	约309—379	6
		瓦赫兰 Bahram (Varahran)	约330—365	
		卑路斯二世 Peroz II	约300—330	
		巴赫拉姆一、二世 Hormizd I-II	约270—300	
		卑路斯一世 Peroz I	约245—270	
		—		

(续表)

当地朝代	主要朝代	国王	年代	巴里果德宏观阶段
	贵霜 Kushans	韦苏提婆一世 Vasudeva I	约190—230	5b
		胡毗色伽 Huvishka	约150—190	5a
		迦腻色伽一世 Kanishka I	约127—150	4b
		阎膏珍 Wima Kadphises	约113—127	4a
		威玛·塔克图 Wima Takto (= Soter Megas)	约100—113	
乌迪 Odi	贵霜—乌迪 Kushans-Odi	丘就却 Kujula Kadphises	约50—100	
斯那跋摩 Senavarman	帕提亚—乌迪 Parthians-Odi	(继任者) 贡多法朗斯 Gondophares (前任者)	约25—50 (?)	3b
	塞人—乌迪 Sakas-Odi	阿瑟斯二世 Azes II (?)	约公元前5—公元25	
阿质达霞 Ajitasena		阿最利西斯 Azilises	约公元前25—前5	
		阿瑟斯一世 Azes I	约公元前46—前25	
阿婆罗遮 Apraca 萨萨 Sasa				
阿湿婆跋摩 ASPAVARMAN				
因陀罗跋摩 INDRAVARMAN				
毗湿奴跋摩 VISNUVARMAN				

191

(续表)

当地朝代	主要朝代	国王	年代	巴里果德宏观阶段
因陀罗婆婆苏 INDRAVASU		（继任者）	—	
呋阇耶密多 VUAYAMTIKA		毛埃斯 Maues	公元前 90—前 80	
	印度-希腊 Indo-Greek	（继任者）	—	
		安提奥西达斯 Antialkidas	约公元前 110—前 100	3a.2-4
		斯特拉托一世 Strato I	约公元前 120—前 110	
		索伊罗一世 Zoilos I	约公元前 130—前 120	
		米南德 Menander	约公元前 155—前 130	
		安提马科斯二世·尼基弗鲁斯 Antimachos II Nikephoros	约公元前 165—前 155	
	希腊-巴克特里亚 Graeco-bactrian	（前任者）	—	
		德米特里乌斯 Demetrius	约公元前 200—前 190	3a.1
	孔雀王朝 Maurya	布柯提婆陀 Brihadratha	公元前 2 世纪早期	2b

(续表)

当地朝代	主要朝代	国王	年代	巴里果德宏观阶段
骑兵 Assakenoi-Asvaka 阿契美尼德 Achaemenians	马其顿亚历山大 Macedonians Alexander	（继任者）	—	2a
		阿育王 Asoka	约公元前 272—前 232	
		宾头沙罗 Bindusara	公元前 3 世纪早期	
		旃陀罗笈多 Chandragupta	公元前 305—	
		尼卡诺 Nikanor	公元前 327—前 326/325	
		公元前 6 世纪末期	公元前 327	
	间隔期 interphase			间隔期 3
	斯瓦特墓地 Swat Graveyard (Late Bronze-Early Iron age)（青铜时代晚期—铁器时代早期）	中亚游牧族群 Central Asian nomads	公元前 800—前 6 世纪	
			公元前 1200—前 800	1
	间隔期 interphase		公元前 1400—前 1200	间隔期 2
	哈拉帕晚期 Late Harappan (Bronze age)（青铜时代）		公元前 1700—前 1400	0
	间隔期 interphase		公元前 2000—前 1700	间隔期 1
	北方新石器时期 Northern Neolithic		公元前 3000—2000	

193

史前和原史时代

水稻的传入和"北方新石器时代"

零星的石器发现表明，更新世时期的古人不仅生活在犍陀罗低地和西部，也居住在北部的山谷中。现在对后者的意义做出任何定论都为时尚早，因为只有在全新世中期以后，犍陀罗北部地区的气候才变得稳定、宜居。至少从公元前2000年初期开始，将犍陀罗北部山谷与克什米尔和跨喜马拉雅地区连接起来的通道才开通。"北方新石器时代"（此术语最早用来定义克什米尔）被用来解释此一重要现象[1]，其南部边界在塔克西拉（萨莱科拉Ⅰ遗址）和斯瓦特一带。尽管陶片上的谷物印迹和硅化的栽培稻遗存表明，水稻早在公元前2000年下半叶已被引入斯瓦特地区，但只有到公元前2000年左右"一种以水稻为主的农业体系才建立起来，当时并不高产的地区被利用起来，第二年就有丰收"[2]。斯瓦特的水稻还与北方新石器时代收割工具的传播有关，如常见于中国北方地区的带圆孔的矩形石镰（图4-6），此阶段从斯瓦特和克什米尔到锡金都有发现。

公元前3000—前2000年之间，北部山谷的聚落特征包括大型石墙，近圆形的简单或复合式地下建筑、粮仓和（或）半地穴式房屋。在巴里果德遗址此阶段出现了可与哈拉帕晚期彩绘陶器媲美的彩绘陶。尽管难以确定统一的编年框架，但见于公元前2000年左右的斯瓦特遗址和萨莱科拉Ⅰ遗址（塔克西拉）的陶器组合显示出有趣的相似性。

---

[1] Allchin & Allchin 1982.
[2] Costantini 1987: 161.

图 4-6 斯瓦特出土带圆孔的矩形石镰，约公元前 2000 年 © ISMEO/Ca' Foscari Italian Archaeological Mission in Pakistan

印度河或哈拉帕文明的成熟阶段

截至目前，除塔克西拉附近的萨莱科拉 I 遗址的年代较早外，犍陀罗地区没有相当于印度河或哈拉帕文明成熟阶段（公元前 2600—前 1900 年）的遗址。在更广阔的"印度河文明时期"的城市化图景中，犍陀罗的明显缺失需要得到恰当解释，特别是考虑到印度河流域的商人在此地采购半宝石和可能的高价值木材。

原史时期的墓地

早在 1960 年代的考古研究中就发现从公元前 2000 年末期开始，犍陀罗北部山谷地区（斯瓦特、迪尔、斯瓦比、吉德拉尔）出现了大型墓地。相关的物质文化遗存也见于塔克西拉（哈蒂尔 II）。它们之前被统称为"犍陀罗墓地文化"，但更恰当的应是称其为斯瓦特（或迪尔、吉德拉尔等）"原史时期墓葬群"。这些墓葬群的年代一直存在争议，目前较受认同的年代是公元前1200—前800年[1]。与同时代中亚和伊朗地区墓葬群的考古学比较研究表明，它们可被置入亚欧大陆西南部青铜时代晚期的更广阔范围内，这也可以得到大量基因组研究成果的佐证[2]。这项研究包括127具来自斯瓦特和吉德拉尔遗址的遗骸，年代从公元前1200年到公元1300年，他们的祖先可溯源至中亚东部和伊朗的数处早期墓地。此外，还包括来自斯瓦特原史时代（公元前1200—前800年）墓葬中的99具骸骨。"原史时代墓葬群"的现象可能也与喜马拉雅山麓地带更靠东部地区的墓葬特征有关，但迄今为止尚未对它们之间的联系开展过研究。整个犍陀罗地区的墓葬特征显示出，墓葬形制与随葬品存在着显著的分化。在斯瓦特，单人葬（图4-7）、双人葬和多人葬都有发现，主要是一次或二次土葬，还有少量火葬。墓葬中常见有随葬品（陶器和个人饰品）。同一墓地，以及两处或多处墓地，甚至同一墓葬中都能检测到亲缘关系的存在。

聚落以及铁器的早期使用

北部山谷的许多地区发现了与墓地年代相当的聚落遗址。用未烧制的土坯砌筑的带有围墙的建筑以及专门的作坊区都有发现。在众多已发掘的遗址中（包括迪尔区的巴朗伯特和迪玛尔格尔），保存最好也是规模最大的遗址是斯瓦特地区的阿利格拉马。斯瓦特的巴里果德遗址在公元前1200—前1000年之间建造了坚固的土坯

---

[1] Vidale *et al.* 2016.

[2] Narasinham *et al.* 2016.

图 4-7 斯瓦特乌德格兰墓地的单人葬，公元前 1200—前 800 年 © ISMEO/Ca' Foscari Italian Archaeological Mission in Pakistan

墙。由于犍陀罗地区出现了显著的地域差异，因此陶器类型分期显示的年代意义不如印度北部陶器，此外还需综合考虑冶铁、冶金、制玻璃技术等文化因素。使用铁器和冶铁技术的证据已经成为理解犍陀罗地区原史时代晚期变革的重要因素。尽管墓葬中很少出土铁器，但铁器在同时期的聚落中并不罕见。可以确定的、年代最早的铁器和铁渣发现于公元前 1200—前 900 年的贾尔瑟达，而铁质武器和工具则发现于公元前 1100—前 1000 年的巴里果德。尽管资料有限，但犍陀罗和克什米尔发现的早期铁器证明了公元前 12—前 11 世纪成熟的冶铁技术。我们可以逐步推导出如下结论：从公元前 2000 年中晚期开始，冶铁技术在兴都库什山和印度半岛之间沿着大陆上的多个据点发展传播。

埋葬习俗的变化

自早期墓地之后，墓地、墓葬建筑等在犍陀罗地区很少见到。直到数个世纪之后的萨莱科拉晚期的大型墓地（塔克西拉，约公元前 260±50 年），以及斯瓦特地区少量但重要的墓葬，它们都有 ^{14}C 测定的绝对年代。如布特卡拉 IV 遗址的一处贵族墓葬建筑[①]，是一种三联拱形结构，其内共埋葬 20 人，中心主室两侧各有一双室，至少在公元前 2 世纪至公元 1 世纪中期一直持续使用。其中 5 人的基因组数据表明他们中的 3 人存在血缘关系（一至三级）。5 具遗骸与早期人骨有着相同的祖先，且南亚土著血统明显增加。

从土葬到无墓葬的变化，在过去被认为是与佛教相关的火葬习俗传播的直接结果。由于犍陀罗地区佛教信仰（塔克西拉和斯瓦特）的最早证据不早于公元前 3 世纪下半叶，因此前述变化并非受到佛教的直接影响。然而，由于土葬习俗早在公元前 3 世纪之前已经衰落，在缺乏人口变化的证据下（人口数量显然保持稳定），埋葬习俗变化背后的意识形态或宗教因素不能被排除在外。

历史时期的不同阶段

术语

犍陀罗地区的城市化最初阶段（公元前 500—前 150 年）与印度北部十六雄国等政治体社会复杂化的增强有关，其处于所谓的"第二次城市化"时期的广阔背景中。确认犍陀罗地区存在此阶

---

① Olivieri 2019.

段的主要依据是巴里果德、比尔丘（塔克西拉 I 遗址）以及贾尔瑟达 I 遗址的相关发现。城市化成熟阶段（公元前 150—公元 350 年）主要是重建旧城，以及印度-希腊人、塞人、贵霜和贵霜-萨珊沙相继统治时期修建新城。斯瓦特地区巴里果德遗址的发掘表明，存在着差别显著的不同文化阶段，而这种差异与不同政权发行的钱币的变化对应，也就是说与印度-希腊、塞人、贵霜、萨珊等政体的更替以及相关的政策如大力发展佛教等有关。这些差异也见于贝格拉姆 II（迦毕试）、谢汗代里（贾尔瑟达）以及塔克西拉 II、III 遗存。城市化成熟阶段持续至该地区的城市化危机时期（公元 300 年之后），其蔓延至巴克特里亚到迦毕试的整个犍陀罗和北印度地区。

下一阶段被定义为后城市化时期，至公元 650 年结束，其发现少，文化特征不明确。公元 650—1000 年为古代晚期，代表性的文化遗存（碑铭、陶器、建筑、艺术）与沙希王朝有关。

城市化的新阶段

对古代城址进行大规模考古发掘的项目在犍陀罗地区并未引发学界很大的兴趣。然而，在阿克拉（班努，犍陀罗之外）和巴里果德（斯瓦特）的考古工作已经揭示出极富创新性的视角。尽管两处遗址显示的信息并不对称，但它们足以表明城市化的发展很可能是更广泛过程的一部分。

自 1912 年开始，大型考古发掘项目主要集中在犍陀罗东部地区的塔克西拉 I（比尔丘）和塔克西拉 III（锡尔卡）、犍陀罗中心地区斯瓦特河与喀布尔河交汇处的贾尔瑟达 / 巴拉希撒，以及贾尔瑟达 / 谢汗代里。遗憾的是，后两个项目并非长期持续进行。稍小规模的是其他短期考古项目，主要集中于喀布尔河沿岸：白沙瓦城内、阿泽兹-德里以及塔克西拉 I（比尔丘）等遗址。斯瓦特地区巴里果德考古项目启动之前，乌德格和巴拉马遗址已经开展过短期的发掘。巴里果德的长期考古项目是 21 世纪初的典型代表，也是理解犍陀罗地区城市考古的重要参考[1]。

塔克西拉　塔克西拉是西北印度最著名的城市和文化中心。城市化的早期阶段可在比尔丘（塔克西拉 I）遗址找到证据，此地的考古发掘揭露出一处古代城市聚落遗址，其文化堆积可被划分出不同的建造阶段（或者地层），年代从公元前 1000 年中期至前 100 年末期。在城市化的成熟阶段，主要城市重新选址修建。学者推测的印度-希腊时期的塔克西拉 II 最初位于锡尔卡普的北侧，被称为卡恰科特。后来，阿尔钦[2] 指出哈梯亚尔山丘（锡尔卡普西南侧[3]）可能是印度-希腊时期塔克西拉[4] 的重要部分。锡尔卡普附近的遗址（塔克西拉 III），城圈范围庞大，城墙上设置的方形堡垒被防护墙体连接起来，部分叠压着塔克西拉 II（图 4-8），是后来修筑的。根据学者对塔克西拉 III 发掘地层序列的修订[5]，锡尔卡普城（约 150 英亩）的建造不早于公元前 1 世纪末。从铁尔梅兹（巴克特里亚）到巴里果德（斯瓦特）的多处城址都发现有带方形堡垒的防御墙体，并在公元 2 世纪早期左右增建了防护墙体，这是为数不多的与贵霜城市防御系统相关的建筑特征之一。

---

[1] Petrie 2020:178.
[2] Allchin 1982.
[3] Khan 1983.
[4] Fussman 1993.
[5] Erdosy 1990.

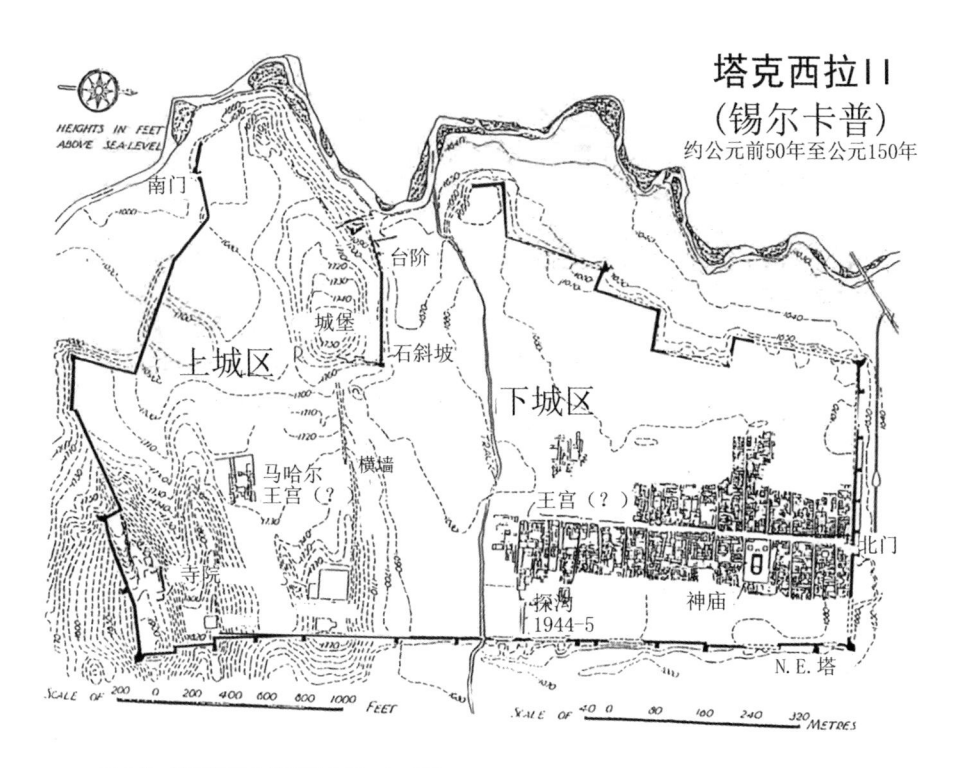

第四讲　巴基斯坦和犍陀罗地区的考古现状概述

图 4-8　塔克西拉 II 平面图 © Wheeler 1950

除珍迪尔这座城外的"爱奥尼亚"柱式神庙（图4-9）外，另一个有趣发现是锡尔卡普卫城马哈尔的居住区。这并非一处宫殿，很可能是一系列居住单元，每个单元有中央庭院及四周的房间。虽然目前研究尚不充分，但其重要性在于与稍晚的巴里果德神庙建筑，即莫哈马里阿兰双柱神庙相关。目前看来厄多斯的推测是可信的，即其最晚建筑阶段在公元2世纪末，贵霜王韦苏提婆统治结束后被废弃，年代很可能在公元3世纪末。

贾尔瑟达　此处遗址被视为布色羯逻伐底，是犍陀罗核心区的重要城市，甚或可能是其都城。贾尔瑟达应是希罗多德和卡里安达

201

图 4-9 塔克西拉珍迪尔佛寺遗址的爱奥尼亚式柱础 © 戴恬

的西拉克斯记述的著名城市卡斯帕泰罗斯，西拉克斯在大流士一世统治时期游历了印度。惠勒[1]主持考古发掘时，沿着巴拉希撒丘（贾尔瑟达Ⅰ）开掘了一条深而窄的探沟，获得了重要成果，虽然后来被修正[2]，但与城市化早期阶段相关的证据仍有效。

"第二座布色羯逻伐底"是一座大型城市，发现于巴拉希撒北侧的谢汗代里遗址。学者曾在此开展过简单的考古发掘，但未发掘防御墙体。考古信息、出土陶器以及钱币与城市的建造相关，显示的年代与巴里果德防御墙体的建造年代相当（即印度-希腊米南德国王之后，安提亚尔基达斯之前：公元前130—前115年）。此城

---

[1] Wheeler 1962.

[2] Coningham & Ali 2007.

晚期阶段（公元 3 世纪末）的航拍平面呈"网格状布局"。

白沙瓦　白沙瓦是今天巴基斯坦开伯尔-普赫图赫瓦省的首府，曾经的商业城市，也是沙普尔一世时期萨珊官方刻铭（约公元 262 年及之后）中出现的著名的布路沙布逻。考古发掘清理了位于戈尔库特瑞的古城中心，以及位于哈亚塔巴德的城外西郊，后者十分重要，材料已悉数发表，显示出至少自公元前 200 年开始此地就已被占用。往年的发掘揭示出此城的北侧在贵霜时期向北拓展。在塔科尔，靠近城市西北的大学校园，发现了一处贵霜时期的重要遗址[①]，其北侧还有一座平面呈十字形的窣堵波（图 4-10）以及迦腻色伽时期的僧院，即曾被中国古代西行求法高僧赞叹的"迦腻色伽王大窣堵波"。另外，白沙瓦地区同样受到中国求法高僧称赞的"佛钵窣堵波"的位置尚未确定。

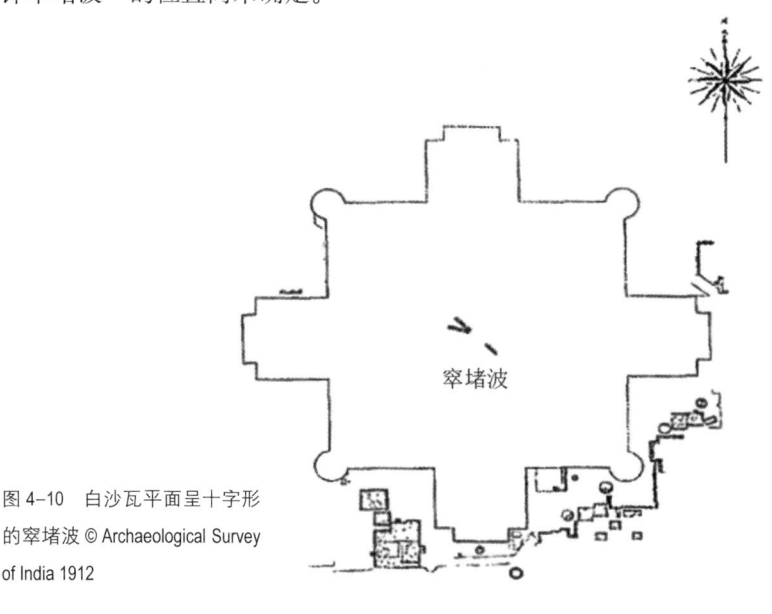

图 4-10　白沙瓦平面呈十字形的窣堵波 © Archaeological Survey of India 1912

---

① Olivieri & Sinisi 2021.

图 4-11　斯瓦特巴里果德发掘区 © ISMEO/Ca' Foscari Italian Archaeological Mission in Pakistan

巴里果德　此城被马其顿亚历山大大帝时期的历史学家称为巴支喇。巴里果德的考古发掘揭露出此城复杂的专用空间、防御、基础设施以及居住区（图 4-11），其始建于公元前 1 千纪中叶左右①。约公元前 2 世纪中叶时被加固，防御围墙年久失修，在公元 2 世纪中叶所谓的贵霜治世时期被彻底废弃。公元前 500—前 300 年左右，当地创制了富有特色的"郁金香钵"（图 4-12），与比尔丘早期地层出土的印度式钵共存，这在犍陀罗地区是首次发现。出土的考古材料也首次表明，除冶金技术外，此地还存在先进的玻璃制作技术。考古遗存整体上表现出对商品的高需求，同时这种需求

---

① Olivieri *et al.* 2019.

图 4-12　斯瓦特巴里果德遗址出土郁金香钵 © ISMEO/Ca' Foscari Italian Archaeological Mission in Pakistan（E. Iori 摄）

随着阿契美尼德王朝控制体系扩展（包括犍陀罗地区）带来的跨区域贸易的扩大而不断增强。

巴里果德还发现了一处公元前 4 世纪中叶早期的城堡（年代约为公元前 370—前 200 年），推测其与巴支喇城的防御体系有关。公元前 2 世纪中叶，也就是根据钱币铭文显示的印度-希腊米南德国王和安提亚尔基达斯国王统治之间，下城和卫城外围有一周防御城墙，墙上每隔 90 英尺，相当于 100 希腊尺（也就是 1 希腊引），设置一个长方形堡垒。此阶段的物质文化遗存包括钱币、刻铭、军事建筑、测量系统、希腊化陶器（最具代表性的是所谓的"鱼盘"），以及各类技术工具。希腊字母刻写在希腊化造型的餐具上，而婆罗迷字母（后来用佉卢文）则刻写在典型的印度陶器残片上（仅在一件陶片上发现了阿拉姆语[1]）。

巴里果德考古遗存的年代相当于谢汗代里（第二座布色羯逻伐

---

[1] Callieri & Olivieri 2021.

底）的最早阶段。它的防御工事在一次毁灭性的大地震后被重建和强化，具体年代相当于塞人铸造的钱币和物质文化占主流时期，即公元前 50—50 年左右。此阶段相当于塔克西拉 III（锡尔卡普）建造和加固时期。印度-希腊以及后来的塞人统治时期建造新城以及加固旧城的举措非常重要，这不难被解释为有意图、有计划的政治策略。巴里果德和谢汗代里的规模差距较大。谢汗代里（约 120 英亩）是控制通往印度的"北道"之犍陀罗支线的地区首府，而巴里果德只是地方小城（约 30 英亩），只有在分析斯瓦特在早期政治体的空间战略中所扮演的特殊经济角色时才能理解它的作用。成熟的中心城市，如布色羯逻伐底（后来的布路沙布逻城）位于单季作物种植区，很可能依赖丘陵地区的双季作物和农业生产来维持运转。从这个意义上来看，对于平原地区的大型城市而言，巴里果德等小城作为其农业殖民地显然发挥了一定作用。

专栏 4-2：巴里果德考古项目

巴里果德作为核心考古遗址（图 4b-2-1）的重要性在于其长时段的编年框架：从公元前 1700 年到公元 1500 年，主要是通过一系列详细的放射性碳测年推定，进而可以重建该遗址的文化阶段（称为"巴里果德宏观阶段"，见表 4-1）：从青铜时代（宏观阶段 0，公元前 1700—前 1500 年）直到前现代时期（宏观阶段 10，约 1200—1500 年）。铁器时代的城堡（宏观阶段 1，公元前 1200—前 800 年），被废弃一段时间后（可参考专栏 4-1），于所谓的南亚"第二次城市化阶段"（宏观阶段 2a，公元前 5—前 4 世纪），即公元前

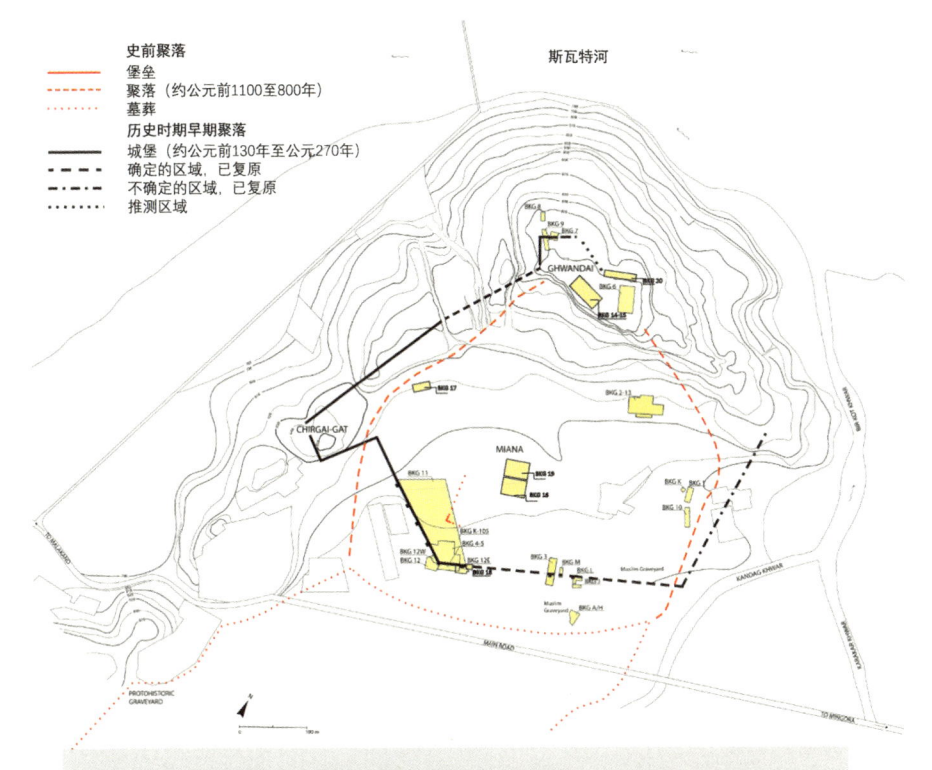

第四讲 巴基斯坦和犍陀罗地区的考古现状概述

图 4b-2-1 巴里果德考古遗址 © ISMEO/Ca' Foscari Italian Archaeological Mission in Pakistan

1千年中期被改建成一座真正的城市。

值得强调的是，这座城市自建立之初就旨在作为农业殖民地，控制当时以斯瓦特双季作物为代表的庞大农业资源。罗马历史学家鲁弗斯将其描述为富有的农业城市。最近有研究分析了阿契美尼德时期和马其顿时期（宏观阶段2a：公元前5—前4世纪）此地区的农业及其在政治史上的意义（包括公元前327年亚历山大大帝征服背后的动因）。巴里果德遗址的主要特征之一是建造于公元前150年左右的印度-希腊城堡（宏观阶段3a：公元前150—前50年），

207

这是迄今在犍陀罗地区发现和发掘的唯一一处。塞人和帕提亚时期（宏观阶段 3b：公元前 50—公元 70 年），城墙得到了加固。

最近在该遗址进行的发掘和修复工作凸显了其另一特殊性，即在佛教历史上的重要性。2021 年在城中心发现的佛寺和相关的窣堵波表明，自孔雀王朝时期（宏观阶段 2b：公元前 3 世纪），城内就修建了佛教建筑。平面呈半圆形的礼拜堂作为重要遗物的纳藏地，必然十分重要，因其虽经历了一系列重建和改建，甚至本身也被修改和扩建，但始终保持着神圣性。礼拜堂的最后翻新阶段可追溯至后贵霜时代或白匈奴时代（宏观阶段 7：公元 5 世纪）。

上述发现之前，就城市佛教建筑而言，我们关注的是贵霜和后贵霜时期的建筑（宏观阶段 4-6：公元 2—4 世纪），相关成果已被发表在多种论著中，同时也关注 BKG 6 的宗教平台及其巨大的子结构，以及沙希阶段（宏观阶段 8：公元 7—10 世纪）建造的毗湿奴教神庙[1]。在佛教的最后阶段，即使是中世纪伊斯兰军事占领时期（宏观阶段 9-10：公元 11—15 世纪）（图 4b-2-2），巴里果德仍然是重要的佛教朝圣之地，遗址内发现的擦擦可为佐证。此外，前现代时期的西藏传统中仍保留有对巴里果德的记忆。

亚历山大大帝时期的史料中，该遗址被称为巴支喇或贝拉，是对梵语和俗语地名 Vajra 和 Vaïra（"钻石""雷电"之意）的音译，Vajra/Vaïra 是巴里果德的古名，可能指卫城，其独特的形制是斯瓦特山谷地区仅见的。巴里果德卫城发现的沙希时代的石刻铭文中，巴里果德被称为 Vajrasthāna（"金刚之地"），此方石刻现保存在拉合尔博物馆（编号 LM 119）。有趣的是，公元 15 世纪的藏文《青史》

---

[1] Olivieri 2022b.

第四讲　巴基斯坦和犍陀罗地区的考古现状概述

图 4b-2-2　巴里果德卫城：伽色尼时期的建筑遗存（宏观阶段 9）© ISMEO/Ca' Foscari Italian Archaeological Mission in Pakistan

中，巴里果德不仅被视为斯瓦特及其周边地区密教学说的中心，而且可能是著名的国王因陀罗菩提居住的首都。因陀罗菩提是莲花生大师的导师，莲花生大师在喜马拉雅山地区被称为古鲁仁波切或"第二佛陀"。佛经中记载佛陀曾预言因陀罗菩提国王的王座位于"北部地区，在 Śrī-Vajrasthāna[巴里果德]，Oḍḍīyāna[斯瓦特]"[①]。

参考文献

Olivieri, L.M. 2012. When and Why the Ancient Town of Barikot Was Abandoned? A Preliminary Note Based on the Last Archaeological Data. *Pakistan Heritage*, 4, 157–169.

---

① Roerich 1949: 361.

佛教根基与犍陀罗艺术

佛教的扩张始于孔雀王朝疆土拓展之际，且在后来的异族统治王朝时期进一步蔓延。犍陀罗地区保留的年代最早的佛教遗存是塔克西拉的达摩拉吉卡窣堵波（图4-13）和斯瓦特的布特卡拉Ⅰ号窣堵波（图4-14）。两座窣堵波的形制都是半圆形覆钵立于圆柱体基座上，沿用了已经确立的印度传统。二者的建造年代肯定在公元前200年之前。两座窣堵波上都没有见到装饰图像。犍陀罗佛教石刻（片岩）雕刻艺术始于公元前1世纪末，最佳例证是布特卡拉Ⅰ号遗址及其附近稍晚的塞杜沙里夫Ⅰ号遗址，详细呈现出某个重要作坊的创作活动[1]。基于可获取的考古资料，我们初步推断所谓的"犍陀罗石刻艺术"在斯瓦特地区真正开始于公元纪年前后[2]。此时期（相当于钱币纪年显示的塞人王朝时期），印度佛教中的无偶像象征获得了偶像式的人物形象，稍后出现了叙事故事图，这也是犍陀罗佛教艺术的主要特征。这些新特征应被视为犍陀罗文化的真正创造。最早的叙事艺术发现于塞杜沙里夫Ⅰ号遗址出土的壮观的佛传故事浮雕石刻。塞杜沙里夫Ⅰ号遗址的大窣堵波（图4-15）也是目前所见最早的不同于印度原型的新型犍陀罗式窣堵波，并成为犍陀罗佛教建筑的标志；窣堵波修建在一个高起的、带一道台阶的方形台座上。犍陀罗佛教寺院的典型布局是，僧院与塔院并置，见于犍陀罗的多个"省区"：如马尔丹地区的塔克特依巴依、贾玛里尕尔、萨尔依巴赫洛等；白沙瓦地区的迦腻色伽大窣堵波；斯瓦特地区的阿穆鲁克达拉（图4-16）、阿巴萨赫布-钦纳、贡巴特（图

---

[1] Olivieri 2022.

[2] Faccenna *et al.* 2003.

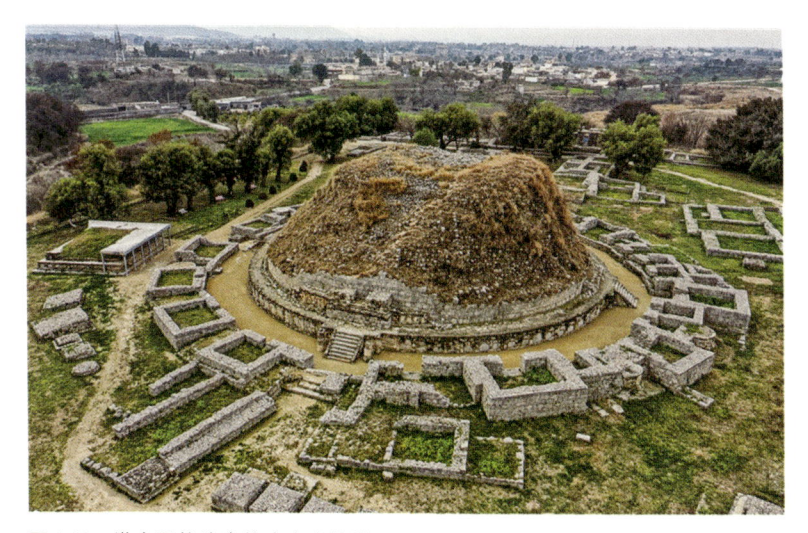

第四讲　巴基斯坦和犍陀罗地区的考古现状概述

图 4-13　塔克西拉达摩拉吉卡窣堵波 © ISMEO/Ca' Foscari Italian Archaeological Mission in Pakistan

图 4-14　斯瓦特布特卡拉 I 号窣堵波 © ISMEO/Ca' Foscari Italian Archaeological Mission in Pakistan（M. Minardi　摄）

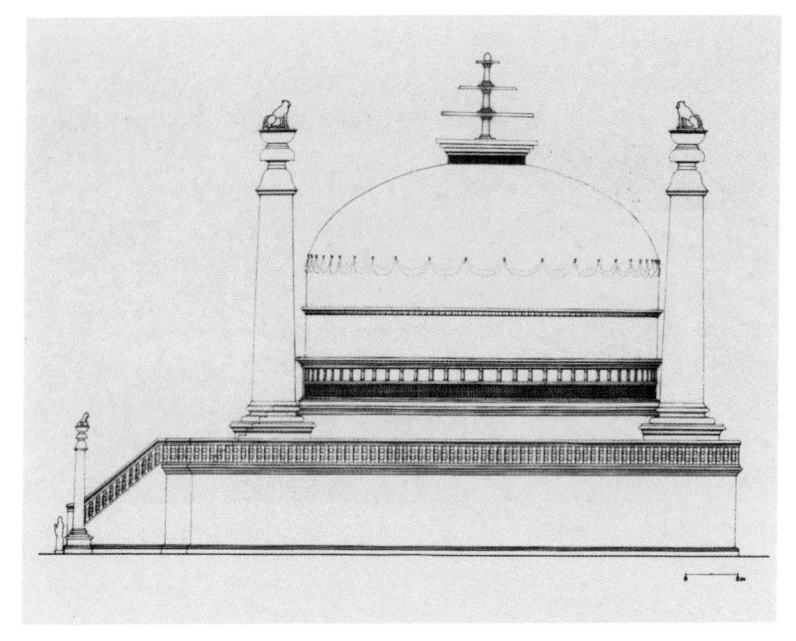

图 4-15　斯瓦特塞杜沙里夫 I 号大窣堵波复原图 © ISMEO/Ca' Foscari Italian Archaeological Mission in Pakistan

4-17)等；哈扎拉地区的扎尔代里；塔克西拉谷地的焦里安、达摩拉吉卡等。就佛教僧团居住的僧院而言，只有塞杜沙里夫 I 号遗址的僧院得到了考古发掘[①]。

2003 年由法切那等人主编出版的著作，主要是基于当时犍陀罗佛教遗址中唯一经过科学考古发掘的遗址，至今仍是此领域最有价值的学术成果之一。贵霜王迦腻色伽统治的年代问题（目前大多数学者认同为公元 125—150 年）长期以来聚讼不休，巴里果德以及

---

① Callieri 1989.

第四讲 巴基斯坦和犍陀罗地区的考古现状概述

图 4-16 斯瓦特阿穆鲁克达拉窣堵波 © ISMEO/Ca' Foscari Italian Archaeological Mission in Pakistan

图 4-17 斯瓦特贡巴特佛殿 © ISMEO/Ca' Foscari Italian Archaeological Mission in Pakistan

最近其他项目提供的资料（斯瓦特地区的阿穆鲁克达拉，塔克西拉谷地的巴玛拉窣堵波）构建了一个可靠的编年框架。

至少从公元 1 世纪起，佛教寺院的修建与城市的发展息息相关，在斯瓦特和塔克西拉都可找到佐证，这主要是得益于外族统治者和本地精英阶层，可能也包括外来群体以及佛教僧团的大力支持。现存的题刻铭文主要见于当地王公贵族赞助的佛教建筑（如窣堵波、礼拜堂）。北部山谷地区发现了乌迪（斯瓦特）和阿瓦卡（来自巴焦尔的统治者）王朝时期的房址。佛教寺院组织有序且掌握多种技术，直接参与了斯瓦特地区的农业生产及管理活动[1]。

非佛教传统和岩刻艺术

佛教据点的扩展并不意味着犍陀罗地区全部人口皈依佛教[2]。与佛教团体不同，关于非佛教团体信仰的信息留下得极少。这些迹象可以在聚落遗址中看到，作为当地信仰视觉表现形式的陶塑像是城内居住区所见的主要物质遗存。除此之外，还包括从斯瓦特到哈扎拉北部山谷山前的大量彩绘岩画（图 4-18）。岩画的分布显示出庞大的非佛教群体的存在，他们的生活空间，即临近肥沃土地的山谷地带，在佛教建筑群扩张后仍归他们所有。这些人群很可能信奉印度教，以农耕和放牧为主要生业经济[3]。

---

[1] Olivieri & Vidale 2006.
[2] 关于人口统计，见 Simith *et al.* 2016。
[3] Olivieri 2015.

第四讲 巴基斯坦和犍陀罗地区的考古现状概述

图 4-18 斯瓦特古代晚期彩绘岩画局部 © ISMEO/Ca' Foscari Italian Archaeological Mission in Pakistan

贵霜权力体系下的犍陀罗

此阶段始于公元 50 年左右丘就却的统治，至韦苏提婆之后结束（公元 3 世纪中叶或晚期）。早在丘就却时代，犍陀罗就被纳入贵霜的权力管辖下，色那瓦尔摩时期的犍陀罗语铭文可作为佐证。在犍陀罗，我们尚未发现新建造的贵霜城市。出土有贵霜时期遗存的城址通常沿重要的贸易路线分布（锡尔卡普），且靠近主要的河流（谢汗代里）。规模较小的城市位于较偏远之地，如巴里果德，它们很可能是与农业生产、林业和矿产资源有关的附属领地。大多数城市都有早期的防御工事，且在此基础上又增建了其他防御性建筑。这些城址中出

215

图 4-19　斯瓦特巴里果德 K 神庙遗址出土的印度化陶器，公元 3 世纪 © ISMEO/Ca' Foscari Italian Archaeological Mission in Pakistan

土的陶器反映出一种深刻的"印度化"过程，却不见于兴都库什同时期的遗址。犍陀罗和斯瓦特地区陶器造型和制作技术的逐渐"印度化"进程（图 4-19），显然指示的是地区之间的交流状况，此阶段陶器的不同演变，反映了不同需求和习惯。尽管陶器的造型出现了"印度化"，但它们与陶塑像一样都是在当地生产的。珠子和装饰品更具地域特色；工具和武器则显示出地区政权的技术进步。此外，还发现此地革命性地引入了用于处理收获后的谷物的旋转手推石磨。

第四讲　巴基斯坦和犍陀罗地区的考古现状概述

图 4-20　贵霜王室标记
© Allchin 1979

　　我们仍在寻找犍陀罗地区真正的"贵霜"建筑。尽管与"中亚关联"的建筑元素已被强调[①]，但不同遗址和建筑彼此各不相同。目前，犍陀罗地区"贵霜阶段"最明确的特征是共同的陶器群、技术和钱币。其中钱币显示出当偏远地区也使用同样的钱币时，贸易和接触的增长就成为可能。不过，钱币和犍陀罗艺术中表现贵霜人物的塑像，的确揭示出贵霜帝国意识形态的中亚背景。此外，另一个显著特征是葡萄酒蒸馏设备上出现贵霜王室使用的标记（图 4-20），表明制作葡萄酒在犍陀罗是需要特许的。除少数例证外，没有进一步的证据表明农业生产是由帝国直接控制的，很可能是通过地方首领、宗教团体以及犍陀罗地区的佛教寺院代为管理。

---

① Fussman 1993.

217

城市系统的崩溃

贵霜王朝的世界是各类城市的世界。前贵霜时期的城市化环境在贵霜统治时期呈指数级增长。贵霜晚期随着萨珊的扩张，贵霜王朝与城市都面临着危机。颇为有趣的是，与贵霜-萨珊统治者发行的铜币同时使用的仿韦苏提婆铜合金钱币与一些当地的铜币（目前被称为"亚贵霜货币"），在巴里果德城的最后阶段以及公元5—6世纪的后城市化阶段继续使用。

虽然之前考古发掘不重视间隔期，发掘普遍规模较小，加之绝对年代信息不足，但从锡尔卡普、谢汗代里以及巴里果德遗址揭示的信息来看，城市体系的崩溃是真实存在的。理论上，衰落是在更广泛的地理范围内发生的，从巴克特里亚到孟加拉保存了最多的例证，年代至少始于公元前1千纪中叶。就历史景观而言，犍陀罗和西北印度经历了巨变。从城市到乡村的转变中，佛教寺院仍发挥着功用。巴克特里亚北部至犍陀罗地区出土的新材料以及对旧材料的重读，清晰地表明城市危机并未影响公元3世纪以后佛教寺院的延续。

古代晚期佛教的衰落与婆罗门教的复兴

目前，除佛教寺院遗址出土的钱币和同时期的文献记载外，关于所谓的白匈奴时期（约公元5—7世纪）的考古资料颇为匮乏。巴里果德及其他遗址揭露的资料很少，但相关研究仍在继续。我们能增补的唯一乐观信息是，没有确凿的证据佐证过去曾推测的佛教寺院在此时期出现了危机。然而，稍晚时期，也就是公元6世纪中叶左右，斯瓦特地区的佛教中心开始衰落。根据汉文史籍，这种影响持续至公元7世纪前半叶；与此同时，同一文献记载中将斯瓦特

第四讲　巴基斯坦和犍陀罗地区的考古现状概述

排除在主要贸易路线之外[1]。在造成危机的诸多因素中，也可以考虑公元536—660年间"古代晚期小冰期"的潜在影响[2]。"古代晚期小冰期"被认为与政权的崩溃以及欧亚大陆的人口迁移有关。我们尚不清楚"古代晚期小冰期"是否影响到斯瓦特和犍陀罗。气候变化对斯瓦特地区农业生产的直接影响（尤其是夏季作物，如水稻），可能会破坏当时佛教寺院对农业的牢固垄断。

然而，在斯瓦特河谷的北支，佛教仍至关重要。通往最神圣之地的沿途分布着一系列雕刻精美的摩崖浮雕（图4-21），其中部分体量颇大，反映出古代晚期复杂的佛教图像艺术，其风格特征可在克什米尔青铜佛教造像、印度河上游和斯瓦特河谷的岩刻佛教艺术中见到[3]。此阶段之后（公元7世纪早期）汉文史籍中记载犍陀罗地区出现了数座天神（婆罗门教）庙[4]。考古证据表明婆罗门教神庙首先得到突厥沙希王朝（其首都位于卡布里斯坦，公元7世纪晚期或8世纪早期）的支持，后来得到印度沙希王朝的拥护（公元9—10世纪），成为从喀布尔到盐岭一带的主要宗教景观。我们对这些王朝的认知来自文本史料、钱币学以及保存至今的建筑遗存[5]。巴里果德山顶卫城的东部区域发掘出一座天神庙。此座神庙修建于早期佛教窣堵波废弃堆积之上；有趣的是，该神庙的年代（约公元7世纪晚期）与山脚下的岩刻密教造像重合。同一山顶发现的夏拉达文铭文（图4-22）可能表明此座神庙的重修阶段。铭文中提到巴

---

[1]　Kuwayama 2002, 2006.
[2]　Büntgen *et al.* 2016.
[3]　Filigenzi 2015.
[4]　Kuwayama 1976.
[5]　Meister 2010.

图 4-21 斯瓦特古代晚期摩崖浮雕像，公元 8 世纪 © ISMEO/Ca' Foscari Italian Archaeological Mission in Pakistan

图 4-22 斯瓦特巴里果德遗址出土的夏拉达文石刻，公元 11 世纪早期 © ISMEO/Ca' Foscari Italian Archaeological Mission in Pakistan

支喇（巴里果德）以及印度沙希王朝伽耶帕拉提婆国王的名字（公元 10 世纪晚期[1]）。伽色尼王朝早期重修并加固卫城时，巴里果德神庙遭到了洗劫并被废弃。此时期也是伊斯兰化早期的短暂阶段：巴里果德和乌德格兰的两处墓地从公元 1000 年左右沿用到 1200 年，乌德格兰还有一座时代相当的清真寺和居住聚落[2]。

未来展望

考古发现将会把我们的工作引向何处总是难以预测的。然而，我们可以确定在不久的将来会关注什么主题。除古气候（研究仍在进行中）外，还将讨论的是古环境，特别是更新世时期，此时期显著地塑造了古代景观的形态，直至公元前 1000 年左右仍可看到，只是被最近的变化彻底抹除了。我们的兴趣也在继续研究北方新石器时代和水稻种植的早期文化。最近的发现表明，我们应持续关注佛教早期阶段，特别是在城市化背景下的孔雀王朝时期。稍晚阶段即公元前 1 世纪和随后的数十年里，关于斯瓦特地区犍陀罗石刻艺术的形成仍有大量工作有待开展。就此而言，最近在巴里果德的发掘提供了许多珍贵线索。最后，关于白匈奴阶段即公元 5 世纪前后的数十年间，巴里果德出土的相关遗物将是新的、进一步研究的对象。

---

[1] Hinüber 2020.

[2] Bagnera 2015.

参考文献

精选参考文献

Filigenzi, A., Faccenna, D. & Callieri, P. 2003. At the Origin of Gandharan Art. The Contribution of the ISIAO Italian Archaeological Mission in the Swat Valley Pakistan. *Ancient Civilizations from Scythia to Siberia, 9,* 277−380.

Filigenzi, A. 2015. *Art and Landscape: Buddhist Rock Sculptures of Late Antique Swat/Uḍḍiyāna.* Vienna: Österreichischen Akademie der Wissenschaften.

Fukui, F. & Fussman, G. (Eds.). 1994. Upāya-kauśalya: L'implantation du bouddhisme au Gandhāra. *Bouddhisme et cultures locales: Quelques cas de réciproques adaptations: actes du colloque franco-japonais de septembre 1991.* Paris: École française d'Extrême-Orient.

Kuwayama, S. 2002. *Across the Hindukush of the First Millennium: A Collection of the Papers.* Kyoto, Japan: Institute for Research in Humanities, Kyoto University.

Olivieri, L. M. 2022. *Stoneyards and Artists in Gandhara: The Buddhist Stupa of Saidu Sharif I, Swat (c. 50 CE).* Venezia: Ca' Foscari -Digital Publishin.

Vidale, M., Micheli, R. & Olivieri, L.M. 2016. *Excavations at the Protohistoric Graveyards of Gogdara and Udegram.* Lahore: Sang-e-Meel.

[意]卡列宁、[意]菲利真齐、[意]奥里威利编著，魏正中、王倩编译：《犍陀罗艺术探源》，上海古籍出版社，2016年

其他参考文献

Allchin, F.R. 1979. Evidence of Early Distillation at Shaikhān Dherī. In Taddei, M. (Ed.), *South Asian Archaeology 1977* (pp. 755−797). Naples: Istituto Universitario Orientale.

Allchin, F.R. 1982. How Old Is the City of Taxila? *Antiquity, 56*(216), 8−14.

Allchin, B. & Allchin, R. 1982. *The Rise of Civilization in India and Pakistan.* UK: Cambridge University Press.

Bagnera, A. 2015. *The Ghaznavid Mosque and the Islamic Settlement at Mt. Rāja Gīrā, Udegram.* Lahore, Pakistan: Sang-e-Meel Publications.

Callieri, P. & Olivieri, L.M. 2020. *Ceramics from the Excavations in the Historic Settlement at Bīr-koṭ-ghwaṇḍai (Barikot) Swat, Pakistan (1984–1992)*, Vols. 1–2. Lahore, Pakistan: Sang-e-Meel.

Coningham, R. & Ali, I. 2007. *Charsadda: The British-Pakistani Excavations at the Bala Hisar*. Oxford: Archaeopress.

Coningham, R. & Young, R. 2015. *The Archaeology of South Asia: From the Indus to Asoka, c.6500 BCE–200 CE*. New York: Cambridge University Press.

Erdosy, G. 1990. Taxila: Political History and Urban Structure, In Callieri, P. & Taddei, M. (Eds.), *South Asian Archaeology 1987* (pp. 657–674). Rome: Istituto Italiano per il Medio ed Estremo Oriente.

India, A.S. 1912. *Annual Report of the Archaeological Survey of India, 1908–1909*. Calcultta: Superintendent Government.

Kuwayama, S. 1976. The Turki Śāhis and Relevant Brahmanical Sculptures in Afghanistan. *East and West*, 26(3/4), 375–407.

Kuwayama, S. 2002. *Across the Hindukush of the First Millennium: A Collection of the Papers*. Kyoto, Japan: Institute for Research in Humanities, Kyoto University.

Kuwayama, S. 2006. Pilgrimage Route Changes and the Decline of Gandhāra. In Pia Brancaccio & Kurth Behrendt (Eds.), *Gandharan Buddhism: Archaeology, Art, and Texts* (pp. 107–134). Vancouver: University of British Columbia Press.

Meister, M.W. 2010. *Temples of the Indus: Studies in the Hindu Architecture of Ancient Pakistan*. Leiden, the Netherlands: Brill.

Narasimhan, V. M., Patterson, N., Moorjani, P., Lazaridis, I., Lipson, M. & Mallick, S. et al. 2018. The Genomic Formation of South and Central Asia. *Biorxiv*, 292581.

Nasim Khan, M. 2010. *The Sacred and the Secular: Investigating the Nnique Stūpa and Settlement Site of Aziz Dheri, Peshawar Valley, Khyber Pakhtunkhwa, Pakistan*, Vols. 1–3. Peshawar, Pakistan: M. Nasim Khan.

Olivieri, L.M. 2015. *Talking Stones: Painted Rock Shelters of the Swat Valley*. Lahore, Pakistan: Sang-e-Meel.

Olivieri, L.M. 2019. The Early Historic Funerary Monuments of Butkara IV: New Evidence on a Forgotten Excavation in Outer Gandhara. *Rivista degli studi orientali: XCII*(1/2), *2019*, 231–257.

Olivieri, L.M. 2022. *Stoneyards and Artists in Gandhara: The Buddhist Stupa of Saidu Sharif I, Swat (c. 50 CE)*. Venezia: Edizioni Ca' Foscari.

Olivieri, L.M., Marzaioli, F., Passariello, I., Iori, E., Micheli, R. & Terrasi, F. et al. 2019. A New Revised Chronology and Cultural Sequence of the Swat Valley, Khyber Pakhtunkhwa (Pakistan) in the Light of Current Excavations at Barikot (Bir-kot-ghwandai). *Nuclear Instruments and Methods in Physics Research Section B: Beam Interactions with Materials and Atoms*, 456, 148–156.

Olivieri, L.M. & Sinisi, F. 2021. The Stele and the Other Statues: A Stone Puzzle from Surkh Kotal. *East and West*, 2(1), 115–162.

Olivieri, L. M., Vidale, M., Khan, A. N., Saeed, T., Colliva, L. & Garbini, R. et al. 2006. Archaeology and Settlement History in a Test Area of the Swat Valley: Preliminary Report on the AMSV Project (1st Phase). *East and West*, 56(1/3), 73–150.

Stacul, G., Compagnoni, B. & Costantini, L. 1987. Appendix B. Vegetal Remains. In Giorgio Stacul (Ed.), *Prehistoric and Protohistoric Swāt, Pakistan (c. 3000–1400 B.C.)* (pp. 155–165). Rome: Istituto Italiano per il Medio ed Estremo Oriente.

Spodek, H. 1993. Taxila: The Central Asian Connection. In H. Spodek & D. M. Srinivasan (Eds.), *Urban Form and Meaning in South Asia: The Shaping of Cities from Prehistoric to Precolonial Times* (pp. 83–100). Washington, DC: NGW Studies in the History of Art Series.

Vidale, M., R. Micheli. & L. M. Olivieri. (Eds.). 2016. *Excavations at the Protohistoric Graveyards of Gogdara and Udegram*. Lahore: Sang-e-Meel.

提示读者

相关材料和更丰富的信息可参阅前述《犍陀罗艺术探源》一书。

拓展阅读

Cadonna, A. & l'oriente, I. V. e. 1999. Oral Narrative, Visual Narrative, Literary Narrative in Ancient Buddhist India. In A. Cadonna (Ed.), *India, Tibet, China: Genesis and Aspects of Traditional Narrative* (pp.71–85). Florence: Leo S.

Olschki.

Fukui, F. & Fussman, G. (Eds.). 1994. Upāya-kauśalya: L'implantation du bouddhisme au Gandhāra. *Bouddhisme et cultures locales: Quelques cas de réciproques adaptations* (pp. 17−51). Paris: École française d'Extrême-Orient.

Jansen, M. & Luczanits, C. (Eds.). 2008. *Gandhara: The Buddhist Heritage of Pakistan: Legends, Monasteries, and Paradise*. Mainz, Germany: Verlag Philipp von Zabern.

Neelis, J. 2011. *Early Buddhist Transmission and Trade Networks: Mobility and Exchange within and beyond the Northwestern Borderlands of South Asia*. Leiden, The Netherlands: Brill.

Richard, S. 2018. *Buddhist Literature of Ancient Gandhara: An Introduction with Selected Translations*. MA: Wisdom.

Taddei, M. 2006. Recent Archaeological Researches in Gandhāra: The New Evidence. In P. Brancaccio & K. Behrendt (Eds.), *Gandhāran Buddhism: Archaeology, Art, Texts* (pp. 41−59). Vancouver: University of British Columbia Press.

第五讲　前伊斯兰时代的阿富汗考古：挑战、成就与展望

安娜·菲利真齐（Anna Filigenzi）

导　论

自 20 世纪 70 年代末开始，阿富汗各地爆发的武装冲突使得田野考古工作的开展变得困难重重，举步维艰。尽管如此，阿富汗考古研究所在国际机构的支持下（其中包括意大利驻阿富汗考古队），依然能够对佛教遗址开展一些新的发掘。此外，相关研究也从未停止。由于旧资料的持续公布和新资料的不断获取，我们的相关认知也得以不断进步。

本讲将概述阿富汗的考古与艺术，并涉及最新的考古项目和成果。文中提到的多处遗址，每处都值得深入探索，然而限于篇幅，仅能做简要介绍。文末所附的参考书目供感兴趣的读者进一步探索阿富汗文化遗产（图 5-1）。

在思考学术问题时，我们也不能忽视阿富汗民间社会正在付出的沉重代价，他们受到大量混乱冲突的无情折磨，且因本已脆弱的经济日益衰弱而陷入贫困。在如此艰难的境况下，为阿富汗文化遗产做些工作，甚至对它投注兴趣，都可能是徒劳的。然而，文化遗产不能被排除在未来多元化的建设之外。文化内在的多元性和

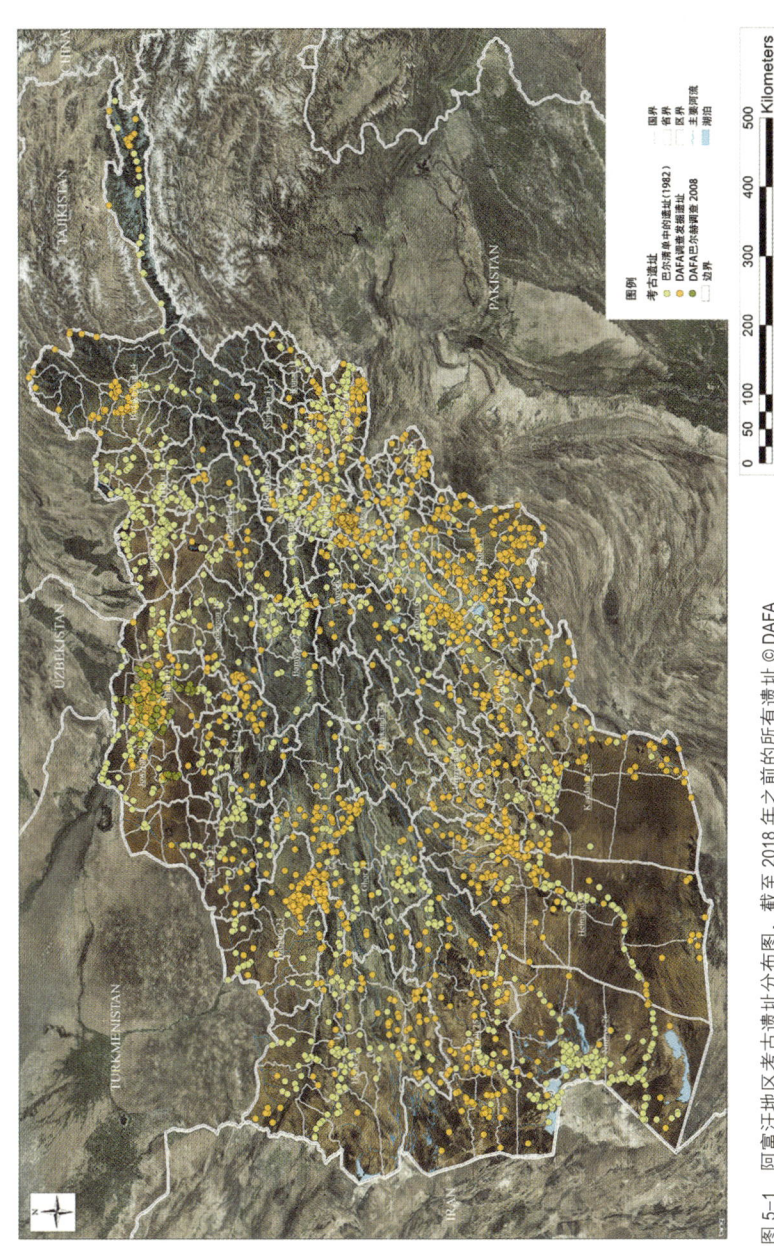

第五讲 前伊斯兰时代的阿富汗考古：挑战、成就与展望

图 5-1 阿富汗地区考古遗址分布图，截至 2018 年之前的所有遗址 © DAFA

潜在的和解作用能否有助于国家的重生？我们希望看到的答案是肯定的。

全球化视野下的文化：阿富汗文化遗产的地位

麦金德1904年发表于《地理杂志》（皇家地理学会）的一篇文章，在地缘政治理论的框架内创造了"非洲-欧亚大陆"/"欧亚非大陆"（或旧大陆）的概念，用以表示由非洲、亚洲和欧洲大陆组成的大陆板块。这些概念至今仍偶尔见于不同的、从纯粹地理到地缘政治的文本语境中。本讲也会涉及这些概念，以便在处理文化问题时超越人为划定的边界，因为文化本身就是跨国界的。事实上，如果考虑到阿富汗的地理位置，不难想象它不仅是古代不同世界之间连通的枢纽，而且正是基于此形成了丰富而多元的文化。另一方面，麦金德的观念的确富有预见性。阿富汗在近代历史上和过去一样，一直是强权力量觊觎之地，这不仅是因为其重要的战略位置，也缘于此地富饶的资源。阿富汗长期以来以盛产多种名贵宝石而闻名：祖母绿、红宝石、碧玺和青金石。此外，阿富汗拥有充裕的矿产资源，其中铁、铜等自远古时代就已被开采，还有一些矿产（如锂等稀土元素）则对当代经济具有越来越重要的战略意义。阿富汗的自然财富还在于，它处在印度-巴基斯坦和欧亚地壳板块交界的位置，这种地质构造为其提供了有利的成矿条件和丰富的矿物资源。基于以上得天独厚的条件，自古以来，出于理性（功能）和象征（代表性）的目的，阿富汗经常处于政治和经济利益纷争的核心。

数千年来，阿富汗一直以其独特的青金石而享誉世界。阿富汗青金石产于巴达赫尚，早在公元前 3000 年左右就已输出到遥远的美索不达米亚、黎凡特和埃及。乌尔遗址（约公元前 2500 年，今伊拉克境内）的王室墓葬中出土了阿富汗青金石制成的个人装饰品，埃勃拉宫殿（约公元前 2300 年）中也发现了小块青金石。

阿富汗优越的地理位置使其自然成为融汇和沟通不同文化之地，但也容易因内部、外部不同势力的对抗而冲突不断。历史上阿富汗总是时乱时治，引来了政治、经济、文化各方面的征服者和调停者。进入阿富汗的不同民族、观念和传统形塑出层次丰富、面貌新颖的文化，在阿富汗领土上留下了深刻的印迹，并从阿富汗影响到周围地区，波及物质文化和精神文化的诸多层面。本讲主要从考古学视角考察，探索它如何触及不同领域，这也与不断变化的政治环境和文化敏感性（提及阿富汗有时会用不恰当的方法和范式解读其过去）关系密切。如所周知，解读方法需要经过经验、比较和客观信息的检验。最重要的是，要对怀疑和批判保持开放态度。考古学能为这一改进过程提供动力和支持，前提是推动改进的目标是尽可能客观地复原历史。若要实现此目标，仅有考古信息的"真实性"是不够的（任何物质遗存都是真实的）。考古信息必须根据可核查的程序进行识别、收集和分类，以便评估其可靠性，并确定局限和差距。在考古学创立之初，由于其内在的不足，本质上更类似古物学而非科学。如今由于阿富汗不稳定的经济和政治环境产生的不利条件，考古学研究难免出现类似情况。

本讲以下内容无法也不能详细阐明阿富汗考古遗产的非凡价值，自然也不是全面系统地梳理过去和现在的研究史，只是以代表性的遗存来勾勒前伊斯兰时代阿富汗考古的概貌。

阿富汗考古研究简史

阿富汗的考古调查始于查尔斯·马森（1800—1853），笔名詹姆斯·刘易斯。马森逃离英国东印度公司的军队后，先到旁遮普避难，后逃至喀布尔。马森在喀布尔的生活经历以及对阿富汗的了解，可能使其获得了英国王室的赦免，并以政治线人的身份被派往阿富汗。马森在阿富汗各地游览，不仅仅是出于他对英国政府的承诺，也是缘于对古物研究的挚爱。1833—1838年间，马森在喀布尔和贾拉拉巴德地区发掘了50多处佛教遗址。他的发掘方法与现代科学的田野考古发掘相去甚远，许多情况下他会径直挖开窣堵波，提取内部的舍利容器和可能保存的古代钱币。简言之，这是一种在当时极其常见的挖宝行为，对古代遗存和地层堆积造成了不可挽回的破坏。不过幸运的是，马森不只是简单粗暴地挖掘出了大量文物[1]，而且记录了丰富的信息（图5-2）。这些记录被牛津大学梵语教授威尔逊于1841年收集并发表在《阿富汗古物》中。可以说，马森收集的8万多枚钱币为重建从公元前323年亚历山大大帝去世到公元12世纪间统治阿富汗的王朝的历史奠定了基础。马森虽然不知道他参观和发掘的古迹的真正性质，但他的文字和绘图记录仍以高质量和准确性著称。这些资料无疑是我们关于许多已消失信息的宝贵参考。

马森之后至1919年间，阿富汗禁止外国人进入。法国和阿富汗建立外交关系后，富歇于1922年创建了法国驻阿富汗考古队

---

[1] 包括著名的毕马兰舍利盒，现收藏于大英博物馆（https://www.britishmuseum.org/collection/object/A_1900-0209-1）。

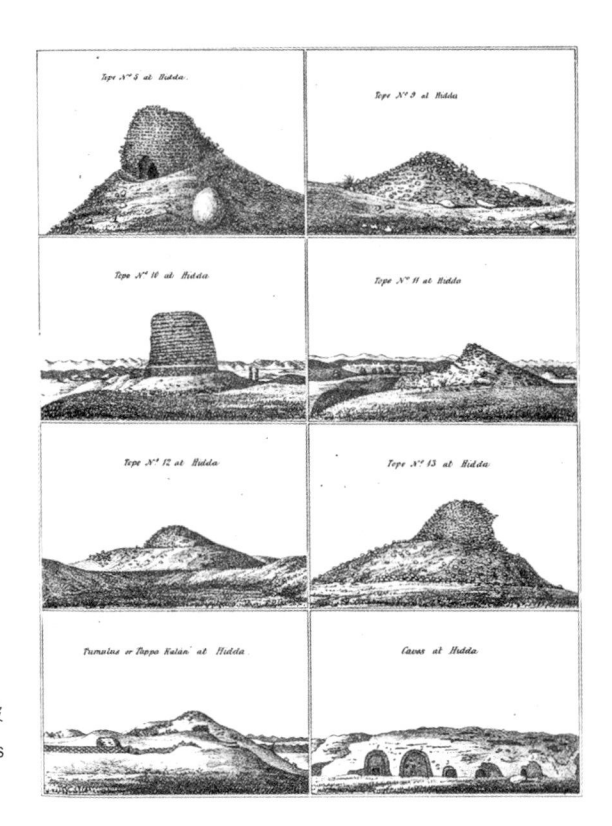

第五讲 前伊斯兰时代的阿富汗考古：挑战、成就与展望

图 5-2 哈达窣堵波和洞窟线图 © Charles Masson 绘于 1842 年

（简称 DAFA），在此之前，阿富汗没有开展过任何考古调查或发掘工作。

1922 年之后的 30 多年间，法国通过 DAFA 独享在阿富汗进行考古研究的特权。这种垄断局面随着 20 世纪 50 年代中期阿富汗开始与其他国家开展考古合作而结束。自那时起，多个外国考古队在阿富汗进行调查和发掘，包括印度考古队、意大利中东和远东研究所（今地中海与东方学国际研究协会的前身）、苏联科学院、京都大学科学考察团、英国驻阿富汗研究所、史密森学会、美国大学田野工作队以及若干个人学术考察团。最重要的是，阿富汗组建了一个更高效、负责具体事务的考古机构，此机构早在1919年已作为博物馆部的组成部分存在，1966年正式成立为阿富汗考古研究所，由接受过意大利考古培训的穆斯塔曼蒂领导。

对阿富汗考古而言，这段黄金时期既有重大收获，也面临不少困难。1979年，苏联-阿富汗战争爆发，拉开了持续至今的痛苦冲突的序幕。这段时期也随之结束。

2002年，日本和意大利考古队返回阿富汗，随后其他外国机构与阿富汗考古研究所（现为"阿富汗考古局"）合作，试图恢复正常的田野考古工作。然而因社会环境存在不稳定因素，考古工作未能如愿恢复。早在2004年，考古工作开展空间就被严重压缩，自彼时起，考古项目大多局限于抢救性发掘，文物盗挖仍十分猖獗。

当下阿富汗考古面临的挑战

阿富汗的文化遗产面临着诸多威胁，无论其形式如何，皆与困扰该国数十年的武装冲突密切相关。无论是物质损失还是人权方面，很难确定多年以来谁带来的灾难最严重。

广义上而言，文化遗产是所有人的财产，是构筑社会凝聚力的重要因子。然而，民众和他们从过去世代继承的文化传统之间的纽带在当前的压力下被削弱或断裂，阿富汗正是这种情况。

蓄意破坏文化遗产无疑是纽带削弱或断裂的显著表现。某些情况下，破坏作为文化恐怖主义的一种手段展示给世界，并被用于政治目的，如2001年被塔利班炸毁的两尊巴米扬大佛（分别高53米和38米）（图5-3）。

第五讲　前伊斯兰时代的阿富汗考古：挑战、成就与展望

图 5-3　巴米扬 38 米高大立佛像，照片拍摄于 1977 年 © Wikimedia

　　随着时间的推移，某些不太为人所知但同样严重的罪行在战争的掩护下，或是出于政治目的，或是出于经济利益，对阿富汗文化遗产造成无法估量的损失。在几乎或根本不考虑伦理问题的艺术市场的默许下，大量珍贵文物通过有组织的非法贩运网络流出了阿富汗。这种猖獗的掠夺活动的受害者是众多考古遗址，它们被非法挖掘（通常是用机械铲进行的），洗劫一空，遭到不可挽回的破坏。其中最著名的是阿伊哈努姆和苏尔赫科塔尔，这两处遗址在过去曾被定期发掘，并发表了考古简报，广为人知。部分遗址因阿富汗考古研究所的干预而幸免于盗扰，其中许多遗址的规模较大或位于特别危险之地，至今尚未得到系统的考古调查或发掘。位于卢格尔

图 5-4 卡瓦地区出土彩绘泥塑像 © Kabul National Museum

省的卡瓦/卡菲科特即是如此，这是一处包括佛教和世俗聚落的大型遗址。遗址内被盗走的佛教塑像部分被追回（图 5-4），并被保存在喀布尔国家博物馆，但仍可设想有许多塑像被走私出境。2003 年 9 月，意大利考古队获准对遗址进行为期一天的考察，在如此短暂的时间内简要地记录了该遗址的范围及遗址内遍布的盗挖坑洞造成的令人痛心的破坏。在众多濒临消失、遭到洗劫和摧毁的遗址中，只有少数几处遗址得到了抢救性发掘，如派曼主持发掘并出版了相关资料的喀布尔地区的特佩纳伦吉佛寺遗址。无人清楚还有多少不为人知，甚至可能永远消失的遗址，因为它们从未被记录过。1993—2001 年间，喀布尔国家博物馆也遭受了炮弹袭击、抢劫和蓄意破坏。

席卷阿富汗全国的宗教极端主义和恐怖主义浪潮，缘于不同的、也许混合的动机。一方面，部分示范性行动是为了上一堂所谓的非传统历史课，拒绝过去的无用遗迹和西方圣徒，对物比对人更感兴趣；另一方面也离不开经济利益。喀布尔国家博物馆的精美艺术品通过各种途径流入其他博物馆和私人收藏。显然，在所谓的出于道德目的的破坏背后，隐藏着有利可图的交易。这究竟是无意购

第五讲　前伊斯兰时代的阿富汗考古：挑战、成就与展望

买，抑或如部分人声称的，是赎回和保护行为？

如今有许多关于被盗或被抢文物回归阿富汗的报道，它们要么已经归还，要么已承诺归还。例如在进入英国时被查获的文物，其遣返工作正在大英博物馆的监督下进行，再如出自阿伊哈努姆"带凹龛的神庙"的大型宗教雕像的足部残块，目前由日本保护文化财产免遭分散委员会托管。下文将述及此件残块，学者对其解释并不一致，尤其是在分析其希腊化特征时。

文化遗产往往是战乱冲突的间接受害者。例如意大利考古队于2013年1月在加兹尼修建了一座小型、临时的伊斯兰艺术博物馆，应当时总督马鲁菲的要求，由朱恩塔和罗萨蒂设计和布展。这座博物馆原本是为了庆祝伊斯兰教科文组织指定加兹尼为2013年伊斯兰文化之都，但不幸的是，2014年9月博物馆因一次针对该省首府的自杀式武装袭击而被炸毁（图5-5）。

阿富汗有识之士勇敢地对文化恐怖主义和蔑视文物的行为提出抗议，不仅得到国际社会的支持，而且还唤起了默默无闻的民间英雄主义行动。例如意大利考

图5-5　被炸毁的加兹尼伊斯兰艺术博物馆 © Italian Archaeological Mission in Afghanistan

古队在加兹尼的文物库房就是如此,在内战期间,部分当地人用大量砖石碎块堵住了库房的入口以防其遭受劫掠。

然而,造成阿富汗文化遗产受损和减少的不仅仅是文物的不断流失。阿富汗文化遗产的真实性也因大量的赝品而遭到越来越严重的质疑。对于普通大众和艺术市场来说,赝品通常比真品更有吸引力,因为它们充满想象力地将带有明显古代风格的不同元素整合在一起,而真品仅含有部分元素,且我们看到的真品绝大多数是碎片或残块。网络销售促进了大量赝品的流通,不幸的是,它们也越来越频繁地被展陈在博物馆中,从而使不少人对阿富汗艺术史产生了扭曲认知,赝品中夸张甚至怪诞的伪希腊文化占主导地位,隐含地重申了所谓的"希腊化东方"依赖希腊及罗马文明的影响。

通常情况下,公民有权分享文化遗产的所有权,也有义务保护它,不仅是因其价值,也在于其意义。在一个考古和艺术遗产丰富的国度,民众理应拥护国家管理的机构和学术团体关照、研究、阐释文化遗产及其价值。但我们如何指望阿富汗能做到这一点?阿富汗正处于经济崩溃的边缘,企业裁员 60%,基本商品价格上涨 40%,根据联合国的数据,超过一半的人口需要人道主义援助,90% 的阿富汗民众生活在贫困线以下[1]。

客观困难:考古遗存的脆弱性

考古研究,特别是田野发掘,需要精细的规划、明晰的操作程序和较长的整理时间。可以通过简单的考古勘探来预判遗址的内涵,但在任何情况下都不能放弃遗址,特别是在其内涵已被确定

---

[1] 法国广播电台 2022 年 2 月 15 日。

后。一处具有考古价值的遗址被暴露后，若因各种原因得不到应有的管理和保护，就注定遭受破坏和抢劫。此外，特别是在像阿富汗这样的环境中，大多数遗址和遗物是灰泥、木材等易受损的材质建造或制作的，必须严格而谨慎地遵守发掘和保护的相关规程，以便正确地识别和揭露它们，同时在发掘期间和之后做好记录和加固。由于基础设施、网络的不健全以及文化遗产部门相关专业资源的紧缺，阿富汗目前正在着力应对这些诉求。

灰泥制品的移动（如果必须）除精细的操作外，还需要良好的保存和监管，它们需被送到保管处，无论是博物馆还是相关配套合适的库房。然而，除喀布尔国家博物馆外，在今天的阿富汗没有真正的博物馆系统能够哪怕是按照最低标准来存放、保管、登记和保护出土文物，更不用说通过数字化编目等途径来保障学者获知这些文物的信息。

此外，考古遗存的安全管理状况无法令人满意。21世纪初的十数年间，因突发情况和安全风险，已经开展的考古发掘工作不得不匆忙放弃，出土资料无法详细整理和记录。

迫切的修复需求：需要重新制定的优先事项？

在有形和无形文化遗产之间划出刀割斧切般明晰的界限是不可能的，甚至在方法上也是不正确的。有形的文化遗产可以被触摸到，比如考古遗存。然而，实物遗存本身有复杂的历史，包含技术、价值（社会、智力、情感）等丰富内涵。因此，有形实物的形式和意义来自于"无形遗产"这一更广泛的系统。

曾发掘和记录灰泥制品的考古学者都很清楚，许多制品的原始形式已残缺不全或破碎到无法拼合的地步。因此，考古学者的职责不仅是保护现存的和相对完好的遗物,更重要的是,记录那些已经消失或无法拼合的遗物留下的痕迹。正是根据这些微痕,我们才有可能重建文物的历史、意义及其起源的背景。

同时,我们也不能低估纪念碑性遗存的感召力量,它们在地理景观中脱颖而出,并赋予后者独特的文化特征。因此,增强集体历史感的努力可能包括复原纪念碑性建筑,重建过去和现在的关联,从而提高民众的文化认同感,这是可以理解的。然而,这种行动的仓促性和"意识形态"紧迫性牺牲了历史遗迹重建的必要步骤,即遗迹背景的考古调查和研究,其旨在记录纪念碑建筑本身的发展历史(建造阶段和技术等)以及与周边环境的共存关系等,这些都是会在大规模复原重建过程中被永远抹去的重要信息。此外,不应忽视的是,这些明显的、惹人注目的、相对快速的重建行动使有关机构的财政支出和投资的"社会影响"立竿见影且可以衡量。最近的重建案例是喀布尔地区的特普达拉窣堵波和舍瓦基窣堵波(图5-6),

图 5-6　被修复的舍瓦基窣堵波 © B. Sehdagati

这两座伟大的纪念碑建筑当然值得彻底的调查和研究。根据现有的少量信息，两座窣堵波的修复工作都伴随着考古发掘，但没有出版科学的发掘报告，重建可能永远抹去了它们历史上的重要痕迹。很难评估最后得到的是否比失去的更重要。

西方意识形态下的阿富汗文化遗产

阿富汗在一定程度上被归入文献中经常提到的"希腊化的东方"。这一范围涵盖了从小亚细亚延伸到印度北部的大片领土，希腊文化或多或少地渗透其中，形成的文化艺术融合现象（详见下文），尚未被充分探索或理解。

"希腊化的东方"：文化模式的传播与接受

"希腊化"的过程始于公元前 4 世纪亚历山大大帝对亚洲的征服。公元前 323 年亚历山大大帝去世后不久，他创建的帝国分裂为数个独立的王国，由希腊血统的贵族统治，他们的政治和文化统治策略延续并加强了希腊模式的传播。亚历山大大帝无疑是一名雄才大略的领袖，同时也是一名远见卓识的沟通者，在某种意义上，他缔造了自己的传奇。亚历山大大帝作为"文明"英雄的神话贯穿西方历史，在 19 世纪被视为引领和榜样，激发了西方对亚洲的现代殖民征服欲。

研究希腊世界和亚洲世界之间冲突或遭遇的历史经常纠缠于西方"征服"的概念。不可否认的证据是，西方模式渗透到亚历山大大帝征服地区的图像和建筑中。然而，这些模式并非一劳永逸地一次性抵达亚洲，而是随着时间的推移，通过持续不断的与地中海西部直接或间接接触而陆续进入亚洲。此外，它们不是被动接受的结果，而是主动借鉴、吸收、再创造的复杂过程的结晶。

当代考古学引导我们如何从亚洲文化的内部视角来看待这些现象，如果不是因为所谓的"希腊化东方"涉及地区的政治环境恶劣，它可以更加丰富和深化我们的认知。尽管如此，在等待研究进展的同时，使用"东方化的希腊文化"这一概念似乎更恰当，它消解了我们也许在无意中延续的西方文明家长式观念和亚历山大大帝的神话色彩。事实上，如果我们将自己局限于对图像和风格的形式分析，而不努力理解它们的原境和内涵，那么亚洲文物的希腊化特征就会产生误导性。

希腊化模式的新理解

在今天巴基斯坦北部和阿富汗东部地区，希腊化模式与"犍陀罗艺术"关系密切，但二者并非完全相关。犍陀罗艺术起源于公元之初（图 5-7），至少繁荣了三个世纪，但其影响持续到公元 5 或 6 世纪。由于明显的希腊化元素，犍陀罗艺术有时被径称为希腊佛教或罗马佛教。这种定义反映了过去数代学者和世界各地收藏家的普遍认识，即犍陀罗艺术不仅在形式上，而且在内涵上源自希腊文化。这种定义也会使那些了解一些希腊艺术的观者产生一种虚假的熟悉感，而隐藏在希腊文化特征之下的真正内涵和特性却被忽略或低估了。

就此而言，特别有启发性的例子来自哈达，这是一处佛教遗址，以其塑像制作的卓越水平而闻名，主要是灰泥和石膏像，少量石刻像。哈达一直被认为是汉文史籍中记载的醯罗（与 Hidda 或 Hedda 发音一致），其被法显（公元 402 年）和玄奘（公元 630 年）

图 5-7　布特卡拉 I 号遗址出土的犍陀罗片岩浮雕板，上刻佛传故事 © Italian Archaeological Mission in Pakistan

描述为著名的佛教圣地，历史上佛陀的重要遗物被保存在哈达，包括一块顶骨、一只眼球、一件僧袍和一根锡杖，它们各自被供奉在一座装饰七宝的小窣堵波里。

哈达遗址由一系列彼此关联的建筑组成，在 19 世纪被初次调查，20 世纪时不同机构（DAFA、京都大学、阿富汗考古研究所）对其进行了更系统的发掘。该遗址的年代跨度（根据塔尔齐的研究，公元 1—9 世纪）涵盖了佛教在阿富汗与邻近地区发展的整个历程，并为建筑、装饰题材、材质、技法以及希腊化模式的采纳和应用提供了独特的研究线索。

就此而言，需要提及塔帕绍托尔的壁龛（不少于 64 个），这些壁龛以其中精美的泥塑而闻名，这些泥塑创造了极具立体效果的三维场景。尽管在主题上有所变化，但遵循着共同的模式：中央是一尊大型佛像，其周围分布各种类型的人物（菩萨、僧侣、信徒、神

图 5-8 塔帕绍托尔（哈达）V2 龛内的金刚手－赫拉克勒斯像 © twitter

图 5-9 塔帕绍托尔（哈达）V3 龛内的金刚手－亚历山大大帝像 © twitter

和半神）。

值得特别注意的是 V2 和 V3 的两个壁龛，龛内在围绕佛陀的人物中，有与佛陀形影不离的护卫金刚手（图 5-8、5-9）。金刚手是颇为神秘的人物，学者对他的看法莫衷一是。他被塑造成陷入沉思的情态，要传达的意图难以捉摸。在佛教造像中，金刚手常被刻画成多种不同的形象，通常遵循的是希腊模式：年轻或年老，表现为贫民、僧人、农牧神、萨提尔或模仿赫拉克勒斯等。

V2 龛中的金刚手被塑造成一名成熟的、有胡子的男性，坐在一块岩石上，手持独特的武器——金刚（霹雳），身披狮皮。此类金刚手－赫拉克勒斯的形象来源可追溯至欧西德莫斯发行的钱币（公元

第五讲　前伊斯兰时代的阿富汗考古：挑战、成就与展望

图 5-10　微型象牙质剑鞘残块，雕刻亚历山大大帝戴狮子头饰的理想化形象，出自塔赫特-伊·桑金乌浒水神庙，公元前 3 世纪 © Wikimedia

前 3 世纪）上留西波斯创作的希腊-巴克特里亚版本的"赫拉克勒斯的休憩"。此类形象最晚见于时隔大约四个世纪之后的钱币（兴都库什山脉南部的印度-斯基泰国王发行的钱币），这可能仅是钱币图像脉络展示的现象。事实上，塔帕绍托尔的金刚手-赫拉克勒斯像很可能表明了通过其他媒介而非钱币传播的图像的连续性，尽管目前尚未发现直接证据。更令人惊讶的是，V3 壁龛内的金刚手被表现为亚历山大大帝的形象，他的形象特征已被理想化和不朽化，如前所述，这种传统始于古代（图 5-10）。

　　然而，我们的注意力不能只停留在对模式的辨识上。而是要进一步提问，为何塔帕绍托尔的工匠会用赫拉克勒斯或亚历山大大帝的特征来塑造金刚手？这当然不是偶然的，而是源于二者与佛教语境的某些相似性。佛教艺术似乎易于在其象征传统中纳入希腊化的图像，这些图像已被使用、再利用、转化，生成新的内涵。所以，另一些要问的问题是金刚手是谁，他代表着什么，他性格中的哪些元素促成了这些明显奇怪的混用。在我看来，金刚手复杂的形象是有明确含义的——如果我们认识到他是阿难的神话代表，作为忠实的仆人，他从未与佛陀分开。然而，尽管阿难是僧人群体中最接近佛陀之人，并且他对佛陀充满了敬爱，但他近乎终生都在与自己的激情和弱点做斗争。阿难的思想飘忽，摇摆不定；他的觉悟之路漫长而曲折，令他疲倦、沮丧，甚至遭受嘲讽。

阿难是人性的完美缩影，他有觉醒的可能，他努力将自己和他的人类激情（甚至包括对佛陀的敬爱）转化为普遍和无条件的同理心。阿难的确是一位教化英雄，尽管他的战场是生命，要对抗的敌人是他自己的本性。没有人比阿难更适合与神秘的金刚手相对应，阿难是一个永远可识别但不断变化的角色，其摇摆不定的形象特征反映了人类激情变化无常的本质，也没有人比阿难更适合通过类似于赫拉克勒斯或亚历山大大帝等受难英雄的刻板肖像来表现。

看似不可调和的两个世界

在深深植根于佛教视觉形式的希腊化模式中，特别是在直接或间接包含于犍陀罗艺术的领域中，所谓的"酒神"题材占有突出地位。在这些画面中，最常见的主题是饮酒场景和明显或暗含色情姿势的情侣（图5-11），这与佛教的基本理念明显无关。我们须排除仅仅被动地使用从外部借来的模式，要从佛教本身寻找这些模式存在的根源。

第五讲　前伊斯兰时代的阿富汗考古：挑战、成就与展望

实际上佛教文献和视觉材料提供了足够的素材来进行自洽的解释，这主要在于佛界与人间的关系。在《中部》(III, 169) 中，佛陀为僧众讲授生而为人的价值时，为我们提供了解开这一谜题的钥匙："假如一个单孔轭被扔进茫茫大海，随风在海面上四处漂流，大海里生活着一只独眼龟，它每百年探出海面瞥一眼天空。这只独眼龟有可能每次都是通过这只单孔轭看天空吗？生而为人比这更加困难。"

因此，存在是一切价值的基础，人类生活场域是启蒙的必要场景。这是一个充满实际意义的概念。从这个角度来看，人类伴侣的存在，或暗示或明确地进行性交，或在性交的前奏中，与佛教教义完全不冲突。犍陀罗艺术中的"酒神"方面，只不过是佛教立足于世俗生

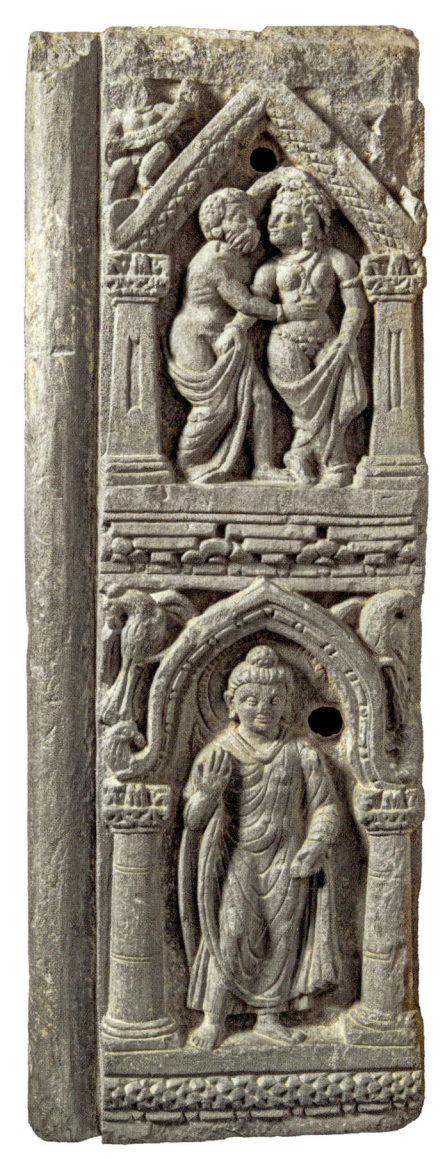

图 5-11　布特卡拉 I 号遗址出土的浮雕门框残块，下刻佛像，上刻情侣像 © Italian Archaeological Mission in Pakistan

图 5-12　桑奇 2 号窣堵波栏楯雕刻线图，西门："爱侣" © Filligenzi

活的立场对早已在亚洲世界流传的图像形式的适应性采纳。"希腊化"夫妻与人类伴侣有着完全相同的含义，在更普遍的层面上，与我们在印度中部地区的古代佛教艺术中所见的夜叉（生育女神）一样（图 5-12），例如桑奇的相关发现（公元前 1 世纪或公元 1 世纪）。

典型例子还如位于哈达的恰赫里-伊-贡迪佛寺内的一座小型石灰石窣堵波（亦被称为"C1 窣堵波"）台阶上的雕刻装饰（图 5-13）。

窣堵波上残存的装饰构件被重新拼合，并在法国巴黎吉美博物馆展出，它们显著地展示了一种"进步"，从日常、世俗的生活场域到生命之路的探索。第一层（较低）装饰狂欢场景（纯粹的希腊风格），第二、三层分别刻画了悉达多在大出离之前作为王子时的生活场景。因此，不难推测这种从物理上通向更高处的台阶，象征着人类在生活领域内获得的精神提升。

图 5-13　恰赫里-伊-贡迪窣堵波基座 © Musée National des Arts Asiatiques-Guimet

非佛教语境中的希腊化模式

佛教并不是唯一采用希腊化模式并以自己的方式创造性使用它们的信仰体系。罗慕齐的一项研究[1]提供了令人信服的例子，不仅揭示了被用于传达不同含义的西方图像模式的真实本质，而且揭示了这些模式在"希腊化"世界中流通的非线性（和非静态）历史。在传播过程中，图像原型可以在当地文化的不同形式和内容中找到多元契合点，并且获得与原型不同的丰富内涵。罗慕齐的这项研究针对阿富汗北部"迪尔伯津的狄俄斯库里神庙"，其中装饰神殿入口的一幅壁画描绘了裸体的狄俄斯库里，处在焦点位置，他的马前聚集着人群。迪尔伯津遗址的发掘者克鲁格利科娃将这幅壁画的年代定在公元前2世纪，即希腊-巴克特里亚国王欧克拉提德统治时期，他经常在钱币的反面使用神圣的双生子像。基于此年代，克鲁格利科娃还确定了神庙后期阶段的年代。

---

[1] Lo Muzio 1999.

对发掘信息和其他相关发现的仔细审查可将这幅画归于一个完全不同的年代和文化领域。撇开发掘信息，我们只想指出，不仅该地区极少发现欧克拉提德钱币（以及一般的希腊-巴克特里亚钱币），而且迪尔伯津狄俄斯库里的图像模式只见于公元1世纪以后，特别是在公元2—3世纪的罗马东部，才可找到与之相比较的图像。

这种图像模式广泛见于公元2—4世纪的罗马小亚细亚行省而非罗马本土，其中增加了中心人物月亮女神，狄俄斯库里成为她的侍从。毫无疑问，狄俄斯库里被赋予了新的意义，这来自与当地文化的交织。狄俄斯库里作为女神助手的图像模式也与迪尔伯津神庙相一致，他们被绘在大门两侧的辅助位置，这排除了神庙是献给他们的推测。尽管迪尔伯津神庙没有发现受到供奉的主尊像，但根据后期阶段的祈愿材料和壁画，推测它是献给当地某个重要女神的，在神庙漫长的使用历史中，甚至在翻修阶段，从未改变过此目的。

还值得注意的是，此处的地方文化是在包括印度-伊朗文化在内的更广阔的文化基础上发展起来的。神圣的双生子很早就独立于狄俄斯库里而为当地人所知（例如梨俱吠陀的双马童），希腊的双生子显然与印度的双马童有着某些相同的内涵，从而成为图像借用的基础。事实上，在印度-伊朗世界，可能是由于共同的根源，神圣的双生子被认为具有治愈的力量，这促使他们与掌管丰产与生育的女性神祇联系在一起，自然也与保护儿童和分娩有关。

仍需简要涉及的是阿伊哈努姆遗址出土的著名的"宙斯之足"（图5-14），它曾属于一尊巨大的石首石肢木身像，现仅存一块穿着凉鞋的足部石块（35厘米）。"宙斯之足"出自一座神庙（"带凹龛的神庙"），位于下城的中心，位置重要且毗邻行政区，发掘

第五讲　前伊斯兰时代的阿富汗考古：挑战、成就与展望

图 5-14　阿伊哈努姆出土的"宙斯之足"© twitter

者认为它始建于公元前 4 世纪末或公元前 3 世纪初。这座神庙在布局规划和礼拜实践方面与希腊模式不同，均需要合理的解释，尤其是神庙中供奉的神祇，即足部石块原本所属的主尊像的身份问题。

　　根据凉鞋的装饰（雷电），神像的尊格最初被认为是宙斯。然而，鉴于神庙的非希腊特征，部分学者推测神像是与某个伊朗神的融合（阿胡拉·马兹达或密特拉，以宙斯的形象表现）。尽管阿伊哈努姆是希腊殖民地，但这座城市的希腊化印记——尤其表现在纪念碑性建筑和体育馆、剧院或城市创建者的神庙等方面——应被置于不同的文化环境中。在马其顿征服之前，巴克特里亚是阿契美尼德帝国的一部分。因此，考虑到这座城市的文化基础及其人口的多元复杂性（希腊人、巴克特里亚土著、可能来自其他地区的移民，以及所有这些人的混合后裔），我们应该避免简单地将难以确定的神祇身份，与熟悉的神祇比如"宙斯"进行直接对应，以逃避需要深入探索的现实。

因此,问题从来不仅仅关于图像形式,而是形式嵌入当地文化的一套观念,如果我们停留在自认为已经知道的舒适表象上,那么将对这些观念一无所知。

考古、艺术与现实

当我们掌握了有助于建立视觉叙事和现实生活之间联系的物质证据时,对图像主题的解释可能会发生很大的变化。例如那迦龙王的皈依,那迦——与冥界和水有关的半神性的存在,通常被描绘成蛇或人首蛇身的生物——在印度的民间信仰和实践体系中占有特殊的地位。那迦具有模棱两可的性格,时而危险,时而有益,既能带来肥沃与再生,亦能造成洪水和地震。那迦深入根植于泛印度的宗教形象中,其在印度教和佛教的图像和文本中都找到了自己存在的方式。

那迦形象无处不在地见于所有佛教遗址中,通常作为叙事故事中的共同主角,形成类似"那迦的皈依"这种常见的图像母题。例如,在犍陀罗许多浮雕中,表现此事件的场景是那迦以虔诚的态度在佛陀面前双手合十。为了表达平静和皈依,那迦所在的池塘被保护性的围栏包围,可能会喷出水流,水从希腊式面具造型中涌出。在阿富汗的塔帕绍托尔 13 号龛中发现了类似主题的壮观表现。工匠以高超的技艺塑造出大量立体形象,形成生动逼真的三维效果。

然而,考古学鼓励我们超越"平面"式解读。那迦皈依佛教不仅仅是一个神话传说,而是佛教与当地环境技术互动的成果。它特别颂扬了佛教寺院通过灌溉系统提供水资源的管理能力,不仅支持和发展了农业,而且预防或最大限度地减少了洪水带来的风险。我们可以称之为"佛教创业文化"的证明,这得到了来自印度次大陆不同地区的考古证据的支持,例如印度中部的桑奇或巴基斯坦西北部的斯瓦特。毫无疑问,灌溉系统在水资源的存储、排放,尤其是地震频发区的洪水控制等方面发挥着关键作用,那迦在那里令人畏惧,且备受崇敬。

截至目前,考古研究的局限性使我们无法验证古代阿富汗境内是否存在佛教寺院和水资源控制之间的联系,但由于阿富汗的经济活动区广泛存在着"佛教创业文化",例如梅斯艾娜克的铜矿开采(见下文),我们可以合理地推测这种联系极有可能存在。

被忽视的文化财富

目前阿富汗丰富的文化遗产已得到了普遍认可,这或许也是由于它们遭受的令人痛心的破坏将世界媒体的焦点转向了这里。然而,如前所述,这种文化财富在很大程度上仍然被误解、被贴上了错误的标签。

从历史的角度来看,19世纪西方对阿富汗乃至亚洲的表述,是与殖民势力的扩张和巩固密切相关的。对亚洲的认识开始变得不那么模糊,但不可避免地受到当时文化氛围的影响。例如比较主义在宗教研究中的兴起,为欧洲知识分子打开了新的局面。

特别是他们开始对佛教产生强烈的迷恋,他们发现佛教与基督教有着共同的特征,而佛教在印度次大陆和中亚地区基本消失了,成为考古学研究的中立领域。与亚洲其他宗教相比,欧洲人更倾向于佛教的另一个原因,是巴基斯坦和阿富汗发现的犍陀罗造像的希腊化特征。这并不是巧合,DAFA的创始人和首任负责人富歇本人不得不利用阿富汗研究的两极——佛教和"希腊性",来吸引巴黎的资金投入。

无论是有意抑或单纯地因袭已有惯习，与佛教的特殊关系似乎是西方文化的持久特征之一。例如在西方电影或电视剧中，佛像经常被用来定义有教养、精致的群体及其较高的社会经济地位。然而矛盾的是，将这种观念带入人文学科的研究语境，可能不利于理解其他现实及其复杂的历史纠葛。

佛教在阿富汗的文化霸权曾持续数个世纪，正如它留下的众多考古遗存展示出的，然而与此同时，还有其他一些因素，不幸的是，我们对它们知之甚少。但我们知道它们的存在，例如前文提及的迪尔伯津神庙，或苏尔赫科塔尔神庙——可能是为了纪念"迦腻色伽的胜利"（他是最广为人知、最著名的贵霜统治者）。这座宏伟的神庙坐落在山顶，从远处就能看到，通过山脚下向上延伸的大型台阶可以登临，以庞大的规模宣示王朝的财富，是政权神圣合法性的表达，广义上而言，这基本是一种与佛教不同的文化结构，但与佛教并不冲突。

阿富汗另一项被忽视的遗产涉及其历史，我们对阿富汗历史的认识仍是不全面的，而且同样存在不恰当的成见甚至是偏见。通常而言，我们倾向于认为艺术辉煌时期是与中央集权的存在相对应的。因此，印度次大陆北部佛教艺术的鼎盛时期通常与犍陀罗艺术有关，而犍陀罗艺术又与贵霜时期（公元1—3世纪）有关。事实上，这并不完全正确，因为犍陀罗艺术的起源须追溯到贵霜之前的塞人-帕提亚时期，正如意大利考古队在巴基斯坦的考古调查和发掘成果显示的。此外，在阿富汗，贵霜王朝结束之后，佛教艺术仍在继续繁荣发展，数量和质量都有所更新。公元4—9/10世纪之间，即贵霜王朝结束和伊斯兰王朝最终创建之间，阿富汗的大部分地区由不同的王国统治，它们的范围和彼此的关系尚不清晰。然而，从考古证据来看，正是在公元4—7/8世纪之间，佛教艺术进入了最繁荣的时段。如果没有强权赞助者的支持，这是不可能的，他们为佛教提供慷慨的资助，作为回报，他们获得了相当大的意识形态和政治优势。他们是游牧血统的贵族，白匈奴——仅限于对白匈奴（伊朗系匈人）的一般定义（寄多罗、阿尔罕、内扎克、嚈哒，公元350—550年）——和突厥以及沙希（突厥沙希和印度沙希，公元550—870年，此时期也见证了西突厥人的影响以及阿拉伯人的首次入侵）。

考古发现反驳了对此时期社会的偏见——经常把它想象和描述成政局动荡、经济萧条。与基于史料产生的偏见相反，事实上这是文化和经济辉煌的时代。多亏考古学者和钱币学者的工作，我们现在有足够的材料证实此点，但新的观点很难进入信息圈，对阿富汗历史的记述仍顽固地停留在传统史学对伟大帝国的强调上，例如对萨珊的重视，致使属于白匈奴时代的资料通常被归入萨珊，这可以阿富汗最大、最引人瞩目的考古遗址之一梅斯艾娜克为例。

该遗址位于世界上已知的第二大铜储量矿山上，2009年开始在抢救性发掘计划的框架下进行考古调查和发掘，此前在采矿过程中首次发现了重要的佛教遗迹。我建议读者查阅有关此处重要的、集合了世俗与宗教聚落、可追溯到公元4—8世纪（即白匈奴时期）大型遗址的相关书目。

此处遗址是一座原始工业城市，其创建与铜矿的开采密切相关，很可能由佛教寺院组织管理或管辖，这可以根据遗址内散布的多处佛教遗迹推知。梅斯艾娜克出土的考古资料可能为理解阿富汗佛教历史上白匈奴统治者扮演的角色及其遗产提供了关键线索。然

图 5-15　梅斯艾娜克出土的银盘 © Archaeology Institute of Afghanistan

而，不仅"白匈奴"一词很少与梅斯艾娜克联系在一起，而且相关证据也经常被误读。例如遗址出土的一件装饰有国王胸像的银盘（图 5-15），通常被贴上"萨珊式"的标签。与主流认识相反，基于表面特征，钱币学家迈克尔（白匈奴钱币领域的专家）根据银盘内国王胸像与模仿沙普尔二世钱币的阿尔罕匈人德拉克马正面图像的相似性，推测此件银盘是阿尔罕匈人对萨珊帝国图像和宫廷物品的模仿。

在阿富汗和巴基斯坦的佛教遗址中，确实常见表现出强烈"白匈奴"特色的供养人。值得注意的是，他们似乎遵循着一种程式化的形象设计（特别是跪姿供养人夫妇，男性在前，女性在后），我们可以将其理解为一种意愿，让他们自己和他们的赞助行为在社会和政治上得到认可。同样的图像程式被用于不同的媒介，从布特卡拉Ⅰ（巴基斯坦斯瓦特）的两块壁画残块和特佩纳伦吉出土的塑像（图 5-16）中可以看出，这是迄今保存最好的此种类型的标本。发掘负责人派曼将特佩纳伦吉塑像（通高 56 厘米）的年代鉴定为

第五讲　前伊斯兰时代的阿富汗考古：挑战、成就与展望

图 5-16　特佩纳伦吉的白匈奴王室夫妇供养人 © Z. Paiman

图 5-17　丰都基斯坦出土的王室夫妇塑像 © Wikimedia

公元 8 世纪末或 9 世纪初，不排除年代更早的可能性。特佩马朗查和丰都基斯坦（图 5-17）也发现了几乎相同类型的跪姿供养人塑像。

佛教遗址中出土的白匈奴贵族塑像证实了从考古和钱币资料中隐约浮现出的真实面貌：白匈奴带来的并非破坏，而是新的文化和艺术繁荣（特别是在阿富汗地区），此时期建立或翻新的许多佛教寺院即是佐证。

在显示出与白匈奴贵族的文化政策有特殊联系的遗址中，一处

255

规模较小但非常重要的佛教遗址十分突出：丰都基斯坦（图5-18）。该遗址位于古代卡比萨城高班德谷地（位于今帕尔旺省）的一座陡峭山顶，1937年被匆忙发掘出来，1959年根据简要的发掘笔记发表了简报。

不幸的是，该遗址的确切布局已无从知晓。然而，它似乎是一种特殊的类型。窣堵波周围有12个深壁龛，上面装饰着大量的浮雕和塑像。每个壁龛内有一组由灰泥制成的塑像（佛、菩萨、神和供养人），只有少部分塑像保留了原初色彩。然而，其中一间壁龛内摆放的并非宗教塑像，而是一对王室夫妇像，坐姿随意，背靠软垫。毫无疑问，他们是佛寺的大檀越，且根据塑像基座处放置的两件骨灰罐可知他们死后选择在寺院中安置陵墓。

图5-18 丰都基斯坦出土的彩绘泥塑菩萨像
© Wikimedia

其中一件罐内出土了一枚萨珊国王胡斯罗二世在位37年（公元627年或628年）铸造的钱币，萨珊在公元689年被阿拉伯人征服，为该遗址的年代提供了一个可靠的参考。尽管存在着数十年的时间跨度，但我们不能排除这座佛寺是在王室夫妇健在之时修建和装饰的,而纳骨罐(以及塑像?)是在他们去世之后某个不确定的时段内添加的。

即便如此,此枚钱币也为遗址显示的艺术趋势提供了时间上的参照点,这与之前的希腊化写实主义模式截然不同,倾向于更灵活、理想化的抽象形式,并在塑像制作中使用了红黏土装饰表层,使塑像具有赤陶的外观。

在对王室夫妇的服饰描述中,经常可以看到解释上的粗心,通常仅着眼于风格问题。实际上,这些人物不同的穿着方式涉及图像学问题。男性贵族身穿一件长袍,工匠们煞费苦心地通过描绘装饰纹样来暗示奢侈的面料。总体而言,他们的穿着符合白匈奴贵族的流行服饰,这在阿富汗、中亚和新疆皆可得到充分证明。然而女性贵族的服装明显表明她的印度血统:上半身佩戴珍贵项链,肩上披一条轻盈的纱丽。在这种情况下,服饰不仅仅是风格的表达,而且构成了夫妇的身份标识,最有可能是为了表现具有强烈政治意图的婚姻联盟。

尽管这是个微小的细节,但它让我们得以一窥当时此地区人们社会生活的某个侧面,似乎以婚姻移民为特征,地方精英也牵涉其中。但是他们生活在哪里?目前白匈奴的居住聚落尚属未知。我们所知甚少的部分原因在于过往考古发掘中存在的偏见。比如在卡比萨古城首都贝格拉姆(塔吉克斯坦以东不到 50 公里处)的发掘。DAFA 在 1936—1940 年和 1941—1942 年对该遗址进行了发掘,当时普遍认为白匈奴统治时期是黑暗的时代。根据发掘者建立的遗址年表,其因白匈奴的入侵而被废弃。但此年代现在受到了挑战,根据文本和实物证据,日本学者桑山正进及其他学者将贝格拉姆的最后阶段确定为公元 6—7 世纪。

如果若干重要的考古发掘没有受到错误观念的影响,那么被重建的阿富汗历史可能会有显著的不同。

专栏 5-1:失而复得:提利亚特佩的宝藏

提利亚特佩(乌兹别克语"黄金之丘")是位于阿富汗西北部(古代巴克特里亚西部)的一处小型贵族墓地:一座男性墓周围有五座或六座女性墓。这些墓中共出土了 2 万多件随葬品,其中大部分为黄金制品,因此也被称为"巴克特里亚宝藏"(图 5b-1-1)。

1977—1979 年由萨瑞阿尼迪带领的苏联-阿富汗考古队对提利亚特佩进行了系统发掘。考古队的最初目标是发掘一处大型神庙(根据萨瑞阿尼迪的观点,神庙用于拜火信仰),其年代可追溯至公元前 2 千纪末,一直被沿用至公元前 4 世纪。发掘过程中意外发现

图 5b-1-1　"一人双兽"金饰 © Wikimedia

了这些墓葬，它们修建在神庙被废弃数个世纪后的废墟上。

墓中出土的钱币，尤其是一枚罗马皇帝提比略（公元 14—37 年在位）的金币为判断整个墓地的年代提供了重要参考，其当不早于公元 1 世纪上半叶。萨瑞阿尼迪认为男性墓主是一名贵霜精英。其他学者则认为其为塞人-帕提亚领域内的地方首领，此观点更可信。

提利亚特佩宝藏不可估量的价值还在于其重要的文化意义，见证了当时水平高超的黄金制作工艺以及丰富多元的器物类型和种类，展示了从地中海到中国的广大地域内草原游牧族群与农业定居社会之间互动交流的强大活力。

多年来这批宝藏被认为丢失了，谣言四起：在黑市中被售卖；被熔炼成黄金以购买武器；被离开的苏联军队带至莫斯科。2004 年它们被发现保存于喀布尔阿富汗中央银行地下金库的保险箱中。这批宝藏的确是阿富汗国家博物馆的工作人员冒着生命危险转移出去并秘藏在此处，以保护它们免遭内战的劫掠。

自此以后，经阿富汗议会批准，宝藏中的若干文物可以离开喀布尔被带至其他国家展出，最后一次展出是 2021 年 2 月在阿富汗总统府。目前它们所藏位置仍是机密。

参考文献

Brown, R.L. 2000. The Walking Tilya Tepe Buddha: A Lost Prototype. *Bulletin of the Asia Institute*, *14*, 77–87. https://www.jstor.org/stable/24049016

Francfort, H.P. 2011. Tillya Tépa (Afghanistan). La sépulture d'un roi anonyme de la Bactriane du Ier siècle pC. *Topoi. Orient-Occident*, *17*(1), 277–347. https://www.persee.fr/doc/topoi_1161-9473_2011_num_17_1_2407

Francfort, H.P. 2012. Tillya Tepe and its Connections with the Eurasian Steppes. In Aruz, J. & Valtz, E. (Eds.), *Afghanistan: Forging Civilizations along the Silk Road* (pp. 88−101). *New York: The Metropolitan Museum of Arts.*

Peterson, S. 2020. A Closer Look at the Tillya-tepe Folding Crown and Attached Pendants. *Afghanistan*, 3(1), 48−82.

Peterson, S. 2020. A Glimpse from the Ancient World: What a Gold Necklace from Tillya-tepe Reveals about Opium in Afghanistan. *Afghanistan*, 3(2), 135−173.

Sarianidi, V. 1985. *Bactrian Gold: From the Excavations of the Tillya-tepe Necropolis in Northern Afghanistan.* Moscow: Aurora Art Publishers.

意大利在阿富汗的考古任务：历史、活动和选择

1957年成立的意大利考古队（以下简称MAIA）在阿富汗的项目是当时的意大利中东和远东研究所、后来的意大利非洲和东方研究所以及现在的地中海与东方学国际研究协会的首个也是最重要的考古项目。MAIA的活动始于加兹尼，主要目标是让这座古城的伊斯兰文化遗产重新焕发生机。加兹尼位于连接喀布尔和坎大哈以及印度的路线上，曾是伽色尼王朝（公元977—1163年）的首都，后来成为古尔王朝（公元1173—1203年）的首都，但在意大利考古队展开调查之前，这座城市过去的辉煌只能从文字资料和稀少的实物遗存中得知。

在加兹尼的首次发掘由古伊斯兰艺术和建筑专家斯切拉托带队。发掘成果为了解阿富汗伊斯兰早期以及加兹尼人对印度次大陆伊斯兰艺术文化的影响打开了一扇新的窗口。然而远非如此，加兹尼的文化历史有着丰富的层次性。斯切拉托本人在塔帕萨达尔山上发现了一处佛教遗址，并推动了第一次试掘，证实了他的直觉。1967年开始，塔帕萨达尔的发掘工作由塔代伊系统地进行，他也

成为MAIA首位受任命的负责人。

由于阿富汗境内及周边的政治局势，田野工作于1979年暂停。2003年在维拉尔蒂的带领下（直到2004年），MAIA重新开启了在加兹尼的考古活动，但2005年该地区安全状况的恶化导致田野工作再次暂停。然而，MAIA希望找到另一种可以继续在阿富汗工作的方式。在意识到该国的严峻形势不利于任何新的发掘后（不仅人身安全风险太高，而且在这种不可预测的情况下，遗址和出土遗物的安全风险也不可小觑），MAIA做出了道义和务实的选择：支持并协助阿富汗考古局在喀布尔地区进行抢救性发掘。

由于与阿富汗考古局达成协议，MAIA开始合作发掘位于喀布尔郊区的两处佛教遗址：特佩纳伦吉（图5-19）和库勒图特（图5-20）。派曼作为田野考古负责人对两处遗址进行了发掘，它们因为频繁遭到盗挖以及遭受无节制城市扩张可能造成破坏的威胁，迫切需要科学的发掘。此外，基于此协议，MAIA可以积极参与上述梅斯艾娜克遗址的研究。

新旧资料的交叉比较使我们对佛教在阿富汗兴盛时期的文化历史有了更全面的认识。但什么让它成为可能？答案就在于之前考古学者开展的科学严谨的发掘及记录，及其传递给我们的准确信息。

塔帕萨达尔的考古调查及其对学术界的影响

塔帕萨达尔是一处记录完好的早年发掘的典型案例，使我们可以重新"发掘"考古资料并利用这些资料开展深入研究。

塔帕萨达尔（公元2/3世纪—8/9世纪）佛教遗址由分布在小山坡上不同高度处的建筑群组成，核心位于上层台地。考古遗存清楚地证明了此遗址在宗教和政治上的威望。根据在一件陶罐上发现

261

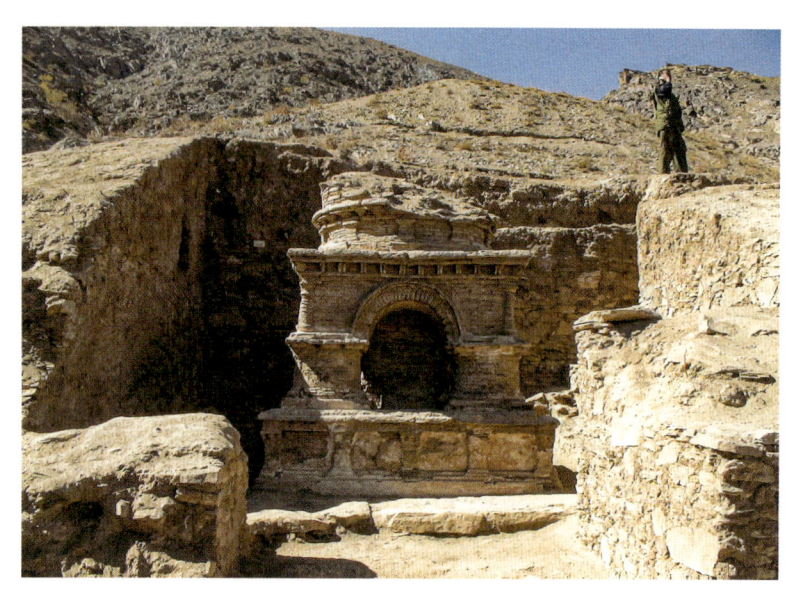

图 5-19 特佩纳伦吉 2 号礼拜堂，内立圆形基座的窣堵波 ©Z. Paiman

图 5-20 库勒图特佛寺遗址出土的佛像 ©Z. Paiman

的铭文,该遗址是王室赞助的,被称为"伟大的迦腻色伽王寺",毫无疑问,它在历史上一直享受贵族统治者的捐赠。

遗址的使用可被划分为数个阶段,对这些阶段的阐释远超出了本讲的范围。在这里,我们仅指出考古序列显示出的两大截然不同的时期:早期(I 和 II)和晚期,表明当时不同地区存在相同的审美品位。塔帕萨达尔最早的塑像(早期 I 和 II,公元2/3世纪—6[?]世纪)(图5-21),以希腊化特征为标志,与哈达一致。而晚期(公元7—8世纪)塑像(图5-22)很容易让人想起同时代的丰都基斯坦。

塔帕萨达尔遗址还提供了一些线索,可以驳斥关于白匈奴统治时期老生常谈的问题,该问题涉及彼时佛教寺院的"堡垒"性质,并被

图 5-21 塔帕萨达尔佛寺遗址出土的泥塑像(早期)© Italian Archaeological Mission in Afghanistan

图 5-22 塔帕萨达尔佛寺遗址出土的泥塑像(晚期)© Italian Archaeological Mission in Afghanistan

解释为防御的必要设施；但历史真是如此吗？

如果观察塔帕萨达尔的布局，会发现上层平台实际上是被一堵墙包围。再仔细观察与窣堵波庭院相接的多座礼拜堂的布局，会看到围墙与礼拜堂之间形成了一条通道，其与礼拜堂内两侧券顶甬道一起，构成了一条礼拜放置于后壁壁龛内的主尊像的仪式之路。如果将这种设置与新疆克孜尔的"中心柱窟"进行比较，不得不承认，塔帕萨达尔的地面礼拜堂（图 5-23）与克孜尔的中心柱窟（图 5-24）之间存在着惊人的相似性。

这种相似性自然不是偶然的，它促使我们重新反思将围绕山顶佛教寺院的围墙定性为防御性墙体的认识。我们需要以不同的方式考虑艺术和建筑经验的发展与传播，充分考虑到可能的非线性流动。塔帕萨达尔礼拜堂和克孜尔中心柱窟之间的对比揭示出颇值玩

图 5-23　塔帕萨达尔 37 号礼拜堂 © Italian Archaeological Mission in Afghanistan

第五讲　前伊斯兰时代的阿富汗考古：挑战、成就与展望

图 5-24　克孜尔衔环飞鸽窟
（第 123 窟）复原 © Wikimedia

味的绕行礼拜仪式：石窟是对地面建筑的模仿，随着时间的推移，它获得了象征性，反过来又被地面建筑模仿。如果情况属实，那么我们可以把此观点推向更普遍的层面，并尝试对阿富汗佛教寺院堡垒般的外观进行不同的解释，它是技术性的，同时也是象征性的：技术性，是因为高大的围墙保护了山顶的边缘以及内部的建筑免受风蚀，而象征性，则是因为它强化了山顶寺院与石窟的模仿关系。

根据塔帕萨达尔礼拜堂内的遗存，可以推测它们类似于开凿在岩体内的洞窟，得不到充足的自然光线。不难想象装饰鲜亮色彩且贴金的大型主尊像在十分昏暗的礼拜堂内隐约散发着光芒，带来震撼、冲击的心灵体验。佛教礼拜场所的光线、颜色和空间是 MAIA

265

已经展开考察的主题，再次感谢对残存塑像和壁画残块的详细记录，所有可见的颜料和贴金痕迹都被记录下来，有时还借助了化学分析。

颜色不仅补充了以残缺形式呈现出来的塑像的多面性，而且还可以揭示其背后表达的隐含意图。我们不应忽视的是，装饰塑像的高潮部分正是为它涂抹颜色，这不是可有可无的操作，而是构筑塑像整体意义的必要步骤，是引发对佛教教义的理解和宗教体验的有力手段。

特定颜色的选择可能是由特定的审美和象征决定的，我们可以尝试通过它们的原境来重建。梅斯艾娜克提供了有趣的例证。发掘中发现了保存完好的有机质遗存，这可能是由于古代铜矿开采过程中产生的砷铜粉尘和烟雾具有抗菌性。特别是塑像表面保存的颜色向我们揭示了一个重要细节：佛陀及其信徒的头发和眼睛轮廓都象征性地使用了蓝色（图5-25）。为了验证梅斯艾娜克塑像所见的这种现象是独特的，还是反映了某种普遍做法，我们将考察范围扩大到喀布尔地区的其他遗

图5-25　梅斯艾娜克遗址出土的女性供养人像，其眼眶涂成蓝色 © Archaeology Institute of Afghanistan

址，发现特佩纳伦吉（图5-26）、库勒图特、特佩马朗查以及喀布尔地区以外的哈达都见有涂成蓝色眼眶的塑像。

由于蓝色是天空和海洋的颜色，通常象征着和平、永恒和无限，因此佛教图像可能将其运用到头发和眼睛上。在印度神话中，头发被认为是体力和内在力量的宝库，就佛陀而言，它还与肉髻有关，这是佛陀超自然能量以及至高智慧的最重要的身体标志。至于眼眶被涂成蓝色，可以合理地推测是为了传递达显，即信徒注视神像并被神看见的视觉接触会带来福报的信念。

图 5-26　特佩纳伦吉佛寺遗址出土的佛头像，头发和眼眶上保存有蓝色颜料 © Z. Paiman

阿富汗佛教艺术中这种做法及理念被延续下来，晚期的喜马拉雅佛教艺术中佛陀的蓝色头发是相当普遍的特征。

我们重新"发掘"先前考古文献的积极经验证明，在考古发掘前期、进行过程和后期整理中——为收集、保护、共享了解考古背景和出土文物所需的全部信息——都遵循科学严谨的操作流程是拯救和保护濒危文化遗产的最有效方式。

感谢意大利地中海与东方学国际研究协会、那不勒斯东方大学、外交部和格尔达·汉高基金会的支持，MAIA 才能将先前的纸质资料，如文字记录、照片和绘图转化为数字化资源，以支持它们的保护、存储和获取①。此外，我们希望未来的其他数据库都能向公众开放，包括特佩纳伦吉和库勒图特出土的所有位于原地和不在原地的塑像。为协助阿富汗考古局提高能力，MAIA 以三种语言（英语、普什图语和达里语）编写了一本《考古工作者田野发掘规程》，其中也涉及发掘和保护灰泥制品的具体要求。MAIA 的使命还在于促进年轻人文化意识的提升。我们正在进行的工作包括以考古资料为依托制成简单有趣的卡通动画重现过去。

专栏 5-2：图像复原的方法与目标：以塔帕萨达尔佛寺的难近母像（杜尔迦）为例

阿富汗地区出土的古代塑像大部分是在骨架外堆泥塑成。骨架通常是木制的，还裹有一层芦苇。因此制成塑像的泥胎和木骨都很容易受到自然和人为的破坏，只剩下大小不等的残块。然而，如果考古发掘和记录都科学严谨，那么就可能在很多情况下，甚至是塑像残缺严重的情况下，通过虚拟分析的方法对图像进行复原重建，将塑像残块整合到图像中。为开展此项工作，考古学者和制图者都应从重建的角度进行思考，因此两者都必须首先对古代塑像的制作技术和规范有翔实准确的认识。图像复原是对假设性解读的视觉验证，与此同时，也有助于更深刻地理解所研究的遗物及其背景。此

---

① *Buddhist and Islamic archaeological data from Ghazni, Afghanistan: A multidisciplinary digital archive for the managing and preservation of an endangered cultural heritage*; https://ghazni.bdus.cloud/.

第五讲　前伊斯兰时代的阿富汗考古：挑战、成就与展望

图 5b-2-1　杜尔迦头像
© Italian Archaeological Mission in Afghanistan

外，与实物复原相比，图像复原具有随研究进展而被不断更新和修改的巨大优势。

图像复原的典型例子之一，是塔帕萨达尔佛寺遗址出土的一尊大型女神像残块，其最初被安置在23号礼拜堂的右侧壁上（图5b-2-1）。根据残存下来的若干支离破碎的残块（长条形基座及其上的野牛身体和掉落的野牛头部、女神头像、三只手、三条前臂、女神所持武器之一的残块、狮子口鼻残块，以及野牛背部保留的狮爪），可以合理推测它原是一尊杜尔迦像，杜尔迦事迹见载于印度宗教文献。根据印度神话，水牛怪魔西沙完全掌控了地界和天界，使整个宇宙陷入混乱。魔西沙得到了梵天神的恩赐，没有男性可以杀死他，因陀罗、湿婆、毗湿奴都无法打败他。于是众神通过精神能量创造出了一名女神，并为她提供最强大的武器，派她去打败恶

269

图 5b-2-2 杜尔迦神像复原图
© Italian Archaeological Mission in Afghanistan

魔。多臂女神杜尔迦（难近母）在其坐骑（狮或虎）的协助下最终击败了水牛并将其斩首。魔西沙从水牛被砍下的头颅中现身，杜尔迦迅速杀死了他。

在我们的复原图像中（图5b-2-2），塑像位于华盖之下，华盖可能是珍贵的布料等轻盈材质，搭盖在木结构架子上。这一复原方案主要是依据发现的小型石柱础、稀少的木柱遗痕，以及发掘过程中的记录——覆盖在原初地面上的堆积中发现了烧焦的木构件残块。女神的服装、手臂的位置以及部分手印和特征纯粹是猜测，仅仅基于比较和对技术、材料、构图平衡以及稳定性的具体考虑。另一方面，女神的体量和姿势皆与现存元素匹配。

第五讲　前伊斯兰时代的阿富汗考古：挑战、成就与展望

图 5b-2-3　梅斯艾娜克遗址 32N 礼拜堂 © Filligenzi

尽管杜尔迦的起源与佛教无关，但杜尔迦女神最终被纳入佛教万神殿（甚至拥有了不同的名字——难近母），其职责仍是平息混乱，捍卫宇宙秩序。2012 年之前塔帕萨达尔佛寺遗址出土的难近母女神像是其被纳入佛教神圣空间的唯一确凿证据。2012 年梅斯艾娜克遗址的一间小型四柱礼拜堂（编号 32N）内发现了一尊相似的塑像，可惜被大火严重烧毁。留在原地的仅有一个长条形、圆角基座（长 2.4 米，宽 0.9 米），位于与入口相对的壁面前（图 5b-2-3）。然而，礼拜堂内的堆积中发现了一截大型泥塑手指和大块动物耳朵残块（长 12 厘米），表明已不复存在的塑像构成包括神祇和动物，据目前所知，唯一符合的只有难近母像。

参考文献

Antonini, C.S. 1979. A Short Note on the Pottery from Tapa Sardar. In M. Taddei (Ed.), *South Asian Archeology 1977. Papers from the fourth international conference of the Association of South Asian Archaeologists in Western Europe, held in the Istituto Universitario Orientale, Naples* (pp. 847–864). Naples: Istituto Universitario Orientale.

Antonini, C.S. & Taddei, M. 1981. Wall Paintings from Tapa Sardār, Ghazni. In *South Asian Archaeology 1979* (pp. 429–438). Berlin: D. Reimer Verlag.

Antonini, C.S. 2005. Considerations on the Image of Mahiṣāsuramardinī of Tapa Sardār. *East and West, 55*(1/4), 313–328.

Filigenzi, A. 2008a. Late Buddhist Art in Archaeological Context: Some Reflections on the Sanctuary of Tapa Sardar. In C. Bautze-Picron (Ed.), *Religion and Art: New Issues in Indian Iconography and Iconology. Vol. 1 of the Proceedings of the 18th Conference of the European Association of South Asian Archaeologists, London 2005* (general editor M. Willis). London: The British Association for South Asian Studies/The British Academy.

Filigenzi, A. 2008b. The *dāna*, the *pātra* and the *cakravartin*-ship: Archaeological and Art Historical Evidence for a Social History of Early Medieval Buddhism. In C. Bautze-Picron (Ed.), *Miscellanies about the Buddha Image. South Asian Archaeology 2007, Special Session 1* (pp. 11–24). Oxford: Archaeopress.

Filigenzi, A. 2009a. The Buddhist Site of Tapa Sardar. In A. Filigenzi & R. Giunta (Eds.), *Proceedings of the Symposium Held in the Istituto Italiano per l'Africa e l'Oriente, Rome, The IsIAO Italian Archaeological Mission in Afghanistan 1957–2007* (pp. 41–57). Roma: Istituto Italiano per l'Africa e l'Oriente.

Filigenzi, A. 2009b. Ritual Forms, Cult Objects: Tapa Sardar at the Crossroads of Places and Phases of the Buddhist Ecumene. In A. Filigenzi & R. Giunta (Eds.), *The IsIAO Italian Archaeological Mission in Afghanistan 1957–2007. Fifty Years of Research in the Heart of Eurasia. Proceedings of the symposium held in the Istituto Italiano per l'Africa e l'Oriente Rome, January 8th 2008* (pp. 59–75). Roma: Istituto Italiano per l'Africa e l'Oriente.

Parlato, S. 1979. A Brāhmī Inscription on a Mud-plaster Floor at Tapa Sardār,

Ghazni. *East and West*, *29*(1/4), 265−269.

Taddei, M. 1968. Tapa Sardār. First Preliminary Report. *East and West*, *18*(1/2), 109−124.

Taddei M. 1973. The Mahiṣamardinī Image from Tapa Sardar, Ghazni. In N. Hammond (Ed.), *South Asian Archaeology* (pp. 203−213). London: Noyes Press.

Taddei M. 1974. A Note on the Parinirvana Buddha at Tapa Sardar. In J.E. van Lohuizen-de Leeuw and J.M.M. Ubaghs (Eds.), *South Asian Archaeology 1973* (pp. 111−115). Leiden: Brill.

Taddei, M. 1984. Evidence of a Fire Cult at Tapa Sardâr, Ghazni (Afghanistan). In B. Allchin (Ed.), *South Asian Archaeology 1981* (pp. 263−270). Cambridge: Cambridge University Press.

Taddei, M. 1992. The Bejewelled Buddha and the Mahiṣāsuramardinī: Religion and Political Ideology in Pre-Muslim Afghanistan. In C. Jarrige (Ed.), *South Asian Archaeology 1989. Papers from the Tenth Conference of South Asian Archaeologists in Western Europe* (pp. 457−464). Madison (Wisconsin): Prehistory Press.

Taddei, M. & Verardi, G. 1978. Tapa Sardar-Second Preliminary Report. *East and West*, *28*(1/4), 33−135.

Taddei, M. & Verardi, G. 1985. *Clay Stūpas and Thrones at Tapa Sardar, Ghazni (Afghanistan). Zinbun: Memoirs of the Research Institute for Humanistic Studies, Kyoto University*, *22*, 17−32.

Verardi, G. 1984. Gandharan Imagery at Tapa Sardar. In B. Allchin (Ed.), *South Asian Archaeology 1981* (pp. 257−262). Cambridge: Cambridge University Press.

Verardi, G. & Paparatti, E. 2005. From Early to Late Tapa Sardār: A Tentative Chronology. *East and West*, *55*(1/4), 405−444.

Verardi, G. 2010. Issues in the Excavation, Chronology and Monuments of Tapa Sardar. In M. Alram & D.E. Klimburg-Salter (Eds.), *Coins, Art and Chronology II: The First Millennium C.E. in the Indo-Iranian Borderlands* (pp. 341−356). Wien: Österreichischen Akademie der Wissenschaften.

［意］菲利真齐:《阿富汗塔帕·萨达尔佛教遗址管窥》，载李崇峰主编《犍陀罗与中国》，文物出版社，2019年。

结语：学术研究的职责和前景

考古学的职责包括数个工作领域，从遗存的暴露和保存到考古数据的处理和记录，每项工作都须遵循最合适的规定。只有采用正确的标准，才能确保考古遗存及其第一手资料随着时间的推移完整保存其信息的潜力，并保证可供学界根据新的信息和理论方法进行修订。由前文所示，我们已经看到重新审读先前的考古资料可以揭示之前被忽略、忽视或误解的内涵。

反复研读考古资料是很好的学术训练，使之可行，甚至在长时段之后仍可开展，是考古学的一项重要任务。因为在发掘过程之中和之后没有被记录下来的信息将只是个人和短暂的记忆，而一个良好的可访问的信息档案将成为共同的遗产。

我们可以用和平的知识武器来对抗破坏、遗忘以及"重大事件"中的失语，但是这些知识工具的构建需要改变视角以及长期投入的勇气和毅力。

参考文献

精选参考文献

Aikins, M. 2021. How One Looted Artifact Tells the Story of Modern Afghanistan. *The New York Times*. https://www.nytimes.com/2021/03/04/magazine/ghazni-panels-afghanistan-art.html

Filigenzi, A. 2009. The Buddhist Site of Tapa Sardar. In A. Filigenzi & R. Giunta (Eds.), *Proceedings of the Symposium Held in the Istituto Italiano per l'Africa e l'Oriente, Rome, The IsIAO Italian Archaeological Mission in Afghanistan 1957–2007* (pp. 41–57). Roma: Istituto Italiano per l'Africa e l'Oriente.

Filigenzi, A. 2010. The Buddhist Monuments of Kabul. *Indo-Iranian Journal*, *53*(4), 301–329.

Filigenzi, A. 2017. Technology and Humanities: Some Reflections on the Future of Afghan Cultural Heritage. In G. Stein, M. Fisher, H. Latify, N. Popal & N. Dupree (Eds.), *Preserving the Cultural Heritage of Afghanistan, Proceedings of the International Conference Held at Kabul University, November 2014* (pp. 75–84 & figs.57–69). Chicago: Oriental Institute, University of Chicago. https://oi.uchicago.edu/sites/oi.uchicago.edu/files/uploads/shared/docs/Publications/Misc/preserving-cultural-heritage-afghanistan.pdf

Filigenzi, A. 2021. Mes Aynak: Afghan Buddhist Art in Context. In M.N. Walter & J.P. Ito-Adler (Eds.), *The Silk Road, Interwoven History*, Vol. 2: *Buddhism* (pp.209–243). Cambridge, MA.

Forgione, G. 2017. *Tapa Sardar and Tepe Narenj: Widening the focus on the Buddhist art of Afghanistan*. https://ghazni.bdus.cloud/tapa_sardar_and_tepe_narenj

Francine, T. 2006. *Catalogue of the National Museum of Afghanistan, 1931–1985*. Paris: UNESCO. https://unesdoc.unesco.org/ark:/48223/pf0000148244

Kuwayama, S. 1991. Begram III and Beyond. A Chronological Interpretation of the Evidence for Monuments in the Kapishi-Kabul-Ghazni Region. *East and West*, *41*(1–4), 79–120. (repr. in Kuwayama, S. 2002 *Across the Hindukush of the First Millennium: A Collection of the Papers*. Kyoto: 173–199). https://repository.kulib.kyotou.ac.jp/dspace/bitstream/2433/120966/1/Kuwayama_S.pdf

Lo Giudice, A., Angelici, D., Re, A., Gariani, G., Borghi, A., Calusi, S. & Guidotti, M. C. 2017. Protocol for Lapis Lazuli Provenance Determination: Evidence for an Afghan Origin of the Stones Used for Ancient Carved Artefacts Kept at the Egyptian Museum of Florence (Italy). *Archaeological and Anthropological Sciences*, *9*, 637–651, from https://agenda.infn.it/event/32471/sessions/23770/attachments/98674/137254/AAS_9_2017.pdf

Tarzi, Z. 1976. Hadda à la lumière des trois dernières campagnes de fouilles de Tapa-è-Shotor (1974–1976), communication du 25 juin 1976. *Comptes rendus des séances de l'Académie des Inscriptions et Belles-Lettres*, 120(3), 381–410. https://www.persee.fr/doc/crai_0065-0536_1976_num_120_3_13266

其他参考文献 [①]

关于阿富汗的矿产资源:

Berthoud, T., Besenval, R., Cesbron, F. & Liszak-Hours, J. 1977. *Les anciennes mines d'Afghanistan*. Paris: Commissariat à l'énergie atomique.

Bowersox, G.W. 1985. A Status Report on Gemstones from Afghanistan. *Gems and Gemology*, *21*(4), 192–204.

Bowersox, G., Snee, L.W., Foord, E.E. & Sea, R.R. 1991. Emeralds of the Panjshir Valley, Afghanistan. *Gems and Gemology*, *27*(1), 26–39.

Bowersox, G.W. & Chamberlin, B.E. 1995. *Gemstones of Afghanistan*. Tucson: Geoscience Press.

Bowersox, G.W., Foord, E.E., Laurs, B.M., Shigley, J.E. & Smith, C.P. 2000. Ruby and Sapphire from Jegdalek, Afghanistan. *Gems and Gemology*, *36*(2), 110–126.

Global, W. (Ed.). 2016 May 30. War in the Treasury of the People. Afghanistan, Lapis Lazuli and the Battle for Mineral Wealth. *Global Witness*. https://www.globalwitness.org/afghanistan-lapis/

McIntosh, R.P. 2007. In Afghanistan Geological Survey (Ed.), *Minerals in Afghanistan: Gemstones*. https://nora.nerc.ac.uk/id/eprint/10925/1/Gemstones_A4[for_web].pdf

Pinnock, F. 1986. The Lapis Lazuli Trade in the Third Millennium B.C. and the Evidence from the Royal Palace G of Ebla. In Kelly-Buccellati, M., Matthiae, P. & Van Loon, M. (Eds.), *Insight Through Images: Studies in Honor of Edith Porada* (pp. 221–228). New York: Undena Publications.

Quinn, E.P. & Laurs, B.M. 2004. Sapphires from Afghanistan and Pakistan. *Gems and Gemology*, *40*(3), 260–261.

Shareq, A. *et al.* 1977. Mineral Resources of Afghanistan, Afghan Geological and Mines Survey, United Nations Development Support Project, AFG/74/012. Kabul.

Tarzi, Z. n.d. *The Copper Mine at Mess Aynak*. http://www.apaa.info/resources/CopperMineAtMessAynak314_CR.pdf

---

[①] 以下列举的参考文献仅是与本文涉及的主题密切相关的论著。

关于阿富汗文物的掠夺与追回:

Gibbon, K.F. 2020. St John Simpson Interview: Afghanistan Repatriation, Daesh, Remote-archaeology and the ILLICID. *Cultural Property News*. https://culturalpropertynews.org/st-john-simpson-interview-afghanistan-repatriation-daesh-database-archaeology-and-the-illicid-report/

Pastore, J. 2016. Hidden Treasures from the National Museum, Kabul: An Interview with Curator Yoichi Inoue. *Tokyo Art Beat*. https://www.tokyoartbeat.com/en/articles/-/hidden-treasures-from-the-national-museum-kabul-an-interview-with-curator-yoichi-inoue

Simpson, St J. 2017. Stolen, Saved, Eeturned: Collaboration between the NMA, BM, UK Border Force, and Others in the Successful Return of Antiquities to Kabul. In G. Stein, M. Fisher, H. Latify, N. Popal & N. Dupree (Eds.), *Preserving the Cultural Heritage of Afghanistan, Proceedings of the International Conference Held at Kabul University, November 2014* (pp. 141-146). Chicago: the Oriental Institute, the University of Chicago. https://oi.uchicago.edu/sites/oi.uchicago.edu/files/uploads/shared/docs/Publications/Misc/preserving-cultural-heritage-afghanistan.pdf

展览图录或博物馆藏品图录:

Bianchini, M.G. (Ed.). 2002. *Afghanistan: Une histoire millénaire*. Paris: Réunion des musées nationaux.

Engel, N. (Ed.) 2022. *Afghanistan, ombres et légendes: Un siècle de recherches archéologiques*. MNAAG Musée national des arts asiatiques-Guimet.

Francine, T. 2006. *Catalogue of the National Museum of Afghanistan, 1931-1985*. Paris: UNESCO.

Tisucká, M. & Stančo, L. 2016. *Afghanistan: Rescued Treasures of Buddhism* (exhibition catalogue). Prague: National Museum.

综合性论著:

Allchin, F.R. & Hammond, N. 1978. *The Archeology of Afghanistan from Earliest Times to the Timurid Period*. London: Academic Press.

Aruz, J. & Fino, E.V. (Eds.) 2012. *Afghanistan: Forging Civilizations Along the Silk*

Road. New Haven-London: Metropolitan Museum of Art.

Ball, W. 2019. *Archaeological Gazetteer of Afghanistan: Revised Edition*. Oxford: Oxford University Press.

Foucher, A. & Foucher, E.B. 1942–1947. *La vieille Route de l'Inde de Bactres à Taxila, 2 vols*. Paris: d'Art et d'Histoire.

Fussman, G., Baba, M. & Eric, O. 2008. *Monuments bouddhiques de la région de Caboul: Kabul Buddhist Monuments*. France 76, 1–2. Paris: Institut de Civilisation Indienne.

Kuwayama, S. 2002. *Across the Hindukush of the First Millennium: A Collection of the Papers*. Kyoto: Institute for Research in Humanities, Kyoto University. https://repository.kulib.kyoto-u.ac.jp/dspace/bitstream/2433/120966/1/Kuwayama_S.pdf

Masson, C. 1844. *Narrative of Various Journeys in Belochistan, Afghanistan, and the Punjab; including a Residence in those Countries from 1826 to 1836*, 4 vols. London: R. Bentley.

Wilson, H.H. & Masson, C. 1841. *Ariana Antiqua: A Descriptive Account of the Antiquities and Coins of Afghanistan*. London: East India Company.

贝格拉姆遗址：

Ghirshman, R. 1946. In G. Van Oest. (Ed.), *Bégram: Recherches archéologiques et historiques sur les Kouchans*. Paris: d'Art et d'Histoire.

Kuwayama, S. 1991. Begram III and beyond. A Chronological Interpretation of the Evidence for Monuments in the Kapishi-Kabul-Ghazni Region. *East and West*, *41*(1–4), 79–120. (repr. in Kuwayama 2002; see the section General works).

迪尔伯津遗址：

Lo Muzio, C. 1999. The dioscuri at Dilberjin (northern Afghanistan): Reviewing their chronology and significance. *Studia Iranica*, *28*(1), 41–71.

丰都基斯坦遗址：

Hackin, J. 1959. Le monastère bouddhique de Fondukistan. In J. Hackin *et al.* (Eds.), *Diverses recherches archéologiques en Afghanistan: 1933–1940* (pp. 48–58).

Paris: Presses universitaires de France.

Novotny, S. 2007. The Buddhist Monastery of Fondukistan - A Reconstruction. *Journal of Inner Asian Art and Archaeology*, 2, 31-37.

哈达/塔帕绍托尔佛寺遗址:

Barthoux, J. 1928. Bagh-Gai. *Revue des arts asiatiques*, 5(2), 77-81. https://www.jstor.org/stable/43474661

Barthoux, J. 1930. *Les fouilles de Hadda: Figures et figurines. album photographique. III*. éditions G. Paris: Van Oest.

Barthoux, J. 1933. *Les fouilles de Hadda: Stupas et sites, textes et dessins. I*. Paris: éd. d'art et d'histoire.

Dagens, B. 1964. Fragments de sculpture inédits. In B. Dagens, M. Le Berre & D. Schlumberger. (Eds.), *Monuments préislamiques d'Afghanistan* (pp. 9-39). Paris: G. Klincksieck.

Greene, E. M. 2013. Death in a Cave: Meditation, Deathbed Ritual, and Skeletal Imagery at Tape Shotor. *Artibus Asiae*, 73(2), 265-294.

Hackin, J. 1928. Les fouilles de la Délégation Archéologique Française à Hadda (Afghanistan), missions Foucher-Godard-Barthoux (1923-1928). *Revue des arts asiatiques*, 5(2), 66-76. https://www.jstor.org/stable/43474660

Mostamindi, M. & Mostamindi, S. 1969. Nouvelles fouilles à Haḍḍa (1966-1967) par l'Institut Afghan d'Archéologie. *Arts Asiatiques*, 19, 15-36. https://www.persee.fr/doc/arasi_0004-3958_1969_num_19_1_996

Tarzi, Z. 1976. Hadda à la lumière des trois dernières campagnes de fouilles de Tapa-è-Shotor (1974-1976), communication du 25 juin 1976. *Comptes rendus des séances de l'Académie des Inscriptions et Belles-Lettres*, 120(3), 381-410. https://www.persee.fr/doc/crai_0065-0536_1976_num_120_3_13266

Tarzi, Z. 1990. Tapa-e-Top-e-Kalân (TTK) of Hadda. In Taddei, M. & Callieri, P. (Eds.), *South Asian Archaeology 1987. Proceedings of the Ninth International Conference of the Association of South Asian Archaeologists in Western Europe, Held in the Fondazione Giorgio Cini, Island of San Giorgio Maggiore, Venice* (pp. 707-726). Rome: IsMEO.

Tarzi, Z. 2005. Sculpture in the Round and Very High Relief in the Clay Statuary of Hadda: The Case of the So-called Fish Porch (Niche XIII). *East and West*, *55*(1/4), 383–394.

Vanleene, A. n.d. Tapa-e Shotor. In *Haḍḍa Archeo Database*. https://haddaarcheodb.com/site/tapa-e-shotor

梅斯艾娜克遗址：

Annen, S. 2011. *Mes Aynak: New Excavations in Afghanistan (Catalogue of the exhibition Mes Aynak – Recent Discoveries Along the Silk Road, held at the National Museum of Afghanistan, Kabul, May 2011)*. Afghanistan: National Museum of Afghanistan.

Filigenzi, A. 2021. Mes Aynak: Afghan Buddhist Art in Context. In M.N. Walter & J.P. Ito-Adler (Eds.), *The Silk Road, Interwoven History*, vol. 2: *Buddhism* (pp. 209–243). Cambridge, MA: Cambridge Institutes Press.

Klimburg-Salter, D. 2018. Contextualizing Mes Aynak. *Afghanistan*, *1*(2), 213–238.

Litecka, S. & Engel, N. (Eds.). 2013. *Recent Archaeological Works in Afghanistan, Preliminary Studies on Mes Aynak Excavations and Other Field Works*. Kabul: Ministry of Information and Culture.

Noori, N. A., Olivieri, L. M. & Iori, E. 2019. Fashion Ware in Mes Aynak, Logar: Chronology and Comparison (with an appendix on a single specimen of tulip-bowl from Site MA-100). *Afghanistan*, *2*(1), 91–114.

Paluch, T. 2014. Mes Aynak–An Ancient City at the Meeting Point of Civilizations. *Hungarian Archaeology E-Journal* (Spring), 3. https://www.academia.edu/7051226/2014_Paluch_T_Mes_Aynak_An_Ancient_City_at_the_Meeting_Point_of_Civilizations

库勒图特遗址：

Paiman, Z. & Filigenzi, A. 2019. Étude préliminaire de quelques aménagements du monastère bouddhique de Qol-e-Tut. *Newsletter di Archeologia CISA*, *10*, 287–319. https://www.unior.it/userfiles/workarea_231/file/NL10/02Notiziario2019/Paiman%20Filigenzi_.pdf

苏尔赫科塔尔遗址：

Olivieri, L. M. & Sinisi, F. 2021. The Stele and the Other Statues A Stone Puzzle from Surkh Kotal. *East and West*, 2(1), 115−162.

Schlumberger, D., Berre, M. L. & Fussman, G. 1983. *Surkh Kotal en Bactriane*. Paris: Diffusion de Boccard.

特佩马朗查遗址：

Hackin, J. 1959. Le monastère bouddhique de Tépé Marandjân (Rapport de J. Hackin, 1933). In J. Hackin et al., *Diverses recherches archéologiques en Afghanistan (1933–1940)*, 8, 7−12.

Tarzi, Z. 2022. *Les fouilles des sites de Tape Maranjān I et II: Recherches sur les relations entre les anciennes villes de Kābol et les monastères bouddhiques de la région*. Strasbourg, France: Université de Strasbourg.

特佩纳伦吉遗址：

Forgione, G. 2017. Tapa Sardar and Tepe Narenj: Widening the focus on the Buddhist art of Afghanistan, from https://ghazni.bdus.cloud/tapa_sardar_and_tepe_narenj

Paiman, Z. & Alram, M. 2010. Tepe Narenj: A Royal Monastery on the High Ground of Kabul. *Journal of Inner Asian Art and Archeology*, 5, 33−58.

Paiman, Z. & Alram, M. 2013. *Tepe Narenj à Caboul, ou, L'art bouddhique à Caboul au temps des incursions musulmanes: Chronologie, bâtiments, céramiques et monnaies*. Paris: de Boccard.

其他：

Alram, M. & Klimburg-Salter, D.E. 1999. Chronological Problems Connected with Buddhist Unbaked-Clay Sculpture from Afghanistan and Surrounding Areas. In M. Alram, D.E. Klimburg-Salter (Eds.), *Coins, Art, and Chronology: Essays on the Pre-Islamic History of the Indo-Iranian Borderlands* (pp. 391−397). Wien: Verlag der Österreichischen Akademie der Wissenschaften.

Alram, M. 2014. From the Sasanians to the Huns New Numismatic Evidence from the Hindu Kush. *The Numismatic Chronicle (1966–)*, 174, 261−291 and figs.

3a–3b.

Filigenzi, A. & Giunta, R. (Eds.). 2009. *The IsIAO Italian Archaeological Mission in Afghanistan 1957–2007. Fifty Years of Research in the Heart of Eurasia. Proceedings of the symposium held in the Istituto Italiano per l'Africa e l'Oriente, Rome, January 8th 2008*. Roma: Istituto Italiano per l'Africa e l'Oriente.

Filigenzi, A. 2020a. The Myth of Yima in the Religious Imagery of Pre-Islamic Afghanistan: An Enquiry into the Epistemic Space of the Unwritten. In V. Eltschinger, V. Tournier & M. Sernesi (Eds.) *Archaeologies of the Written: Indian, Tibetan, and Buddhist Studies in Honour of Cristina Scherrer-Schaub* (pp. 171–204). Napoli: Unior Press.

Filigenzi, A. 2020b. A Space of Mobility: the Interregional Dynamics of Buddhist Artistic Production as Reflected in Archaeological Evidence. *East and West*, N.S., 1, 205–224.

Filigenzi, A. & Alram, Z. P. M. 2020. Afghanistan's Pre-Islamic Archaeology: Vulnerability, Resilience and Perspectives. In L. R. Greaves & A. Hardy (Eds.), *Religion, Society, Trade and Kingship: Archaeology and Art in South Asia and Along the Silk Road, 5500 BCE–5th Century CE*. Dev Publishers & Distributors.

Forgione, G. 2019. Clays and colours: Tracking Technologies and Theories of Vision in the Ancient Buddhist Art of Afghanistan. *Restauro Archeologico*, 27(1), 130–141. https://oaj.fupress.net/index.php/ra/issue/view/526/57

Forgione, G. 2021. Clay-based Sculptures: Analysis of Technical Aspects and Typologies. *Parthica: incontri di culture nel mondo antico, 23,* 145–176. http://www.libraweb.net/articoli3.php?chiave=202103501&rivista=35&articolo=202103501008

Kuwayama, S. 1976. The Turki Śāhis and Relevant Brahmanical Sculptures in Afghanistan. *East and West*, 26(3/4), 375–407. (repr. in Kuwayama 2002; see the section GENERAL WORKS).

Olivieri, L.M. 2021. In Noor Agha Noori, Livia Alberti, Anna Filigenzi & Massimo Vidale (Eds.), *Fieldwork Guidelines for Archaeology Officers, Revised and enlarged edition.* Kabul.

Taddei, M. 1996. Afghanistan §II, 1(ii)(b): Sculpture: c. 4th-c. 1st century BC; (c):

Sculpture: c. 1st-c. 3rd century AD; (d): Sculpture: c. 4th-c. 9th century AD; (iii) (a): Painting: c. 4th-c. 1st century BC; (b): c. 1st-c. 5th century AD; (c): c. 6th-c. 9th century AD. In J. Turner (Ed.), *The Dictionary of Art*, Vol. 1 (pp. 194–203). Oxford: Oxford University Press.

Verardi, G. & Paparatti, E. 2004. *Buddhist Caves of Jāghūrī and Qarabāgh-e Ghaznī, Afghanistan*. Rome: IsIAO.

第六讲　南高加索考古：从史前到帝国时期

罗伯托·丹（Roberto Dan）

导　论

　　南高加索及附近地区是一个十分重要的区域，但至今尚未被完全探索。此地常常被认为是西亚文明发展进程中的次级地区，生活在这里的不同群体在西亚与近东技术和产品的传播中发挥了关键作用，特别是在冶金方面。本地区史前群体的特点是内部发展进程十分复杂，与邻近文明频繁杂处互动，这在很大程度上还需深入揭示。这些特征导致山区的游牧部落成为复杂的政治实体，即在政治和经济上可与晚期亚述帝国相匹敌的乌拉尔图。本讲综述南高加索的考古发现，从史前时代早期阶段开始，到它们被大帝国吞并，直至古典时代晚期。

　　南高加索地区在地理上处于欧亚大陆的重要枢纽位置，因而在考古学中存在一系列矛盾和复杂的论述。事实上，南高加索地区连接了安纳托利亚、亚美尼亚和伊朗三大高原，以及美索不达米亚冲积平原和亚洲的大草原。因此，这里具有复杂的历史和考古学动态。高加索也被定义为"中间"地带和典型的边疆，这一概念常被用为否定意义，意味着次要地带和文明的边缘。近期，随着对高加索文化内部发展和在古代近东文明全景中真实角色的重新评估，上述趋势正逐渐改变。高加索与邻近地区间的关系常被理解为更发达地区对不发达的高原山地的离心运动式的文化影响。很明显，对高加索山地曾繁荣的地方文化缺乏了解，增强了这种解释范式。

本讲试图概述目前所知南高加索地区的主要考古学阶段，关注其中的重点问题。我们对最古老的阶段比较了解，即库拉-阿拉克塞斯文化，目前它呈现出单一且独一无二的特征；而自青铜时代中期至铁器时代早期，对发展态势的理解变得更为复杂，此时期的出土物最近也被重新评估。南高加索和亚美尼亚高原的铁器时代以等级化的政治组织的不断发展为标志，始于复杂酋邦（奈里、乌拉阿特里、艾提尼），进而形成国家（乌拉尔图），最终被帝国（阿契美尼德）兼并。这一地区加入了大帝国的历史进程，而本地的人群文化又有很强延续性，因此，除极少数的例外情况，识别考古物质材料和建筑遗存，以及复原这里被占领的动态过程及其与帝国结构的互动情况，存在客观困难。

地理环境

南高加索[①]和亚美尼亚高原[②]地区组成了一个枢纽，在多个不同的区域和景观地理单元之间，及迥异的世界和文明间扮演着分水岭和连接点的角色。著名的丝绸之路延伸至这一地区绝非偶然。对领土生态多样性的评估尤其证实了这种情况：本地区的一大部分由轮廓分明的群山和或多或少的山间峡谷组成，在安纳托利亚和伊朗高原

---

① 涉及今亚美尼亚、格鲁吉亚和阿塞拜疆三国。
② 涉及今亚美尼亚、伊朗西北部和土耳其东部。这一地理区域大致与铁器时代中期的乌拉尔图王国和阿尔塔克西时期的大亚美尼亚相当。

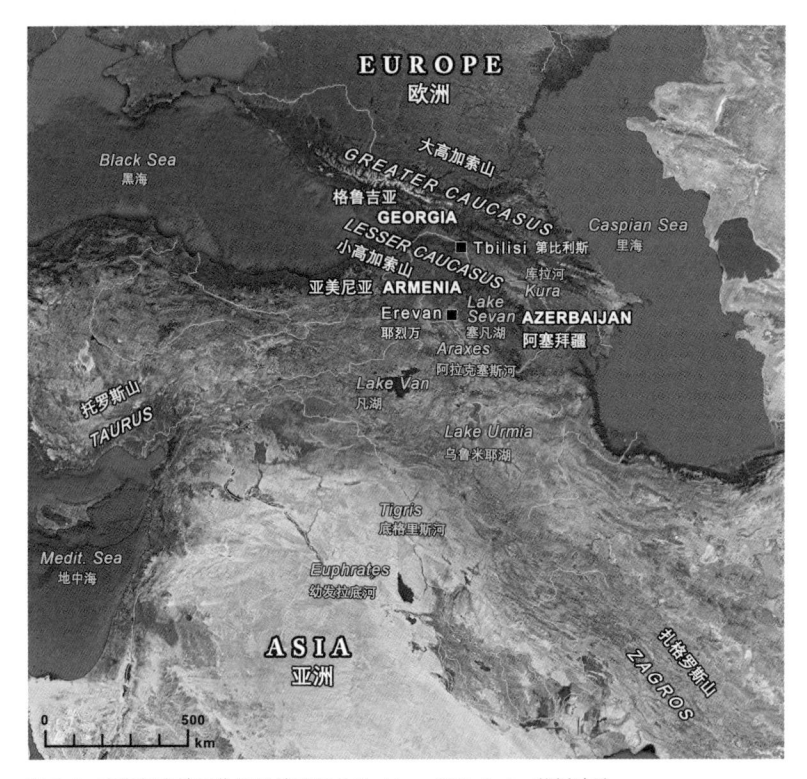

图 6-1　南高加索地区位置及地形图 © Chataigner 2016: fig. 1，戴恬改绘

之间形成了一个连续体。地区的东缘为草原最切近的分支，天衣无缝地与中亚地区相类。大部分地区的地理构造和气候特征在定义这一地区交替出现的社会中无疑扮演着基础性的角色，这些社会以显著的季节性移动为特征，经济的主要基础也是季节性迁徙放牧。

持续至今的地质构造活动和地震将大部分高加索地区形塑为崎岖的地形（图 6-1）。这片土地上高山错落，大部分由火山活动形成，其中最著名的无疑是亚拉拉特山的主峰，海拔最高达到 5137 米，以及大高加索山脉诸峰，平均海拔 3000 米，最高的厄尔布鲁士山高达 5642 米。这一地区也有丰富的水资源和河流，千百年来，河流冲击出深邃的峡谷，阿拉克塞斯河与库拉河不仅形成了地理屏障，也是重要的文化疆界。本地区最具特色之处是三大湖泊盆地：亚美尼亚的塞凡湖、土耳其东部的凡湖，以及伊朗西北的乌鲁米耶湖，后两者含盐量很高。这些大湖是所有史前群体的聚集中心。高加索地区拥有多样的生态环境和气候区域，有多种本地谷物（特别是小麦和大麦）、葡萄和其他水果、坚果树；这在最大的农耕区之一的亚拉拉特山洼地尤为明显。

史前时期（青铜时代早期—铁器时代早期）

南高加索地区的史前文化可建立一个从公元前 4000 年到公元前 750 年的年代学框架。这一时期中，有三大文化现象产生、交替。最古老的，同时也是争议最少的是青铜时代早期，此时独具特色的物质文化发展并传播，陶制品广泛分布，呈现出实质性统一的特性，这一文明被称为库拉-阿拉克塞斯文化，得名于其分布的主要河流流域（至少是在早期阶段）。学术界对其起源地区以及最新遗存的时间序列尚存争论。目前普遍接受的观点是，库拉-阿拉克塞斯文化拥有前所未见的更为庞大的社会结构，而且冲突的程度较低，基本没有专业的军事设施。

青铜时代中期的形势似乎发生了明显变化，学界普遍认同此时社群的生活方式逐步改变，定居生活变少，或基本没有定居点。因此，目前所知的这一时期的信息主要来自墓葬，只能不幸地展现社会的部分图景。事实上，就像我们在后面会看到的，认为青铜时代中期的社群回归游牧生活的观点已属陈旧。青铜时代中期的主要文化标志是独特的陶器，金属产品的重要性逐步增加也是值得注意的现象。

本地区史前时期的最后阶段一般被称为青铜时代晚期或铁器时代早期，这一时期曾被错误地认为是军事化过程爆发的时期，建造了大量堡垒，但这并不能追溯到任何明确的历史动力。此时的陶器以灰或黑色装饰的花瓶为代表，至少一直延续至整个后乌拉尔图时期，但有一些变化。事实上，应注意到所有的年代标签都是学术界为极端复杂的问题设置的简化结构，而目前的资料不足以更好地定义这些问题。在下文中，我将对这些时段进行分析，同时强调新的研究趋势，它们引发了对史前社群发展进程的全面重新评估，特别是与军事化进程起源相关的方面。

青铜时代早期（公元前 3600/ 前 3500—前 2600/ 前 2500 年）

南高加索地区的青铜时代早期以库拉-阿拉克塞斯文化为代表，它是这个地区最古老的史前时期文化。库夫京第一个以这一文化首次发现的地区为之命名[①]，即库拉河和阿拉克塞斯河之间的区域。关于库拉-阿拉克塞斯文化的起源地及最新遗存的年代序列尚存争议。事实上，深入的研究已揭示，库拉-阿拉克塞斯文化的最大范围更为广阔，包括今天的亚美尼亚、格鲁吉亚、土耳其、阿塞拜疆、伊朗以及大高加索山脉[②]（图 6-2），这还未将源自这一文化的所有方面的影响考虑在内。就此而言，加上以器型和装饰独具特色的陶器为代表的人工制品，库拉-阿拉克塞斯文化显然是

---

① Kuftin 1941.

② 例如所谓的希尔贝特·凯拉克陶器即早期青铜时代黎凡特多处遗址发掘出土的重要代表性陶器类型，见 de Miroschedji 2000, Philip & Millard 2000, de Miroschedji 2020。

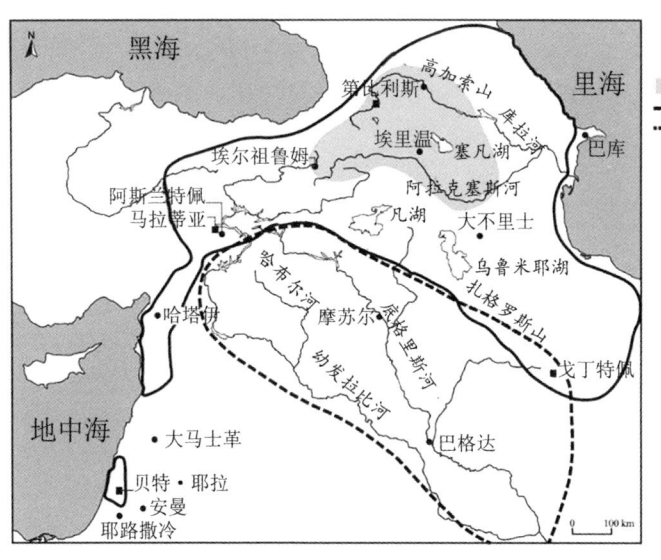

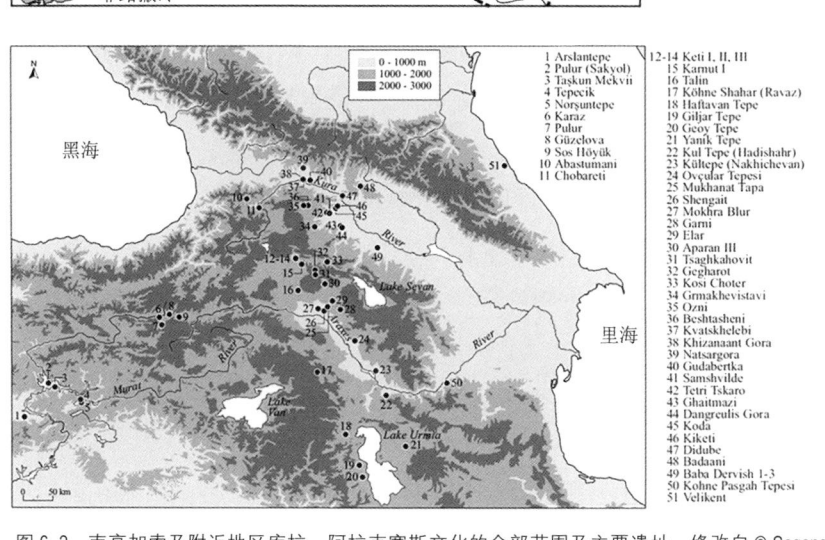

第六讲 南高加索考古：从史前到帝国时期

图 6-2 南高加索及附近地区库拉－阿拉克塞斯文化的全部范围及主要遗址。修改自 © Sagona 2018: figs. 5.1–5.2

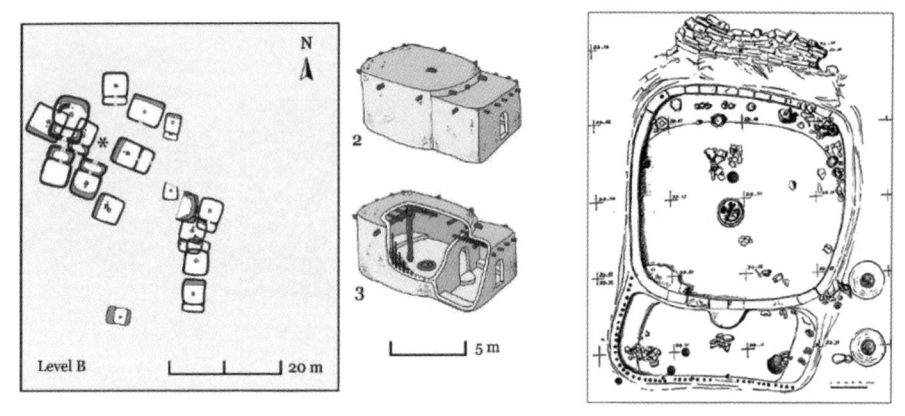

图 6-3　克瓦茨克赫勒比的青铜时代早期遗址，B 层以及房址详情 © Javakhishvili & Glonti 1962: pl.19

南高加索和亚美尼亚高原地区最著名、最易识别、被研究最多的文化现象[①]（图 6-3）。这使人们对这一时期的认识有了很大提高，包括将陶器产品根据复杂的装饰细分为库拉-阿拉克塞斯第一阶段（前 3600/ 前 3500—前 2900 年）和库拉-阿拉克塞斯第二阶段（前 2900—前 2600/ 前 2500 年）[②]（图 6-4），尽管这种划分仍存一些问题。考古调查和发掘正继续揭露出新的遗址。

目前仅亚美尼亚一地，就有超过 200 处与库拉-阿拉克塞斯传统相关的遗址，可根据陶器分为四或六组：埃拉尔-阿拉格茨、什列斯-莫克拉布鲁尔、卡努特-申加维特、艾鲁姆-泰格特和阿伊加万-圣加维[③]。这些不同的文化圈的年代前后相继；学者们目前仍

---

① 对亚美尼亚库拉-阿拉克塞斯遗址及其后遗址的简介，见 Badalyan & Avetisyan 2007。
② Badalyan 2014。
③ 更多关于识别这些陶器群的不同标准的信息，见 Badalyan et al. 2009: 42-51; Iserlis et al. 2010; Badalyan 2014: 72; Badalyan 2021: 212。

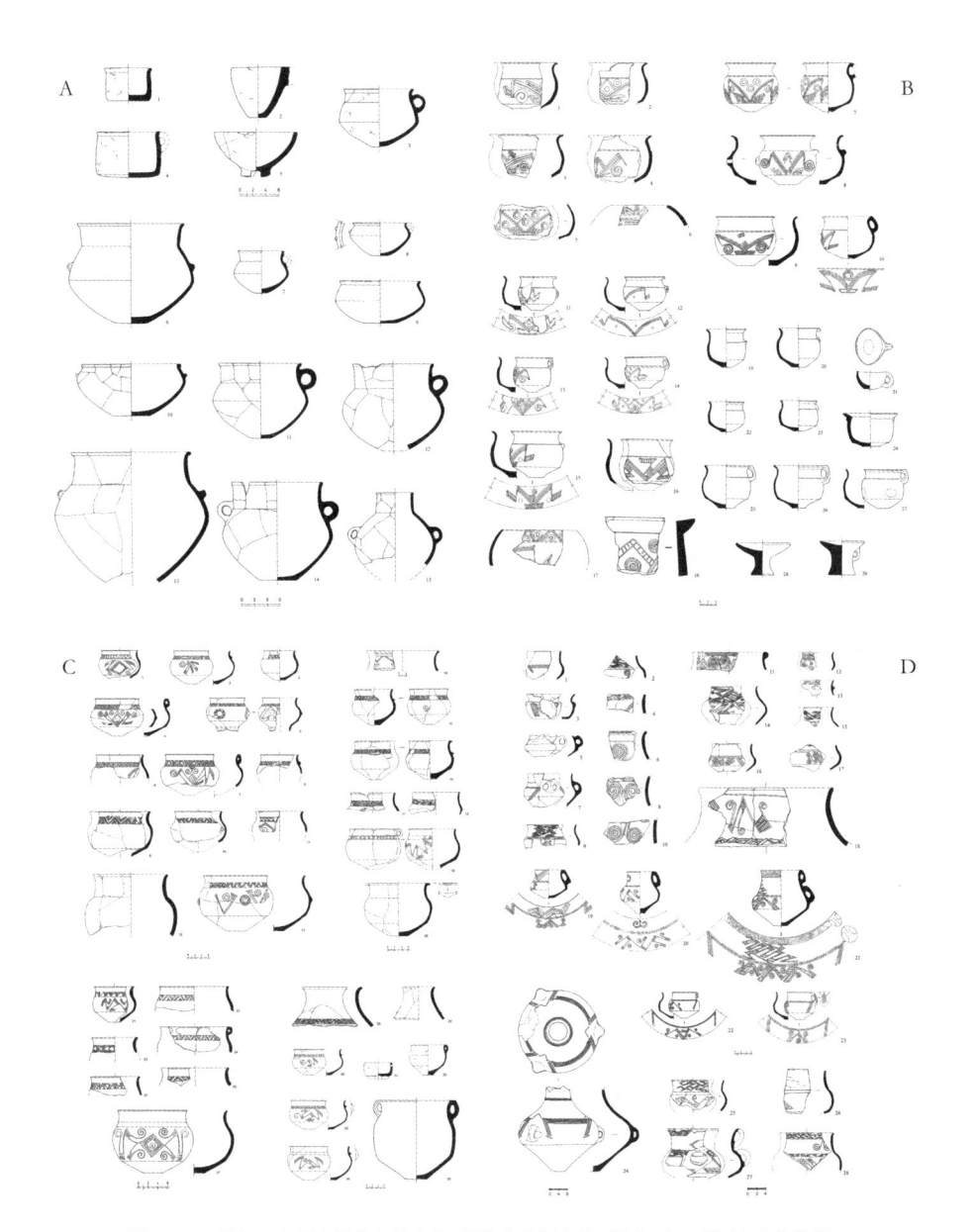

第六讲 南高加索考古：从史前到帝国时期

图 6-4 亚美尼亚不同遗址出土的库拉-阿拉克塞斯文化 I 期（A）、II 期（B-D）陶器
修改自 © Badalyan 2014: figs. 2, 6, 7-8

致力于改进这一时期的年代-类型学。巴达良于 2014 年和 2021 年对亚美尼亚的库拉-阿拉克塞斯文化开展了全面工作，提出其第一阶段的器型和装饰特征十分一致，第二阶段则有很大异质性，有特殊的器型及更为复杂和细致的装饰。

从上述简短总结中可知，库拉-阿拉克塞斯文化是一个复杂现象，也仍然是国际学术界争论的焦点。它的特征是独具特色的物质文化的发展与传播，以及广泛分布的具有实质统一性的陶器。在库拉-阿拉克塞斯文化中，可见定居人群的发达社会结构。因缺少军事性质的建筑，墓葬中也几乎没有武器出土，这些群体的冲突程度被认为很低。

青铜时代中期（公元前 2500/ 前 2400—前 1500/ 前 1400 年）

库拉-阿拉克塞斯文化的解体开启了从青铜时代早期到中期的过渡时期。公元前 3 千纪，上述青铜时代早期的传统可能已扩大到非常广泛的地域，而以时间序列和文化视角观之，其解体都受到了不同动力的影响。因此，我们可能无法真正地谈论"崩溃"。青铜时代中期处于公元前 3 千纪到前 2 千纪之间，在各方面均可见到一系列重要变化。

就年代学而言，这一时期通常可分为两个阶段：第一阶段在学术文献中称为库尔干早期（青铜时代中期第一阶段，前 2500/ 前 2400—前 2000/ 前 1900 年）[1]，以玛特科比和贝德尼两个文化为代表（图 6-5）。这一过渡阶段的定名和分期在最初就存在问题[2]。以陶器观之，青铜时代中期第一阶段仍有一定程度的库拉-阿拉克

---

[1] 对年代问题的综合评价，见 Avetisyan & Bobokhyan 2008。
[2] 青铜时代中期第一阶段也常被考虑为青铜时代早期的最后阶段：第四阶段（Sagona 2018: 301, 305）。

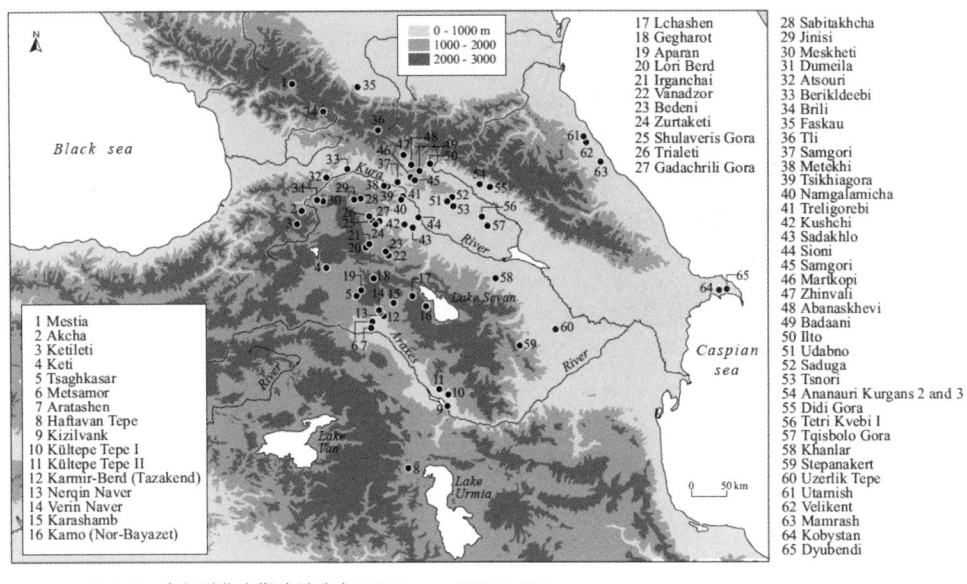

图 6-5　青铜时代中期遗址分布图 © Sagona 2018: fig. 7.1

塞斯传统残留，有黑陶花瓶，以及可令人忆及此前产品的铜器和金器，而一些器型变化已经开始。

这一时期与上一时期的断裂正表现在"库尔干早期"这个名字上，此时产生了大量新的丧葬传统，人们建造坟丘或当地称为环形石垣的石圈，这明确了此阶段在青铜时代早期到中期之间的位置，成为公元前 2 千纪及随后阶段的典型特征。阿纳努里大墓（3 号冢）提供了理解此时丧葬传统的关键背景，其发掘于 2012 年，展现了相当复杂的"建筑"和随葬品。阿纳努里大墓还展现出库拉-阿拉克塞斯文化所不见的丧葬因素，即随葬四轮木车①，这种车子可能是实用品或其模型（图 6-6）。

---

① Makharadze 2015; Makharadze et al. 2016; Makharadze & Murvanidze 2014.

图 6-6　阿纳努里大墓出土战车 © Simonyan

青铜时代中期的第二阶段（前 2000/ 前 1900—前 1500/ 前 1400 年），墓冢传统得到巩固，随葬品变得更加丰富复杂，可能意味着精英人物或首领的出现。在此阶段，第一阶段就已出现的此前陶器传统的断裂进一步加剧。首先，典型的磨光黑陶上有雕刻或凹槽装饰，伴随有在橙色或淡红色上绘制黑色几何图案或人物的花瓶。产生了形态及装饰各异的四个主要陶器传统，有不同的分布区域[①]：特里亚特–梵纳德佐尔、塞凡–乌泽里克、卡米尔·贝德和克孜尔万克或凡湖和乌尔米耶湖地区，以及彩绘传统[②]（图 6-7）。

此外，青铜时代中期还包含至少两个特色：其一是真正的珍贵物品，即人们开采和加工金银等原料创造出的标志性独特器物，如卡拉沙姆大墓[③]或特利阿勒梯 5 号墓出土的银杯[④]（图 6-8）。这两件

---

①　Kushnareva 1997: 85.
②　后一传统不仅与器型或装饰纹样相关，也在于创造了多彩的装饰系统的不同颜料，参见 Edwards 1986: 57-77。
③　Hovhannisyan 1993: 26-36, Boehmer & Kossack 2000.
④　关于特利阿勒梯墓葬的材料，见 Kuftin 1941, Zhorzhikashvili & Gogadze 1974, Rubinson 1976。

第六讲　南高加索考古：从史前到帝国时期

图 6-7　纳金·纳沃尔出土的青铜时代中期彩绘陶容器 © Simonyan 2019: fig. 4

图 6-8　卡拉沙姆大墓出土银杯　上图：© P. Avetisyan；下图：改绘自 © Kushnareva 1997: fig. 48

器物都有展现重要场景的装饰区域。其二是对金、银以及制作武器等产品的新合金锡青铜的控制,这与纪念碑性的墓葬一起,表明在酋邦模式的基础上,出现了更为复杂的精英结构。

另外必须强调,青铜时代中期的证据主要来自墓葬,因此自这个时期被定义以来,人们就认为其社会是游牧或半定居的,流动性很强[①]。这些方面现正在被重新评估,新的假设考虑了在修建防御工事背景下定居的延续性,下文会进一步讨论[②]。

青铜时代晚期或铁器时代早期（公元前 1500/ 前 1400—前 900 年）

本地区史前史的最后一个阶段是所谓的青铜时代晚期或铁器时代早期（鲁查申-梅莎摩尔或鲁查申/茨特尔戈里传统；图 6-9），其特点被认为是军事化进程的爆发性发展,产生了大量的防御性建筑群（图 6-10）。实际上,这些复杂的过程正在被重新定义,而且,这个过程的开始可能要追溯到史前时期的前几个阶段。此时期陶器的特点是器表灰/黑色的花瓶和标准化的装饰,不间断地持续了几个世纪之久,其间略有变化,至少到阿契美尼德时期为止。正因如此,加上这个阶段尚缺乏深入的年代学研究,青铜时代晚期和铁器时代早期往往被连在一起,以强调物质文化的显著连续性。正是在铁器时代早期,以中亚述为代表的美索不达米亚世界,对托罗斯和扎格罗斯山脉以北地区产生了非常强烈的影响。亚述人出于对获得高原上大量冶金和树木资源的渴望,不时对这里发动军事远征,这被认为是乌拉尔图国家形成的主要原因之一,也导致亚述文化的许

---

① Kuftin 1941.

② Petrosyan *et al.* 2020: 477–478.

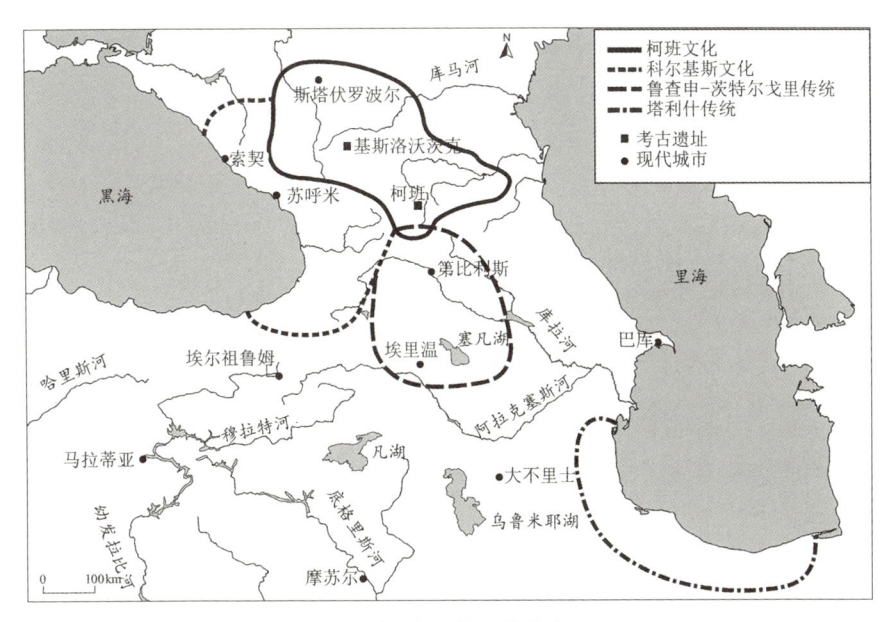

图 6-9　南高加索地区的青铜时代晚期／铁器时代早期传统 © Sagona 2018: fig. 8.1

图 6-10　鲁查申堡垒航拍图 © Kotayk Survey Project Archive

多元素进入这些地区。这种互动和内部政治重组的过程构成了乌拉尔图王国建立的基础。

专栏 6-1：南高加索的军事化进程

"军事化进程"的定义意味着，建筑、物质文化或图像等所有考古学材料，都与战争考古学有直接联系。这些方面与南高加索地区特别相关，因为这里整个地区从史前时期直至今天，都存在着被定义为"特有"的冲突。因此，很长时间以来，南高加索地区的考古学证据都受此影响，例如，以一连串防御工事或防御性建筑群为特征的考古学景观通常在考古学的文献中被定义为"堡垒"[1]。由于缺乏防御性建筑群的发掘与调查数据，这一地区的年代学研究尚不深入，影响到对军事化的研究。其直接结果是，高加索的军事化进程被理解为发生在史前的某一特定时期的事件，即青铜时代晚期或铁器时代早期（前1500—前900年）[2]。

直到最近，这个复杂而又迷人的主题才在整体上被重新考虑，将军事化进程作为一个考古学的进程展开分析，并确定其历时性特征[3]。定义军事化进程的基本考古标志首先与建筑相关：遗址的地理位置

---

[1] "堡垒"一词代表着一种防御性的结构，其内部在一定程度上复杂且根据功能划分区域。在南高加索地区，不是所有防御性的建筑都能被认为是堡垒，所以我们更倾向于使用更为通用的"防御性建筑群"一词。

[2] 由于这两个时期有很强的连续性，以及物质文化的同质性，在考古学上很难把它们区分开来。

[3] Dan & Cesaretti 2021b: 1-19; Dan & Cesaretti forthcoming a.

第六讲　南高加索考古：从史前到帝国时期

具有战略性，是可防御的，或自然地具有防御性，或有利于控制领土；城墙、瞭望塔、壁垒等防御体系存在与否；控制最优交通路线的可能性；等等。另一个方面则是陵墓或神圣性建筑中或多或少发现的武器，他们与战士的增加或宗教及丧葬仪式相关。最后，军事化进程的第三个基本元素是冲突、战争或相关事件场景的图像再现。基于这些标志，在南高加索的广大地区，可见军事化进程在青铜时代晚期或铁器时代早期之前很久就已开始；目前已被注意到的第一个标志是在青铜时代早期（公元前 3600/前 3500—前 2600/前 2500 年），主要以库拉-阿拉克塞斯文化闻名。武器在青铜时代早期的墓葬中即已大规模出现[1]，与此同时，防御工事也已为人所知，如土耳其东部的索斯土丘遗址[2]、亚美尼亚的莫克拉布勒（Ⅰ层）、阿达布卢尔（有2米宽的泥砖墙）[3]，以及伊朗西北部的拉瓦兹/科恩·沙哈尔[4]。还有其他遗址可能与库拉-阿拉克塞斯文化[5]的防御工事相关，而相反，目前还没有与军事化进程相关的图像系统。这些方面表明，此时尽管存在冲突，但与史前的青铜时代中期（公元前 2400—前 1500 年）相比，这种冲突还没有在地方盛行起来。

---

[1] 例如所谓的阿斯兰特佩"王陵"（Palumbi 2007: 29–30, figs. 9, 11; Frangipane 2014: 179）。

[2] Sagona 2000: 332; Sagona & Sagona 2000: 58–59, figs. 27–28, 36–37; Sagona & Sagona 2009: 59; Sagona 2018: 242.

[3] Kushnareva 1997: 75; Areshian 2005: fig. 14; Sagona 2018: 241.

[4] Kleiss & Kroll 1979: 31–34, fig. 7; Kroll 1994; Areshian 2007: 45; Bayami & Alizadeh 2014.

[5] 相关遗址例如阿里奇、埃拉尔、沙格拉玛 II-III、札格塞塔克、詹博德/阿拉加索特、加尼、古达贝特卡、加拉凯佩克特佩、梅恩特佩、汗特佩，以及肖姆特佩，参考了 Kushnareva 1997 及相关引文。

299

公元前3千纪和前2千纪之交，墓葬中随葬的武器逐渐增多，武器系统也多样起来，一些特定战争武器的生产可能专业化了。此外，尽管这一时期的发现以墓葬为主，但也有许多遗址恢复了石墙或泥砖墙等防御系统，如泽利克特佩[1]和纳希切万的库尔特佩[2]引人注目的发现。关于青铜时代中期的另一个基本方面是存在表现武装冲突的图像系统，首当其冲的即为卡拉沙姆大墓中出土的银杯[3]。据青铜时代中期的考古证据可推断，军事化进程以及对战士形象的定义正在结构化，冲突往往变得越来越"流行"，这个过程可以说是在青铜时代和铁器时代早期之间的过渡阶段完成的。这一时期的特点是与前一阶段有很大的连续性，一些非常重要的墓葬为重建军事化进程提供了重要材料[4]。例如，墓葬中反映出，在青铜时代中期已初露端倪但未被普及的青铜剑，此时已普遍使用。在这一阶段，也很有可能出现了骑马作战，可从墓葬中出土的和图像中展示的马具得到证明。在这方面，我们必须提到带有复杂图像的青铜腰带，这些腰带上虽无直接的战斗场景，但经常表现出阅兵的场景[5]。在建筑方面，这一时期防御体系可能普遍加强，即使正如我们所看到的，它们并非这一时期首次出现。

下一阶段，即铁器时代中期（公元前900—前600年），比亚/乌拉尔图国家已在这片领土上建立。在重建军事化进程方面，乌拉

---

[1] Kushnareva 1997: 208; Sagona 2018: 369.

[2] Aliev 1977: 31.

[3] Hovhannisyan 1992; Boehemer & Kossack 2000; Rubinson 2003.

[4] 相关例子如鲁查申（Petrosyan 2018）、阿蒂克（Khachatryan 1979），以及希拉卡万（Torosyan et al. 2002）。

[5] 这也是重建战争中使用马匹的有效材料。对于阅兵场面的重新解释，请参考斯坦潘纳万的腰带的例子。

第六讲　南高加索考古：从史前到帝国时期

尔图标志着一个转折点，此前的冲突现象被描述为酋邦之间或频繁或稀少的冲突，或是一种地方性的规模，而此时则进入一个国际性的框架中。乌拉尔图与亚述、叙利亚-赫梯诸国以及马纳等国家间爆发了大规模冲突。就建筑而言，乌拉尔图人对本地区的影响十分强烈，重塑了防御性建筑群的概念。事实上，如果此前的遗址都是以防御为目的，尽可能建在高处或易守难攻的地方，随着这些地区被纳入国家之中，堡垒倾向于更严格的领土控制，因而建在了半山腰。乌拉尔图人的控制体系实际上是复杂的，并与等级性的基础相适应，这一点在考古景观的结构中也可以发现（图 6b-1-1）[1]。乌拉尔图时期军事化进程转变的例证，是出土于安泽夫遗址的所谓盾牌[2]，其为乌拉尔图青铜器生产中最具图像性的物品之一。盾牌上的场景十分重要，表现了哈尔迪神率领众神直接与一支军队进行武装对抗，而这支军队显然在神灵的攻击下屈服了（图 6b-1-2）。哈尔迪神庙中普遍存在的武器证明他是一位战神。因此，从意识形态的角度来看，乌拉尔图时代的冲突规模不仅由地方转为国际，而且还具有重要的宗教意义。据此，我们可以注意到军事化进程是如何在铜石并用时期到青铜时代早期在该地区出现，并逐渐深具地方性的，这是一个长期的过程，并将成为自史前时期至阿契美尼德占领这一地区前的南高加索地区的特征。

---

[1]　关于这方面的复原，见 Biscione & Dan 2011, Biscione 2012。
[2]　Belli 1999: 34–88.

图 6b-1-1　戴维提·布勒 / 阿尔吉什蒂尼尼利王宫-堡垒航拍图 © Kotayk Survey Project Archive

图 6b-1-2　安泽夫青铜盾牌局部 © Belli 1999: fig. 17

第六讲　南高加索考古：从史前到帝国时期

铁器时代中期或乌拉尔图王国时期（公元前900—前600年）

在对南高加索地区历史事件的复原中，比亚或乌拉尔图王国是非常复杂且极有意义的政治实体[①]。乌拉尔图诞生于奈里和乌拉阿特里部落的逐步统一中，也可能与托罗斯和扎格罗斯山脉北部和东部的其他部落实体有关。乌拉尔图的影响在南高加索诸群体的发展中有非常重要的意义，其政治史的影响在解体后的数个世纪还有回响。乌拉尔图最盛期的领土与阿尔塔克西王朝时期的大亚美尼亚大致相当，几乎完全占据了通常所称的亚美尼亚高原。但只有南高加索的一部分，或相当于现代亚美尼亚的领土，在某种程度上处于乌拉尔图王国的直接控制之下。无论如何，包括格鲁吉亚和阿塞拜疆在内的所有南高加索领土都在经济和军事上与乌拉尔图互相影响。事实上，在直接和间接控制模式下，或更简单的影响模式下，或多或少都能找到乌拉尔图与部落性质的地方群体交流互动的明显痕迹（图6-11）。

同时，乌拉尔图的文化也吸收了南高加索地方群体的多种典型文化元素[②]。随着乌拉尔图的出现，南高加索地区军事冲突和经济联系的规模达到了前所未有的程度，被纳入超越区域的互动之中。乌拉尔图作为绝对独特的政治实体出现，是一个新统治阶层统一融合的结果，其来源不明，其中大量的部落群体以游牧经济为生，在中亚述时期（前14—前10世纪）以来的文献中被称为奈里和乌拉

[①]　关于乌拉尔图，见 Salvini 1995; Kroll et al. 2012; Çifçi 2017; Avetisyan et al. 2019; Zimansky 1985。

[②]　例如，虽然乌拉尔图的聚落体系力图模仿亚述世界并受其文化影响，但仍然是一个非城镇系统，保有丰富的地方传统。与美索不达米亚冲积平原不同，我们在南高加索地区尚未看到真正的城市的诞生，直至阿尔塔克西王朝时期在泽纳基特佩进行了一些未完成的尝试。关于这些方面，见 Dan forthcoming a。

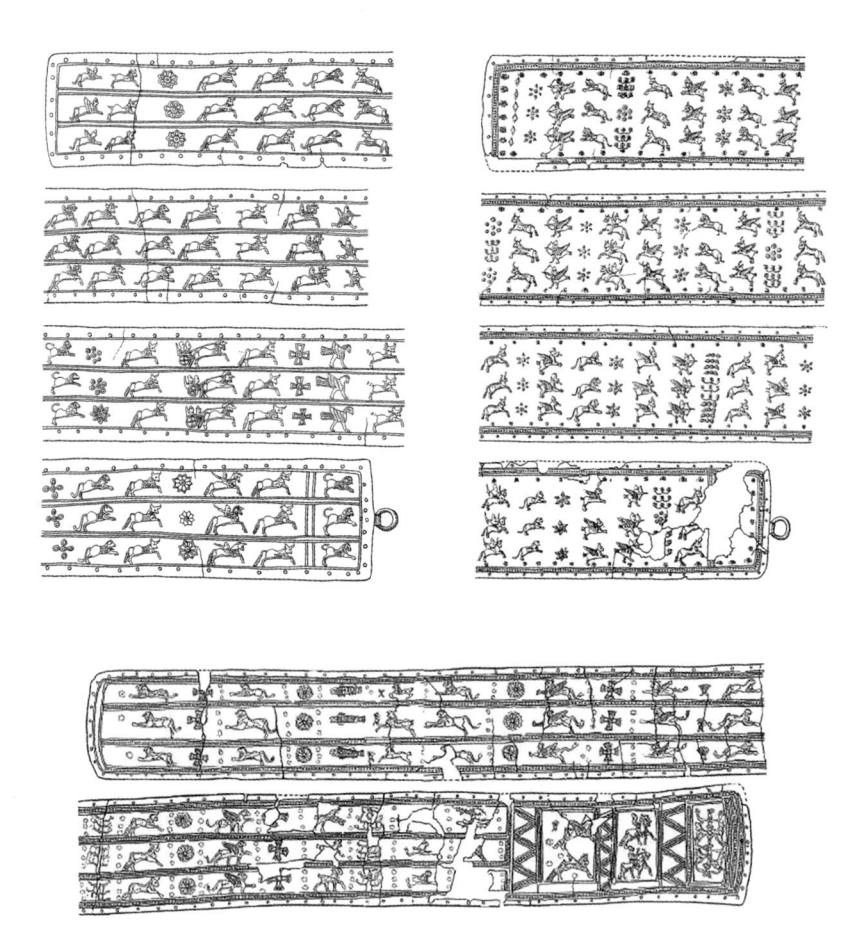

图 6-11 特里出土的 3 条金属腰带，上有高加索、乌拉尔图/亚述，以及游牧图像元素
修改自 © Techov 1981: pls. 94, 127; Techov 2002: pl. 100.8

阿特里部族。原有的文化基底被一系列来自美索不达米亚北部的文化元素包围，其中最明显的是采用了楔形文字（图 6-12），且将农业发展到前所未有的规模。乌拉尔图的政治历史可以划定在公元前 10 世纪和公元前 6 世纪之间，分为三个基本阶段（表 6-1）。

第六讲　南高加索考古：从史前到帝国时期

图 6-12　乌拉尔图楔形文字刻石（CTU A5-3），乌拉尔图王伊什普伊尼之子米努阿制作 ©Dan

1）乌拉尔图"史前"阶段。我们关于这个新政治实体的信息来自亚述文献的记载，其中提到了亚拉姆，即乌拉尔图人，证明这个新的政治实体在公元前 9 世纪已经存在并处于发展过程中。本地文献的缺乏，以及考古调查的有限，使这一阶段处于暧昧之中。下一阶段的一些铭文可间接地重建这段历史的某些方面[①]。在这一阶段，奈里和乌拉阿特里部落的统一进程已经逐步展开。

[①]　指被称为哈尔迪门的梅赫门，其上有乌拉尔图目前发现的最长的一段宗教铭文（CTU A 3-1）。这段所谓伊什普伊尼和米努阿共同执政时期的文字（公元前 9 世纪后半叶），只是一份向众神祭祀牺牲的长名单，不过是奈里和乌拉尔图人的地方信仰。关于其他方面，见 Dan 2019a: 232—235。

表 6-1　亚述和乌拉尔图王国年表

Re assiri	sincronismi		Re urartei	
Salmanassar III (859-824 a.C.)	cita Ar(r)amu l'Urarteo (anni 859, 856, 844)		[nessun documento di Aramu]	
Salmanassar III (anno 832)	cita Sēduri, l'Urarteo (ca 840-830)	=	documenti indigeni di: Sarduri I, figlio di Lutibri*	[A 1]
Šamši-Adad V (823-811)	cita Ušpina (820)	=	[*nessun documento di Lutibri] Išpuini, figlio di Sarduri (ca 830-820)	[A 2]
			Testi congiunti di Išpuini e Minua (ca 820-810)　[+ Inušpua A 4]	[A 3]
			Minua, figlio di Išpuini (ca 810-785/780)	[A 5]
Salmanassar IV (781-772)	cita Argištu/i (774)	=	Argišti I, figlio di Minua (785/780-756)	[A 8]
Assur-nirari V (754-745)	è citato da (754)	=	Sarduri II, figlio di Argišti (756-ca 730)	[A 9]
Tiglatpileser III (744-727)	cita Sarduri / Sardaurri (743, 735?)	=	Sarduri II	
Sargon (721-705)	cita Ursā / Rusā (719-713)[1]	=	Rusa I, figlio di Sarduri II (ca 730-713[2])	[A 10]
Sennacherib (704-681)	cita Argišta (anno 709) [nessun sincronismo urarteo]	=	Argišti II, figlio di Rusa (713-?) —	[A 11]]
Asarhaddon (681-669)	cita Ursā (672)[3]	=	Rusa II, figlio di Argišti (prima metà del VII sec.)	[A12]
Assurbanipal (669-627)	cita Rusā (652)	=	Erimena (^{LÚ}ašuli ?)[4] Rusa III, figlio di Erimena Sarduri (^{LÚ}ašuli ??), figlio di Rusa III [UPD 1 = CTU CT Kb-1]	[A 14]
Assurbanipal	cita Ištar/Issar-dūrī (646/642)	=	Sarduri III, figlio di Sarduri [scudo KB 57-219 = CTU B 16-1]	

2) 乌拉尔图"历史"阶段。乌拉尔图国王在岩石、金属和其他材质上使用楔形文字①。这一阶段是王国的鼎盛时期，与晚期亚述帝国的年代相当，乌拉尔图与之相比经常被贴上边缘的标签。亚述与乌拉尔图的互动主要通过间接的方式呈现，可以定义为二者同时通过调整对境外群体的政策，扩张各自的统治领域。直接的冲突

---

① 乌拉尔图的历史阶段得以复原，有赖于最近被收录在伟大的全集中的本地文献 (Salvini 2008; Salvini 2012; Salvini 2018)，以及亚述晚期的材料。关于乌拉尔图的历史，见 Salvini 1984: 9–51, Salvini 1995: 18–121; Salvini 2006。

和入侵并不常见。

3) 乌拉尔图政权逐渐瓦解的阶段。与形成期相似,放弃了书写并退回到政治分裂态势,有大量独立于中央政权的小政权。乌拉尔图的物质文化虽然被改良并与当地传统融合,但很大程度上仍一直延续到阿契美尼德人占领该地区及以后。

对乌拉尔图政权的性质有许多讨论,有从半区块化国家到帝国的多种意见[①]。尽管给古代政治实体贴上现代标签是困难的,但我们可将乌拉尔图更多地定义为一个实体国家,而非帝国。在对乌拉尔图历史事件的总体评价中,乌拉尔图历史的主要阶段无疑是皇室大臣们使用楔形文字之时,这肯定也是最为人所知的一段时期。楔形文字文献直接和间接地复原了乌拉尔图的政治组织情况、对各省的控制和行政[②],以及宗教组织情况[③]。考古调查及对乌拉尔图物质文明的分析,识别出乌拉尔图王室的一些标志,它们由统治精英逐步引入,既是为了政治合法化,也是为尝试在乌拉尔图从史前时期就开始逐步统一的诸多酋长团体中创造一个新的认同。

乌拉尔图统治者选择了一系列认同符号,显然意在乌拉尔图国"史前"阶段统一的人群中创造一个新的集体认同。这些符号也被定义为"乌拉尔图国家组合",包括楔形文字(图6-12),其使用方式在近东文明中是特殊的,某种程度上是独一无二的;宗教被用作统治的工具,尤其是神庙建筑,其中塔式神庙(乌拉尔图语为

---

① 关于这些方面,见 Dan forthcoming b,以及此前的文献。
② 亚述国王萨尔贡二世(公元前721—前705年在位)的情报文献可复原关于乌拉尔图的领土控制组织的一系列有趣信息,见 SAA V。
③ Trémouille & Dan forthcoming。

图 6-13 发掘中的阿扬斯乌拉尔图殿堂 © M. Salvini

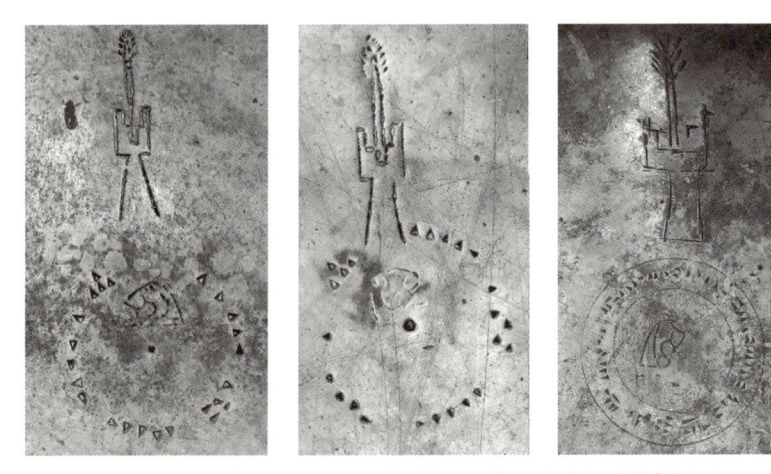

图 6-14 3 件乌拉尔图皇家用碗上表现的模式化塔庙，亚美尼亚卡米尔-布勒遗址出土 © Dan

susi；图6-13）成为王室最伟大的象征之一（图6-14）；军事建筑（图6-15）在这些地区呈现独有的特征；发现于每个乌拉尔图遗址的红色抛光和烧制的陶器，其比例与该遗址在乌拉尔图政治组织中的重

图 6-15　土耳其恰武什特佩乌拉尔图时期的墙体遗存 © Dan

要性相称[1]（图 6-16）。这些符号大多被推断源自亚述世界，因乌拉尔图的亚述化进程而产生，开始于公元前 13 世纪亚述增加军事力量远征托罗斯北部之时[2]。

无论如何，乌拉尔图并非盲目照抄亚述模式，而是逐步调整修正了原始的样本，形成图像和建筑领域的独特性发展。乌拉尔图王国文化的一些方面牢牢扎根于南高加索和亚美尼亚高原的地方传统，而其他一些方面则总体上进行了自主性和创新性发展[3]。乌拉尔图的政治组织独具特色，由总督管理各州，他们大部分出身于王

---

[1] SAA V.
[2] Zimansky 1995; Dan 2019a; Dan 2021.
[3] 如庙宇建筑的引入及发展，以及所谓乌拉尔图建筑"模块"的发展，见 Dan 2017; Dan & Herles 2017。

图 6-16　乌拉尔图红色磨光陶器 © Erdem & Konyar 2011: 278

室,代表国王管理经济活动并守卫领土。国王及王庭常常移动,大量堡垒式的皇宫散布于领土之内,它们常被冠以国王的名字。聚落的类型与此前相比有惊人的变化,也从考古学的角度证明了可从文本推断之事,即一个渴望高度集权的国家的诞生。

与以前的社群相比,乌拉尔图人的防御工事往往建在全新的地方,不再放在山顶,而是位于半山腰。这证明他们不是为了抵御外部势力（这是史前时代的最大特点），而是出于对交通路线和平原进行系统控制的渴望，目的是在他们拥有的土地上进行集约化农业开发。乌拉尔图的军事系统以高度层级化的防御工事体系为基础，这些防御工事有不同的尺寸和功能，在这一地区形成了一个整体。这种军事体系十分有效，因此被乌拉尔图之后的政权，特别是阿契美尼德帝国再次利用。乌拉尔图行政体系的中心是都城图什帕，位于凡城附近凡湖的东岸。

乌拉尔图疆域内气候条件恶劣，冬天严酷漫长，有明显降雪，意味着许多地区在一年中有数月都与王国中心隔绝，与都城失去联系。这种气候条件及其对政治组织的影响，是乌拉尔图的长处也是局限。极端的气候和漫长的冬季使亚述帝国难以像对待绝大多数竞争对手那样，攻克乌拉尔图并将之纳入自己的版图。另一方面，这种条件也带来了长久的不稳定性，地方统治者总是尝试从中央政权中独立出来。无论如何，这个系统使乌拉尔图文化在乌拉尔图王朝结束后依然存在，至少延续到阿契美尼德最终征服南高加索和亚美尼亚高原时。事实上，乌拉尔图在亚述帝国衰亡后还存在了数十年，这种情况肯定与两个政治实体不同的政治组织有关。

评价乌拉尔图的一个非常重要的方面，是它的文化从未取代地方文化，而是加入其中。在这种情况下，可在年代学上将亚美尼亚的铁器时代分为早、中、晚三个阶段。在乌拉尔图文化没有出现或只有部分被识别出来的地方，年代学变得十分复杂。对乌拉尔图直接控制的地区以及与之有关联的地区，也有必要考虑当地物质文化产品的延续性。从公元前7—前6世纪起，我们才可以看到乌拉尔图"王室组合"与地方文化融合的结果。

专栏 6-2：亚美尼亚-意大利考古学研究：科泰克调查项目与瓦约茨佐尔项目

亚美尼亚虽是一个小国，却拥有独特的文化遗产和千余年的历史。它位于大高加索山、安纳托利亚平原、美索不达米亚的交界地带，这一地理位置使其发展出至今仍在一定程度上可见的繁荣文化，但这些文化尚未被充分揭示出来。在史前阶段，这一地区的文化被具有乡土特色的族群支配，其中或多或少也可见跨地区交流的迹象，自公元前1千纪起，随着乌拉尔图王国的发展，亚美尼亚进入历史阶段。乌拉尔图王国衰亡后，出现了一系列地方君主，他们聚集成为本地区的第一个本土王朝奥龙特斯。这一王朝统治了很长时间，随后其他王朝兴起，它们有时是独立的，但更常处于以伊朗为代表的大帝国的轮流控制之下。

亚美尼亚-意大利考古队在这一地区积极开展了科泰克和瓦约茨佐尔两个研究项目，旨在调查最早的复杂社会及其与邻近地区的关系，研究乌拉尔图王国的出现及其与地方群体的交流互动，以及从乌拉尔图消亡至阿契美尼德帝国统治开始的转变。以此为目标，科泰克调查项目于2013年启动[①]，项目领队为阿图尔·佩特罗斯扬（亚美尼亚国家科学院考古与民族学研究所/埃里温国立大学）和罗伯托·丹（托斯卡纳大学/意大利地中海与东方学国际研究协会），执行单位为亚美尼亚共和国科学院考古与民族学研究所及意大利地中海与东方学国际研究协会，并得到意大利共和国外交与合

[①] 关于此项目，见 Dan & Petrosyan 2017; Petrosyan *et al.* 2020; Petrosyan *et al.* 2021。

作部资助。2016年，在同样的协议下，启动了瓦约茨佐尔项目[①]，由鲍里斯·加斯帕杨、阿图尔·佩特罗斯扬和罗伯托·丹共同领队。两个项目均包括广泛而细致的地面调查，旨在绘制首张旧石器时代至中世纪的区域考古地图，以及进行不同程度的考古发掘，以清晰阐释一系列具有特殊历史-考古意义的遗址中的人类活动。2013—2022年，在科泰克开展的一部分考古工作确认了超过200个考古遗址，其中大部分从未公布，并对其进行了系统的研究；对一些遗址展开了探索性发掘，以明确它们的年代；除此之外还发掘了索拉克-1、柏迪达、提格特、梅赫拉卓尔和杰拉瑞特遗址（图6b-2-1）。

毫无疑问，项目最有价值的成果是发现并大范围勘探了索拉克-1/瓦萨克遗址，通过预测性的考古模型确认了遗址，并于2019年获得了著名的欧洲文化遗产奖研究类奖项。索拉克-1/瓦萨克

图 6b-2-1 杰拉瑞特遗址发掘的青铜时代晚期墓葬 © Kotayk Survey Project Archive

[①] 关于此项目，见 Dan *et al.* 2018; Gasparyan *et al.* 2020。

遗址的范围超过32公顷，可分为从旧石器时代中期到中世纪的五期，可以合理地认为是科泰克甚至整个亚美尼亚最重要的考古遗址之一（图6b-2-2）。项目对遗址的许多地点都开始开展考古学调查，以明确遗址的时代，其中最重要的是广泛调查了年代明确为公元前8世纪、乌拉尔图国王为控制赫拉兹丹河谷而建的防御工事（图6b-2-3）。后续几年将完成对这一建筑的发掘，这是第一次在约等于亚美尼亚高原的范围内（土耳其东部、亚美尼亚和伊朗西北部），完全发掘这种类型的建筑，随后将对其进行加固与修复，建设生态-考古学公园，不仅提升建筑遗产本身，也优化与人类行为密切相关但受人类影响很小的环境和景观。建设这种类型的公园，旨在发展尊重当地领土和传统的可持续性旅游，无疑将成为繁荣地方机构和人民文化的绝佳机会，他们将参与到公园建设和管理的各个阶段和层级之中。与此同时，游客量的增加和当地工艺品的发展肯定会成为考古遗址周围村庄的直接或间接重要经济来源，他们将被直接纳入公园的有机管理和协作计划中。

瓦约茨佐尔项目包括地表调查和发掘工作，目标为绘制一幅该地区的考古地图。该项目源于非常重要的阿雷尼1号洞穴调查的一部分，这一洞穴发现了非同寻常的铜石并用时期的证据，其中包括被认为是世界上最古老的"酒窖"的复杂设施。2016—2019年期间开展的一部分活动，确认并研究了80个考古遗址，其中大部分是未公布的。在属于不同时代的考古遗址中进行了六处不同的试验性发掘。阿雷尼2号遗址位于著名的阿雷尼1号遗址对面，是一个非常重要的史前遗址，使用年代为全新世至铜石并用时期。在蒂格拉纳森1号遗址内，确认了整个地区最早的青铜时代中期的定居点之一。科什克堡垒的城墙仍残存近四米高，被证明是乌拉尔图人在

第六讲 南高加索考古：从史前到帝国时期

图 6b-2-2 亚美尼亚索拉克-1 / 瓦萨克遗址航拍图 © Kotayk Survey Project Archive

图 6b-2-3 索拉克-1/ 瓦萨克遗址建筑 A 航拍图 © Kotayk Survey Project Archive

该地区的主要权力中心之一。2018年在蒂格拉纳森1号遗址和科什克的探索性发掘将在未来几年内恢复进行。广泛的发掘工作正在两个重要的遗址进行：莫赫罗特，其人类活动的相关层位主要属于青铜时代早期（库拉-阿拉克塞斯文化）和铁器时代晚期，以及耶尔品1号遗址。后者揭示了整个亚美尼亚最长和最有发展前景的地层序列之一，材料的年代从青铜时代早期到中世纪，其间人类行为几乎没有中断。该遗址的特点是，在一个巨大的岩石山嘴两侧分布着多个时期的墓地，保存了一系列非凡的岩石作品，包括一个石室、楼梯和阶地，技术工艺卓绝，可以肯定是乌拉尔图王国的产物。在格尼西卡兹罗的发掘也非常重要，它是一处包含不同时期的定居点，并有中世纪的重要建筑。该遗址也为建设博物馆而展开了保护和修复工作。总的来说，这两个项目体现了国际机构和学者间的合作，以一个跨学科的专家团队为基础，使推进对发掘和勘探所获材料的研究成为可能，如实验室考古分析（使用 ^{14}C 和树轮年代学对遗物进行测年、原产地研究）、植物考古学研究、体质人类学研究、材料和建筑的保护和修复等。

在格鲁吉亚和阿塞拜疆，乌拉尔图只进行了零星的战争，并仅对商业联系有兴趣，所以仍难以清晰地区分铁器时代的不同阶段。我们对乌拉尔图政治权力消亡的方式知之甚少，甚至可说是一无所知。多年来学者们提供的无数假设证明了这种不确定性[1]，其根本原因是铭文和考古材料的缺乏。必须被考虑到的基本因素是乌拉尔

---

[1] 对学者们多年来提出的乌拉尔图衰亡日期的研究，见 Hellwag 2012: 238–241。

图王国的性质、地理和气候、行政体系，使一些地区或茨曼斯基所谓的"岛"①，在统治王朝消亡、中央政权结束后幸存了下来。这是因为地形和气候造成了王国的中心凡城平原与其他地区的长期隔绝。乌拉尔图国王在这方面遇到的困难体现在每年对同一地区进行的无数次军事远征上——这些地区在经历了漫长严酷的冬季后，可能试图从中央政权独立出来。

统治王朝的消失以及首都和整个乌拉尔图国家体系的崩溃无疑令人痛苦难忘，但这可能比同时期的亚述晚期首都亚述古城（公元前614年）和尼尼微（公元前612年），以及随后的哈兰（公元前609年）的崩溃要好很多，它们被攻克导致亚述帝国体系立即解体。因此，我们必须设想，图什帕可能的被征服和毁灭（我们对此一无所知，如果它是被征服的话，我们既不知道日期，也不知道谁实际征服了它）并没有产生与亚述帝国崩溃相同的连锁后果。"季节性"结构肯定保证了乌拉尔图中心的生存，它们首先与伊朗地区建立了关系，有一个相互影响的过程，然后——正如我们将看到的——一直存活到阿契美尼德时代。

专栏6-3：格鲁吉亚-意大利考古学研究：萨姆茨赫-扎瓦赫季项目

2017年，在亚美尼亚积极开展工作的地中海与东方学国际研究协会南高加索考古队，在格鲁吉亚南部启动了新的研究项目，项目

---

① Zimansky 1985.

由格鲁吉亚方瓦赫唐·利切利（第比利斯国立大学/格鲁吉亚考古协会）和意方罗伯托·丹共同领队。这一新项目名为萨姆茨赫-扎瓦赫季项目[①]，是格鲁吉亚考古协会和地中海与东方学国际研究协会于 2017 年签订的有效期 3 年的谅解备忘录的一部分，于 2020 年续约 5 年。项目的主要学术目的是调查公元前 9 世纪中期至前 7 世纪中期乌拉尔图王国的北部边疆，或更确切地说，调查是否存在明确定义的边疆、铁器时代中期地方群体的关系，以及乌拉尔图诸王编年史中记载的北伐的实际范围。为了这些目的，项目选定格鲁吉亚南部与亚美尼亚和土耳其的边境地区，这里地域辽阔，通常很少进行考古学调查研究。

事实上，如果说直到几年前，具有明确的乌拉尔图特征的最北堡垒是位于希拉克平原的霍罗姆堡垒[②]，那么最近发现的阿马西亚遗址使我们有可能将至少某一时期的乌拉尔图人控制的边界进一步向北推进。这个遗址的发现，加上位于今格鲁吉亚南部和亚美尼亚北部的领土间没有明显的地理障碍，使我们相信乌拉尔图人有可能进入了今天的萨姆茨赫-扎瓦赫季地区，尽管可能只是短暂的。正如前文已经部分提到的，原址出土的一些乌拉尔图人的铭文加强了这一假设的可信性，如今天土耳其东北部石桥遗址附近发现的阿吉斯之子萨杜里二世的铭文（CTU A 9-5），这是在军事战役后返回时刻制的，其中肯定涉及了格鲁吉亚南部领土[③]。同时，在格鲁吉亚越来越频繁地发现了乌拉尔图或受乌拉尔图影响的材料（克利亚

[①] 关于项目见 Dan *et al.* 2019; Licheli *et al.* 2020; Licheli *et al.* 2022。

[②] Badalyan *et al.* 1992: 31–48; Badalyan *et al.* 1993: 1–24; Badalyan *et al.* 1994: 1–29.

[③] 关于这些铭文中包含的地名，见 Dan 2020。对向阿普尼进军的分析，其地被认为是萨姆茨赫-扎瓦赫季的阿布里遗址地区，见 Dan & Trémouille forthcoming。

尼·格拉、霍夫勒·戈拉、奇尔萨、伯塔卡纳、丹卡利等），证明这里存在重要的文化渗透。

项目源起于主要涉及铁器时代的特定阶段的问题，随后在该地区展开了广泛的调查等田野活动。项目通过对学术文献[①]的研究以及遥感技术寻找遗址，以直接在地面上定位遗址验证所得结果，随后收集地表文物，主要是陶器，并在地面进行摄影记录，使用无人机进行空中摄影测量。前一阶段的工作整体记录了153处考古遗址（图6b-3-1），提供了非常丰富的、基本上尚未研究的考古材料。由于本地区的考古遗址数量较多，因此有必要暂时将行动范围限制在扎瓦赫季高原，相当于阿斯平扎、阿哈尔卡拉基和尼诺茨明达市，同时扩大对多个不同考古遗址的观察视角。

图6b-3-1　格鲁吉亚萨罗巨石遗址航拍图 © Samtskhe-Javakheti Project Archive

[①] Japaridze 1975; Beridze 2000; Narimanishvili 2019: 1–6.

首先，项目的主要目标之一是构建首张扎瓦赫季高原的区域考古地图。除定义乌拉尔图的北部边界外，项目还开始研究当地基层的酋邦组织，不仅是铁器时代，也包括青铜时代在内。此外，考虑到现场所面对的遗址类型，开始深入研究高海拔防御建筑群有关的考古证据，以确定其年代、建筑特点和功能。具体来说，项目对两个特殊遗址的保护状况和地理特征进行了详细研究，即阿布里（图 6b-3-2）和绍利（图 6b-3-3）两个大型防御性遗址，海拔分别为 2647 米和 2744 米[①]。通过详细的研究和记录，确定了这些遗址繁荣于史前时期，其后持续了很长一段时间。两处遗址的地理和建筑环境独具特色，为扎瓦赫季地区定义了一种新的遗址类型，即所谓的"避难堡垒"，这些高海拔的遗址对日常生活毫无帮助，只是为那些原本生活在高原上的群体提供的避难所。这种模式恰恰与考古遗址的特点有关，也与扎瓦赫季的特殊性有关：一个广阔的高原，没有实质性的地理界限，连接着不同的领土，因此在所有时代都是外部和内部社群经过的功能性场所，就此而言肯定不可避免地导致了群体之间的频繁交战。近年来，另一个非常重要的方面也开始显现，即一些遗址中发现了科尔基斯地区典型的铁器时代的陶器。科尔基斯王国在这一时期取得了巨大的发展，很可能是乌拉尔图北进的主要竞争对手之一，以至于也被记载在文献中，称为寇查。这些方面目前仍在研究中，并将成为未来进一步研究和详细出版的主题。

---

① Dan *et al.* 2019: 125–135; Licheli *et al.* 2022.

第六讲 南高加索考古：从史前到帝国时期

图 6b-3-2 阿布里遗址航拍图 © Samtskhe-Javakheti Project Archive

图 6b-3-3 绍利火山航拍图，上有考古学遗址 © Samtskhe-Javakheti Project Archive

铁器时代晚期或"米底"和阿契美尼德时期（公元前600—前400年）

所谓的"米底"时期即公元前7世纪后半叶到公元前6世纪前半叶，是理解本地区从乌拉尔图向阿契美尼德过渡的历史和考古进程十分重要的方面。这一时期与第一个本土的亚美尼亚王朝奥龙特斯的形成相对应。因此，这个新的王朝以乌拉尔图残留的国家结构为基础不足为怪。考古学证据清晰地证明，图什帕的王室贵族灭亡后，一些中心在公元前7世纪后半叶至前6世纪仍然存在。此时，这里与伊朗地区的文化交流十分明显——陶器的交流不太多，对过去被认为是伊朗典型陶器的特殊陶器的源头判断很成问题[1]——而关于特定建筑的交流则很多。事实上，一些乌拉尔图城堡显然还有人居住，配备有多柱大厅，被认为与所谓"米底"文化地区的建筑传统相关。

在从乌拉尔图王朝结束到阿契美尼德王朝占领南高加索和亚美尼亚高原之前的历史和考古研究中，有两个基本问题：一是阿契美尼德王朝到达该地区的时间，二是谁填补了乌拉尔图消失后形成的政治真空。自公元前7世纪中晚期乌拉尔图国王最后的铭文，直到亚美尼亚高原被征服——传统上将这一征服归属于大流士一世，比索通铭文记录了他对亚美尼亚军队取得的五次胜利[2]——这些地区的历史记录基本上是沉默的。重要的是，从大流士的叙述来看，亚美尼亚高原世界在那时已被阿契美尼德帝国控制。就考古学而言，

---

[1] Dan *et al.* 2019.

[2] DB§26–30.

一些遗址对于理解此时南高加索和亚美尼亚高原地区发生的事情至关重要。这些遗址包括亚美尼亚的艾瑞布尼和土耳其东部的阿尔丁特佩①。这两处遗址都发现了多柱大厅，与所谓"米底"地区的伊朗定居点中见到的遗址类似，即戈丁特佩和努什·简遗址②（图6-17）。与"米底"地区的相似性使这些大厅的建造时间一定为乌拉尔图王国消亡后不久。而它们长期以来被认为属于阿契美尼德时期，因此被错误地定义为觐见大殿，致使人们相信它们可能是行政中心。在艾瑞布尼遗址中，由于在堡垒外的不知名处偶然发现了一个埋藏5件银器的小"窖藏"（其中一件在发现后不久遗失了），出土的3件角状杯从风格上看是公元前5世纪中期到前4世纪中期的作品，因此被认为是当地工艺品作坊在阿契美尼德艺术影响下发展演变的证据，从而加强了这种错误认识③。

这些遗址必须被视为代表了乌拉尔图灭亡后一段时期的情况。在这里，我们发现了与亚美尼亚高原地方传统完全一致的元素，它们被乌拉尔图文化同化——证明了乌拉尔图文化的渗透，以及伊朗西北部等历来与这里接触的地区的外来元素④。因此，认为这些中心一定表达了某一帝国而非其他帝国的统治的看法是错误的。这些中心反映了复杂且长时段的民族形成进程，引发了亚美尼亚高原第

---

① 对亚美尼亚乌拉尔图时期的索拉克1号遗址的发掘（Dan & Petrosyan 2017; Petrosyan et al. 2019），揭露出重要的后乌拉尔图时期重新占据的迹象，与阿尔丁特佩和艾瑞布尼的后乌拉尔图阶段属于同一时期，或属于阿契美尼德时期。

② 对这些考古遗址的分析，见 Dan 2015: 24–28。

③ 普遍认为，这些角状杯埋藏于公元前330年左右，与帕萨尔加德出土的角状杯类似，被与阿契美尼德帝国的衰亡联系在一起（Hačatrian & Markarian 2003: 20; Stronach 2012: 170–184; Treister 2015: 23–119）。

④ Piller 2012: 305–317; Dan et al. 2017: 197–204.

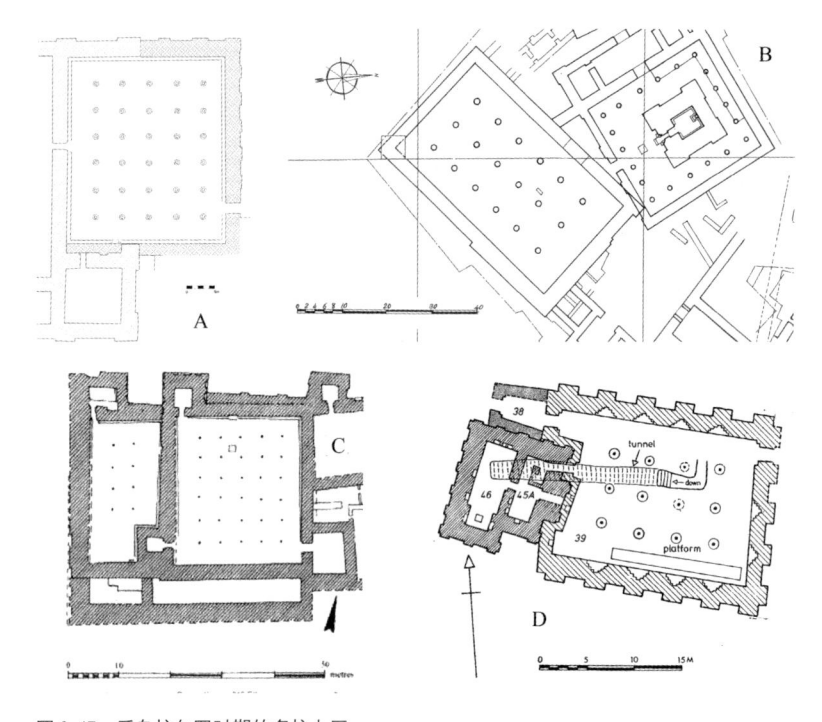

图 6-17 后乌拉尔图时期的多柱大厅
A）艾瑞布尼（© Stronach *et al*. 2010: fig. 10） B）阿尔丁特佩（© Özgüç 1966: pl. VI）
C）戈丁特佩（© Blaylock 2009: fig. 8.39） D）努什·简（© Roaf & Stronach 2007: fig. 1.9）

一个独立王朝的诞生。一些乌拉尔图中心——它们同时成为产生第一个亚美尼亚王朝的地方据点——在导致乌拉尔图灭亡的事件中幸存下来，它们残存着乌拉尔图的过去，随后被新的地方王朝纳入麾下，阿契美尼德统治者攻占亚美尼亚高原时，直接接触到了仍保存完好的堡垒。这种情况解释了为何能在阿契美尼德建筑中观察到乌拉尔图文化的影响（如所谓的"火塔"或王室的石刻铭文[①]），尽

[①] 关于乌拉尔图与阿契美尼德王朝建筑间的联系，见 Dan 2015。

管在凡城地区的塔什帕王室消亡与阿契美尼德到来之间，尚存在年代学上的缺环。

这种文化传承可能是由于阿契美尼德直接占领了乌拉尔图灭亡后一些幸存的"乌拉尔图"中心。随着阿契美尼德时代的开始，有必要简要分析在乌拉尔图王国遗存残留的地区，以及对应的格鲁吉亚和阿塞拜疆地区同时发生了什么。事实上，考古学上呈现出一种非常有趣的形势。在南高加索地区，特别是格鲁吉亚和阿塞拜疆，我们可以看到与亚美尼亚高原完全相反的考古学态势。在亚美尼亚高原，除少量偶然例子外，几乎不存在"波斯波利斯性质"的考古学证据，这与薛西斯三语碑铭在凡城的出现冲突（图 6-18）。这块碑铭是帝国核心地区之外少有的阿契美尼德纪念碑铭之一，不仅证明了这些地区在阿契美尼德政治组织中的重要性，而且最重要的

图 6-18　凡城的薛西斯三语碑铭 (XV) © Dan

是，证明了凡城可能是行政中心[①]。另一方面，在格鲁吉亚和阿塞拜疆，有大量阿契美尼德时期的建筑，包含明确无误的波斯波利斯式建筑传统。

弗洛里安·克瑙斯在过去数年的几本著作中才华横溢地阐述了这种形势，总结了高加索地区的阿契美尼德考古研究状况。他指出，在外高加索地区，特别是格鲁吉亚（贡巴蒂、萨马德洛、茨克亚-伽罗）和阿塞拜疆（萨利特佩、卡拉卡米尔利、卡拉特佩），波斯的影响可清晰地表现在奢侈品和一些受波斯波利斯影响的小宫殿中，后者使用的独特柱础以及居住而非防御功能证明了这一点[②]。他将这种波斯臣属地区的独特现象归因于当地在波斯占领时期缺乏强大且重要的本土传统。亚美尼亚高原阿契美尼德文化证据的缺乏，可能可以用他们对一些幸存的乌拉尔图王国建筑遗存的再利用来解释。

无论如何，亚美尼亚高原的物质文化和建筑均缺乏重要的阿契美尼德遗存，这在一定程度上是由于阿契美尼德国王的政治策略[③]。总体而言，阿契美尼德王朝在征服的领土上很少留下痕迹，这可以用其对各省的控制的实质来解释。一些学者分析了阿契美尼德

[①] 此外，还发现了与波斯大流士陵墓类似的石室，推测是总督之墓，表明凡城事实上是亚美尼亚省的行政中心（Dan 2015: 11, 13, 37, 70; Dan 2023）。也见 Gropp 2009: 342。

[②] Knauss 2005: 197–220; Knauss 2006: 79–118; Knauss et al. 2010: 111–122.

[③] 新近的关于阿契美尼德时期南高加索地区知识状况的评论，见 Herles 2017。大流士在凡城开建了一项重要的建筑工程，同时开始雕刻三语碑铭，它们最终由薛西斯完成（Summers 1993: 85）。不幸的是，因为约100年前对凡城岩石的开凿使用，以及它连续不间断的分层，加之缺乏统一且成体系的对这一遗址的调查研究计划，目前已无法肯定或否定这一假说。除了一处石室外，凡城目前尚未发现其他的纯粹阿契美尼德时期的遗存。

帝国的结构，令人信服地指出阿契美尼德帝国的领土和人口从未被统合进一个统一的政治-行政框架中[1]。此外需强调的是，在行省以下的层级中，可以看到波斯的体系依靠当地精英的协作，许多行省都包含着不同的政治实体，他们倡导行政政策应利用地方的权威[2]。

这种形势在阿契美尼德考古中反映为一个知名现象，即地方物质文化普遍延续，而阿契美尼德的影响很弱，这种现象可见于几乎所有帝国核心区外的疆域[3]，格鲁吉亚和阿塞拜疆等地则是例外情况。也有必要考虑到识别阿契美尼德遗存的困难性，特别是在那些由于种种原因本土传统的连续性更强且根深蒂固的地区。据此，亚美尼亚具有标志性意义，那里有明确的地方王朝（奥龙特斯），其领土控制和利用的体系基于之前的乌拉尔图王国。

出于上述原因，阿契美尼德人统治的不连续性和维护统治体系的实际需求，使他们的存在很难在地面上寻得踪迹。这种在考古学上的隐身显然与其精确的政治策略相吻合。没有明显的阿契美尼德遗迹不能仅仅归因于考古学知识的随机性。在班杰明发现的一个"波斯波利坦"柱础[4]进一步证实，当阿契美尼德人"不得不"建造建筑时，他们遵循着自己的规范。除凡城这一唯一有明显的阿契美尼德王朝遗迹（铭文和石室）的地方，以及班杰明的少数遗迹外，其他通常被认为可能是行政中心的遗址（艾瑞布尼、阿尔丁特佩和阿尔曼维尔）并没有显示任何明确的阿契美尼德王朝存在的证据，

---

[1] Briant 1987: 2.

[2] Kuhrt 2001: 119; Dusinberre 2013: 76–79; Khatchadourian 2016: 22.

[3] Wiesehöfer 1999: 46.

[4] 在班杰明的王宫中也发现了简单的截面环形的柱础（Zardaryan & Akopjan 1994: 187, fig. 6），其建造时期不能明确（Knauss 2005: 209; Knauss 2006: 100, fig. 20）。

尽管此时阿契美尼德人确实占领了这里。阿尔丁特佩通常被认为是位于亚美尼亚的两个行省治所之一。在这方面，萨默斯写道（关于阿尔丁特佩和西敏特佩）："阿尔丁特佩第二层的建筑、两处遗址出土的彩陶和一些银器（如果不是全部的话）都具有波斯特色，与当地传统毫无关系。那么，希罗多德名单中的第十九个行省（即西亚美尼亚行省）的行政中心肯定就在这里。"① 这种说法基于该遗址的发掘者奥兹居奇将发现的大殿错误地解释为在乌拉尔图基础上建造的觐见大殿；其后它被认为属于阿契美尼德时期②。

同样的解释问题也影响了艾瑞布尼遗址（如上所述）③。问题在于，"觐见大殿"一词指的是一种特定的结构（仅在波斯波利斯、苏萨，也许还有哈马丹被证实），被认为是阿契美尼德时期的卓越建筑结构④。觐见大殿是一座纪念碑式建筑，由一个正方形的大殿、六排每排六根的石柱、四个角楼组成，至少三面都有很深的凹进。这些凹进采用了带有石柱的门廊形式⑤。此外，阿尔曼维尔的遗址，即前乌拉尔图行政中心，有时也被暗示为可能的行省中心⑥。然而，

---

① Summers 1993: 96.

② 遗憾的是，这种错误的解释近年来仍被坚持，甚至目前正在发掘这一遗址的人也是如此。如 Karaosmanoğlu & Korucu 2012: 131-147，其中大殿被归为第三层，非常可疑地被解释为乌拉尔图晚期阶段。

③ 奥加内斯杨首次将艾瑞布尼的多柱大厅定义为觐见大厅（Oganesjan 1960: 295-296）。这种观点造成几乎所有的后续文献都将遗址解读为阿契美尼德时期的重要中心（例如 Knauss 2005: 210）。对从乌拉尔图到阿契美尼德之间的问题的综述、对这些考古学问题的讨论，以及关于艾瑞布尼多柱大厅的年代的不同理论，见 Dan 2015。

④ Dan 2015: 14.

⑤ Stronach 1986.

⑥ Ter-Martirosov 2001: 156–157.

第六讲　南高加索考古：从史前到帝国时期

目前从该遗址获得的材料排除了这种可能性[①]。

在目前的研究状况下，唯一可以作为行省中心的是凡城，它可能是亚美尼亚中央次要行省的中心。我们无法肯定地指出哪个具体的考古遗址是亚美尼亚西部次要行省的中心。有特色的阿契美尼德建筑和物质文化遗迹的缺乏，是此前的领土管理体系基本上没有被改变的有力证据。这些地区主要由当地的统治者管理，遵循阿契美尼德帝国的制度，继续其内在的发展轨迹，导致阿契美尼德在该地区的存在实际上是"看不见的"。

在中央和地方势力复杂而微妙的关系中，尚有一些难以解释的有趣情况，例如在阿契美尼德时期，一种名为三角器的特殊陶器的流通。对于南高加索和亚美尼亚高原来说，这种陶器成为阿契美尼德时期的一个主要识别标志。这种器物最近被解释为可能是当地精英开发的产品，并与奥龙特斯王朝有关，分布在凡湖、塞凡湖和乌鲁米耶湖之间的地区，而且其在阿契美尼德政权中心也有少量流通，如帕萨尔加德[②]和苏萨[③]，证明了中心与周边的经济关系[④]。三角器目前仍是本地阿契美尼德时期的唯一代表性陶器；由于它们的连续性，在目前的研究阶段，很难界定其他的地方陶器传统。对于阿契美尼德时期来说，更困难的可能是识别与这一时期有关的考古遗址。除了一些特殊的例外，现存遗址几乎都与宫廷建筑

[①] 关于遗址出土的著名埃兰语石碑以及阿契美尼德证据的缺位，见 Badalyan et al. 2019: 34–45。

[②] 关于将帕萨尔加德塔勒·塔克发掘出的陶器归为三角器传统，见 Stronach 1978: 252–253, fig. 111。

[③] Ghirshman 1954: pls. XXXIII–XXXV, XXXIV.3, XXXIV.12.

[④] Summers & Burney 2012: 269–315, Khatchadourian 2018, Dan & Cesaretti 2021a: 1–15.

有关,而非军事建筑,关于阿契美尼德王朝军事体系的准确信息很少①。

　　这种信息的匮乏不能完全归因于缺少考古研究,也是波斯王室采用的领土控制和管理制度造成的。史前时期本地考古景观的特点是数以千计的防御结构,但它们一直使用了很长时间,往往可延续到中世纪,甚至直至今天。如前所述,这种情况使我们可以推测,在阿契美尼德时期之前已经存在的领土防御和控制系统基本上没有变化。最近的研究特别强调,乌拉尔图时期的大部分防御结构被系统地重新使用,等级森严的防御体系也被地方统治精英重新利用,以代表阿契美尼德国王进行管理②。阿契美尼德时期的军事系统在很大程度上不为人知,一个明显的例外似乎是阿塔沙特遗址,那里有一段防御墙,长期以来被认为始建于乌拉尔图时期,最近被认为是阿契美尼德时期的③。这道墙与波斯波利斯的一些建筑的围墙,如府库遗址,有相当明显的相似之处,尽管它缺少严格意义上的波斯波利斯特色,而是具有以古代乌拉尔图遗产为基础的地方特色。

---

①　波斯波利斯的防御工事具有象征意义,它们由台地延伸至库埃·拉赫马特的斜坡上,功能主要是界定建筑群后的一块区域,那里出土了最为重要的阿契美尼德时期的石碑。我们并不知道等距分布的巨大高塔所代表的壮观防御系统如何能被认为是"官方"的阿契美尼德军事建筑。关于建筑的讨论,见 de Francovich 1966: 201–260。

②　Dan 2023。

③　Khachatrian 1987: 162; Tonikyan 1992: 162, 172–173; Kanetsyan 2001: 149–150; Khatchadourian 2007: 60–62。

第六讲　南高加索考古：从史前到帝国时期

地方文化传统的继续及隐形的帝国考古学
（公元前 4 世纪—公元 7 世纪）

　　直到古典时代晚期，轮流控制南高加索和亚美尼亚高原地区的各政治实体与地方社群之间的交流互动，与阿契美尼德帝国及奥龙特斯等时期并无太大不同。除一些在后阿契美尼德时期建立的重要中心外，大多数城镇都叠加在古代遗址上，以军事角度而言，希腊化时期、帕提亚帝国和萨珊帝国时期，也不断重复使用已经存在的军事结构。被克罗称为"之字形"的特殊城墙结构使希腊化时期建立的军事体系可被识别出来[1]，这种城墙的特征是有突起和凹进，还有均匀分布的圆塔[2]。阿塔沙特的城墙上可见这种特征，可溯源至希腊在爱奥尼亚海岸的殖民点，如米利都、以弗所、帕加马、普里埃内和米安德河畔的马格尼西亚[3]。希腊化时期重新使用及改建旧有结构的证据，也见于加乌尔堡的两座城堡，一座在阿拉克塞斯河流域，另一座在霍伊附近，它们在乌拉尔图时期的城墙上建造了有特色的"之字形"部分，也增加了圆塔[4]。其他有类似城墙的综合性遗址包括巴伦、哈拉库堡、哈杰斯坦、欧兰·卡拉、阿尔茨阿克的提格兰纳克特和乌伊茨[5]。一些新近发现的"之字形"城墙，如只在希腊化时期使用的伊兰·卡拉，似乎均属这一时期。

　　与那些被定义为希腊化时期的特征相比，本地区军事建筑在

---

[1] Tonikyan 1992: 161–187; Kroll 2003: 281–287; Kroll 2012: 219.
[2] Khachatrian 1998: 103–104, fig. 2–3, 5.
[3] Khachatrian 1998: 104.
[4] Kroll 2012: 219.
[5] Kroll 2012: 219–220.

帕提亚-罗马时期开始的改变值得注意（约公元前 2 世纪至公元 3 世纪）[1]，防御性城墙的剖面呈直线，有方塔等距分布，如公元 1 世纪的加尼城堡[2]。这一新的建筑传统似乎是由于罗马对安息统治下的亚美尼亚的影响。另外，这里也有一些罗马城堡，在军事视角下具有基本相似的建筑特征，如格鲁吉亚黑海沿岸皮聪达角的皮土里[3]。格鲁吉亚其他可归为罗马时期的堡垒建筑来自戈尼奥遗址[4]。除安尼[5]和第比利斯[6]的两座火神庙外，南高加索和亚美尼亚高原地区与萨珊时期有关的考古学材料几乎是未知的。只有在更北方才能找到萨珊时期的证据，在那里的德本[7]和达利亚里[8]发现了萨珊时期的堡垒，它们修建在穿越大高加索山脉的战略位置。一般而言，这一地区在建筑和物质文化特征上的延续性十分强烈。这种情况是由于这里有一系列地方性的统治王朝，它们很少拥有自治权，常常处于波斯、阿契美尼德、萨珊以及帕提亚和罗马等大帝国的控制之下[9]。

很明显，在可能的情况下，帝国趋向于与地方统治者互动，这样能够简化对巨大领土的管理。无论是在建筑还是物质文化上，它们对地方的干涉都很少见；这些帝国只在必要时才显示自己的存

---

[1] 关于亚美尼亚的帕提亚-罗马时期，见 Invernizzi 1988。帕提亚时期的遗址名单，特别是伊朗西北地区的，见 Kroll 1994。
[2] Arakelyan 1951: fig. 1.
[3] Trebeleva *et al.* 2021.
[4] Karasiewicz-Szczypiorski *et al.* 2016.
[5] Belli 2019: 52–53.
[6] Daryaee 2008.
[7] Döring-Williams & Albrecht 2018: 586–587.
[8] Sauer *et al.* 2020.
[9] Bournoutian 1993.

在，比如地方没有敌手，或缺乏复杂的政治结构。需要强调的是，关于乌拉尔图衰亡后不同历史时期的材料十分稀少，即使是粗略地复原它们的军事领土控制体系都难以做到。总体而言，这里进行了多次考古工作，一系列重要的不同时期的中心为人所知，而它们在目前的研究状况下显得几乎不成体系。这种情况是因为基本不可能将低等级中心与行政中心区分开来，相较于单纯的本地传统文化，精英的建筑和物质文化遗存在那里更难找到。

为理解这些区域的强烈延续性，有必要仔细评估这里的地理背景。三大湖附近地区的内在特性是一系列大大小小的山脉和低地，包括通常较小的平原地区在内，也有一些例外情况[①]。这种景观使军事中心位置的选择具有强制性，以便于控制领土和交通路线。通常，自史前时期开始，现有材料显示了防御性复合体的兴起，反映了管理领土的不同复杂程度。其中既有独立的防御中心，多建于高而隐蔽的山顶，也有并不十分适于控制领土，但更为结构化和复杂的体系，包括建在山腰的以及高度战略性的建筑，以控制平原、河谷和山隘。久而久之，到史前晚期和乌拉尔图时期，这里所有主要的战略位置已被逐步占据。

此后的人们都必须涉及这些已存在的结构，因为这些地区的景观限制了对定居点的选择。判断考古学证据和物质产品的归属时存在的问题——因前文已提到的连续性而导致——阻碍了重建历史时期本地区定居模式和控制体系的尝试。历经千年，领土的构造使这里发展出了具有明显非城市特征的定居体系，与邻近的美索不达

---

① 茨威曼斯基论及乌拉尔图王国占据的领土时，创造了"乌拉尔图群岛"一词，将狭窄的山间谷地视为小岛，其所论范围大致与本文相似（Zimansky 1985: 9, 24）。

米亚平原等地区存在明显区别。除极少数例外情况，高地景观形成了由具有行政、经济、军事等多种功能的小型防御中心组成的毛细管体系。这一体系中有一些局部例外，它们在所有时期均基本不变，如独具特色的希波达米亚城（在阿尔塔克西时代被称为泽纳基特佩）[1]，或乌鲁米耶湖盆地区域的杜齐卡奇[2]。这些罕见的城市的例子试图在从未自主发展出城市的地区引入外来的定居模式，但并未成功。

不同的地理背景导致十分多样化的发展形势，今土库曼斯坦的梅尔夫遗址是一个典型例子，那里仍保存有三个不同时期建设的相邻的防御性城市建筑群。这种考古学情形可能是由于其他地不受地形限制，可以允许聚落"水平发展"，这在本节讨论的区域是不可想象的，山区的地形使人们不得不重新利用此前的结构位置，形成"垂直发展"。

参考文献

精选参考文献

Avetisyan, P.S., Dan, R. & Grekyan, Y.H. (Eds.) 2019. *Over the Mountains and Far Away. Studies in Near Eastern History and Archaeology Presented to Mirjo Salvini on the Occasion of His 80th Birthday*, Oxford: Archaeopress Publishing Ltd.

Biscione, R. & Dan, R. 2011. Dimensional and Geographical Distribution of the

---

[1] Dan 2010: 81–92; Dan 2019b: 111–132. 遗址堡垒墙壁上一些位于原位的亚美尼亚碑铭似乎证明了阿尔塔克西王朝可能的年代。这些碑铭尚未出版。泽纳基特佩可能是札里沙特王城，位于阿希奥维特区（今鄂尔齐斯），被多位亚美尼亚历史学家提及（莫夫谢斯·霍雷纳茨、帕沃斯托斯·布赞德、莫夫谢斯·达斯库兰特斯）。

[2] Kleiss 1968: 13–17.

Urartian Fortifications in the Republic of Armenia, *AJNES/Aramazd,* 6(2), 104–120.

Dan, R. & Cesaretti, A. 2021a. Local Trajectories in the Achaemenid Empire: Some Remarks on the Ardabîl Ware Pottery Tradition, *ARTA, 2021*(002), 1–15.

Edwards, M.R. 1986. "Urmia Ware" and Its Distribution in North-Western Iran in the Second Millennium B.C.: A Review of the Results of Excavations and Surveys, *Iran, 24,* 57–77.

Frangipane, M. 2014. After Collapse: Continuity and Disruption in the Settlement by Kura-Araxes-linked Pastoral Groups at Arslantepe-Malatya (Turkey). New data, *Paléorient, 40*(2), 169–182.

Khatchadourian, L. 2016. *Imperial Matter. Ancient Persia and Archaeology of Empires.* California: Oakland.

Palumbi, G. 2007. From Collective Burials to Symbols of Power: The Translation of Role and Meanings of the Stone-lined Cist Burial Tradition from Southern Caucasus to the Euphrates Valley, *Scienze dell'antichità, 14,* 17–44.

Rubinson, K. 2003. Silver Vessels and Cylinder Sealings: Precious reflections of Economic Exchange in the Early Second Millennium BC. In A.T. Smith & K.S. Rubinson (Eds.), *Archaeology in the Borderlands. Investigations in Caucasia and beyond* (pp.128–143). Los Angeles: Cotsen Institute of Archaeology, University of California.

Simonyan, H.Y. 2012. *Archaeological Heritage of Armenia,* Yerevan: Hushardzan Publishers.

Zardarian, M.H. & Akopian, H.P. 1994. Archaeological Excavations of Ancient Monuments in Armenia 1985–1990. *Ancient Civilizations from Scythia to Siberia, 1–2,* 169–195.

其他参考文献

Aliev, B.G. 1977. *Kultura raspisnoy keramiki epokhi bronzy v Azerbaydzhane,* Baku.

Arakelyan, B. 1951, Garni I. *Rezul'taty rabot Arkheologicheskoy ekspeditsii Instituta istorii akademii nauk Armyanskoy SSR 1949–1950 gg.* (Arkheologicheskiye

Raskopki v Armenii, 3), Yerevan: Izdatel′stvo Akademii nauk Armânskoj SSR.

Areshian, G. 2005. Early Bronze Age Settlements in the Ararat Plain and Its Vicinity. *Archäologische Mitteilungen aus Iran und Turan, 37*, 71–88.

Areshian, G. 2007. From Extended Families to Incipient Polities: The Trajectory of Social Complexity in the Early Bronze Age of the Ararat Plain (Central Near Eastern Highlands). In L.M. Popova, C.W. Hartley & A.T. Smith (Eds.), *Social Orders and Social Landscapes* (pp. 26–54). Newcastle: Cambridge Scholars Publishing.

Avetisyan, P.S. & Bobokhyan, A. 2008. The Pottery Traditions of the Armenian Middle to Late Bronze Age "Transition" in the Context of Bronze and Iron Age Periodization. In K.S. Rubinson & A. Sagona (Eds.), *Ceramics in Transitions: Chalcolithic Through Iron Age in the Highlands of the Southern Caucasus and Anatolia* (Ancient Near Eastern Studies Supplement 27, pp.123–183). Leuven: Peeters Publishers.

Avetisyan, P.S. & Bobokhyan, A. (Eds.) 2012. *Archaeology of Armenia in Regional Context (Proceedings of the International Conference Dedicated to the 50th Anniversary of the Institute of Archaeology and Ethnography Held on September 15-17, 2009 in Yerevan)*. Yerevan: Gitutyun.

Badalyan, M., Basello, G.P. & Dan, R. 2019. The Elamite Tablets from Armavir-Blur (Armenia): A Re-Examination. In P.S. Avetisyan, R. Dan & Y.H. Grekyan (Eds.), *Over the Mountains and Far Away: Studies in Near Eastern History and Archaeology Presented to Mirjo Salvini on the Occasion of His 80th Birthday* (pp. 34–45). Oxford: Archaeopress Publishing Ltd.

Badalyan, R.S. Edens, C., Kohl, P.L. & Tonikyan, A.V. 1992. Archaeological Investigations at Horom in the Shirak Plain of Northwestern Armenia, 1990. *Iran, 30*, 31–48.

Badalyan, R.S. 2014. New Data on the Periodization and Chronology of the Kura-Araxes Culture in Armenia, *Paléorient, 40*(2), 71–92.

Badalyan, R.S. 2021. From Homogeneity to Heterogeneity: The Periodization and Chronology of Kura-Araxes: The View from Armenia. In L. Giemsch & S. Hansen (Eds.), *The Caucasus/Der Kaukasus: Bridge Between the Urban*

Centres in Mesopotamia and the Pontic Steppes in the 4th and 3rd Millennium BC. The Transfer of Knowledge and Technologies Between East and West in the Bronze Age, Proceedings of the Caucasus Conference, Frankfurt am Main, 28 November–1 December 2018 (Schriften des Archäologischen Museum Frankfurt 34, pp. 211–222). Regensburg: Schnell & Steiner.

Badalyan, R.S. & Avetisyan, P. 2007. *Bronze and Early Iron Age Archaeological Sites in Armenia, I. Mt. Aragats and Its Surrounding Region*, Oxford: BAR Publishing.

Badalyan, R.S., Avetisyan, P. & Smith, A.T. 2009. Periodization and Chronology of Southern Caucasia: From the Early Bronze Age through the Iron III Period. In A.T. Smith, R.S. Badalyan & P. Avetisyan (Eds.), *The Archaeology and Geography of Ancient Transcaucasian Societies. Volume 1. The Foundations of Research and Regional Survey in the Tsaghkahovit Plain* (Oriental Institute Publications 134, pp. 33–93). Chicago: The Oriental Institute.

Badalyan, R.S., Edens, C., Gorny, R., *et al.* 1993. Preliminary Report on the 1992 Excavations at Horom, Armenia, *Iran, 31*, 1–24.

Badalyan, R.S., Kohl, P.L., Stronach, D. & Tonikyan, A.V. 1994. Preliminary Report on the 1993 Excavations at Horom, Armenia, *Iran, 32*, 1–29.

Bayani, N. & Alizadeh, K. 2014. *Architecture of a Kura-Araxes Town: Köhne Shahar, Northwestern Iran*, Poster presented at the American School of Oriental Research (ASOR) meeting, San Diego, CA.

Belli, O. 1999. *The Anzaf Fortresses and the Gods of Urartu*, İstanbul: Arkeoloji Sanat Yayınları.

Belli, O. 2019. *Her Yönü Ile Ani*, İstanbul: Türkiye Turing ve Otomobil Kurumu.

Beridze, M. (Ed.) 2000. *Aspindza Samtskhisa da Javakhetis Sazghvarze*, Akhaltsikhe: Tbilisi State University of Akhaltsikhe (Georgian).

Biscione, R. 2012. Urartian Fortification in Iran: An Attempt at a Hierarchical Classification. In S. Kroll, C. Gruber, U. Hellwag, *et al.* (Eds.), *Biainili-Urartu. The Proceedings of the Symposium Held in Munich 12–14 October 2007* (Acta Iranica 51, pp.77–88). Leuven: Peeters.

Blaylock, S. 2009. *Tille Höyük 3.1. The Iron Age: Introduction, Stratification and Architecture* (British Institute of Archaeology at Ankara, Monograph 41). Oxford:

British Institute at Ankara.

Boehmer, R. & Kossack, G. 2000. Der Figürlich Verzierte Becher von Karasamb. Umfeld, Interpretation und Zeitstellung. In R. Dittmann, B. Hrouda, U. Löw, *et al.* (Eds.), *Variatio Delectat. Iran und der Westen, Gedenkschrift für Peter Calmeyer* (pp.9-74). Münster: Ugarit-Verlag.

Bournoutian, G.A. 1993. *A History of the Armenian People, Volume I, Pre-History to 1500 A.D.*, Costa Mesa: Mazda Publishers.

Briant, P. 1987. Pouvoir central et polycentrisme dans l'empire achéménide: quelques réflexions et suggestions. In H. Sancisi-Weerdenburg (Ed.), *Sources, Structures and Syntheses. Proceedings of the Groningen 1983 Achaemenid History Workshop* (pp. 1-32). Leiden: Nederlands Instituut voor het Nabije Oosten.

Cesaretti, A. & Dan, R. 2023a. A Never-Ending Story: the Process of Militarization in the Van, Sevan and Orumiyeh Lake Basins from the Achaemenid to Sassanid Period, *Ancient West and East, 22,* 109-131.

Cesaretti, A. & Dan, R. 2023b. A Parade or a Military Clash? Some Remarks on the Iconography of the Stepanavan Bronze Belt, *Ancient Near Eastern Studies Supplement, 61,* 57-68.

Chataigner, C. 2016. Environments and Societies in the Southern Caucasus during the Holocene, *Quaternary International, 395,* 1-4.

Çifçi, A. 2017. *The Socio-Economic Organisation of the Urartian Kingdom* (Culture and History of the Ancient Near East 89). Leiden: Brill.

CTU = Salvini 2008, Salvini 2018.

Dan, R. 2015. *From the Armenian Highland to Iran: A Study on the Relations between the Kingdom of Urartu and the Achaemenid Empire* (Serie Orientale Roma Nuova Serie, Vol. 4). Roma: Scienze e lettere.

Dan, R. 2010. Zernaki Tepe, una città ippodamea nella terra di Urartu, *Bollettino Unione Storia e Arte, 5,* 73-84.

Dan, R. 2017. The Gate and Temple of Ḫaldi in Ašotakert/Yeşilalıç and the Evolution of Urartian Cultic Complexes, *AJNES/Aramazd, 11*(1-2), 161-185.

Dan, R. 2019a. Il ruolo dei simboli nella costruzione dello stato: il caso di Bia/Urartu. In S. Badalkhan, G.P. Basello & M. De Chiara (Eds.), *Iranian Studies in Honour of Adriano V. Rossi*, Series Minor LXXXVII.1 (pp. 227–253). Napoli: Università Degli Studi di Napoli.

Dan, R. 2019b. Zernaki Tepe: an Artaxiad Hippodamian City in Greater Armenia, *AJNES/Aramazd*, *13*(1), 111–132.

Dan, R. 2019c. Between Urartian and Achaemenid Architectural Traditions: Considerations on the So-called "Urartian wall" of Artašat, *Iranica Antiqua*, *LIV*, 1–16.

Dan, R. 2020. *A Study on the Toponyms of the Kingdom of Bia/Urarṭu* (Serie Orientale Roma Nuova Serie 19). Roma: Scienze e lettere.

Dan, R. 2021. Constructing Identities in the Armenian Highlands: the Creation and Evolution of Symbols of Power in Bia/Urarṭu. In G.M. Di Nocera (Ed.), *I mutevoli volti del potere. Essenza ed espressione del potere: Linguaggi, luoghi e spazi, funzioni, simboli e rappresentazioni* (pp. 129–139). Viterbo: Sette città.

Dan, R. 2023. *Selected Studies on the Architecture and Archaeology of the Achaemenid Empire: Dynamics of Interaction and Transmission between Center and Periphery*, Roma: ISMEO.

Dan, R. forthcoming a. All'ombra delle fortezze: sviluppo e composizione dei complessi abitativi del regno di Bia/Urartu (IX–VII secolo a.C.). In E. Gargano & D. Frenez (Eds.), *Dagli Zagros all'Indo. Archeologie e Scritture nell'Asia Media dal 4000 al 700 a.C.*

Dan, R. forthcoming b. Some Problems in Urartian History and Archaeology (9th–7th cent. BC). In G. Traina & A. Kefelyan (Eds.), *Problems in Armenian History. From Antiquity to Middle Ages*.

Dan, R. & Cesaretti, A. 2021b. Seeking Refuge in Mountain Fortresses and Temporary Shelters: Approaching Militarization Processes in the Van, Sevan and Orumiyeh Lake Basins, *Ancient West and East*, *20*, 1–19.

Dan, R. & Cesaretti, A. forthcoming a. The Rise of Militarisation in the Van, Sevan and Orumiyeh Basins: The Increase in Conflicts and the Birth of Military Architecture from Protohistory to the Emergence of the State, *Ancient West and East*, 21.

Dan, R., Gasparyan, B., Vitolo, P., *et al.* 2018. The Rock-cut Archaeological Complex of Yelpin-1, Vayots Dzor Province, Armenia, *AJNES/Aramazd*, *12*(2), 59-82.

Dan, R. & Herles, M. 2017. From the Gate of Ḫaldi to the 'Module': A Study of the Urartian Architectural 'Module' and the Oshakan Fortress, *Akkadica*, *138*(2), 107-152.

Dan, R., Divkolaee, K.M. & Petrosyan, A. 2017. Through the Mountains up to Caspian Sea: Some Remarks on Bronze Pendants from Gilan Region, Iran, *Iranica Antiqua*, *LII*, 197-204.

Dan, R., Licheli, V., Vitolo, P., et al. 2019. Abuli, un complesso ciclopico nella regione di Samtskhe-Javakheti, Georgia, *Bollettino Unione Storia ed Arte*, *14*, 125-135.

Dan, R. & Petrosyan, A. 2017. The Kotayk Survey Project: Preliminary Report on 2015 Fieldwork Activities, *Annali Sezione Orientale*, *77*(1-2), 294-317.

Dan, R. & Trémouille, M.C. forthcoming. From Ṭušpa to Apuni: An Analysis of 8th Century Military Campaigns in the Northern Border of Bia/Urartu, in *Atti del Primo congresso di Archeologia del Paesaggio e di Geografia Storica del Vicino Oriente Antico*.

Dan, R., Vitolo, P., Giura, R. & Castelluccia, M. 2019. From Urartu to "Media", a Reassessment of So-called "Post-Urartian" or "Median" Pottery: 1. Vases with Two Horned Handles. In B. Genito & G. Maresca (Eds.), *Ceramics and the Archaeological Achaemenid Horizon Near East, Iran and Central Asia* (pp. 61-87). Napoli: Università degli studi di Napoli "L'Orientale".

Daryaee, T. 2008. The Northernmost Zoroastrian Fire Temple in the World, *e-Sasanika*, *14*.

Javakhishvili, A.I. & Glonti, L.I. 1962. *Urbnisi Í. Arkheologicheskiye raskopki, proizvedennyye v 1954-1961 gg. na selishche Kvatskhelebi*. Tbilisi: Akademii Nauk Gruzinskoĭ SSR.

de Francovich, G. 1966. Problems of Achaemenid Architecture, *East and West*, *16*(3/4), 201-260.

de Miroschedji, P. 2000. La céramique de Khirbet Kerak en Syro-Palestine : état de la question. In C. Marro & H. Hauptmann (Eds.), *Chronologies des pays du Caucase et de l'Euphrate aux IVe-IIIe millénaires. From the Euphrates to the Caucasus:*

第六讲 南高加索考古：从史前到帝国时期

Chronologies for the 4th-3rd millennium B.C. Vom Euphrat in den Kaukasus: Vergleichende Chronologie des 4. und 3. Jahrtausends v. Chr., Actes du Colloque d'Istanbul, 16–19 décembre 1998, (Varia Anatolica XI, pp. 255–278). Istanbul-Paris: Institut français d'études anatoliennes.

de Miroschedji, P. 2020. Céramique de Khirbet Kerak au Levant sud. In M. Sauvage, (Ed.), *Atlas Historique du Proche-Orient Ancien* (p.47). Paris: Les Arènes: L'Histoire.

Döring-Williams, M. & Albrecht, L. 2018. Sasanian Construction Technology in the Maiden Tower Complex as Evidence of Late Antiquity Building Activities in Baku (Azerbaijan). In I. Wouters, S. Van der Voorde, I. Bertels, *et al.* (Eds.), *Building Knowledge, Constructing Histories: Proceedings of the Sixth International Congress on Construction History (6ICCH), Brussels, Belgium, 9–13 July 2018* (pp. 581–589). Leiden: CRC Press, Taylor & Francis Group.

Dusinberre, E.R.M. 2013. *Empire, Authority and Autonomy in Achaemenid Anatolia*. New York: Cambridge University Press.

Erdem, A.Ü. & Konyar, E. 2011. Urartu Çanak Çömleği/Urartian Pottery. In K. Köroğlu & E. Konyar (Eds.), *Urartu. Doğu'da Değişim/Transformation in the East* (pp. 268–285). İstanbul: Yapı Kredi Yayınları, Beyoğlu.

Gasparyan, B., Dan, R., Petrosyan, A. & Vitolo, P. 2020. The Vayots Dzor Project (VDP): a Preliminary Overview of the First Three Years' Activities (2016–2018). In A. Kosyan, P. Avetisyan, A. Bobokhyan & Y. Grekyan (Eds.), *Aramazd X 1–2, Armenian Archaeology. Past Experiences and New Achievements* (pp. 143–183). Oxford: Archaeopress Publishing Ltd.

Ghirshman, R. 1954. *Village perse-achéménide* (Mémoires de la Mission Archéologique en Iran 36). Paris: Presses universitaires de France.

Gropp, G. 2009. Die Darstellung der 23 Völker auf den Reliefs des Apadana von Persepolis, *Iranica Antiqua*, XLIV, 283–359.

Hačatrian, Ž. & Markarian, A.Z. 2003. I rhyta di Erebuni nel contesto dell'arte achemenide e greco-persiana, *Parthica*, 5, 9–20.

Hellwag, U. 2012. Die Niedergang Urartus. In S. Kroll, C. Gruber, U. Hellwag, *et al.* (Eds.), *Biainili-Urartu. The Proceedings of the Symposium Held in Munich 12–14*

341

October 2007 (Acta Iranica 51, pp. 227–241). Leuven: Peeters.

Hovhannisyan, V. 1993. Raskopki Karashambskogo mogilnika v 1987 g., *Arkeologicheskie raskopki v novostroikakh armenii*, 26–36.

Hovhannisyan, V.E. 1992. A Silver Goblet from Karashamb, *Soviet Anthropology and Archaeology*, 30(4), 84–102.

Invernizzi, A. 1988. *Ai piedi dell'Ararat. Artaxata e l'Armenia ellenistico-Romana* (Studi e Materiali di Archeologia 10). Firenze: Casa Editrice le lettere.

Iserlis, M., Greenberg, R., Badalyan, R. & Goren, Y. 2010. Bet Yerah, Aparan III and Karnut: Preliminary Observations on Kura-Araxes Homeland and Diaspora Ceramic Technologies. *TÜBA-AR*, 13, 245–262.

Japaridze, O. 1975. *Meskhet-Javakhetis arkeologiuri eksp'editsiis 1975 ts'lis mushaobis angarishi (khelnats'eri. inakheba sakartvelos erovnuli muzeumis, ot. lortkipanidzis arkeologiis inst'it'ut'is arkivsshi)*. Tbilisi.

Kachatryan, T.S. 1979. *Artikskiy nekropol'*. Yerevan: University Press.

Kanetsyan, A.G. 2001. Urartian and Early Achaemenian Palaces in Armenia. In I. Nielsen (Ed.), *The Royal Palace Institution in the First Millennium BC: Regional Development and Cultural Interchange between East and West 4* (pp. 145–153). Athens: Aarhus Universitetsforlag.

Karaosmanoğlu, M. & Korucu, H. 2012. The Apadana of Altintepe in the Light of the Second Season Excavations. In A. Çilingiroğlu & A. Sagona (Eds.), *Anatolian Iron Ages 7. The Proceedings of the Seventh Anatolian Iron Ages Colloquium Held at Edirne, 19–24 April 2010* (Ancient Near Eastern Studies Supplement Series 39, pp. 131–147). Leuven: Peeters Press.

Karasiewicz-Szczypiorski, R., Mamuladze, S., Jaworksi, P. & Wagner, M. 2016. Gonio (Apsaros) in Adjara: Excavation of a Roman Fort Interim Report on the First Season of the Polish-Georgian Archaeological Expedition, *Polish Archaeology in the Mediterranean*, 25, 521–532.

Khachatrian, Ž.D. 1987. Hayastani Antik Shrjani Pashtpanakan Karruyts'nery, *Patna Banasirakan Handes*, 1987(4), 158–170.

Khachatrian, Ž.D. 1998. L'impianto della Città. In A. Invernizzi (Ed.), *Ai Piedi dell'Ararat. Artaxata e l'Armenia Ellenistico-Romana* (Studi e Materiali di

Archeologia 10, pp. 97-115). Firenze: Casa Editrice le lettere.

Khatchadourian, L. 2007. Unforgettable Landscapes: Attachments to the Past in Hellenistic Armenia. In N. Yoffee (Ed.), *Negotiating the Past in the Past: Identity, Memory, and Landscape in Archaeological Research* (pp.43-75). Tucson: University of Arizona Press.

Khatchadourian, L. 2018, Pottery Typology and Craft Learning in the Near Eastern Highlands, *Iranica Antiqua* LIII, 179-265.

Kleiss, W. 1968. Urartäische Plätze in Iranisch-Azerbaidjan, *Istanbuler Mitteilungen, 18*, 1-44.

Knauss, F.S. 2005. "Caucasus". In P. Briant & R. Boucharlat, *L'archéologie de l'empire achéménide: nouvelles recherches, Actes du colloque organisé au Collège de France, 21-22 novembre 2003* (Persika 6, pp. 197-220). Paris: De Boccard.

Knauss, F.S. 2006. Ancient Persia and the Caucasus, *Iranica Antiqua, 41*, 79-118.

Knauss, F.S., Gagoshidze, I. & Babaev, I. 2010. A Persian Propyleion in Azerbaijan. Excavations at Karacamirli. In J. Nieling & E. Rehm (Eds.), *Achaemenid Impact on the Black Sea: Comunication of Powers* (pp. 111-122). Aarhus: Aarhus University Press.

Kozbe, G., Çevik, Ö. & Sağlamtimur, H. 2001. Pottery. In A. Çilingiroğlu & M. Salvini (Eds.) *Ayanis I. Ten Years' Excavations at Rusaḫinili Eiduru-kai 1989-1998* (Documenta Asiana 6, pp. 85-153). Roma: Istituto per gli studi micenei ed egeo-anatolici.

Kroll S. Gruber C., Hellwag U., Roaf M. & Zimansky P. (Eds.) 2012. *Biainili-Urartu. The Proceedings of the Symposium Held in Munich 12-14 October 2007* (Acta Iranica 51). Leuven: Peeters.

Kroll, S. 1994. *Festungen und Siedlungen in Iranisch-Azarbaidjan. Untersuchungen zur Siedlungsund Territorialgeschichte des Urmia-Sees-Gebiets in vorislamischer Zeit*, Unpublished Habilitation Ludwig-Maximilians-Universität.

Kroll, S. 2003. Medes and Persians in Transcaucasia? Archaeological Horizons in North-western Iran and Transcaucasia. In G. Lanfranchi, M. Roaf & R. Rollinger (Eds.), *Continuity of Empire: Assyria, Media, Persia* (History of the Ancient Near East Monographs 5, pp. 281-287). Padova: S.a.r.g.o.n. editrice e libreria.

Kroll, S. 2012. Ancient Armenian Sites in Armenia and North-western Iran: Hellenistic Period. In P. Avetisyan & A. Bobokhyan (Eds.), *Archaeology of Armenia in Regional Context: Proceedings of the International Conference Dedicated to the 50th Anniversary of the Institute of Archaeology and Ethnography Held on September 15–17, 2009 in Yerevan* (pp. 219–222). Yerevan: Gitutyun.

Kuftin, B.A. 1941. *Arheologičeskie raskopki v Trialeti. Opyt peiodiizacii pamâtnikov.* Tbilisi: Izdatel'stvo Akademii nauk Gruzinskoj.

Kuhrt, A. 2001. The Achaemenid Persian Empire (c.550–c.330 BC): Continuities, Adaptations, Transformations. In S. Alcock, T.N. D'Altroy, K.D. Morrison & C.M. Sinopoli (Eds.), *Empires. Perspectives from Archaeology and History* (pp. 93–123). Cambridge: Cambridge University Press.

Kushnareva, K.Kh. 1997. *The Southern Caucasus in Prehistory: Stages of Cultural and Socioeconomic Development from the Eighth to the Second Millennium B.C.* (University Museum Monograph 99). Philadelphia: University of Pennsylvania Museum.

Lanfranchi, G. & Parpola, S. 1990. *The Correspondence of Sargon II: Letters from the Northern and Northeastern Provinces* (State Archives of Assyria V, Part II). Helsinki: Helsinki University Press.

Licheli, V., Dan, R., Vitolo, P., *et al.* 2020. Continuity or Change? An Analysis of Fortified Church Complexes in Southern Georgia, *Proceedings in Archaeology and History of Ancient and Medieval Black Sea Region*, *12*, 527–542.

Licheli, V., Dan, R., Vitolo, P., *et al.* 2022. Cyclopean Fortresses, Royal Cities or Mountain Shelters? The Abuli and Shaori Complexes in Southern Georgia in the Light of Recent Archaeological Investigations, *Ancient Civilizations from Scythia to Siberia*, *28*, 148–176.

Lindsay, I. & Smith, A.T. 2006. A History of Archaeology in the Republic of Armenia, *Journal of Field Archaeology*, *31*, 165–184.

Makharadze, Z.E. 2015. Kurgane der Frühbronzezeit in Ostgeorgien. In *Der Kaukasus im Spannungsfeld zwischen Osteuropa und Vorderem Orient: Dialog der Kulturen, Kultur des Dialoges (im Gedenken an den 140. Geburtstag von Alexander A. Miller), Internationale Fachtagung für die Archäologie und Humboldt-Kolleg*, 5–8

Oktober 2015, Saint Petersburg (pp. 109–111).

Makharadze, Z.E., Kalandazde, N. & Murvanidze, B. 2016. *Ananauri Big Kurgan* 3. Tbilisi: Šotʻa Rustʻavelis Erovnuli Samecʻniero Pʻondi.

Makharadze, Z.E. & Murvanidze, B. 2014. Ananauri No. 3, big kurgan, *Dziebani*, *22*, 50–68.

Narimanishvili, D. 2019. Late Bronze – Iron Age Fortification Complexes of the Historical Javakheti Region, Georgia, *Antiquity*, *93/367*, 1–6.

Oganesjan, K.L. 1960. Raskopki urartskogo goroda Erebuni, *Sovetskaja Archeologija*, *1960*(3), 289–296.

Özgüç, T. 1966. *Altıntepe. Mimarlık Anıtları ve Duvar Resimler* (Türk Tarih Kurumu Yayınlarından - V. Seri, No. 24). Ankara: Türk Tarih Kurumu Basımevi.

Petrosyan, A., Dan, R. & Vitolo, P. 2019. Solak 1. Una fortezza urartea nella valle del Hrazdan, Armenia. In P. Avetisyan, R. Dan & Y. Grekyan (Eds.), *Over the Mountains and Far Away: Studies in Near Eastern History and Archaeology Presented to Mirjo Salvini on the Occasion of His 80th Birthday* (pp. 391–400). Oxford: Archaeopress Publishing Ltd.

Petrosyan, A., Dan, R. & Vitolo, P. 2020. The Kotayk Survey Project (KSP): An Overview of the First Six Years of Activities (2013–2018). In A. Kosyan, P. Avetisyan, A. Bobokhyan & Y. Grekyan (Eds.), *Armenian Archaeology: Past Experiences and New Achievements* (Aramazd X 1–2, pp. 208–233). Oxford: Archaeopress Publishing Ltd.

Petrosyan, A., Dan, R., Vitolo, P., et al. 2020. Lo sviluppo diacronico dei sistemi insediativi in Armenia. In N. Negroni Catacchio (Ed.), *Archeologia dell'abitare. Insediamenti e organizzazione sociale prima della città. Dai monumenti ai comportamenti. Ricerche e scavi, Atti del quattordicesimo incontro di studi* (Vol. 1, pp. 471–489). Milano: Centro studi di preistoria e archeologia.

Petrosyan, A., Dan, R., Vitolo, P., et al. 2021. Archaeological Investigations in Kotayk Region as Part of the Kotayk Survey Project (KSP). A Glance at a Selection of Fortresses (2013–2019). In P. Avetisyan & A. Bobokhyan (Eds.), *Archaeology of Armenia in Regional Context, Proceedings of the International Conference Dedicated to the 60th Anniversary of the Institute of Archaeology and Ethnography*

Held on July 9–11, 2019 in Yerevan (pp. 135–153). Yerevan: Gitutyun.

Petrosyan, L.A. 2018. *Lchasheni Dambanadashty*. Yerevan.

Philip, G. & Millard, A.R. 2000. Khirbet Kerak Ware in the Levant: the Implications of Radiocarbon Chronology and Spatial Distribution. In C. Marro & H. Hauptmann (Eds.), *Chronologies des pays du Caucase et de l'Euphrate aux IVe–IIIe millénaires. From the Euphrates to the Caucasus: Chronologies for the 4th–3rd millennium B.C. Vom Euphrat in den Kaukasus: Vergleichende Chronologie des 4. und 3. Jahrtausends v. Chr., Actes du Colloque d'Istanbul, 16–19 décembre 1998* (Varia Anatolica XI, pp. 279–296). Istanbul-Paris: Anatoliennes.

Piller, C.K. 2012. The Caucasian Connection-Reflections on the Transition from the Late Bronze to the Early Iron Age in Northern Iran and Its Connections to the Southern Caucasus. In A. Mehnert, G. Mehnert & A. Reinhold (Eds.), *Austausch und Kulturkontakt im Südkaukasus und seinen angrenzenden Regionen in der Spätbronze-/Früheisenzeit*, Schriften des Zentrums für (Archäologie und Kulturgeschichte des Schwarzmeerraumes 22, pp. 305–317). Halle: Beier & Beran.

Roaf, M. & Stronach, D. 2007. *Nush-i Jan I. The Major Buildings of the Median Settlement* (British Institute of Persian Studies). London-Leuven-Paris-Dudley: Peeters.

Rubinson, K.S. 1976. *The Trialeti Culture* [unpublished doctoral dissertation]. Columbia University.

SAA V = Lanfranchi & Parpola 1990.

Sagona, A. 2000. Sos Höyük and the Erzurum Region in Late Prehistory: A Provisional Chronology for Northeast Anatolia. In C. Marro & H. Hauptmann (Eds.), *Chronologies des pays du Caucase et de l'euphrate aux IVe–IIIe millenaires: Actes du colloque d'Istanbul, 16–19 décembre 1998* (pp. 329–337). Paris: Institut français d'études anatoliennes d'Istanbul.

Sagona, A. 2018. *The Archaeology of the Caucasus. From the Earliest Settlements to the Iron Age*. New York: Cambridge University Press.

Sagona, A. & Sagona, C. 2000. Excavations at Sos Höyük, 1998 to 2000: Fifth preliminary report, *Ancient Near Eastern Studies*, 37, 56–127.

Sagona, C. & Sagona, A. 2009. Encounters with the Divine in the Late Prehistoric Period of Eastern Anatolia and Southern Caucasus'. In H. Sağlamtimur, E. Abay, Z. Derin, *et al.* (Eds.), *Yukarı Denizin Kıyısında Urartu Krallığı'na Adanmış Bir Hayat* (pp. 537–563). İstanbul: Arkeoloji ve Sanat Yayınları.

Salvini, M. 1984. La Storia Della Regione in Epoca Urartea. In P.E. Pecorella & M. Salvini (Eds.), *Tra lo Zagros e l'Urmia. Ricerche Storiche ed Archeologiche nell'Azerbaigian Iraniano* (Incunabula Graeca 78, pp. 9–51). Roma: Edizioni dell'Ateneo.

Salvini, M. 1995. *Geschichte und Kultur der Urartäer*. Darmstadt: Wissenschaftliche Buchgesellschaft.

Salvini, M. 2008. *Corpus dei Testi Urartei, Vol. I–III, Le iscrizioni su pietra e roccia* (Documenta Asiana VIII). Roma: Istituto di studi sulle civiltà dell'Egeo e del Vicino Oriente.

Salvini, M. 2012. *Corpus dei Testi Urartei IV. Iscrizioni su bronzi, argilla e altri supporti; nuove iscrizioni su pietra; paleografia generale* (Documenta Asiana 8). Roma: Istituto di Studi sulle Civilta dell'Egeo e del Vicino Oriente.

Salvini, M. 2018. *Corpus dei Testi Urartei, Vol. V, Revisione delle epigrafi e nuovi testi su pietra e roccia (CTU A), Dizionario urarteo, Schizzo grammaticale della lingua Urartea*. Paris: De Boccard.

Sauer, E.W., Chologauri, L., Gabunia, A., *et al.* (Eds.), 2020. *Dariali: the "Caspian Gates" in the Caucasus from Antiquity to the Age of the Huns and the Middle Ages. The Joint Georgian-British Dariali Gorge Excavations & Surveys of 2013–2016* (The British Institute of Persian Studies Archaeological Monographs Series VI, vol. 1–2). Oxford: Oxbow Books.

Schmitt, R. 2009. *Die altpersischen Inschriften der Achaimeniden. Editio minor mit deutscher Übersetzung*. Wiesbaden: Reichert Verlag.

Simonyan, H.Y. 2019. Nerkin Naver–A Complex of Archaeological Sites from the Middle Bronze Age to the Beginnin of Medieval Period. In Kh.A. Amirkhanov (Ed.), *Caucasian Mountains and Mesopotamian Steppes on the Dawn of the Bronze Age, Festschrift in Honour of Rauf M. Munchaev's 90th Birthday* (pp. 273–294). Moscow: ИАРАН.

Smith, A.T., Badalyan, R.S. & Avetisyan, P. 2009. *The Archaeology and Geography of Ancient Transcaucasian Societies, Vol. 1. The Foundations of Research and Regional Survey in the Tsaghkahovit Plain, Armenia* (Oriental Institute Publications 134). Chicago: The Oriental Institute of the University of Chicago.

Stronach, D. 1986. Apadana, ii. Building, *Encyclopædia Iranica*, online edition, 2011, available at http://www. http://www.iranicaonline.org/articles/apadana.

Stronach, D. 1978. *Pasargadae: A Report on the Excavations Conducted by the British Institute of Persian Studies from 1961 to 1963*. Oxford: Clarendon Press.

Stronach, D. 2012. The Silver Rhyta from Erebuni Revisited. In P. Avetisyan & A. Bobokhyan (Eds.), *Archaeology of Armenia in Regional Context. Proceedings of the International Conference Dedicated to the 50th Anniversary of the Institute of Archaeology and Ethnography Held on September 15–17, 2009 in Yerevan* (pp. 170–184). Yerevan: Gitutyun.

Stronach, D., Thrane, H., Goff, C., et al. 2010. Erebuni 2008–2010. In A. Kosyan, A. Petrosyan & Y. Grekyan (Eds.), *Urartu and Its Neighbors. Festschrift in Honor of Nicolay Harutyunyan* (AJNES V/2, pp. 99–133). Yerevan.

Summers, G. & Burney, C. 2012. Late Iron Age Pottery from Northwestern Iran: The Evidence from Yanik Tepe. In A. Çilingiroğlu & A. Sagona (Eds.), *Anatolian Iron Ages 7. The Proceedings of the Seventh Anatolian Iron Ages Colloquium Held at Edirne, 19–24 April 2010* (Ancient Near Eastern Studies Supplement Series 39, pp. 269–316). Leuven: Peeters.

Summers, G.D. 1993. Archaeological Evidence for the Achaemenid Period in Eastern Turkey, *Anatolian Studies*, 43, 85–108.

Techov, B.V. 1981. *Tlijskij Mogil'nik (kompleksy IX – pervoy poloviny VII v. do n. e.)*. Tbilisi: Mecniereba.

Techov, B.V. 2002. *Tayny drevnikh pogrebeniy*. Vladikavkaz: Proekt-Press.

Ter-Martirosov, F.I. 2001. The typology of the Columnar Structures of Armenia in the Achaemenid Period. In I. Nielsen (Ed.), *The Royal Palace Institution in the First Millennium BC: Regional Development and Cultural Interchange between East and West* (Monograph of the Danish Institute at Athens 4, pp. 155–163). Athens: The Danish Institute at Athens.

Tonikyan, A. 1992. The Layout of Artashat and Its Historical Development, *Mesopotamia*, *27*, 161−187.

Torosyan, R.M., Xnkikyan, O.S. & Petrosyan, L.A. 2002. *Hin Shirakavan, 1978−1981 peghumneri ardyunqnere* (Hnagitakan peghunmere Hayastanum n. 23). Yerevan: Gitutyun.

Trebeleva, G., Glazov, K., Kizilov, A., *et al.* 2021. Roman Fortress Pitiunt: 3d-Reconstruction of the Monument Based on the Materials of Archaeological Research and Geological Paleoreconstructions, *Applied Sciences*, *11*, 1−18.

Treister, M.Y. 2015. A Hoard of Silver Rhyta of the Achaemenid Circle from Erebuni, *Ancient Civilizations from Scythia to Siberia*, *21*, 23−119.

Trémouille, M.C. & Dan, R. forthcoming. Alcuni aspetti della religione nel regno di Bia/Urartu. In E. Gargano & D. Frenez (Eds.), *Dagli Zagros all'Indo. Archeologie e Scritture nell'Asia Media dal 4000 al 700 a.C.* Milano: Accademia delle Antiche Civiltà via Gherardini.

Wiesehöfer, J. 1999. *Das frühe Persien. Geschichte eines antiken Weltreichs.* München: C.H. Beck.

Zhorzhikashvili, L.G. & Gogadze, E.M. 1974. *Pamyatniki Trialeti Epokhi Ranney i Sredney Bronzy (raskopki 1936−1940, 1947−1948 rr.).* Tbilisi: Metsniereba.

Zimansky, P.E. 1985. *Ecology and Empire: The Structure of the Urartian State* (Studies in Ancient Oriental Civilization 41), Chicago: The University of Chicago Press.

Zimansky, P.E. 1995. Urartian Material Culture as State Assemblage: An Anomaly in the Archaeology of Empire, *Bulletin of the American Schools of Oriental Research*, *299/300*, 103−115.

第七讲　东西之间：从阿契美尼德时代到萨珊王朝的伊朗考古

皮耶尔弗朗切斯科·卡列宁（Pierfrancesco Callieri）

导　论

"伊朗"

1934年以前的地图集中几乎找不到名为"伊朗"的国家，而只能找到"波斯"。事实上，数世纪以来，人们正是以后者这个源自波斯但经希腊转译的名字指称这个国家。

正如格诺里在其重要著作《伊朗的概念》①中所证明，"伊朗"一词源于萨珊王朝，是为了在公元3世纪强调自己与阿契美尼德传统之间的联系，并获得完全的权力合法性，同时明确正处在加强集权进程中的帝国的"民族"特征。因而，萨珊帝国将自己定义为"雅利安人的领土"（ērānšahr），在中波斯语中为阿伊利亚（Airiya），可见于大流士一世和薛西斯的碑铭中。然而，阿契美尼德王朝虽确实认为阿伊利亚是使用同一伊朗语系语言的民族，但在他们超越了民族的帝国概念中，并没有给这个词赋予政治价值；反而，他们王朝的骄傲是基于他们属于生活在伊朗南部（今法尔斯）的帕尔萨（Parsa）

---

① Gnoli 1989.

人，即希腊人所称的波西斯（Persis）。正是直面他们不断逼近的希腊人，将最初只涉及波西斯的概念扩大，向西方传播。相反，在萨珊人那里，"雅利安人的领土"标志着萨珊帝国被理解为这样一个政治单位：比阿契美尼德帝国的范围小，只集中于伊朗高原，集聚力量创造真正的伊朗"民族"。然而，罗马人清晰地意识到波斯王朝在帕提亚（罗马人在这个时期仍继续用波斯来指代这个帝国）的短暂插入后卷土重来，恢复使用了"波斯"和"波斯人"，此时这个词指代了萨珊所期望的新"民族"政治实体。从经典的传统，经拜占庭及拉丁中世纪，到现代欧洲语言，"波斯"一词已肯定不再仅仅指代波西斯。

就"伊朗"一词本身而言，随着萨珊王朝的衰亡，它从日常使用中消失，仅用于表示"萨珊帝国"；13世纪，它再次被用来指称大不里士的蒙古伊利汗国及其附属政治实体；1930年代，巴列维王朝将之用于文化政策，以寻求所谓繁荣的前伊斯兰时期的继续，"伊朗"取代"波斯"成为这个国家的官方名称。

伊朗地理

因此，本讲中的"伊朗"是指伊朗伊斯兰共和国的领土（图7-1），建立于1979年终结了巴列维的君主统治的革命之后。这里地广人稀（163,8500平方公里，8855,0000居民，平均人口密度为每平方公里54人），主要由荒漠高原（平均海拔1220米）及四周向东延伸至阿富汗的山脉组成。地理环境深刻地影响了伊朗的文化演进：环境一定是理解本地特性的主要因素。北方有厄尔布尔士山脉，主峰达马万德山高达5607米，是伊朗高原和里海南岸狭长的海岸地带之间令人畏惧的屏障：这里与伊朗高原的环境迥异，常常

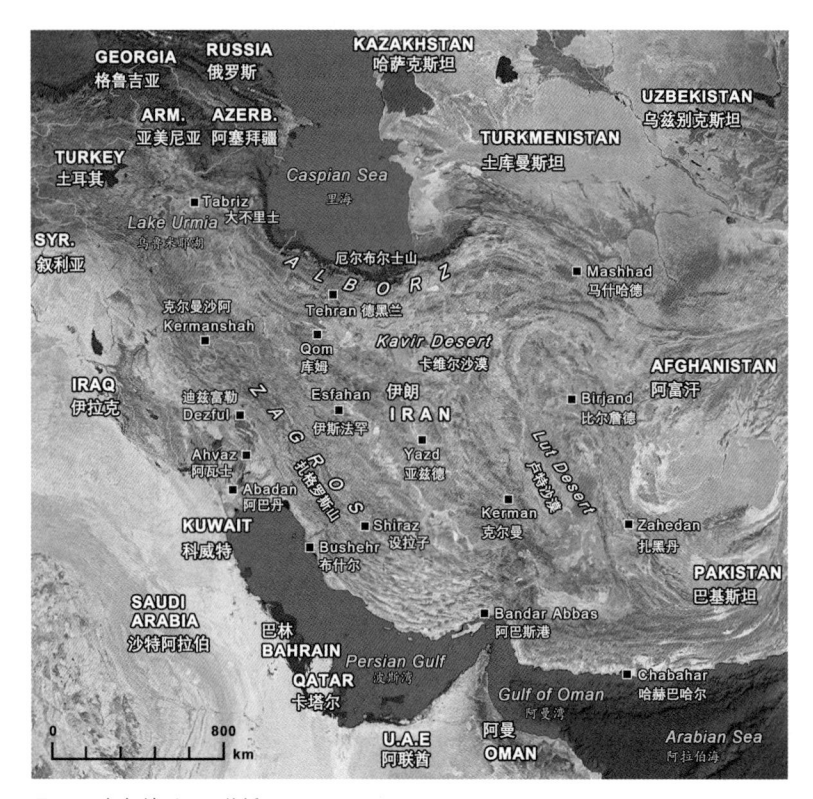

图 7-1　伊朗地形图 © 戴恬

成为不同历史时期的退守之地。西北方是阿塞拜疆山区，构成了北向高加索和亚美尼亚，西向安纳托利亚东部的通道；广阔的乌鲁米耶湖（约 5200 平方公里）如今正逐渐干涸，其湖水盐度高，从未同凡湖一样成为多样的人文景观的一个部分。更南方是扎格罗斯山脉，成为伊朗高原的西部边界，将之与两河流域的美索不达米亚冲积平原区隔开，其间有数条通道：在与美索不达米亚最为便捷的通道上有米底国，是一个拥有最辉煌历史的地区。扎格罗斯山脉的西南麓是一片平坦地区，伊朗为数不多的数条河流从中穿过，卡伦河是最大的一条；这里是美索不达米亚平原的延伸地带，今天被称为胡齐斯坦——得名于埃兰人对自己土地的称呼"胡贾"，人口主要是阿拉伯人。即使在古代，这一平原的气候条件和人口种族（埃兰人和非伊朗人）也与高原不同。伊朗高原的南部也以山脉为界，南面波斯湾的海岸地带虽然与伊朗高原一样干旱，但在气候和人口上与之不同。伊朗南部的山脉向东延伸至巴基斯坦的俾路支斯坦，远至印度河谷地。在内陆，今天伊朗的东部边界是锡斯坦地区，其中心是伊朗和阿富汗边境的哈蒙湖附近的内陆盆地，高原上阿富汗部分的两条主要河流流经此地。更北方是伊朗呼罗珊地区，与东方没有自然屏障，同阿富汗的赫拉特地区相接，北界是科佩特山脉，与土库曼草原分隔开来。伊朗高原的中心地区被卡维尔和卢特两大沙漠占据，人类的活动被限制在沙漠边缘的狭窄山麓地带，传统的地下暗渠技术（坎儿井）使人们能够利用来自山泉的有限水资源，在沙漠的绿洲地带也是如此。

历史地理学概念

尽管在我们的研究时段内，伊朗的广大地域主要处于同一政治结构下，但却从未建立过统一的物质文化：源于史前时期的不同地方传统存续了很长时间，只有由相继统治国家的不同王朝直接制作的艺术品，才呈现出更为一致的特征。因此，伊朗的考古教材在关于陶器和其他手工制品的章节中，总是会至少保留按省分类的结构。

不同的地理环境、交流路线、聚落类型，以及邻近区域的影响和相应距离，是形成不同地区特征的基础元素。伊朗中部巨大且不可穿越的沙漠和盐湖使各个地区间沿环形进行文化交流，中部则是危险而很难穿越的空白地带，例如，伊朗南部的物质文化显示出伊朗西南方的特征，也可见伊朗东南方的特征，但从未直接出现伊朗东部或西部的特征。

即使在萨珊人出现前的古代，伊朗也从未被认为是统一的，此后，区域间的差异仍十分强烈。

上述伊朗的多个地理区域，除见于阿契美尼德王朝诸位统治者、萨珊统治者沙普尔一世和纳塞赫的碑铭中外，也见于希腊-罗马文献，特别是托勒密等人的地理学著作中。由于本讲年代上的偏重，且后者与西方使用的术语更为接近，因此倾向于使用它们，而非阿契美尼德王朝的行省名（图7-2）。

今伊朗的阿塞拜疆是经典作家所谓的米底的阿特罗帕特尼，这个名字是为了与真正的米底区别开，它源自阿契美尼德王朝后期米底总督阿特罗帕特斯，后来在安息和萨珊时期被称为阿德胡尔帕塔卡。

米底位于伊朗高原西部，处在与美索不达米亚的主要交通线上，占据今天克尔曼沙阿省的克尔曼沙阿市和哈马丹（古代的埃克巴坦纳）之间的区域。更南方是胡齐斯坦地区，相当于希腊化时代的苏锡安那，得名于伟大的埃兰及其后波斯的中心苏萨。扎格罗斯地区与之相邻，这里在安息时期取得了相对独立，在文献中被称为埃利迈斯，显示出与古代埃兰文明的深刻联系。法尔斯地区是阿契美尼德王朝和随后的萨珊王朝的发源地，希腊人将之称为波西斯，包括伊朗高原的南部以及相应的波斯湾沿岸，即今天的布什尔周围。波西斯以东被希腊的地理学家称为卡尔马尼亚，即今天的克尔曼地区，而今天的马克兰则对应古代的格德罗西亚。

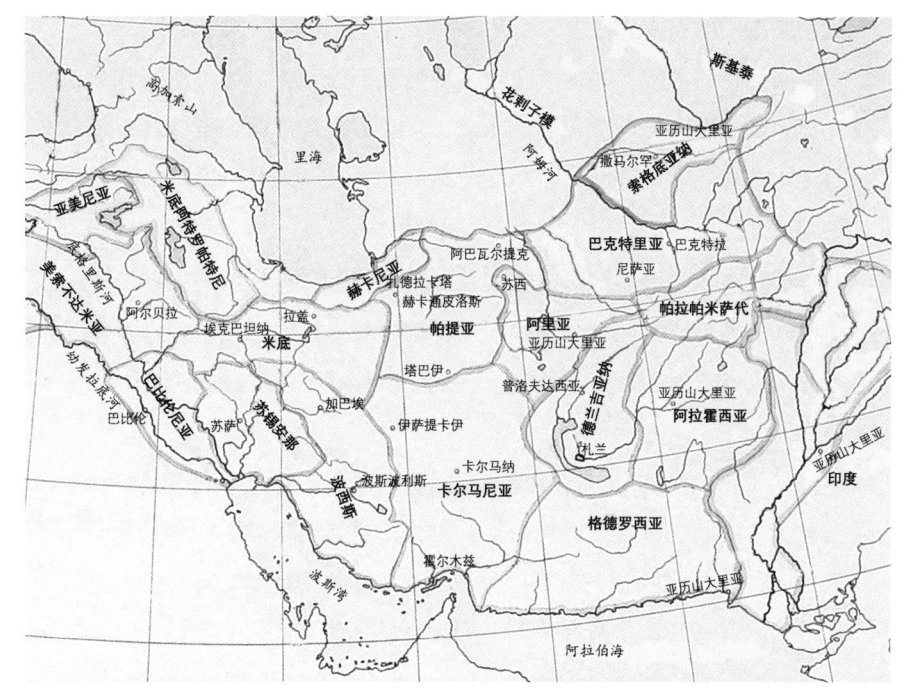

第七讲 东西之间：从阿契美尼德时代到萨珊王朝的伊朗考古

图 7-2 波斯与希腊文献中的伊朗历史地区
© https://www.antiquity.ac.uk/sites/default/files/projgall/548/Figure%201.jpg

卡尔马尼亚以东、格德罗西亚以北是今天的锡斯坦地区，在古文献中被称为德兰吉亚纳，这个名称源于古波斯的扎兰卡。今天的锡斯坦得名于中波斯时期的名称萨卡斯坦，即"塞人的领土"，反映了公元前 1 世纪前后中亚的塞人游牧族群在这里定居。更东方的今阿富汗境内的阿尔甘德河上游地区对应古代的阿拉霍西亚，首府是阿拉霍西亚的亚历山大城，即今天的坎大哈。

离开真正的伊朗进入"伊朗外部"，必须提到的是穆尔加布河的三角洲地带，处于今天土库曼斯坦境内，主要的城市是梅尔夫，

355

是萨珊帝国的东部边疆。

回到伊朗本土，帕提亚之名最初局限于阿契美尼德时期的帕萨瓦地区，即科佩特山脉以北的区域，位于古代城市尼萨附近，后来指山区以南的呼罗珊北部，而文献中的赫卡尼亚则对应里海东南方的草原地带。

相比之下，伊朗中部的大片盐土荒漠附近只有少量定居点，在前伊斯兰时期不具整体性，仅是周围地区的附属地带；只有到了伊斯兰时期才开始使用伊拉克尔·阿亚米指称这个地区，其中心城市是伊斯法罕。

从历史角度观之，在介绍了阿契美尼德及其后的塞琉古晚期、安息和萨珊时期的地区名称后，必须强调尽管这些大王朝起源于不同地区——阿契美尼德王朝起源于法尔斯和伊朗南部，塞琉古王朝起源于马其顿的地中海地区，安息起源于里海东部的草原——但都是一脉相承的，如果不将萨珊时期与他们杰出的波斯祖先联系起来，就难以完全理解萨珊文明，这种记忆被安息时期统治法尔斯地区的贵族（所谓的法拉塔拉卡）一代代日益模糊地传承下来。因此，本讲对伊朗主要考古遗址的简明介绍，就不能不包括阿契美尼德时期举世闻名的波斯波利斯、帕萨尔加德，以及纳克什·鲁斯塔姆、博拉兹詹和苏萨。

宗教史诸方面

最后，有必要阐明宗教史方面的情况，其强烈影响了古代文明的生命历程以及对考古材料的现代解释。

在伊朗古代的众多宗教中，琐罗亚斯德教是唯一普遍盛行的。然而，对琐罗亚斯德教的基本问题，如先知查拉图斯特拉的时代和地域，很难找到两位看法一致的专家，甚至不是所有人都接受他是一位真实存在的历史人物。我们没有时间和专业知识去对这个困难的领域一探究竟，只能阐明琐罗亚斯德教的若干特点。

第一，琐罗亚斯德教在两千余年的生命史中曾发生巨大变化，伊利亚·格舍维奇对其各个阶段进行了极好概括：在古代阶段，诗歌《伽萨》中记载了先知查拉图斯特拉与唯一的神阿胡拉·马兹达之间的激烈对话，应被称为"查拉图斯特拉教"，表明宗教伦理与古代印度-伊朗多神教的祭祀和仪式信仰相比，发生了根本性转变；下一个阶段（晚近的《阿维斯陀》经），查拉图斯特拉改革的重要性被大大降低，此时称为"查拉图斯特拉主义"；最终，法尔斯地区的琐罗亚斯德教神职人员卷入政治权力中，巴列维语文献反映了这一情况，以先知的希腊化名字称为"琐罗亚斯德教"。

第二，琐罗亚斯德教的一些特点改变了其与古印度即印度-伊朗背景的共同点，而与埃兰的特征相似：如允许血亲之间的婚姻，甚至赋予其优先性，构建以拜火为中心的宗教建筑，以及暴露尸体的葬礼习俗。不过与这些戒律相对照，考古学证明的实际情况却表明，人们并不常遵守琐罗亚斯德教文献中规定的各种规范，特别是在丧葬习俗方面。

在琐罗亚斯德教的文献中，认为曾经存在的生命体会由于罪恶而腐烂，因担心来自尸体的污染而禁止土葬。由于造成污染的是尸体的肉而非骨骼，所以尸体必须摆放在高处，以便鸟类将骨头剥出，这些骨头随后又被收集并储存在纳骨瓮中（容器或石建筑）。但事实上，可追溯至萨珊时期的土葬并不罕见，如果我们相信琐罗亚斯德教文献上的要求得到普遍尊重，那么对此唯一的解释就是他们有其他的宗教信仰。然而，这个例子与其他例子一样，清晰地显示出在每一个文明中,神职人员都努力使他人遵守戒律,但社会却并不受老旧、复杂、费事的规则约束。因此,考古学不必束缚于教义来提供对伊朗古代社会的解释。

还有一个需要澄清的基本观点是,琐罗亚斯德教的宗教场所被认为缺少艺术元素。这一问题除了要考虑到被国家分级教会统治的萨珊伊朗,与中亚的粟特等地区的情况存在很大不同外,对已知证据的新解释,特别是伊朗的新发现也正在改变这一图景。

考古研究史

下面谈及伊朗考古学研究的起源与发展。虽然古代波斯早在中世纪时就已吸引了西方旅行者们的兴趣,但对这一地区的科学的古物研究直到18世纪才发展起来。对被琐罗亚斯德教徒保存在印度的《阿维斯陀》的最早翻译(杜派龙)可追溯至18世纪后半叶。1760—1765年,首次出现对使用了源自阿拉姆语字母的中波斯语碑铭的释读(德·萨西)。就考古研究而言,最具里程碑意义的时刻无疑是1765年丹恩·尼布尔对波斯波利斯遗址和碑铭的第一次科学描述,他为此忙碌到被刺眼的光线弄瞎了眼睛,以及英国官员罗林逊在比索通对大流士一世的铭文的调查(1836—1839年),这证实了格罗特芬德用德语对楔形文字的解释(1802年)。

真正进行了发掘的考古调查开始于19世纪中叶,但直到上世纪的第一个十年之前,仍局限于古代埃兰。受美索不达米亚考古及其大发现的激发,苏萨城被认为不仅拥有丰富的古代埃兰文物,而且是整个美索不达米亚的重要古代文物汇集之地,这些文物作为战利品被带到了这里(图7-3)。

第七讲　东西之间：从阿契美尼德时代到萨珊王朝的伊朗考古

图 7-3　苏萨，进入大流士王宫的壮观入口（廊道），背景中是 19 世纪末期法国考古学家建造的城堡 © Callieri

英国人威廉·洛夫特斯爵士首先进行了一些发掘（1851—1853年），随后是马塞尔·狄拉福（1884—1886年），自 1889 年起，雅克·德摩尔干也开始进行发掘活动。1894 年，德摩尔干促使法国垄断了在波斯的所有考古研究（一直持续至 1931 年），1897 年成立了在这里的第一支永久性外国考古团：法国驻波斯代表团，其多次更名，一直不间断地进行考古工作，直至 1939 年，又在 1946—1979年继续开展工作。1979 年伊斯兰革命爆发，随后伊朗与伊拉克间爆发了毁灭性的战争，胡齐斯坦省成为遭受毁坏最甚的前线之一。

法国考古团领队的背景是工程学而非考古学，他们的垄断性很强，明确表示主要目的是获取古物以在卢浮宫博物馆展出，事实上——我们充分理解当时的时代背景——他们的活动在很长一段时间内对苏锡安那遗址造成了主动性破坏。法国考古团的活动范围逐渐从苏锡安那遗址扩展到其他地区：东阿塞拜疆、戈尔甘、德黑兰附近的雷伊、米底的哈马丹和波斯湾的布什尔。其间还有零星的其他活动，如美国考古队在帕萨尔加德的活动（1905年）以及奥雷尔·斯坦因爵士在锡斯坦的勘测（1915—1916年），德国人在席林堡的工作更为持久（1910—1920年），这可能是由于它靠近奥斯曼帝国的边界。然而，直到1930年代，这些调查的主要目的均局限在寻找保存状态良好的古物，忽视了对遗迹结构、地层及其与文物本身之间关系的研究，尽管他们也并非对古代环境背景全无兴趣。

罗曼·吉斯曼和乔治·康特纳在内哈万德附近的吉延特佩（1931—1932年），以及随后在卡尚附近的锡亚尔克特佩（1933—1937年，图7-4）等史前遗址的发掘，被认为是更具科学价值的考古研究的开端，虽然其发掘方法肯定不能算是典范性的。

国外考古学家对伊朗史前历史的兴趣日益增长，美国考古学家对达姆甘附近的希萨尔特佩（1931—1932年）、波斯波利斯附近的巴坤特佩（1932年）、戈尔甘地区的杜兰特佩（1932年）、雷伊附近的哲斯梅耶·阿里（1934—1936年）进行了发掘，瑞典考古学家也对戈尔甘的沙阿特佩（1933年）开展发掘。

除史前考古遗址外，美国考古学家们同样发掘了历史时期的遗址，如胜父堡（1932—1934年，图7-5）、内沙普尔（1934—1936年）和伊什塔克尔（1935年），并在扎格罗斯山脉地区进行了首次航空勘探（1935—1936年）。然而与法国相比，欧美其他国家独立学者的兴趣并未转变为稳定实施的计划。此外，塞琉古和安息两大帝国

第七讲 东西之间：从阿契美尼德时代到萨珊王朝的伊朗考古

图 7-4 锡亚尔克特佩（卡尚）概貌 © Callieri

图 7-5 胜父堡（设拉子）© Callieri

图7-6 波斯波利斯（法尔斯）遗址概貌 © Callieri

情况特殊，它们的中心都不在伊朗境内。美国在美索不达米亚底格里斯河流域的塞琉西亚进行的发掘，以及苏联在土库曼苏维埃社会主义共和国的尼萨的发掘，长期以来提供了这两个时期的绝大部分考古材料，这是萨珊时期的琐罗亚斯德教宣传力图从伊朗历史中抹去的，他们甚至否认了安息统治者的伊朗身份。

唯一在伊朗定期进行研究的非法国学者是德国的犹太人恩斯特·赫茨菲尔德，即使在法国垄断时期也是如此。他从1897年开始在整个高原上进行大量的勘探活动，还在1928年率先在帕萨尔加德进行了引人瞩目的发掘。随后，由于纳粹对犹太人的迫害，他移民到美国，因此作为芝加哥大学东方研究所美国考古团的领队，于1931—1934年在波斯波利斯进行了发掘（图7-6）。1934年，伊朗当局发现赫茨菲尔德将古董商行为与大有野心的考古学家-领队的角色混为一谈，进行了一系列不法活动，因此他被迫匆匆离开伊朗。

赞助波斯波利斯发掘工作的芝加哥大学东方研究所将工作委托给了埃里希·施密特，他也是德国人，没有赫茨菲尔德那么天纵英才，但更有条理，他还发掘了纳克什·鲁斯塔姆的王陵和波斯波利斯附近的前伊斯兰城市伊什塔克尔。

伟大的匈牙利-英国籍犹太探险家奥雷尔·斯坦因爵士的工作也不应被忘记，他在勘测了锡斯坦后回到俾路支斯坦，随后到达法尔斯和伊朗西部（1932—1936 年），对一些遗址进行了调查，如埃利迈斯的沙米（图 7-7）。斯坦因虽然缺乏真正的考古学训练，但他

图 7-7 德黑兰国家博物馆藏"波斯王子"青铜像，沙米（埃利迈斯）出土 © Callieri

一贯的科学严谨和敏锐的解释弥补了这一不足。

不幸的是,就方法论而言,所有这些活动的质量都非常低,无法与在欧洲甚至是近东取得的成就相提并论。事实上,如果说非地层学的方法在年代判断上尚且具有一定程度的合理性,但对识别和调查通常未经烘烤的黏土中的结构,却缺乏关注,发掘报告中的描述也十分近似。

与赫茨菲尔德进行的其他发掘工作一样,波斯波利斯的发掘材料也长期没有公布,直到施密特代表芝加哥大学东方研究所恢复了工作:出版了三卷发掘报告,其努力填补发掘活动空白的尝试值得赞扬,尽管并非尽善尽美。

同样,罗曼·吉斯曼出版了比沙布尔的发掘报告(1935—1941年,图7-8),其中第二卷是萨珊时期壮丽独特的马赛克镶嵌(图

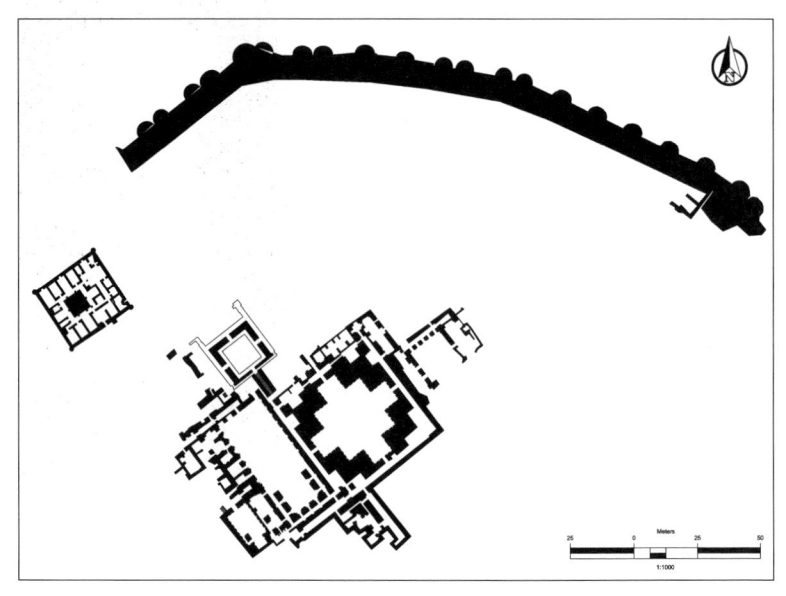

图7-8 比沙布尔(法尔斯)圣火殿平面图,之前被认为是沙普尔的王宫 ©A. Eghra 绘制

第七讲　东西之间：从阿契美尼德时代到萨珊王朝的伊朗考古

图 7-9　德黑兰伊朗国家博物馆藏马赛克镶嵌画，比沙布尔出土
© National Museum of Iran

7-9），于 1956 年迅速出版，这些马赛克在二战期间法国考古队缺席时被地方流浪者毁坏，而第一卷则介绍当时认为是沙普尔一世王宫的建筑群，直至 1971 年才问世。

巴德·内尚达（1948 年）和马斯吉德·苏莱曼（1948 年）这两个"神圣台地"的考古发掘报告，包含丰富的线图和照片，但充分显示出解释分析受限于缺乏坚实可靠的客观依据。

二战结束后，伴随着伊朗北部秘密发掘的陶瓷器在文物市场的流通，以及外国考古团的增加，发掘方法开始传播，史前及原史研究因此再一次发展起来。英国人在吉奥特佩（1948年）及亚尼克特佩（1960年），比利时人在库尔文（1954年），日本人在巴坤特佩（1956年），美国人在哈桑卢（1957年），法国人在图伦特佩（1960年）都进行了发掘，伊朗人也在哈桑卢（1947年）、库尔文（1950年）、马尔里克（1961年）展开了工作。

1959年，比利时考古学家路易斯·范登伯格（根特大学）出版了《古代伊朗考古学》，在互联网流行之前广受赞誉。本书多有创新，被认为是第一份遗址名录：1979年，珍贵的《古代伊朗考古学书目概要》的第一卷收录了由厄尼·海林克协助完善后的版本，其中按照年代、地貌学和类型学分类条目，另有4个补编以补充迅速增长的考古学信息。1961年，范登伯格与吉斯曼也创办了《古代伊朗》刊物，立即成为只以伊朗考古学为内容的唯一科学期刊。

塔赫特·苏莱曼（德国考古队自1959年起开始发掘）和帕萨尔加德（英国考古队1961—1963年发掘）等历史时期遗址的发掘也在增多，虽然这些发掘并不总是采用可被接受的方法。

意大利的考古工作由意大利中东和远东研究所进行，在朱塞佩·图奇的领导下，于1960年开始了对锡斯坦的研究：最初在帕提亚（萨姆城堡、赫瓦贾山，图7-10）和阿契美尼德（达罕古莱曼，图7-11）的遗址，随后在大型史前时期城市聚落遗址沙赫尔·苏赫特（1967年起）。

应当指出的是，意大利是唯一投入大量力量进行长时段保护和修复工程合作的西方国家，如在波斯波利斯（图7-12）和伊斯法罕，培训当地的专业人员按照意大利风格的方法工作，但也尽可能适应本地条件和材料，以便于利用当地传统中的优秀技艺。

第七讲 东西之间：从阿契美尼德时代到萨珊王朝的伊朗考古

图 7-10 赫瓦贾山（锡斯坦）宗教建筑群 ©ISMEO

图 7-11 达罕古莱曼（锡斯坦），1963 年时的 3 号建筑 ©ISMEO

图7-12 意大利考古人员在波斯波利斯的修复工作 © ISMEO

1970年代,外国考古代表团数量激增,各国也在文化机构中设立了考古部门,如英国(英国波斯研究所)或德国(德黑兰德国考古研究院),以及法国(伊朗法国考古代表团的延续)的永久性考古机构。

在帕萨尔加德的不幸经历之后,由于伊朗当局程序上的问题,斯特罗那克领导的考古队不得不暂停塔勒·塔克的工作,这也对遗址的保护造成了灾难性的后果。英国将研究目标转向安息的赫卡通皮洛斯的沙赫尔·库姆斯遗址、伊斯兰时代早期波斯湾的主要港口尸罗夫(图7-13),以及米底的努什·简和巴巴·简特佩遗址,以寻找幽灵般的"米底帝国"的证据。

德国考古学家除出版了包含大部分萨珊石质文物材料的《伊朗的岩石浮雕》等系列图书外,活动主要集中于巴斯塔姆、阿塞拜疆

第七讲　东西之间：从阿契美尼德时代到萨珊王朝的伊朗考古

图 7-13　尸罗夫（布什尔）的岩坑墓 © Callieri

的乌拉尔图堡垒，以及菲鲁扎巴德早期萨珊遗址的若干遗迹，在法尔斯中南部地区则继续自 1950 年代开始的对萨珊晚期塔赫特·苏莱曼的火神庙（图 7-14）的研究。德黑兰德国考古研究院的三名长期成员冯·盖尔、胡夫和克莱斯发行了研究所期刊《伊朗考古学通讯-新系列》（始于 1968 年，采用了二战前赫茨菲尔德创办的不定期杂志之名，改为"新系列"），是在频繁的领土调查时发现的最新遗址材料的主要公布媒介。

范登伯格率比利时考古队赴洛雷斯坦，而日本考古队则在高原上调查了许多史前遗址，也对克尔曼沙阿附近塔克·波斯坦遗址的萨珊雕刻进行了研究。

1968 年以来，法国考古队在让·佩罗的领导下，继续对苏萨进

369

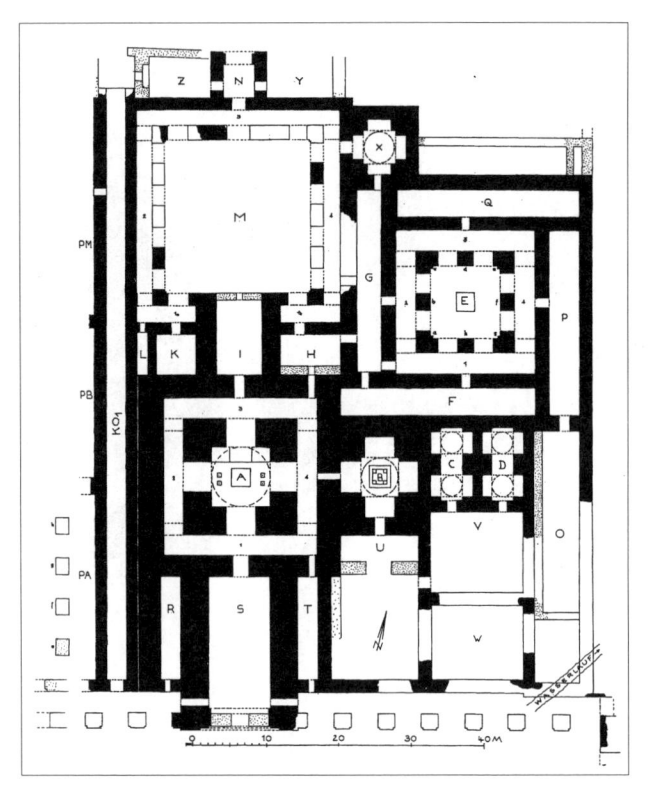

图 7-14 塔赫特·苏莱曼（西阿塞拜疆）的火神庙平面图 © German Archaeological Institute

行发掘，大流士一世的王宫（图 7-15）和沙普尔王宫的发掘终于应用了科学的方法；他们也致力于埃利迈斯的"神圣台地"，同时开始了对杜兰特佩重要遗址的发掘，这是伊朗东北方的多个时期的遗址。

意大利方面，除地中海与东方学国际研究协会继续进行发掘和修复活动，并与意大利那不勒斯东方大学合作将发掘拓展至伊斯法罕的星期五清真寺外（图 7-16），也引入了新的对象，如都灵大学在阿特雷克山谷的研究，以及佛罗伦萨大学与德黑兰大学合作在苏

第七讲 东西之间：从阿契美尼德时代到萨珊王朝的伊朗考古

图 7-15 苏萨的大流士一世王宫：进入私密部分的入口，背景为法国城堡 © Callieri

图 7-16 伊斯法罕的星期五清真寺，意大利国际地中海与东方研究协会的发掘揭露出第一个哈巴斯清真寺（772 年）的结构 ©ISMEO

丹尼耶城的完者都陵（1302—1312年）进行的调查与保护。

但最具存在感的是美国考古队的工作，这也是由于美国与穆罕默德·礼萨·巴列维有非常密切的政治联系，首相摩萨台的自由主义政府曾于1953年推翻了巴列维的统治，而后者在美国和英国间接干预下重夺王位。美国考古队在研究方法上有所更新，也有相当多的资金投入伊朗的多个地区，特别关注史前和原史时期，以及伊朗西部，而一些重要的项目也在东部和东南部进行，如雅亚土丘遗址。尤为重要的是领土勘测，其原则在当时相当激进。主要通过美国考古队的工作，包括化学、物理学、生物学和植物学等在内的自然科学，开始成为考古学研究的日益重要的组成部分，尤其关注对环境背景的重建。基于 ^{14}C 测年等分析方法得出的年代，也开始应用到这些背景之中。与此同时，化学-物理分析开始应用于考古材料上，今天称之为"科技考古"的学科发展起来，主要与保护在合法及非法古物市场上十分活跃但常常受骗的美国博物馆工作者的需求相关。

无论如何，外国代表团显然很具分量，其中的伊朗人员很少，常常不是考古学家，而是负责证明没有重要的发现被盗以及外国人遵守发掘许可证中规定的管理人员。

然而，伊朗政府也肩负着越来越多的责任，不仅在其极度丰富的考古遗址方面，而且也在于田野研究本身，考古委员会下设立了伊朗考古研究中心，由巴戈扎德负责，德黑兰大学在尼加班的领导下也推动了相关研究。

因此，我们可见到新一代的伊朗考古学家中，一些人有在外国考古团中工作的经验：在本讲涉及的年代中，伊朗开始在坎加瓦尔（图7-17）、比沙布尔、戈尔甘、博拉兹詹（图7-18）、科赫、波斯

第七讲 东西之间：从阿契美尼德时代到萨珊王朝的伊朗考古

图 7-17 坎加瓦尔（克尔曼沙阿）支撑着第一级台地南部的一段城墙 © Callieri

图 7-18 博拉兹詹的查克王宫 © Callieri

波利斯进行发掘。考古学的这种发展并非没有政治意识形态的动机，1971 年在波斯波利斯举行的庆祝波斯君主制 2500 年庆典就显示了这一点。巴列维政权在考古学研究、遗迹修复以及博物馆建设中投入了大量资金。外国专家在这些领域中为伊朗政府工作，与为他们自己的政府工作一样。

1978—1979 年的霍梅尼革命突然中断了这种发展，考古学受累于前伊斯兰时期的帝国意识形态。但强烈的民族自豪感压过了不妥协的宗教激进主义，考古遗址平安渡过了革命的狂风暴雨。然而，田野工作暂停，外国代表团陆续被强制中断他们的活动，他们的机构也被关闭。

另一方面，伊拉克与伊朗的战争（1980—1988 年）造成了恶劣结果，不仅导致大量战争地区的考古遗址被破坏，也使投入考古遗产保护中的资金和人力几乎全部被转移。

不过，田野研究的长期沉寂也有积极的一面。被迫的暂停使对过去活动的反思成为可能，这事实上也是被迫的：旧发掘报告的矛盾和缺点被突出，学者开始对之进行重新研究，揭露出绝大部分针对伊朗考古学材料的解释的基础薄弱。

两伊战争结束后，战后重建开始，伊朗的阿亚图拉们并未对伊斯兰之前的历史表现出封闭态度，尽管还是困难重重，特别是在财政方面，但文化遗产组织恢复了关于文物的活动；国际合作依然中断，直到 1997 年，改良派的穆罕默德·哈塔米被选为总统，与国外考古学家的联系开始恢复，并基于新的联合模式进行合作。

对古代遗迹的保护现正谨慎地展开，发掘（哈马丹、德黑兰机场、班迪扬）及修复（波斯波利斯、菲鲁扎巴德）工作也越来越普遍：年度全国考古大会的组织表明了这种复苏，考古学及文化遗产

第七讲　东西之间：从阿契美尼德时代到萨珊王朝的伊朗考古

保护的专门期刊、当地语言或翻译为欧洲语言的发掘报告也紧锣密鼓地出版。

今天，伊朗伊斯兰共和国文化遗产的考古学研究和保护修复工作由文化遗产和旅游研究所（RICHT）协调，其领导者是于2019年接管了伊朗文化遗产、工艺品和旅游组织（ICHHTO）的文化遗产部的三位副部长之一。文化遗产和旅游研究所由两个机构实现不同功能：伊朗考古学研究中心（ICAR）负责考古学研究，文化遗产保护研究中心（RCCCR）负责文物保护和修复。

文化遗产部是中央行政部门的一个机构，在全国的每个省都有一个分支机构。可以毫不犹豫地说，与西方舆论经常报道的情况相反，伊朗伊斯兰共和国非常重视从史前到伊斯兰时期的文化遗产。尼加班在德黑兰大学创办了第一个考古学系，现在很多国立及私立大学已经有了考古学系。艺术大学在保护和修复领域也极为活跃，就年代和重要性而言，伊斯法罕大学是其中的佼佼者。

伊朗考古的问题与方法

伊朗前伊斯兰时代考古学图景的一大特征是现存材料差异明显。

如果说在阿契美尼德时期，以及尤为重要的萨珊时期，与中央政权直接相关的官方考古和艺术材料占主流，那么伊朗的塞琉古和帕提亚时期的材料几乎仅具私人性质。

从地理的角度来说，考古学研究集中于中心地区，特别是胡齐斯坦、阿塞拜疆、米底、洛雷斯坦以及法尔斯，而呼罗珊或克尔曼省等其他地区尽管也很重要，但对它们的探索只限于主要的遗址。

此外，除主要的大型遗址外，很少有勘察能够支持对聚落类型的研究，这类研究受限于缺少坚实的地层学序列，难以判断出土材料，特别是陶器的年代。对胡齐斯坦、法尔斯中部和达姆甘地区的研究均是如此。

只有很少的城镇中心经过发掘，我们对于城市规划、平民，特别是居住建筑的知识十分匮乏。

1970年代，众多外国考古队逐渐加入法国考古团之中，它们及伊朗考古部的工作使伊朗考古学研究方法获得长足发展，但注意力主要集中于史前时期，以至于主流的前伊斯兰历史时期的考古学文献仍是那些古老的发掘成果，通常在方法论上极端不足。

在这种形势下，任何综合的工作都会因为存在根本性的疑问而变得艰难，不仅仅是年代问题，许多建筑群的布局和功能也存在疑问。例如对阿契美尼德时期到萨珊时期的伊朗宗教建筑进行解释的复杂问题：在这方面，过去十年中的大量研究表明，在数量不足和强行解释的考古文献基础上阐释的大多数理论都是站不住脚的。

古代伊朗的宗教建筑

对伊朗宗教建筑的研究与宗教本身有密切关系，而宗教研究又极大地依赖语言学研究：自阿契美尼德时期的马兹达教到萨珊时期的国家宗教琐罗亚斯德教，关于伊朗前伊斯兰时期宗教的许多问题尚未解决，在考古上，许多被认为是寺庙的建筑也同样存在解释的不确定性。诸如阿胡拉·马兹达、密特拉、阿纳希塔或其他神的自发崇拜是否存在等根本问题，及其可能对图像和建筑产生的影响，以及琐罗亚斯德的偶像破坏，都是在研究宗教的语言学家和历史学家中仍存争论的问题。伊斯兰教的征服打断了伊朗琐罗亚斯德教的建筑传统，特别是在纪念性建筑方面，因此，只有考虑到社会和政治秩序方面的极大不同，才能将之与现当代建筑及印度西部帕西人的建筑进行比较。

然而，萨珊或伊斯兰时期的琐罗亚斯德教文本揭示了一个深刻影响古代伊朗宗教建筑历史的概念：正如博伊斯指出的，为供奉神像而兴建的寺庙被称为"魔鬼（邪恶存在）的住所"，因为图像，尤其是那些立体的图像，被认为是恶可以占据的空间。琐罗亚斯德教正统观念反映出，阿尔塔薛西斯二世（公元前 404—前 359 年）初创了有图像的庙宇，这一宗教建筑在塞琉古和帕提亚时代继续存在并传播，后来成为伊朗典型的庙宇：火神庙。

施普曼的重要著作《伊朗火神庙》列出了 1971 年前所有已知的火神庙，起自阿契美尼德时期，止于萨珊时期，以识别出不同年代和文化的特有建筑类型。这一工作虽受到伊朗的伊斯兰革命（1979 年）暂停考古活动的影响，但在文献方面仍可被视作已充分完成，不过，其部分地被最近对早年发掘成果的批评意见所取代，这些意见对许多神圣的或被推测为神圣的纪念建筑的年代和解释进行了修订，新发现的材料也极大地改变了火神庙缺乏装饰等认识。

今天以考古证据为基础描绘出的画面是复杂而清晰的，但其中的疑问和开放性问题比确定性更多：许多被认为是前伊斯兰时代的庙宇已不再可靠，它们或具有其他功能，或属于晚近时期。

特别是，葛达尔和艾尔德曼于 1940 年代独立提出，至今仍广被接受的关于萨珊时期火神庙的无甚依据的理论认为，圣火在仪式中展示在开放而有顶的圣火殿内，相邻的一小间封闭房间则用来保存圣火（图 7-19），但考古证据的情况与之相反，证明了赫茨菲尔德早在 1921 年即已根据文献证据提出的假设，火神庙由封闭的建

图7-19 唐·查克查克（达拉布）圣火殿及附属建筑 © Herrmann 1977

筑组成，圣火殿为方形或十字形，有由四个拱门支撑的穹顶，遮挡拱门的墙或拱形廊道将之与外部相隔。然而，已发现的多种纪念性建筑之间存在着重要差异（下文），可能与火种的等级制度有关，这在一定程度上得到琐罗亚斯德教文献证明，或更简单地与信徒群体的膜拜需求有关。

在年代序列中最早、最为重要的建筑群是塔赫·内什，位于阿尔达希尔·花拉城（今菲鲁扎巴德）的中心位置（图7-20），迪特里希·胡夫1972年发表了相关的出色文章。2005年伊朗-德国考古队与胡夫本人发掘的探沟证实了他1972年的所有推测。

伊朗-意大利联合考古队在勘察圆形的菲鲁扎巴德城的地上部分时有进一步发现：巨大圣火殿有四根柱子，由阿契美尼德风格的方砖砌成，被一系列此前从未被勘察过的较小结构包围（图7-21）：因此火神庙不再是一个单独的圣火殿，而是真正的圣地。最重要

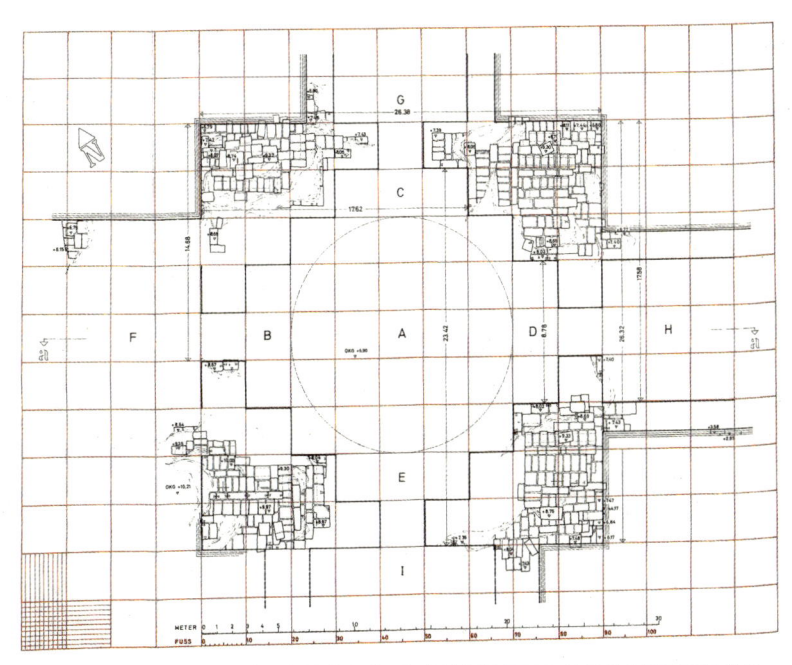

第七讲　东西之间：从阿契美尼德时代到萨珊王朝的伊朗考古

图 7-20　菲鲁扎巴德的塔赫·内什建筑群，胡夫绘制的平面图显示其使用了罗马单位
© Huff 1972

的是，圣殿东面和东南面地表的两个浅坑是用砖石砌成的人工凹盆，这证实了水与火共同出现在伊朗世界的宗教和意识形态复合体中，这在维什纳维洞穴（卡尚地区）的大众崇拜层面上已有表现，在公元前 1 千纪的大部分时间里都在使用。法国考古学者于 1930 年代、伊朗考古学者于 1970 年代曾在比沙布尔发现一处建筑群，是阿尔达希尔一世的首位继承人沙普尔一世在法尔斯西部建立的城市，其中水也占有突出的地位。根据阿扎尔努什提出的假设，许多考古学者认为的沙普尔一世的王宫（见《伊朗百科全书》中的比沙布尔条目），应该是沙普尔一世建造的大火神庙，有方形半地下

379

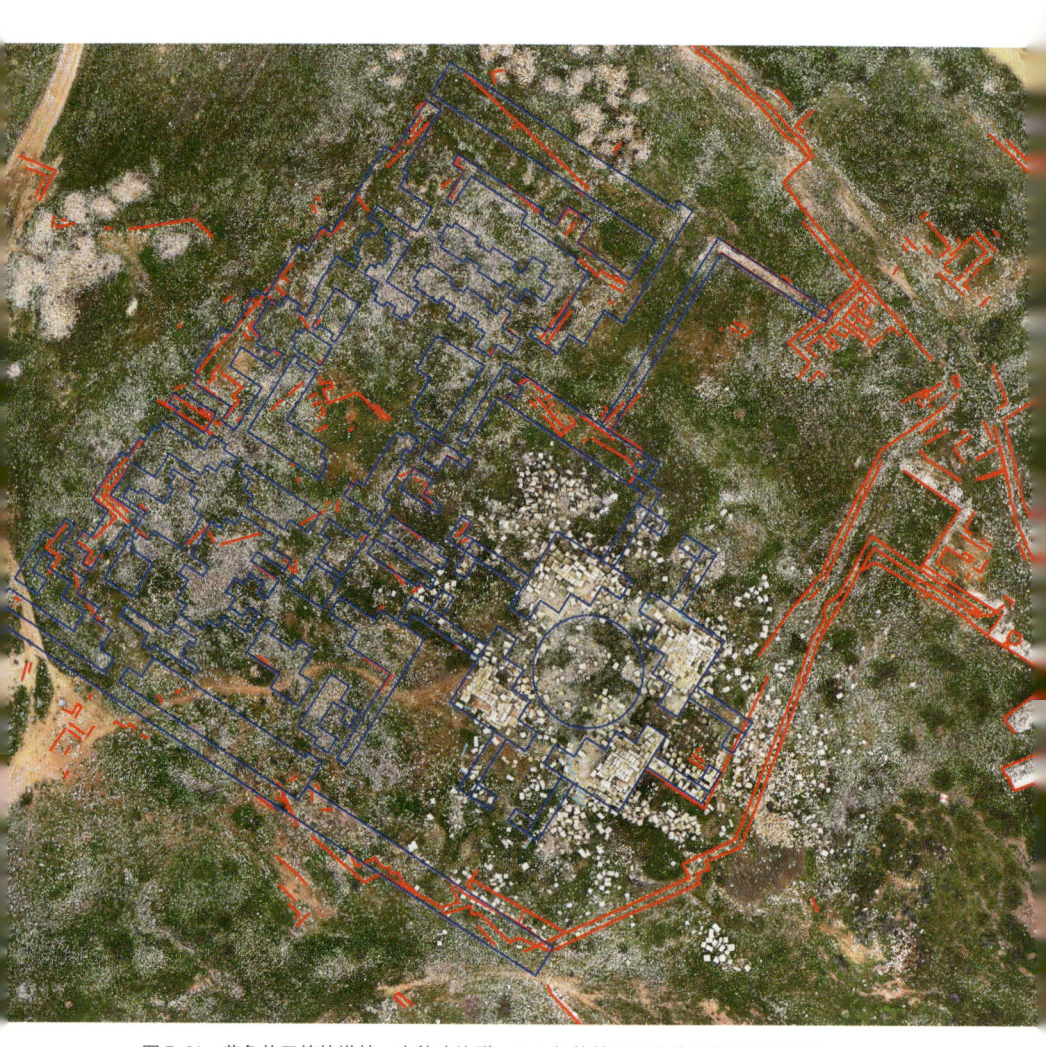

图 7-21 菲鲁扎巴德的塔赫·内什建筑群,无人机航拍识别出的圣火殿附属建筑
©A. Eghra 绘制

第七讲　东西之间：从阿契美尼德时代到萨珊王朝的伊朗考古

图 7-22　比沙布尔（法尔斯）的半地下庙宇 ©A. Yazdani

房间（图 7-22），有一系列与护城河相连的渠道，代表伊朗的女性水神阿纳希塔的存在，这一观点也被胡夫接受。萨珊王朝晚期的主要火神庙，即今天西阿塞拜疆的塔赫特·苏莱曼，由库思老一世建造，拜占庭工匠参与建造，位于宽大的石砌防御墙内，结构可能可追溯到卑路斯时期，墙内有宏伟的砖砌圣火殿古什纳斯普，用于保存国王和贵族圣火，坐落于富含矿物质的深湖岸边的古老火山口中。

上述遗迹的规模和平面均十分复杂，属最高等级，肯定与文献中记载的琐罗亚斯德教的分层级的圣火有关，大量的中型圣火殿并未完全被人所知，在主体建筑周围也未开展细致的考古学调查，以验证是否有保护圣火的外墙。正如胡夫提出的那样，许多没有这种外墙的例子可能属于伊斯兰时期的遗存。大量考古材料的缺乏仍是理解伊朗宗教建筑的主要障碍，文献证明的宗教意识形态的发展和崇拜活动确实不能不对建筑产生影响，但只有对遗址进行完整且正确的平面测量及年代复原，才能澄清与它们功能相关的诸多问题。

专栏 7-1：萨珊王朝的源头：菲鲁扎巴德及其遗迹

菲鲁扎巴德位于法尔斯中心地区南部，与萨珊王朝的首位国王阿尔达希尔一世有关，他在这里发动了对安息王朝的正统君主阿尔达班五世的战争。这里现在居住着大量的卡什加土耳其人，汇集了与上述重要历史时刻相关的主要遗物。

卡利耶·杜克塔城堡建造在岩石上，周围环绕着防御工事，有三层台地，最高部分为最早的两座与权力相关的建筑：有穹顶和内角栱的方厅，以及平面长方形的带圆筒穹隆顶的大型伊万。这组建筑具有观念和象征意义，穹顶方厅坐落于圆墙的中心，与阿尔达希尔一世在成为万王之王前建立的阿尔达希尔·花拉城的几何形状相同。

阿尔达希尔·花拉城外围有一周完美的圆形城墙，直径超过 2 公里，航拍显示，城中有 2 条主要和 4 条次要轴线，放射状地将圆形区域分为 20 个部分，而它们又被划分为 3 条同心圆条带，围绕着一个中心圆，这些区块也建有与权力相关的建筑，其中最突出的是伟大的火神庙塔赫·内什，以及实心且有斜坡楼梯的方塔型建筑，被称为提尔巴或梅纳，无疑展示了复杂的城市规划。

虽然卡利耶·杜克塔城堡有萨珊时期最早的大型穹顶，却在开

第七讲　东西之间：从阿契美尼德时代到萨珊王朝的伊朗考古

始时就出现了一些结构问题。阿尔达希尔一世建造的皇宫解决了这些问题，他战胜阿尔达班后，在一个小湖前建造了城堡，令人联想到水对伊朗王权的象征价值。

城堡下峡谷的两面墙上有 2 处石浮雕，通过骑士争斗的场景描绘了阿尔达希尔一世对阿尔达班的胜利（菲鲁扎巴德 I），以及阿尔达希尔一世被奥尔玛兹达神授职的仪式（菲鲁扎巴德 II）。

胡夫领导的德国考古研究所在菲鲁扎巴德进行了长期的地面调查和结构加固工作。基于与伊朗伊斯兰共和国文化遗产和旅游研究所的五年合作协议，卡列宁和埃格拉领导的伊朗-意大利联合考古队开展并完成了第一期文献工作，包括研究和记录阿尔达希尔·花拉城（图 7b-1-1，今天的沙赫尔·古尔遗址）中心区域的所有结构性破坏，与在地面难以观测到而仅见于航拍照片中的特别的辐射"网格"相对照。

2019 年，联合考古队开展了另一项非常有意义的田野工作，使用低空航空摄影测量（近距离摄影测量）调查沙赫尔·古尔遗址的全部区域，这是此前从未系统进行过的工作。通过将无人机拍摄的正射影像与 GPS 的建筑结构结合，同时绘制沙赫尔·古尔遗址中心区域的地形图，可以探明建筑和河网等城市元素的初始样式。

沙赫尔·古尔遗址有两个盆地（图 7b-1-2）。一个位于遗址中心，根据提尔巴和塔赫·内什等建筑结构的位置，似乎与周围从遗址核心地带到中心的建筑有关系。第二个位于城市外围，限定了城市的中心区域。值得注意的是，沙赫尔·古尔中央地带有坡度，表明水由城市中心的内盆地向外盆地运送。

被称为塔赫·内什的建筑是气势恢宏的四面拱门的圣火殿（图

图7b-1-1 菲鲁扎巴德的沙赫尔·古尔，对圆形城市中心区域的地形勘测 © A. Eghra, Iranian-Italian Joint Archaeological Mission

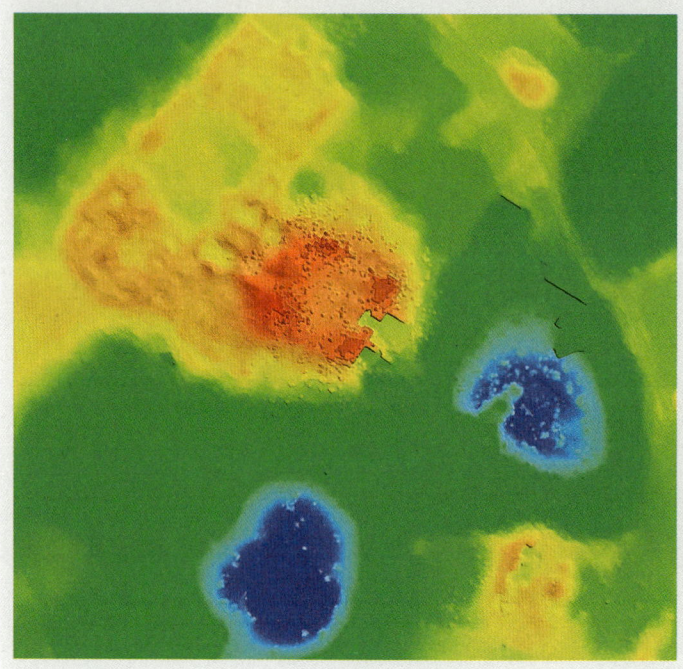

图7b-1-2 沙赫尔·古尔高程图，显示出位于高处的塔赫·内什（黄-红色）以及两处盆地（蓝色） © A. Eghra, Iranian-Italian Joint Archaeological Mission

第七讲　东西之间：从阿契美尼德时代到萨珊王朝的伊朗考古

图7b-1-3　沙赫尔·古尔的塔赫·内什遗址航拍图 © Iranian-Italian Joint Archaedogical Mission in Fars

图7b-1-4　沙赫尔·古尔的塔赫·内什建筑，伊朗-德国发掘的遗址东南角 © Callieri

7b-1-3、4），由石块砌筑而成，从中央的方形建筑中伸出四个伊万门，用砖支撑起圆顶，这种特殊的砌法在过去曾被认为属于阿契美尼德时期。然而细致的调查表明，有充足的证据可以将之定为萨珊王朝早期。不可否认，其砌筑使用的雕琢过的石块具有阿契美尼德风格，但这是阿尔达希尔用来将他的新政权与波斯波利斯的建设者联系起来的手段之一，可能与纳克什·鲁斯塔姆的沙普尔一世铭文[1]中提到的"祖先"相对应，因此具有强烈的意识形态意义。

胡夫认为这一建筑是萨珊王朝的第一座火神庙，由阿尔达希尔一世建造，也见于文献记载。该建筑技术具有波斯传统特征，如楔形榫状的固定插槽。然而，胡夫指出建筑的测量单位是29.27厘米，与29.60厘米的罗马尺接近，而不是46.50厘米的东方尺，这证明其在建造中应用了罗马的建筑经验。这个重要的技术细节表明，阿尔达希尔一世希望用雕刻的石块砌筑一座不朽建筑，但这种技术在伊朗高原上已失传多时，只得求助于来自罗马帝国东部省份的建筑师和石匠，他们与波斯石匠一起工作：这发生在众所周知的沙普尔一世驱逐罗马工匠之前。

参考文献

Callieri, P. 2014. *Architecture et représentations dans l'Iran Sassanide* (Studia Iranica, cahier 50). Paris: Association pour l'avancement des études iraniennes, pp. 48–50.

Callieri, P. 2017. Cultural Contacts between Rome and Persia at the Time of Ardashir I (c.AD 224–40). In E.W. Sauer (Ed.), *Sasanian Persia between Rome and the Steppes of Eurasia* (Edinburgh Studies in Ancient Persia). Edinburgh: Edinburgh

---

[1] Callieri 2017.

University Press, pp. 221–238.

Callieri, P. 2019. A Fountain of Sasanian Age from Ardashir Khwarrah, with a Note on the Archaeometric Investigations by Maria Letizia Amadori. In Y. Moradi with the assistance of S. Cantan, E.J. Keall & R. Bourujeni (Ed.), *Afarin Nameh: Essays on the Archaeology of Iran in Honour of Mehdi Rahbar* (pp. 93–100). Tehran: RICHT.

Callieri, P. *et al.* 2021. Pārs. *Scienze dell'antichità*, *27.1*, 39–46.

Callieri, P. 2020. Nuove Osservazioni Sulla Presenza Achemenide Nel Golfo Persico. In D. Agut-Labordere, R. Boucharlat, F. Joannes, A. Kuhrt & M.W. Stolper (Eds.), *Achemenet. Vingt ans après: Hommage à Pierre Briant* (Persika 21, pp.53–63), Leuven.

Callieri, P. 2021. Connectivity in Southern Fars in the Early Sasanian Period: Ardashir Xwarrah and the Persian Gulf Inland and Coastal Areas. In S. Balatti, J. Wiesehofer & H. Klinkott (Eds.), *Paleopersepolis: Environment, Landscape and Society in Ancient Fars* (Orient et Occidens, pp. 225–236). Stuttgart: Franz Steiner Verlag.

Callieri, P., Chaverdi, A. A., Eghra, A., Mezzapelle, D.M. & Mohammadkhani, K. 2021. The Dynamics of Human Settlement in Historical Times in South-Central Fars, from Firuzabad to the Persian Gulf: First Preliminary Results of a New Research Project. *East and West*, *2.2*, 43–88.

Daryaee, T. 2010. Ardaxšīr and the Sasanian's Rise to Power. *ANABASIS, Studia Classica et Orientalia*, *1*, 236–255.

Huff, D. 1971. Qal'a-ye Dukhtar bei Firuzabad: Ein Beitrag zur Sasanidischen Palastarchitektur. *Archälogische Mitteilungen aus Iran*, *4*, 127–171.

Huff, D. 1972. Der Takht-i Nishin in Firuzabad: Mass-Systeme Sasanidischer Bauwerke I. *Archälogischer Anzeiger*, *1972*, 517–540.

Huff, D. 1976. Ausgrabungen auf Qal'a-ye Dukhtar 1975. *Archälogische Mitteilungen aus Iran*, *9*, 157–173.

Huff, D. 1977. Firuzabad-Wiege des Sassanidenreiches. Die Palaste des Konigs Ardaschir. *Bild der Wissenschaft*, *11*, 48–60.

Huff, D. 1978. Ausgrabungen auf Qal'a-ye Dukhtar bei Firuzabad 1976.

Archälogische Mitteilungen aus Iran, 11, 117-47.

Huff, D. 1999. Firuzabad. *Encyclopedia Iranica, 1999*, 633-634.

Huff, D. 2006. Qal'a-ye Dokhtar. *Encyclopedia Iranica*, 15. http://www.iranicaonline.org/articles/qala-ye-doktar (accessed 15/08/2016)

Huff, D. 2008. Formation and Ideology of the Sasanian State in the Context of Archaeological Evidence. In V. S. Curtis & S. Stewart (Eds.), *The Sasanian Era* (The Idea of Iran 3, pp. 31-59). London: I.B.Tauris & Co Ltd I.B.Tauris.

Huff, D. 2014. Das Planssystem von Ardašīr-xwarrah: Agrarkolonisatorisches Grosprojekt und gebautes Staatsmodell eines von Gott gegebenen Konigtums. *PHILIPPIKA Altertumswissenschaftliche Abhandlungen-Contributions to the Study of Ancient World Cultures*, 69, 153-210.

Hugi, H. 1977. *Ghala-Dokhtar-Atechkade: monuments sasanides près de Firouzabad, Iran. Rapport préliminaire des projets de consolidation et restauration.* Teheran: Organisation Nationale pour la Conservation des Monuments Historiques.

Weber, U. 2016. Pābag, der Vater Ardašīrs I., in der historiographischen Uberlieferung. In C. Binder, H. Borm, A. Luther (Eds.), *Diwan: Studies in the History and Culture of the Ancient Near East and the Eastern Mediterranean* (Festschrift für Josef WiesehÖer zum 65. Geburtstag, pp. 517-554). Duisburg: Wellem.

Wiesehofer, J. 1986. Ardašir I: i. History. *Encyclopedia Iranica*, 2, 371-376.

法尔斯伊朗-意大利联合考古队的成果

本讲的最后一个段落将措意于伊朗-意大利考古与文物保护合作的最重要工作之一：法尔斯伊朗-意大利联合考古队持续了17年的工作。

法尔斯伊朗-意大利联合考古队（伊朗伊斯兰共和国文化遗产和旅游研究所、博洛尼亚大学与意大利地中海与东方学国际研究协

第七讲　东西之间：从阿契美尼德时代到萨珊王朝的伊朗考古

会、设拉子大学）成立于2005年，当时，意大利团队受帕尔萨-帕萨尔加德研究基金会和伊朗考古学研究中心（ICAR）之邀，参加了斯万德/博尔瓦河大坝建设的国际抢救性发掘项目，项目位于帕萨尔加德下游约20公里之处，大坝建成后将淹没唐·波拉吉的广阔谷地，这里距离阿契美尼德王朝的中心不远；伊朗民众担心居鲁士大帝的陵墓等遗址会没于河水。

阿契美尼德遗址的地势较高，因此实际上总体是安全的，但唐·波拉吉区域却有被斯万德大坝形成的人工湖淹没的危险，因此伊朗考古学研究中心立即组织了对这一地区的考古调查。调查获得约200处遗址的信息，并根据地面发现确定了年代。由于有法国、德国、意大利、日本和波兰的考古学家参与，项目建立了多支联合队伍，由伊朗考古学家领导，多名外国专家合作。每支联合队伍选择一处或几处遗址，目标是调查这一地区某一时期的文化序列。意大利博洛尼亚大学考古队有机会参与到后阿契美尼德时代的考古调查中，与法尔斯地区文化遗产、工艺品和旅游组织的年轻研究者阿里扎·阿斯卡里·查维尔迪共同工作。调查发掘了一些探沟，发现了阿契美尼德时期的乡村聚落遗址，其在波斯帝国结束后的几个世纪中仍延续存在。

对阿契美尼德帝国考古而言，这是第一次调查乡村聚落的机会，而遗址出乎意料地延续至后阿契美尼德时期，也首次提供了这一时期的非常重要的物质文化材料（图7-23）。这次短期发掘在2005—2006年的三个季度进行，成果作为"英国考古学报告国际系列"的一卷发表，是法尔斯地区历史时期陶瓷研究的少数代表性成果之一，其中关于法尔斯阿契美尼德时期特有的晚期素面陶器的部分尤其重要。最终，因河流干涸以及大坝下的渗水，大坝并未投

389

图 7-23　唐·波拉吉（帕萨尔加德）遗址 TB76 全览 © Iranian-Italian Joint Archaeologycal Missioll in Fars

入使用，但项目的开发规划迫使考古学家将这一区域移交工程方。

因此，为继续进行已被证明卓有成效的陶器研究，考古队不得不寻找新的发掘目标。对各地点的简要勘察显示，帕萨尔加德的塔勒·塔克遗址是少数几个被证明从阿契美尼德早期延续至后阿契美尼德时期的遗址之一。1961—1963 年，斯特罗那克领导的英国波斯研究所的一个小队对遗址进行了广泛的发掘，最终发表的报告显示，发掘工作没有采用地层学的方法：对文化时期的定义及提出的历史解释均基于非常有限且主观的证据。因此，这一遗址是研究公元前 6—前 1 世纪间的陶器序列的理想场所。2006 年，联合考古队进行了第一次发掘，显示这一时间段的年代序列可能存在多达 9 个阶段，而此前英国团队只划分了 2 个时期（图 7-24）。遗憾的是，

第七讲　东西之间：从阿契美尼德时代到萨珊王朝的伊朗考古

图7-24　法尔斯伊朗-意大利联合考古队在塔勒·塔克发掘的探沟 © Iranian-Italian Joint Archaeological Mission in Fars

随着 2007 年第二次探沟发掘的结束，遗址中已不能找到其他未被发掘和保护的区域。另一方面，对已发掘探沟出土的陶器的研究，质量上乘而弥足珍贵，正准备出版，不过因材料数量较少，不幸地限制了研究结果的统计价值。

基于上述原因，且为了支持帕尔萨-帕萨尔加德研究基金会保护波斯波利斯台地下平原内约 600 公顷的广泛区域，伊朗-意大利联合考古队向伊朗考古学研究中心提交了名为"自王宫至城镇"的新项目，以表明波斯波利斯的研究焦点从台地（王宫）转移至日常的城市信息，后者在台地出土的埃兰语行政文书以及希腊语文献资源中都曾被提到。

然而，项目的名称中仍包括"王宫"，以期继续致力于保护工作，对遗址的保护是1960—1970年代意大利地中海与东方学国际研究协会活动的特点，我也曾在那里接受过训练。

因此，项目开始于2008年，带有双重目标。一支考古工作团队在2003年以来伊朗和法国-伊朗考古队的地理调查结果的基础上，致力于对帕尔萨（波斯波利斯的波斯语名称）的城镇展开调查。另一支队伍与波斯波利斯世界文化遗产保护部门合作，更新了1964—1979年间意大利修复专家提利亚制定的保护干预方法，提利亚曾通过意大利地中海与东方学国际研究协会与伊朗政府的协议，主持了波斯波利斯的保护工作。

就文物保护工作而言，第一阶段的工作始于2008年，联合小队开展了对阿契美尼德台地遗址保护状态的诊断性研究。这项活动综合了对古代采石场的研究及为在意大利开展矿物学、矿物岩相学和化学分析而进行的采样。

2009年5月，意大利文化遗产部建筑师摩根蒂被派往波斯波利斯准备重建百柱厅的两处梁架，他注意到台地上遗址的石头已日渐剥蚀（图7-25），建议放弃重建修复的方法，将注意力转到对石头的保护上。2009年11月，帕尔萨-帕萨尔加德研究基金会的负责人塔列班博士组织了一次工作坊，关键性地提出了注意石材保护的问题，被伊朗当局采纳。

2010年11月，专门从事石质文物保护的意大利化学家劳伦兹·塔巴索进一步实施了对2008年诊断性研究地区的调查，确认石头剥蚀的性质，起草对具体问题的第一阶段实验方案。对新样本进行的一系列分析，明确了剥蚀的根源在于在石灰岩中使用的黏土

第七讲　东西之间：从阿契美尼德时代到萨珊王朝的伊朗考古

图 7-25　波斯波利斯百柱厅的西南门，石材已严重破坏 © Iranian–Italian Joint Archaeological Mission in Fars

的性质，以及大气和温度大幅动变化的影响。

根据诊断的结果，2011年发起了诊断和保护的实践教学工作坊，作为波斯波利斯台地石质文物保护的操作协议方案的成果。工作坊的保护部分由意大利专家负责，8位伊朗专家参与，在哈迪什宫殿南侧的一处保护状态很差且未经修复的窗户上进行。工作坊的时间虽短，但十分成功，显示了"轻"保护方法的优点。保护工作还使用了意大利砂浆，测试了它们在有别于意大利的伊朗环境中的情况，以便于2019年在波斯波利斯国际遗址保护项目（2018—2019年）中大量使用。

项目的考古工作致力于寻找帕尔萨的古代城市，埃兰语和希腊语文献中均记录了其存在，但此前仅进行过地面和地理的调查。调查对阿契美尼德和后阿契美尼德时期的社会、经济和工艺，以及波斯波利斯地区聚落的历史发展研究具有重要意义。

2008年和2009年，发掘工作集中在被称为波斯波利斯西区的遗址，位于阿契美尼德台地的西北部，目的是提供物理探测所得最重要地点的考古信息。发掘主要取得了两方面的成果。一方面展示了所用方法的适用性，按照地层的发掘可以检查物理勘探得出的许多推论。另一方面，获得了波斯波利斯台地下存在居住区的首个实际证据。在验证物探的假设方面，7号和8号探沟的发掘结果尤为重要，明确了对台地西北部地区规则网格布局的解释：7号探沟中发掘出了一段保存完好的沟渠，8号探沟发掘出一条小型人工运河遗迹，否定了这里存在街道，有助于更好地解释网格布局。这些证据反过来证实，离台地最近的那部分平原不是有人居住的居民区，而是果园。3号探沟中发现的石基上的夯土结构表明这些果园被围墙包围，这似乎与同一地区东北边界出现的一段长条形的异常区域相吻合。

另一方面，手工业活动区的存在是居住区的实际证据：窑址以及相邻的废弃堆积证明，密集的点状分布的物探异常代表了在距离台地1.5公里处的密集手工业活动，这里足以避免烟尘和噪音影响王宫，但同时又位于居住区中，与通常的作坊相同。窑址的功能最可能与出产一种化学成分（磷灰石）相关，其可使台地遗址的灰色石材变白，这增加了这一发现的吸引力，并支持推断一些工艺活动最终会用于台地上。

发掘获得了关于平原地区聚落的历时性的重要信息：正如放射性碳测年所证实的那样，许多探沟的年代都从阿契美尼德时期延续至后阿契美尼德时期，其间没有任何因马其顿军队到来后的政治变化而产生的断裂。这种连续性显然与西西里的狄奥多洛斯提到的城镇被毁形成鲜明对比，因为建筑区之间的绿地并未遭到破坏；这也让人想起伊朗-意大利联合考古队在帕萨尔加德塔勒·塔克遗址试掘的探沟所证明的情况。尽管出土物的数量很有限，但这是波斯波利斯地区发掘的为数不多的历史时期地层之一，已发表了两年工作的报告，可对陶器以及从阿契美尼德时期到伊斯兰时期的其他类别材料进行全面和基础的研究，对了解古代法尔斯的日常生活大有裨益。

事实上，波斯波利斯西区的发掘工作只持续了两个季度。2011年，由于偶然情况，发掘活动被转移到台地西北部 3.5 公里处的菲鲁兹花园区域，前期研究已证明那里存在独立建筑物，具有典型的阿契美尼德石制建筑元素。在那里发现了壮观的托尔·阿佐里大门，使人认识到帕尔萨地区有一处帝国工程，建造于居鲁士大帝或冈比西斯统治时期。稀稀落落的泥砖墙遗存显示出该建筑的范围内，除大门之外，还包括菲鲁兹 5 号建筑，是一座有壮观的柱状大厅的宏伟宫殿；一段带有桥梁的石砌戈德·加夫米希运河；以及其他一些水道，证实建筑周围存在一个花园。根据贡德特和伊朗-法国团队的定义，我们将这一建筑群称为菲鲁兹花园东区（图 7-26）。这个建筑群的主要遗迹是托尔·阿佐里大门，详见专栏 7-2。

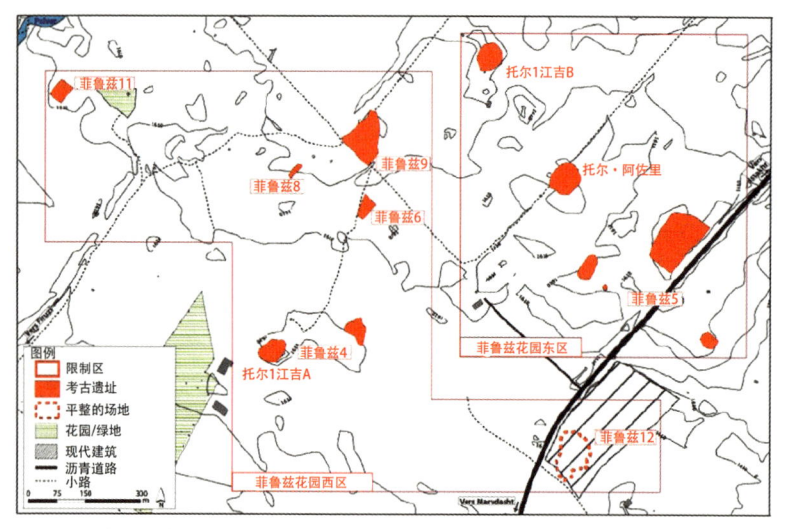

图 7-26　波斯波利斯菲鲁兹花园平面图 © S. Gondet

专栏 7-2：波斯波利斯地区的早期阿契美尼德乐土——托尔·阿佐里门

埃兰语和希腊语文献中均提到，在大流士一世于公元前 517 年左右初建的波斯波利斯台地不远处，存在城市聚落。萨姆纳调查了精耕细作开始前尚无大变的整个波斯波利斯平原。他在"波斯波利斯西部"发现了日常的聚落痕迹，而在菲鲁兹花园地区，发现了与居鲁士在帕萨尔加德建造的建筑相似的帝国建筑。在他辨认出的多处遗址中，托尔·阿佐里（波斯语意为"烧砖之丘"）发现了一处不同寻常的建筑，即一座全部由砖建成的宏伟大门，结构与今天在柏林的佩加蒙博物馆被部分复原的巴比伦伊什塔尔门相似。这座大门建筑质量卓绝，使发掘队暂停了波斯波利斯西部的工作，在

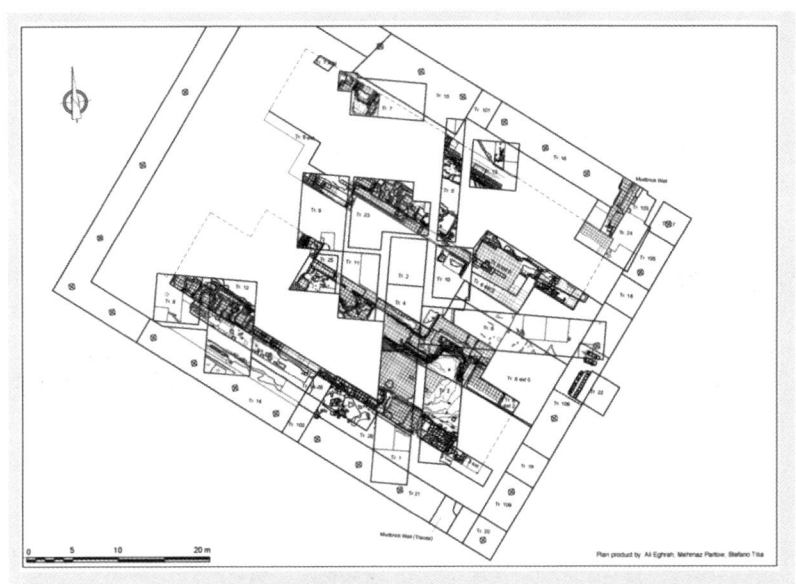

图 7b-2-1　托尔·阿佐里门平面图 © Iranian–Italian Joint Archaeological Mission in Fars

2008—2022 年间进行了专注的勘探，发现约四分之三的原始表面。不幸的是，大门在建成前或刚刚建成不久时就被废弃，后又遭受了古代的一次地震，中世纪时则拆毁了大量砖块重新利用。

大门平面呈长方形（图 7b-2-1），尺寸为 39.05×30 米，在短边上有两条过道，通往一个细长的中部房间（图 7b-2-2），其长墙两侧均有矮凳，中部的空间可能有特殊功能（图 7b-2-3）。虽然托尔·阿佐里大门明显是对巴比伦伊什塔尔门的复制，但在平面和建筑技术方面有许多不同之处，其尺寸稍大，墙的中心是泥砖，内室墙侧有长凳，短边入口两侧有凸出的塔楼。至于其他方面，建筑和施釉装饰都遵从巴比伦传统，可推测巴比伦泥瓦工和其他工匠直接参与了建造。

墙的基础部分使用无釉砖，上部则装饰施釉砖，下半段由几何

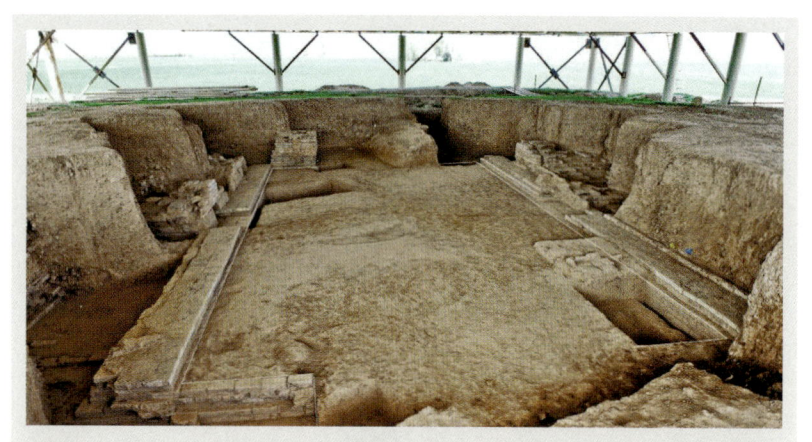

图 7b-2-2 托尔·阿佐里门内室，自东南方向 © Iranian–Italian Joint Archaeological Mission in Fars

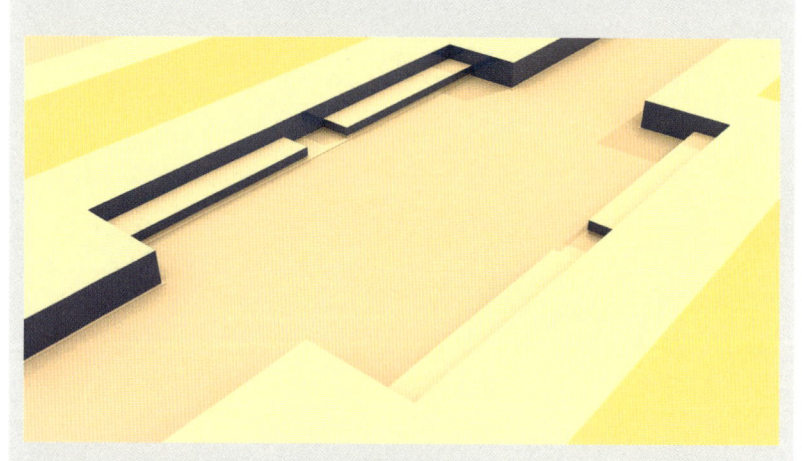

图 7b-2-3 托尔·阿佐里门内室的三维复原图 © S. Tilia

和花朵主题的施釉平面砖组成：内墙与外墙的图案似乎相同。根据在倒塌层中发现的浮雕釉砖残块，门的内外两侧可能镶嵌有表现神话形象的装饰，与伊什塔尔门上的图案相同，可能与之一样位于几何和花朵装饰之上的墙壁部分（图 7b-2-4）。

第七讲　东西之间：从阿契美尼德时代到萨珊王朝的伊朗考古

图 7b-2-4　左侧：托尔·阿佐里门 11 号探沟，内墙一段保留在原位的装饰砖；右侧：巴比伦的相同装饰图案 © Iranian–Italian Joint Archaeological Mission in Fars

　　托尔·阿佐里门的平面几何与花朵纹施釉砖的装饰形式与巴比伦伊什塔尔门一致，但不同之处在于：巴比伦施釉砖条带的下部是一段无釉的浮雕图案，而托尔·阿佐里门没有这一结构。另一个不同点是，伊什塔尔门几何与花朵纹饰施釉砖条带的上层是一段施釉图案平砖，这在托尔·阿佐里门也没有，其施釉平砖仅有几何和花朵纹饰。托尔·阿佐里门的形象嵌板只由浮雕釉砖组成，在倒塌地层中发现了许多。伊朗的制图员埃斯纳沙里绘制了巴比伦伊什塔尔门复原出的四组镶嵌砖，表现了牛与蛇-龙的形象，在左右侧均有，如果尝试将托尔·阿佐里门的残块嵌入其中，其每一块砖都神奇地与这些组合非常契合。它们也与巴比伦的砖有同样尺寸：32.5—33 × 32.5—33 × 7.5—8 厘米（图 7b-2-5）。

　　在出土的釉面砖残块中，值得注意的是有 31 块带有楔形文字

399

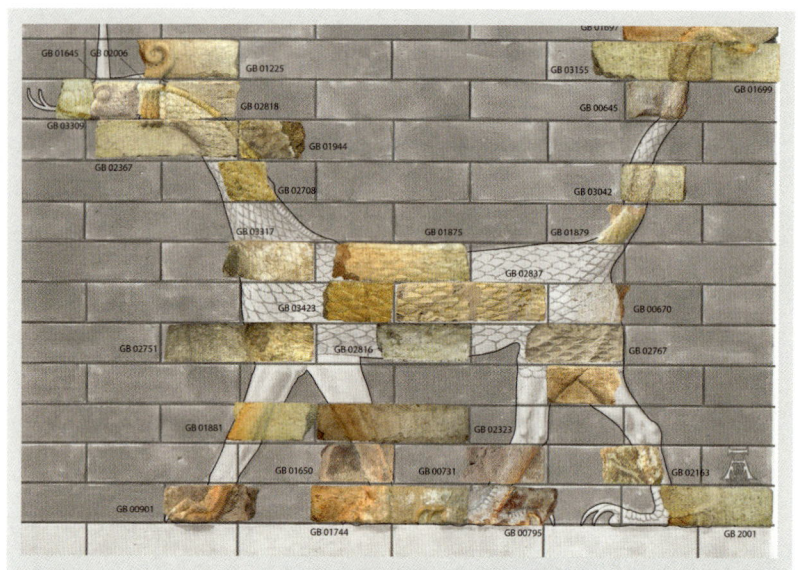

图7b-2-5 蛇-龙的复原，基于巴比伦伊什塔尔门的图形，嵌入托尔·阿佐里门的砖块
© Iranian–Italian Joint Archaeological Mission in Fars

符号的碎片：只有巴比伦和埃兰文字，而至今没有发现古波斯文，这一事实支持其年代在大流士一世之前。

釉面大门是古代世界最著名的遗迹之一，在景观中也非常突出：作为一座门，它与一个巨大的建筑群在平面上相连通，该建筑群在菲鲁兹5号遗址中被辨认出来，有一排石柱础。所有的考古、建筑和文献证据都指出，坐落于菲鲁兹花园地区的建筑和托尔·阿佐里门代表了阿契美尼德早期的官方建筑群，它遵循着美索不达米亚的建筑传统，具有浓厚的美索不达米亚元素，在波斯波利斯台地建造之前即已兴建。

参考文献

Amadori, M.L., Pallante, P., Fermo, P., *et al.* 2017. Advances in Achaemenid Brick Manufacturing Technology: Evidence from the Monumental Gate at Tol-e Ajori (Fars, Iran). *Applied Clay Science, 2017*, 1–12. http://dx.doi.org/10.1016/j.clay.2017.11.004

Chaverdi, A. A., Callieri, P. & Gondet, S. 2013. Tol-e Ajori, a New Monumental Building in Parsa. Preliminary Cross Interpretations from Recent Surveys and Excavations Works around Persepolis (2005–2012). *ARTA, 2013*(006), 1–40. www.achemenet.fr

Chaverdi, A. A., Callieri, P. & Matin, E. 2016. Tol-e Ajori: a Monumental Gate of the Early Achaemenian Period in the Persepolis Area: The 2014 Excavation Season of the Iranian-Italian Project "From Palace to Town". *Archaeologische Mitteilungen aus Iran und Turan, 46*, 223–254.

Callieri P. 2017. Achaemenid "Ritual Architecture" vs. "Religious Architecture": Reflections on the Elusive Archaeological Evidence of the Religion of the Achaemenids. In W.F.M. Henkelman & C. Redard (Ed.), *Persian Religion in the Achaemenid Period-La religion perse à l'époque achéménide* (Classica et Orientalia 16, pp. 385–415). Wiesbaden: Harrassowitz Verlag.

Chaverdi, A.A. & Callieri, P. 2017. Sevvomin kavosh-e bastanshenasi-ye moshtarak-e Iran va Daneshgah-e Bolonya Italya dar Tol-e Ajori, Parseh, Fars. Az kakh ta shahr 1390. In National Museum of Iran (Ed.), *Proceedings of the 15th Annual Symposium on the Iranian Archaeology, 5–7 March 2017* (pp.430–435). Tehran.

Chaverdi, A.A., Callieri, P. & Matin, E. 2017. The Monumental Gate at Tol-e Ajori, Persepolis (Fars): New Archaeological Data. *Iranica Antiqua, 52*, 205–258.

Callieri, P. & Chaverdi, A. A. 2019. Dernières Recherches sur le Site Proto-achéménide de Tol-e Ajori (Fars, Iran). *Comptes Rendus de l'Académie des Inscriptions et Belles Lettres, 2019*, 1513–1531.

Callieri, P. 2020. Fifteen Years of Iranian-Italian Collaboration in the Field of Archaeology and Conservation: A Study Case. In A. Avagyan & National Gallery of Armenia Cultural Heritage (Eds.), *Experience & Perspectives in International*

> *Context: Proceedings of the Rochemp Center International Conference 23rd–24th of January 2020* (pp. 38–49). Yerevan: National Gallery of Armenia.
> Callieri, P. 2020. Ideological Aspects of Persian Art and Architecture as Seen from Persepolis, in a Historical Perspective. In P. Dubovský & F. Giuntoli (Eds.), *Mohr Siebeck Stone, Tablets, and Scrolls: Periods of the Formation of the Bible* (pp. 315–340). Tübingen: Mohr Siebeck.
> Chaverdi, A.A. & Callieri, P. 2020. Tol-e Ajori and Takht-e Jamshid: A Sequence of Imperial Projects in the Persepolis Area. *East and West*, n.s., 1(*1*), 177–204.
> Callieri P. 2022. A 'Persian Conception of Urbanism' as Seen from the Results of New Field Research in Fars (Southern Iran). In M. Ramazzotti (Ed.), *The Historical and Cultural Memory of Babylonian World: Collecting Fragments from the 'Centre of the World'* (ARATTA, II, pp. 123–138). Turnhout: Brepols.

伊朗-意大利联合考古队2019年在法尔斯地区的研究也延伸到伊斯兰化前更引人关注的时期之一，即萨珊时期早期，启动了"从菲鲁扎巴德到波斯湾"项目。项目聚焦于菲鲁扎巴德至波斯湾沿岸的法尔斯地区，意图以时间为轴勾勒出人类聚落的动态。这使人们对一些重要的历史问题有了新的认识，如文献资源显示出的阿尔达希尔一世对领土的热情，以及高原和海洋之间的联系。项目包含两个具体的研究课题。

第一项研究旨在通过使用无人机及物探等最新方法调查阿尔达希尔·花拉城。这一工作的详情见专栏7-1。

第二项研究关注伊朗高原和波斯湾之间的连通，通过多种方法识别出城市与波斯湾之间的具体道路，以及萨珊早期法尔斯地区可能使用的港口。位于今天班德塔·赫瑞的尸罗夫遗址是海岸地带主要的考古发掘区域，常被认为是萨珊王朝在波斯湾南部的港口，而

第七讲　东西之间：从阿契美尼德时代到萨珊王朝的伊朗考古

布什尔及赖沙尔则是最北端的主要城市。然而，普利斯特曼最近断言，尸罗夫的陶器年代十分接近伊斯兰时代初期，仅可追溯至公元5—6世纪，伊朗在这里的最新发掘成果也没有找到明确的萨珊时期地层，尸罗夫在萨珊早期的地位需要重新考虑。因此，在波斯湾沿岸展开新的研究十分重要，这一研究需综合尸罗夫的考古发掘与海岸的地貌特征，识别最为合适的登陆地点。

就这项基础性的研究而言，必须牢记两个非考古学的方面。其一是重建曾被多次强烈地震影响的地区的古代海岸线，地貌调查是实现这一结果的工具（森布罗尼正在为此做准备）；其二是古代航海的技术特征，要求具有高超的专门化技能，既是考古学家又是船员的梅扎佩尔的加入，使这方面得到了保障。在无法对这一地区进行地面调查的情况下，只能基于地图和航拍照片以及前人研究成果展开研究。图玛沙克认为，与海角同名的纳伊班德湾即是老普林尼提到的提米斯特阿斯港，是使波斯湾北部沿岸航行变得困难的强力冬季风下唯一的避风港，19世纪的港口也位于此（图7-27）。

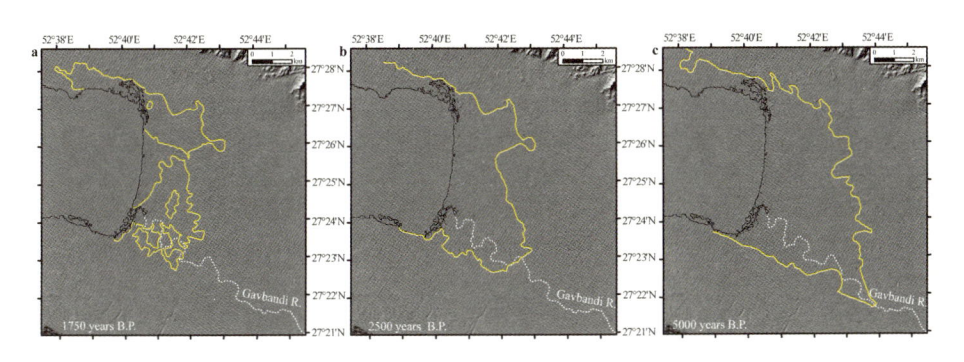

图7-27　纳伊班德湾海岸线演变图，地貌学家森布罗尼复原 © Iranian–Italian Joint Archaeological Mission in Fars

参考文献

精选参考文献

Alram, M. & Gyselen, R. 2003. *Sylloge Nummorum Sasanidarum Paris-Berlin-Wien*, Band I, *Ardashir I.-Shapur I* (Veröffentlichungen der numismatischen Kommission 41). Wien: Verlag der Oesterreishischen Akademie der Wissenschaften.

Azarnoush, M. 1994. *The Sasanian Manor House at Hājīābād, Iran* (Monografie di *Mesopotamia* III). Firenze: Le Lettere.

Curtis, J. &Tallis, N. (Eds.) 2005. *Forgotten Empire: The World of Ancient Persia*. Berkeley: University of California Press.

Garrison, M.B. 2017. *The Ritual Landscape at Persepolis: Glyptic Imagery from the Persepolis Fortification and Treasury Archives* (Studies in Ancient Oriental Civilization 71). Chicago: The Oriental Institute of the University of Chicago.

Genito, B. 2005. The Archaeology of the Median Period: an Outline and a Research Perspective, *Iranica Antiqua*, *40*, 315−340.

Gnoli, G. 1989. *The Idea of Iran: An Essay on Its Origin*. Roma: Istituto italiano peril Medio ed Estremo Oriente.

Huff, D. 1978. Recherches Archéologiques à Takht-i Suleiman, Centre Religieux Royal Sassanide, *Comptes Rendus de l'Académie des Inscriptions et Belles-Lettres*, 774−789.

Jacobs, B. & Rollinger, R. (Eds.) 2021. *A Companion to the Achaemenid Persian Empire*, vol. I (pp. 189−212). Hoboken: John Wiley & Sons, Inc.

Potts, D.T. (Ed.) 2013. *The Oxford Handbook of Ancient Iran* (Oxford Handbooks in Classics and Ancient History). Oxford-New York: Oxford University Press.

Shirazi, R. & Shaghayegh, H. (Eds.) 2019−2020. *Proceedings of the 17th Annual Symposium on the Iranian Archaeology, 2018−2019*, 2 vols. Tehran: Research Institute of Cultural Heritage & Tourism.

Vanden Berghe, L. 1959. *L'archéologie de l'Iran ancient*. Leiden: Brill.

其他参考文献

前伊斯兰时代的伊朗考古学学术文献中，期刊文章多于专著。关于伊朗考古的主要西方期刊包括：

Iranica Antiqua, edited by scholars from the University of Ghent (Belgium).

Archäologische Mitteilungen aus Iran, neue Folge and Archäologische Mitteilungen aus Iran und Turan, edited by the Deutsches Archäologisches Institut.

Iran, edited by the British Institute of Persian Studies.

Studia Iranica, published by the Association pour l'avancement des études iraniennes.

East and West, published by ISMEO.

Parthica, published by the University of Turin.

Vestnik drevnej istorii, published by the Academy of Sciences of the USSR then Russia.

Bulletin of the Asia Institute, new series, published privately in the USA.

此外，还有大量在伊朗定期出版的波斯语丛书，它们大部分按期出版，但常有中断，通常有英文摘要。其中内容和编辑质量较好的有：

Iranian Journal of Archaeology and History.

Journal of Archaeological Studies, published by the Faculty of Letters and Humanities of the University of Tehran.

Bastanshenasi, published by the Jahad-e Daneshgahi of the University of Tehran;

Bastanpazhuhi-Persian Journal of Iranian Studies (Archaeology).

Asar. Primarily concerned with the Sasanian period is the series 'Res orientales', published by the Groupe pour l'Étude de la Civilisation du Moyen-Orient (GECMO), edited by R. Gyselen, now in its volume XXIV.

20世纪前半叶，伊朗研究的主要学者是亚瑟·珀普和赫茨菲尔德，亚瑟·珀普是研究伊斯兰艺术的历史学家，赫茨菲尔德在帕萨尔加德和波斯波利斯展开了发掘工作。可能出于对古物的争夺，他们间存在深刻的竞争关系。

Pope, A.U. 1938–1939. *A Survey of Persian Art from Prehistoric Times to the Present*. London: Oxford University Press.

Herzfeld, E. 1935. *Archaeological History of Iran*. London: Oxford University Press.

Herzfeld, E. 1941. *Iran in the Ancient East*. New York: Oxford University Press（repr.

New York: Hacker Art Books, 1988）.

对伊朗考古的综合性介绍：

Vanden Berghe, L. 1959. *L'archéologie de l'Iran ancient*. Leiden: Brill. 此书对伊朗考古进行了综合性介绍，不只关注大型遗址，也对人群聚落的动态感兴趣。虽然此书在已知的遗址方面是过时的，但其价值在于留存了遗址在修复活动前的保存状况的图像，是采用这种方法的首部专著。

Potts, D.T. (Ed.) 2013. *The Oxford Handbook of Ancient Iran* (Oxford Handbooks in Classics and Ancient History). Oxford-New York: Oxford University Press. 此书是对上述内容的全面更新。

伊朗考古学研究中心组织的年度研讨会汇集了考古活动的一手材料，所有得到许可的田野工作都需在会上初步报告，通常是最终的发掘报告问世前的很长一段时间内公布的唯一材料：

Shirazi, R. Shaghayegh, H. (Eds.) 2019–2020. *Proceedings of the 17th Annual Symposium on the Iranian Archaeology, 2018–2019, 2 vols*. Tehran: Research Institute of Cultural Heritage & Tourism.

对米底的考古以及所谓米底"帝国"的调查：

Cuyler Young, T. Jr. & Levine, L.D. 1974. *Excavations of the Godin Project: Second Progress Report* (Royal Ontario Museum of Art and Archaeology, Occasional Paper 26). Toronto: Royal Ontario Museum.

Genito, B. 2005. The Archaeology of the Median Period: an Outline and a Research Perspective, *Iranica Antiqua, 40*, 315–340.

Stronach, D. & Roaf, M., 2008. *Nush-i Jan I: The Major Buildings of the Median Settlement*. Leuven: Peeters.

Medvedskaya, I.N. 2018. *The History of the Median Kingdom: the 7th–6th Centuries B.C.* St. Petersburg: Eurasia.

几乎所有的阿契美尼德时期伊朗考古学材料的概览：

Boucharlat, R. 2005. Iran. In P. Briant & R. Boucharlat (Eds.) *L'archéologie de l'Empire achéménide: nouvelles recherches* (Persika 6, pp. 221–292). Paris: De Boccard.

Boucharlat, R. 2021. Persia (including Khūzestān). In B. Jacobs & R. Rollinger (Eds.), *A Companion to the Achaemenid Persian Empire* (vol. I, pp. 189–212). Hoboken:

John Wiley & Sons, Inc.

对埃兰语的波斯波利斯防御工事文献极有帮助的历史研究：

Henkelman, W.F.M. 2012. The Achaemenid Heartland: An Archaeological-historical Perspective. In D.T. Potts (Ed.), *A Companion to the Archaeology of the Ancient Near East* (vol. 2, pp. 931−962). Hoboken: John Wiley & Sons, Inc.

关于阿契美尼德王室图像：

Root, M.C. 1979. *The King and Kingship in Achaemenid Art: Essays on the Creation of an Iconography of Empire* (Acta Iranica 9). Leiden: Brill.

英国学者的阿契美尼德研究：

Curtis, J. & Tallis, N. (Eds.) 2005. *Forgotten Empire, The World of Ancient Persia.* Berkeley: University of California Press.

Errington, E. & Sarkhosh Curtis, V. (Eds.) 2007. *From Persepolis to the Punjab: Exploring the Past in Iran, Afghanistan and Pakistan.* London: Brithish Museum Press.

下面几本书涉及范围更广，且不具偏见，来自多学科的国际会议，对阿契美尼德时期考古有重要贡献：

Basello, G.P. & Rossi, A.V. (Eds.) 2012. *Dariosh Studies II. Persepolis and its Settlements. Territorial System and Ideology in the Achaemenid State* (Series minor, LXXVIII). Napoli: Università degli studi di Napoli "L'Orientale.

Henkelman, W. & Redard, C. (Eds.) 2017. *Persian Religion in the Achaemenid Period–La religion perse à l'époque achéménide* (Classica et Orientalia 16). Wiesbaden: Harrassowitz Verlag.

Jacobs, B., Henkelman, W.F.M. & Stolper, M.W. (Eds.) 2017. *Die Verwaltung im Achämenidenreich: Imperiale Muster und Strukture–Administration in the Achaemenid Empire: Tracing the Imperial Signature* (Classica et Orientalia 17). Wiesbaden: Harrassowitz Verlag.

关于波斯波利斯城堡及台地出土的古代档案上的封泥图像的艺术史研究：

Root, M.C. & Garrison, M.B. 2001. *Seals on the Persepolis Fortification Tablets: Volume I: Images of Heroic Encounter* (Oriental Institute Publications 117). Chicago: Oriental Institute of the University of Chicago.

Garrison, M.B. 2017. *The Ritual Landscape at Persepolis: Glyptic Imagery from* the *Persepolis Fortification and Treasury Archives* (Studies in Ancient Oriental Civilization 71). Chicago: The Oriental Institute of the University of Chicago.

经典的主要遗址的考古发掘报告包括：

Schmidt, E.F. 1939. *The Treasury of Persepolis and Other Discoveries in the Homeland of the Achaemenians* (Oriental Institute Communications 21). Chicago: The University of Chicago.

Schmidt, E.F. 1953. *Persepolis. I. Structures. Reliefs. Inscriptions* (Oriental Institute Publications 68). Chicago: University of Chicago Press.

Schmidt, E.F. 1957. *Persepolis. II. Contents of the Treasury and Other Discoveries* (Oriental Institute Publications 69). Chicago: University of Chicago Press.

Schmidt, E.F. 1970. *Persepolis. III. The Royal Tombs and Other Monuments* (Oriental Institute Publications 70). Chicago: University of Chicago Press.

Stronach, D. & Pasargadae. 1978. *Pasargadae: a Report on the Excavations Conducted by the British Institute of Persian Studies*. Oxford: Clarendon Press.

Perrot, J. (Ed.) 2010. *Le palais de Darius à Suse: une résidence royale sur la route de Persépolis à Babylone*. Paris: ArcheoSciences.

Yaghmaei, E. 2018. *A Hypothesis on the True Origin of the Achaemenids Based on Archaeological Excavations [at] Bardak Siah Palace, Dashtestan, Borazjan, Durodgah Village*. Tehran: Ritch.

关于希腊化时期：

Wiesehöfer, J. 1994. *Die, dunklen Jahrhunderte' der Persis* (Zetemata 90, pp. 63–100). München: C.H. Beck.

Callieri, P. 2007. *Quatre leçons au Collège de France 8, 15, 22 et 29 mars 2007* (Persika 11). Paris: Éditions de Boccard.

Rahbar, M., Alibaigi, S., Haerinck, E. & Overlaet, B. 2014. In Search of the Laodikea temple at Laodikea Media/ Nahavand, Iran. *Iranica Antiqua, 49*, 301–329.

苏联、俄罗斯-土库曼斯坦以及意大利在帕提亚的尼萨发掘出的建筑与艺术品证明了安息王朝的早期文明。这些发现目前位于土库曼斯坦的领土范围内，俄语文献中包含了非常丰富的调查成果，因此研究安息时期考古学的学者最好能够掌握俄语。后苏联时代也有一些相关成果：

Pilipko, V.N. 2001. *Staraja Nisa: Osnovnye itogi arkheologičeskogo izučenija v sovetskij period*. Moskva: Nauka.

Invernizzi, A. & Lippolis, C. (Eds.) 2008. *Nisa Partica: Ricerche nel complesso monumentale arsacide, 1990-2006* (Monografie di Mesopotamia 9). Firenze: Le lettere.

Invernizzi, A. 1999. *Sculture di metallo da Nisa: Cultura greca e cultura iranica in Partia* (Acta Iranica 35). Lovanii: Peeters.

正是由于意大利学者的努力，我们基于对较高艺术水平的遗物的识别，提出了"安息王朝艺术"的概念，这些艺术品的特点源自塞琉古的形象语言，它们产自本土，并不是此前假设的进口品：

Invernizzi, A. 2001. Arsacid Dynastic Art, *Parthica*, 3, 133-157.

在安息帝国的另一端，即帝国的经济中心美索不达米亚以及叙利亚内陆，研究者关注的所谓"帕提亚艺术"，实际上是安息时期锡罗-美索不达米亚地区闪米特人的艺术：

Rostovtzeff, M. 1935. *Dura and the Problem of Parthian Art,* Yale Classical Studies 5, (pp. 157-303). New Haven: Yale University Press.

Dirven, L. 2016. The Problem with Parthian Art at Dura. In T. Kaizer (Ed.), *Religion, Society and Culture at Dura-Europos* (Yale Classical Studies 38, pp.65-88). Cambridge-New York: Cambridge University Press.

Schlumberger, D. 1970. *L'Orient hellénisé. L'art grec et ses héritiers dans l'Asie non méditerranéenne*. Paris: A. Michel.

Schlumberger, D. 1983. Parthian Art. In B. Yarshater (Ed.), *The Cambridge History of Iran, 3(2), The Seleucid, Parthian and Sasanian Periods* (pp. 1027-1054). Cambridge: Cambridge University Press.

伊朗境内唯一发现了安息时期证据的地点是伊利迈德，出土物的数量和质量均属上乘：

Ghirshman, R. 1976. *Terrasses sacrées de Bard-è Néchandeh et Masdjid-i Soleiman. L'Iran du Sud-Ouest du VIIIe s. av. n. ère au Ve de n. ère* (Mémoires de la Délégation Archéologique en Perse XLV). Paris: Brill.

Messina, V. (Ed.) 2006. *Hung-e Azhdar: Research of the Iranian-italian Joint Expedition in Khuzestan (2008-2011),* (Parthica 17). Pisa-Roma: Fabrizio Serra Editore.

关于安息钱币：

Sinisi, F. 2012. Sylloge nummorum parthicorum. New York-Paris-London-Vienna-Tehran-Berlin, Vol. VII-Vologases I-Pacorus II. Wien: Verlag der Österreichischen Akademie der Wissenschaften.

萨珊时期考古与艺术著作：

Herrmann, G. 1977. *The Iranian Revival*. Oxford: Elsevier-Phaidon.

Ghirshman, R. 1962. *Iran: Parthes et Sassanides*. Paris: Gallimard.

Lukonin, V.G.1969. *Kul' turasasanidskogo Irana: Iran v III–V vv Očerki po istorii kul'tury*. Moskva.

Lukonin, V.G. 1977. *Iskusstvo Drevnego Irana.* Moskva: Искусство.

Callieri, P. 2014. *Architecture et Représentations dans l'Iran Sassanide* (Studia Iranica, Cahiers 50). Paris: Peeters.

Ghanimati, S. 2000. New Perspectives on the Chronological and Functional Horizons of Kuh-e Khwaja in Sistan, *Iran*, XXXVIII, 137–150.

Sauer, E.W. (Ed.) 2017. *Sasanian Persia between Rome and the Steppes of Eurasia* (Edinburgh Studies in Ancient Persia). Edinburgh: Edinburgh University Press.

Huff, D. 2008. Formation and Ideology of the Sasanian State in the Context of Archaeological Evidence. In V. Sarkhosh Curtis & S. Stewart (Eds.), *The Sasanian Era: The Idea of Iran* (Volume III, pp. 31–59). London: I.B. Tauris.

Ghirshman, R. 1971. *Bichâpour I*. Paris: Librairie orientaliste Paul Geuthner.

Ghirshman, R. 1956. *Bîchâpour II, Les mosaïques sassanides*. Paris: Paul Geuthner.

位于伊朗境外的泰西封和梅尔夫有更多材料。德国考古学家于1910年代、意大利考古学家于1960、1970年代对泰西封展开了研究，苏联考古学家及随后的土库曼斯坦-英国考古团对梅尔夫开展工作，使用先进的方法证实了地层信息。伊朗与英国的项目形成了对领土防御体系的基础性理解：

Sauer, E., Wilkinson, T.J., Omrani Rekavandi, H. & Nokandeh, J. (Eds.) 2013. *Persia's Imperial Power in Late Antiquity: the Great Wall of Gorgan and the Frontier Landscapes of Sasanian Iran* (British Institute of Persian Studies Archaeological Monographs 2). Oxford-Oakville: Oxbow Book.

塔赫特·苏莱曼遗址：

Naumann, R. 1977. *Die Ruinen von Tacht-e Suleiman und Zendan-e Suleiman und Umgebung* (Führer zu Archäologischen Plätzen in Iran 2). Berlin: Dietrich Reimer.

Huff, D. 1978. Recherches Archéologiques à Takht-i Suleiman, Centre Religieux royal Sassanide, *Comptes Rendus de l'Académie des Inscriptions et Belles-Lettres*, 774-789.

Moradi, Y. & Hintze, A. 2020. A New Sealing of Pērōz from Taḵt-e Solaymān and Its Historical Context. In Gyselen, R. (Ed.), *Res Orientales XXVIII* (pp. 111-134). Bures-sur-Yvette: Groupe pour l'étude de la civilisation du Moyen-Orient.

关于图像艺术：

Vanden Berghe, L. (Ed.) 1983. *Reliefs rupestres de l'Irān ancient*. Bruxelles: Les Musées.

Kroger, J. 1982. *Sasanidischer Stuckdekor*. Mainz: P. von Zabern.

Azarnoush, M. 1994. *The Sasanian Manor House at Hājīābād, Iran* (Monografie di Mesopotamia III). Firenze: Le Lettere.

Rahbar, M. 2004. Le monument sassanide de Bandiân, Dargaz: un temple du feu d'après les dernières dècouvertes 1996-98, *Studia Iranica*, *32*, 7-30.

Labbaf-Khaniki, M. 2022. The Sasanian Stuccoes of Northeastern Iran: Khorasanian Imagery in Late Antiquity, *Studia Iranica*, *50*, 69-98.

Kaim, B. 2002. Un temple du feu sassanide découvert à Mele Hairam, Turkménistan méridional, *Studia Iranica*, *31*, 215-230.

Keall, E.J. 1982. Qal'eh-i Yazdigird: An Overview of the Monumental Architecture, *Iran*, *20*, 51-72.

萨珊的宝石雕刻技术：

Gyselen, R. 1993. *Catalogue des sceaux, camées et bulles sassanides de la Bibliothèque Nationale et du Musée du Louvre. I: Collection générale*. Paris: La Bibliothèque.

Gignoux, P. 1978. *Catalogue des sceaux, camées et bulles sassanides de la Bibliothèque Nationale et du Musée du Louvre II: Les sceaux et bulles inscrits*. Paris La Bibliothèque.

Ritter, M. 2010. *Die altorientalischen Traditionen der sasani- dischen Glyptik. Form-Gebrauch-Ikonographie* (Wiener Offene Orientalistik 9). Wien-Berlin: LIT.

萨珊钱币：

Alram, M. & Gyselen, R. 2003. *Sylloge Nummorum Sasanidarum Paris-Berlin-Wien*, Band I, *Ardashir I.- Shapur I* (Veröffentlichungen der numismatischen Kommission 41). Wien: Verlag der Oesterreishischen Akademie der Wissenschaften.

第八讲　中亚考古概况

罗慕齐（Ciro Lo Muzio）

概念界定

"中亚"是一个纯粹的地理概念，对它的解释会因使用的具体语境或特定的文化或地缘政治愿景而存在显著差异。换言之，"中亚"可以拥有不同的内涵，这取决于使用者是俄罗斯人、德国人、英国人、美国人还是中国人。

本讲涉及的中亚相当于苏联时期的中亚范围，即西临里海，东至天山山脉西麓，北界欧亚草原带，南部边界自西向东由科佩特山脉（伊朗和土库曼斯坦的边界）、阿富汗的兴都库什山和帕米尔构成（图 8-1）。

河流在中亚历史演进过程中始终扮演着关键角色。由于整个地区的极端大陆性气候，河流穿过或毗邻河流之地成为中亚先民繁荣发展的根基。中亚农业耕地的开发对人工灌溉水系发展的依赖性极强，至少从青铜时代开始，引水灌溉就成为中亚先民关注的核心问题。农业定居区通常散布在河谷平原或广阔的沙漠绿洲。

中亚有两条主要的河流，即阿姆河和锡尔河，分别发源于帕米尔高原和天山西麓。两条河最后都注入咸海。此外，泽拉夫善河的重要性也不可忽视，其长度要短得多，但流经的古代粟特地区创造

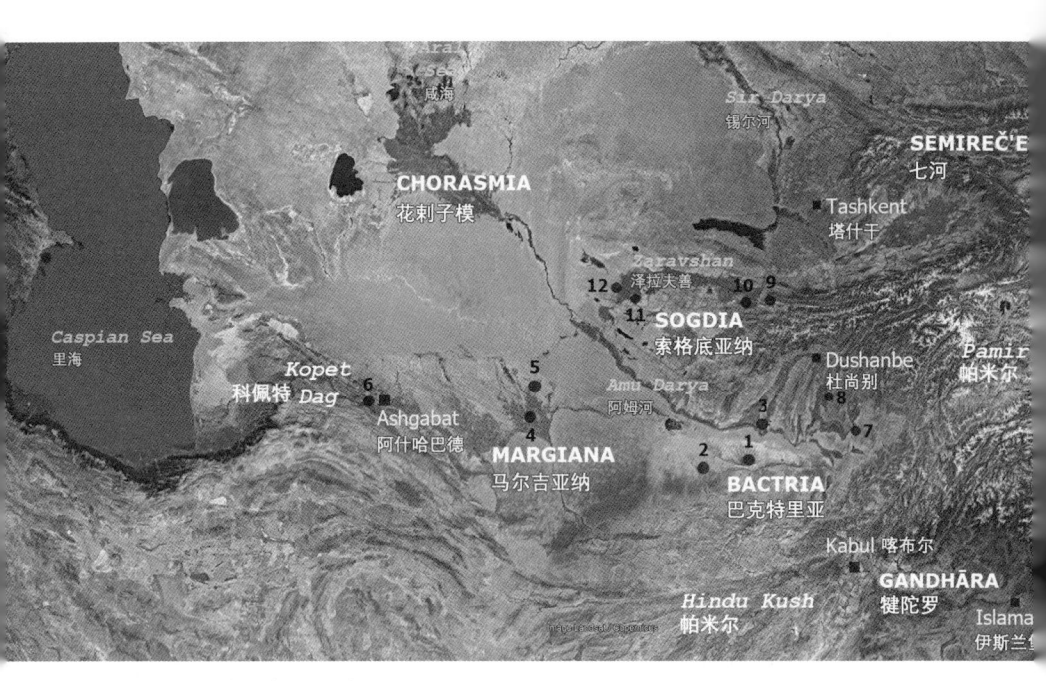

图 8-1　中亚地区主要遗址
1. 巴尔赫 Balkh
2. 蒂拉特佩 Tillia Tepe
3. 铁尔梅兹 Termez
4. 梅尔夫 Merv
5. 古诺尔 Gonur
6. 尼萨 Nisa
7. 阿伊哈努姆 Ai Khanum
8. 阿吉纳特佩 Ajina Tepe
9. 片治肯特 Penjikent
10. 撒马尔罕 / 阿夫拉西阿卜 Samarkand/Afrasiab
11. 布哈拉 Bukhara
12. 瓦拉赫沙 Varakhsha

出了辉煌的文化，前伊斯兰时代粟特的撒马尔罕和布哈拉两座繁荣的城市享誉世界。

当前的地缘政治和语言格局

　　由苏联中亚诸加盟国划分而来（自 1991 年独立）的各国自西向东依次是：土库曼斯坦、乌兹别克斯坦（包括卡拉卡尔帕克斯坦共和国)、塔吉克斯坦、吉尔吉斯斯坦。从考古学文化角度来看，北部的哈萨克斯坦属于欧亚草原地带，因此被排除在外，而阿富汗北部(即兴都库什山以北)属于中亚；兴都库什山以南部分属于印度次大陆或南亚。

当前整个中亚的语言格局中，突厥语族的流通性远胜于其他语族：土库曼语、乌兹别克语、吉尔吉斯语以及大量相关的方言都属于突厥语族。这是中亚逐渐突厥化形成的结果。公元7世纪晚期，中亚被阿拉伯人征服，然而公元9—10世纪起突厥人对中亚产生了更深的影响。伊朗语族的代表语言是今天的塔吉克语。此外，还有各种波斯语以及帕米尔山谷中少数族群使用的若干其他语言和方言，其中一些源自当地的古代伊朗语言。

历史地理和古代语言格局

中亚历史上，尤其是前伊斯兰时期，语言格局与当下完全不同。中亚西部的古代语言，至少是有史料记载的语言，如巴克特里亚语(或大夏语)、粟特语、花剌子模语，都属于中伊朗语族的东部分支。这些语言以文献中记载的历史地区命名：巴克特里亚(或大夏，今阿富汗北部以及乌兹别克斯坦和塔吉克斯坦的南部地区)；粟特(泽拉夫善河穿流地区，塔吉克斯坦和乌兹别克斯坦)；花剌子模，或广义而言的阿姆河三角洲地区(乌兹别克斯坦境内卡拉卡尔帕克斯坦共和国以及土库曼斯坦的邻近地区)。巴克特里亚语以希腊字母书写(略有修改)，而粟特语和花剌子模语使用的是用阿契美尼德统治时期(公元前6—前4世纪)传入中亚的阿拉姆字母。最后还需提及帕提亚人的语言(属于伊朗语族的西部分支)，其为安息人(或帕提亚人)的官方语言，见于帕提涅(尼萨旧城)和马尔吉亚那(对

415

应穆尔加布河三角洲,即土库曼斯坦的梅尔夫地区)的文献中。

仍需提及的是,现代塔吉克语与古代伊朗本土语言没有亲缘关系,它是萨曼王朝(公元9—10世纪)引入中亚的一种地方性波斯语。

伊朗和图兰、"突厥人之地"、河中地区

由于中亚古代语言地理及其文化的诸多方面有着突出的伊朗文化因素,因此20世纪的许多学者认为中亚是伊朗东部边缘的一部分,多亏考古研究的成果,这种错误认识得到了纠正。地理位置(特别是毗邻欧亚大草原)、环境和气候形塑了中亚的独特性,使其自原史时代起就形成了独特的社会形式和政治组织,以及自己的宗教传统。尽管这种宗教传统主要起源于伊朗,但与伊朗的官方宗教琐罗亚斯德教并不完全等同。

因此值得强调的是,古代波斯语史料已经揭示出伊朗本土居民和阿姆河以外地区居民之间存在着显著差异(文化、宗教、意识形态)。清晰的证据见于琐罗亚斯德教的宗教经典《阿维斯陀》以及其他文学作品,其中显示出在相对同质(伊朗)的民族和语言群体中存在两大彼此冲突、对抗的势力:*airya*("伊朗"一名即源于此)代表文明和权威的宗教(琐罗亚斯德教)正统与伦理,而 *turyirya*("图兰"一名即源于此)则泛指中亚,代表着野蛮和威胁。之后,特别是在伊朗史诗中,图兰被指代突厥人。突厥人自公元6世纪开始,至公元9—10世纪更加深刻地塑造了中亚的民族、文化和语言景观。

当中亚的突厥化已成事实,在中古时期阿拉伯-波斯语史料中,中亚地区经常被称为"突厥斯坦"(波斯语中意指"突厥人之地")。直到最近，该名也常见于考古和历史文献中。

另一个常用来指代中亚地区的名称是河中地区，意思是"乌浒水以外的[领地]"，乌浒水即今天的阿姆河。河中地区反映的是一种南方观点，指代阿姆河和锡尔河之间的领土。

中亚考古的特点

巴克特里亚和马尔吉亚那等部分地区在较短或较长时间内属于有文献记载的王朝，如希腊、贵霜、安息和萨珊。然而除此之外，中亚大部分地区前伊斯兰时代的历史仍然存在着令人沮丧的空白。前伊斯兰时期中亚这些地区是由帝国统治，还是酋邦统治；统治者来自哪里，统治了多长时间，甚至他们的名字是什么，我们都无从知晓。

没有本土的史料来源，亦没有相关的史料被保存下来。中亚不同地区的史料主要来自其他国家和地区文献中的相关记载，如希腊、波斯、拜占庭、中原、西藏、亚美尼亚、阿拉伯等，这些史料在可提供信息的质量和数量方面存在着显著差距。钱币学是重建地区历史和政治框架的珍贵资料，尽管中亚钱币学研究仍存在诸多问题，但对研究中亚历史不可或缺。中亚地区在相当长的时段内流通的钱币是所谓的"野蛮仿制币"，即模仿希腊钱币原型（塞琉古或希腊-巴克特里亚）而制作的当地钱币，这是一个迷人但棘手的议题。

尽管从考古学角度来看，中亚不同地区呈现出异质的图景，这取决于考古调查的时间、长度和责任人，以及发掘和阐释材料的理论与方法，但不可否认，我们对古代中亚文化的认知在很大程度上依赖于考古学的研究成果。

中亚考古的主要参与者

自俄国沙皇时代,特别是19世纪中叶,直至1991年苏联解体,中亚广大地区的考古研究被俄国人垄断。考古队可能包括一定数量的当地成员(即乌兹别克人、塔吉克人、土库曼人等),但团队中的俄国人占主导地位。重要考古项目通常由俄国的不同学术机构负责人推动,如莫斯科的托尔斯托夫、李特文斯基,或圣彼得堡的马尔沙克。还有一些考古项目由中亚的主要城市如塔什干的学术机构负责,但同样的,这些机构由驻在当地的俄国考古学者领导,如阿尔鲍姆。中亚考古领域最有魅力的学者之一,是来自塔什干的普加琴科娃。

1979年以前,阿富汗北部地区的考古工作主要由法国驻阿富汗考古队(DAFA)开展;其中施龙姆伯格主持发掘了公元2—3世纪贵霜王朝的重要遗址苏尔赫科塔尔,伯纳德主持发掘了希腊城市阿伊哈努姆。

苏联考古

苏联考古是备受关注的话题,特别是考虑到中亚曾是苏联考古的重地。尽管苏联考古的理论框架曾发生过重大变革,但政治因素始终作为主导,这在苏联比在任何西方国家都重要。尤其是马克思主义社会历史观成为考古研究的基础理论:考古学在分析任何历史发展时都不能忽视经济因素。早在20世纪20年代末,苏联考古学研究就被视为"物质文化史"研究,如果考虑到西方考古学研究中"物质文化"概念作为理论关注点出现在数十年之后,这无疑是一项重大成就。

苏联考古的一个耐人寻味的特征是,早期被奉为教条的观点后来被相反的观点拒斥。例如对文化和社会变化的解释：数十年间阐释社会文化变化的支配性理论是，内部因素尤其是生产力引发变革；文化史被完全视作地方性发展。主要的理论基础是苏联语言学家马尔提出的"发展阶段理论"。这一理论启发了托尔斯托夫对其通过考古调查和发掘所获的花剌子模大量古代遗存的解读。

随着苏联境内民众的民族意识不断增强，考古学引入了早期被忽视的概念，即民族因素。移民、文化扩散、融合等早先被否定的概念成为解释考古材料的主要手段。

此外，大多数苏联考古学者都认同的另一基本理念是，考古学只是历史学的一门分支。在考古研究的任何阶段都应首先分析与之对应的文献史料。职是之故，对田野考古所获资料首先进行历史文献对应和解读，在方法上无疑有碍于考古学分析的充分展开。

以上这些问题频繁交错见于大量的苏联中亚考古简报、报告和相关记录之中，尽管如此，这些资料依然是研究中亚古代社会不可或缺、弥足珍贵的参考。

苏联解体之后

1991年苏联解体后，中亚各独立共和国开始欢迎当地学院和外国机构以学术合作为基础开展考古项目，这些项目基于联合考察的原则，即由外国和当地考古学者共同领导考古调查和发掘，双方平等参与项目的组织和课题研究。

因此，中亚的学术机构可以与不同国家的考古学者展开合作，如俄罗斯（主要在粟特地区发掘，尤其是片治肯特和巴克特里亚北部）、法国（撒马尔罕、铁尔梅兹）、意大利（布哈拉、撒马尔罕地区和尼萨）、德国（苏尔汉河河谷）、日本（乌兹别克斯坦南部的佛教遗址)、英国（土库曼斯坦的梅尔夫）以及澳大利亚（乌兹别克斯坦的古花剌子模）。

这种新的合作模式取得了积极的成效，过去三十年中以西方语言出版了大量的中亚考古一手资料。然而除本国语言外，俄文仍是中亚各国学术交流和出版的主要语言。因此，对俄文考古研究成果的充分了解是对中亚考古开展深入研究的先决条件。

限于篇幅，本讲无法对中亚考古研究进行全面、详细的学术史梳理，仅选择中亚文化史上若干突出方面或关键时期进行提纲挈领的概述：青铜时代中晚期（公元前2500—前1700年），希腊人在巴克特里亚的统治（公元前4世纪末—前2世纪中期），游牧民族的考古证据，佛教的传播（公元1—8世纪），以及粟特壁画（公元6—8世纪）。文末所附的参考书目希望对感兴趣的读者深入阅读有所助益。

青铜时代中晚期：巴克特里亚-马尔吉亚那考古学文化

原史时代考古研究的进展（特别是过去四十年间）表明青铜时代（公元前3000—前1500年），尤其是青铜时代中晚期（约公元前2500—前1700年）中亚的文化面貌颇为独特，出现了对人工灌溉系统发展和维护极度依赖的农业耕种生产策略。这种模式决定了社会和政治组织制度、聚落形态以及聚落内的大型纪念碑性建筑及其分布。锡尔河以北的欧亚大草原一马平川，没有山峦沟壑的阻隔，这种地理环境成为影响中亚文化史的另一重要因素，即农耕群体和游牧群体之间的频繁互动。青铜时代中亚的农耕群体与欧亚草原的游牧群体（安德罗诺沃文化）之间的接触，一直贯穿于中亚以后的历史进程中，并且构成了中亚广大地区现代前夕的政治、经济和文化历史的基础。

如前所述，本讲重点关注青铜时代中晚期，此时期被考古学者命名为"巴克特里亚-马尔吉亚那考古学文化"（以下简称 BMAC），其分布范围包括今天土库曼斯坦南部到阿富汗北部，以及乌兹别克斯坦和塔吉克斯坦南部地区。

目前对 BMAC 的认识主要基于大量不同规模和布局、有时有防御设施的聚落遗址、墓地以及丰富的出土遗物，如文化面貌相近的陶器，它们表现出的技术和形制特征广泛见于中亚地区，并且与青铜时代早期的陶器有着显著差异；此外还有大量印章、可能与宗教信仰有关的小型塑像，以及奢侈品。

马尔吉亚那和巴克特里亚地区都发现有坚固的城堡遗址，它们似乎是规模不等的农业聚落的经济、政治中心，农业聚落的规模主要取决于灌溉设施的发展程度。这两个地区都发现了大量的农业聚落，分级分布，其中绝大多数不设围墙等防御设施。穆尔加布河三角洲（马尔吉亚那）地区的聚落模式目前得到了更充分的研究，如带围墙的古诺尔北城遗址，这是迄今发掘的规模最大的 BMAC 城址。

BMAC 的每处主要城市都有不同的规划布局且修建于不同时期，主要位于河谷或三角洲地区，随着农业群体的逐渐增加而不断扩展新的领地。这些遗址相对较薄的文化堆积层表明被使用的时间较短，对水资源有强烈依赖性。

例如位于马尔吉亚那的古诺尔遗址(30公顷)，包括三处遗迹(图 8-2)：带围墙的大型城址——古诺尔北城，其年代可追溯到青铜时代中期；毗邻的墓地；以及青铜时代晚期带围墙的古诺尔南城。

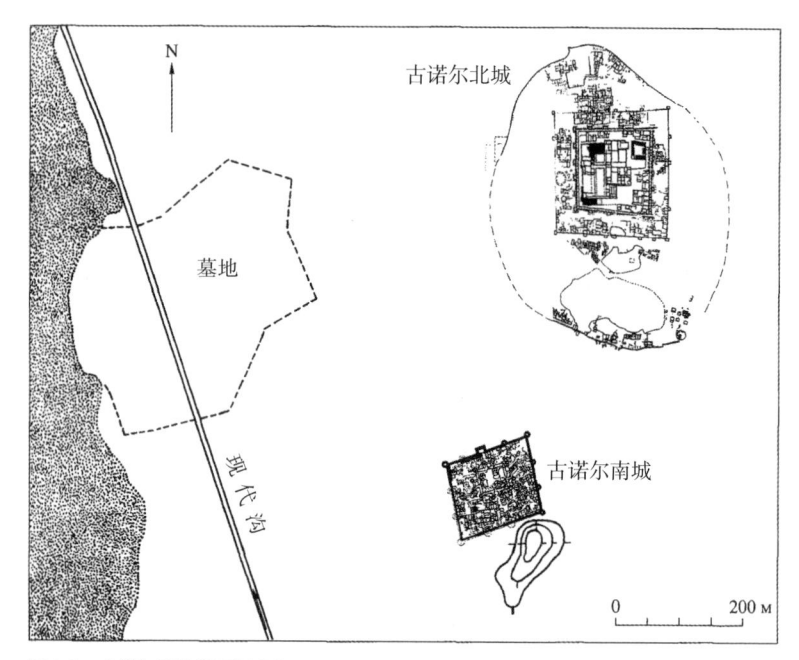

图 8-2　古诺尔遗址平面图 © Sarianidi 2004, Fig.3

　　古诺尔北城城墙内有一处大型宫殿，由众多厅堂和庭院组成。宫殿的北部可能是行政会见空间，南部则是生活空间。曾主持古诺尔遗址发掘的苏联考古学家萨瑞阿尼迪认为其中部分结构可能是用于不同信仰实践的宗教建筑，但没有令人信服的证据佐证。相比之下，对埋葬实践的认识更客观具体。墓地位于古诺尔北城西侧 200 米处，范围近 10 公顷，其内发现了 2500 多座墓。最常见的埋葬方式是右侧身屈肢葬，墓葬形制为简单的竖穴土坑墓，个别较深的土坑墓底部还有一个腰坑。

　　高等级墓葬集中于"贵族墓地"。古诺尔北城南郊的贵族墓地包括 16 座洞室墓。古诺尔北城宫殿西部的贵族墓地包括 9 座洞室

第八讲 中亚考古概况

图 8-3 BMAC 绿泥石和石灰石制女性石雕像 © Los Angeles County Museum of Art

墓。洞室墓是精英群体独有的墓葬形制，由土坯砖建造，大部分结构修建于地下，埋葬多人，他们可能属于同一家族。

　　随葬品的种类和数量根据墓主经济、社会地位的不同而差别显著。土坑墓中仅有一套形制不同的陶器，而洞室墓中随葬品种类丰富且规格较高，包括石雕像（图 8-3）、马赛克装饰，个别墓中还随葬战车。

　　古诺尔南城（4 公顷）修建于古诺尔北城被废弃后，后者被遗弃后用作墓地。古诺尔南城修建了双重城墙，且在城墙四角和侧面建造圆形塔楼（青铜时代晚期城市的标志性建筑），双重城墙都在北侧开一道门。南城周围还发现了密集的聚落遗址。被拱卫在中央的南城很可能是新的政治权威所在地。

　　穆加哈布河三角洲的另一处重要遗址是托格洛克。特别是托格洛克 21 号建筑遗迹，其布局呈现出精心规划的对称性。

巴克特里亚地区青铜时代中期著名的遗址有萨帕里特佩和贾尔库坦（乌兹别克斯坦）以及达施里3号（阿富汗北部）的两座城址。萨帕里特佩遗址平面布局为向心式结构，位于中心的圆形院落有一周围墙，其上修建九座方形塔楼，其外还有两重圆形围墙，最外侧是方形堡垒。贾尔库坦遗址展示出更精心的规划，中心是围墙围成的方形空间，从此处可以进入周围平面呈L型、T型的窄长房间。萨瑞阿尼迪认为以上两处遗址分别是"宫殿"和"神庙"，此观点值得商榷。因为除布局的显著不同外，内部结构和出土遗物无法证实两处遗址具有不同的功能。它们很可能都是当地首领居住的防御性城堡。

BMAC的诸遗址中出土了类型极其丰富的印章，是周围地区以及其他年代相当的青铜时代文化（伊朗、美索不达米亚、印度河流域）无法比拟的。萨尔瓦托里对这些印章进行了精细的类型学排比分析，基本厘清了它们的年代序列。印章的类型包括所谓的"镂空型"，即由石、陶和最常见的金属制成的镂空状印章（公元前2600—前2100年）（图8-4）；钉面型印章（星形、玫瑰花形、方形、

图 8-4 镂空型印章 © Los Angeles County Museum of Art

圆形）（公元前 2000—前 1900 年）；圆柱型印章，柱身雕刻装饰纹样（公元前 3000 年上半叶）。

公元前 1700—前 1500 年间，即青铜时代晚期，BMAC 的独特性逐渐消失，形成了一种新的考古学文化。这种文化部分源自 BMAC 的内部因素，部分来自欧亚草原青铜时代的游牧因素。纪念碑性建筑、印章、塑像和其他奢侈品不再出现；陶器仍采用轮制技术，器型和种类更加丰富，但质量下降。此外，此时期的墓葬发现极少，这也成为后来铁器时代墓葬考古研究的谜题。土葬似乎被大量的火葬和衣冠冢取代，墓中只有随葬品，有时见有象征墓主的物品（主要见于塔吉克斯坦南部）。

BMAC 衰落的原因仍有待深入探索；考古资料提供的信息似乎是缘于社会的重组以及与伊朗、美索不达米亚和印度河流域贸易交流的显著减少，与此同时，如预期所示，北方（欧亚）因素的影响增强。

中亚的希腊遗产

公元 4 世纪末，中亚的大部分地区，尤其是马尔吉亚那、巴克特里亚和粟特，以及兴都库什山以南地区，成为亚历山大三世或亚历山大大帝（公元前 356—前 323 年）在不足 15 年的时间里建立的始于希腊北部马其顿的庞大帝国的一部分。亚历山大大帝去世后，马其顿帝国的亚洲领土自前 4 世纪始由塞琉古一世（公元前 311—前 281 年在位）统治。它作为独立的王国，直到公元前 145 年一直是中亚的希腊化文化和政治据点。

古典史料中记载亚历山大大帝及其继承者们在马其顿帝国东部

建立了数十座城市。然而，难以确定史料中提到的众多亚历山大城（以及后来的塞琉西亚城和安条克城）中哪些是新建城市，哪些是在已有城市附近建造的马其顿军事或行政据点；总之，史料中的诸多亚历山大城无法完全在中亚发现的遗址中找到明确的一一对应关系。

中亚被马其顿帝国征服之后伴随的是大规模的殖民扩张，希腊世界的大量移民来到中亚以确保殖民地的稳定，并加强土著人社区与希腊人社区之间的联系。

考古证据

直到20世纪60年代，能够证明希腊人在中亚存在的唯一物证是一批19世纪以来偶然发现、发掘或盗掘出土的希腊钱币。中亚出土的希腊钱币仍是重建公元前4世纪末至前2世纪中期此地区历史事件的主要资料。

典型的希腊德拉克马银币正面是统治者的半身像，背面是神像（希腊-巴克特里亚钱币背面的神像总是来自希腊万神殿，按照希腊传统刻画），铭文则包含统治者的头衔和名字，以及铸币作坊的惯用符号。

阿富汗东北部阿伊哈努姆遗址的发现，极大改变了我们对希腊人在巴克特里亚的认知。阿伊哈努姆遗址的年代跨度大致相当于希腊统治该地区的数个世纪，因此能够提供独具价值的考古信息。此外，其遗存当时具备理想的发掘条件。阿伊哈努姆不仅是中亚地区，也是整个亚洲得到考古发掘的唯一希腊化城市，其城市布局以及世俗、宗教、居住和丧葬遗存等都可被复原重建。

该遗址于1965—1978年由伯纳德带领的法国驻阿富汗考古队

第八讲　中亚考古概况

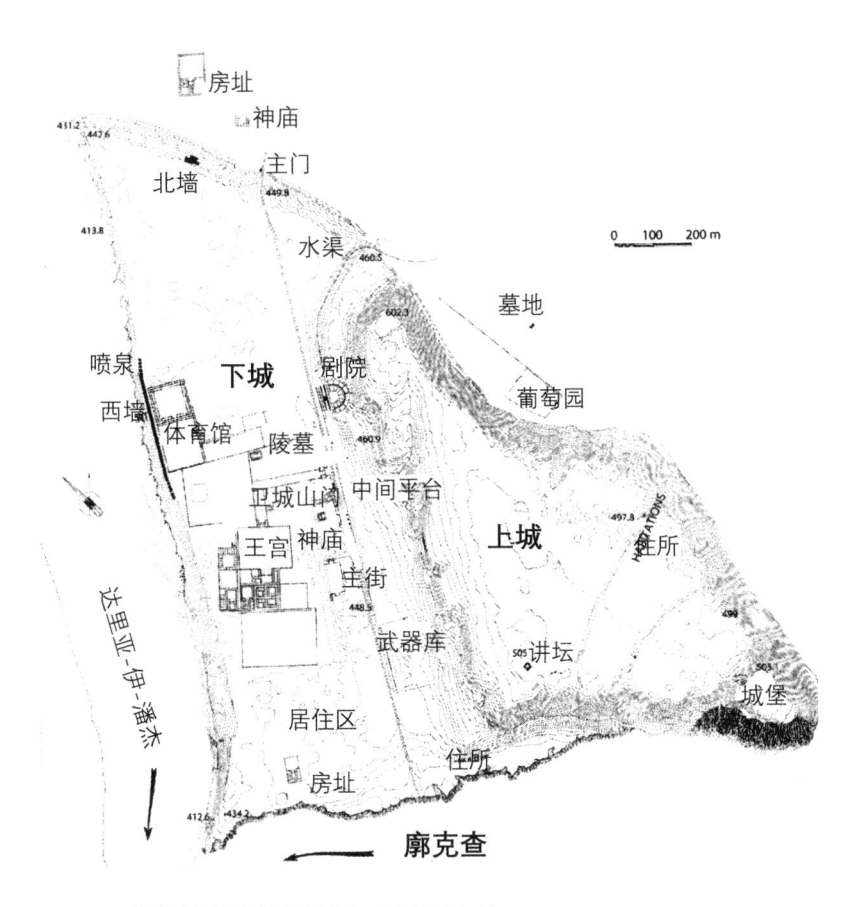

图 8-5　阿伊哈努姆遗址平面图 © Staviskij 1986, fig.14

发掘。苏联占领阿富汗后，发掘工作戛然而止，后未能恢复。之后的数十年间，这座遗址遭到了无情的盗掘。

阿伊哈努姆位于阿姆河上游左岸（当地称为喷赤河），始建于希腊化时期，很可能是安条克一世（公元前281—前261年）统治时期（图8-5）。这座城市处于巴克特里亚东北边境的战略防御位置，在公元前3世纪发挥了突出的军事功能。该遗址围墙平面呈三角形（1.9×1.6

公里），其上等距离设置长方形堡垒。围墙包裹着高地上的下城和卫城。始于北侧主门的一条南北向主干道贯穿整个下城。

除了那些使阿伊哈努姆成为不可置疑的希腊城市的因素外，研究亚洲希腊化文化和中亚历史的学者对该遗址的兴趣还在于，探索无论是巴克特里亚、伊朗东部，或更广泛的中亚地区的当地传统扮演着什么样的角色。阿伊哈努姆为探索希腊化文化和当地文化的互动提供了线索。

考古学者在阿伊哈努姆发掘出的大多数建筑遗迹位于主干道以西的大片区域，大致位于整个遗址的中心。遗址内的地标性建筑、能够表明与希腊世界清晰关联的建筑之一，也是最古老的建筑之一，即所谓的尼阿斯神庙。这是一座小型陵墓，根据马其顿可靠的史料记载，其内埋葬了一名杰出人物，据此推测尼阿斯很可能是这座城市的创建者。墓中有两具石棺和两具木棺；其中一具石棺（显然最重要）放置的位置独特，面向一条甬道，通过甬道可以进入墓室供奉祭祀。墓室门廊处发现一块石碑基座，残存碑文的最后部分（主要部分刻在石碑上，已不复存在）。除提到尼阿斯外，碑文上还提到石碑上刻有智慧的哲学语录，摘自希腊德尔菲斯神庙里的某位克利尔库斯。

除尼阿斯神庙外，属于希腊传统遗产的遗存还有体育馆和举行音乐表演的剧院，位于主干道的东侧。除建筑（和功能）类型，希腊传统的重要标志之一是，即使在明显不属于希腊模式的建筑中，所使用的柱子和柱头也遵循了三大古典建筑制度（爱奥尼亚式、多利安式和科林斯式）。此外，地中海艺术传统的显著见证是在"行政区"南部边缘的住宅中发现的彩色鹅卵石马赛克走道。

"带凹龛的神庙"平面呈方形（图8-6），厚厚的墙体由土坯砖

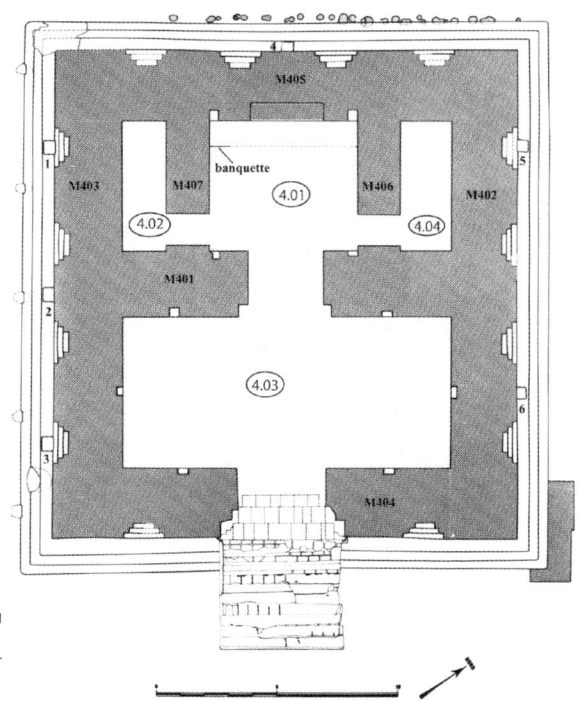

图 8-6 带凹龛的神庙平面图 © Martinez-Sève 2012, fig.4

垒砌而成，修建于平台上。这种布局显然不是源自希腊，其内部结构的安排是基于横向轴线而非希腊神庙常见的纵向轴线（如尼阿斯神庙所见）。这种布局最有可能来自美索不达米亚，该地区发现了数处布局相似的建筑，不过它们的年代属于安息晚期（公元 2 世纪）。

阿伊哈努姆神庙内究竟举行何种仪式仍存在争议。重要发现之一是一尊雕像的残块。这尊雕像（四肢用石头雕刻，身体用泥土塑造）最初被放置在神庙内；残块表现的是一只脚，穿着装饰棕榈叶和雷电的凉鞋。雷电是宙斯的象征，因此法国考古学者最初推测这是一尊可能呈坐姿的大型宙斯像（比真人大两到三倍）。

图 8-7 鎏金银盘 © Camboned 2006, fig.23

神庙中出土的另一件有趣文物是一件鎏金银盘（图 8-7），其上刻画了一个仪式场景，包括希腊女神西布莉。根据这件银盘以及其他遗存，冯赫伯提出了一种不同的解释：如同位于阿姆河下游约 300 公里处塔吉克斯坦境内的塔赫特-伊·桑金的"乌浒水神庙"，阿伊哈努姆神庙可能是献给与河流崇拜相关的神祇，与希腊女神西布莉相关。

与当地或前希腊化时代的传统（带有明显的西亚色彩）关系最密切的遗存是"行政区"，通常也被称为"宫殿"。这是集行政与居住空间于一体的综合布局，不见于希腊世界，但与阿契美尼德和亚述时期的建筑有着某些相似性，并且"行政区"西北侧的仓库遗迹显示出与前希腊化时代阿富汗北部地区建筑结构的清晰关联（即阿拉廷 10 号遗址，两者存在着相似的布局，可能拥有相同的功能）。

除阿伊哈努姆外，阿夫拉西阿卜（撒马尔罕）和阿姆河中游北部地区的若干遗址（如卡姆皮尔特佩）也发现了与希腊化相关的物质文化遗存。

中亚游牧考古

中亚各地已发掘或调查了大量自公元前 7 世纪至公元 4—5 世纪的古代游牧族群的墓地。根据考古资料（墓葬形制和随葬品）推测，除极少数情况外，与欧亚草原地带的考古遗存相比，中亚游牧族群呈现出相当和谐的图景。尽管如此，分布范围自里海到帕米尔，自锡尔河到阿富汗北部地区的游牧族群墓地仍是中亚历史上农耕群体和游牧群体不断互动的主要见证。希腊人在巴克特里亚统治结束的主要原因之一是起源于欧亚草原地带的游牧族群的进攻。

如同欧亚草原地带发现的游牧族群墓地，中亚游牧族群通常使用带坟丘的土坑墓或石砌墓（库尔干），坟丘的直径大小和高度不等。墓葬形制包括简单土坑墓、带腰坑的较深土坑墓，以及带斜坡墓道的洞室墓。随葬品以各类陶器（图 8-8）最为常见，偶见有装饰品；武器极少见。

游牧考古就其本质而言以墓葬考古学最为突出，而且面临着若干方法论问题。游牧族群逐水草而居，流动性强，活动的地理范围只能大致确定。考古学者根据墓葬形制和（或）随葬品的差异，经常发现同一墓地被不同群体使用，这些群体或者时代相当，或者存在显著的时间跨度。此外，试图确定出某一特定群体，或者将史料中记载的民族或部落和某个墓地建立起直接对应关系注定得出不可靠的结果。

图8-8 陶壶 © Bukhara, Citadel Museum（Frarca Filippon 摄）

首先，无论从文化抑或语言角度来看，假设史料中记载的每个民族背后都是一个同质的群体是不明智的，因为游牧群体往往是某一霸权民族统治下不同部落的临时联盟。其次，史料很可能只记载了主要世系，即那些统治着更大的异质群体的人，这些人在很大程度上仍属未知。所有这些因素使得游牧族属的考古学界定成为一项危险的任务。然而，许多学者，特别是苏联考古学者不得不通过考古学来判定族属，对他们而言构建考古资料与文献记载的直接关系是考古研究的强制性目标。

典型例子如公元前6世纪出现在中亚历史舞台上的塞人。*Sakā* 最早见于阿契美尼德国王大流士一世（公元前521—前485年在位）时期的比索通（伊朗）碑文，以及另外两则阿契美尼德王朝时期的题刻。根据大多数学者的观点，题刻中按照种族或居住地对塞人群体进行了区分："戴尖帽塞人"；可能与苏摩或豪麻致幻植物仪式有关的塞人；"河对岸"的塞人（可能是锡尔河）；"粟特之外"

的塞人。

历史学者和考古学者通过将不同的塞人群体与中亚地区不同考古遗址（帕米尔、哈萨克斯坦的七河地区、里海和咸海之间的地区）进行对应，提出的将上述阿契美尼德王朝时期刻文与物质文化遗存关联起来的假设，皆无法得到具体的证明。事实上，没有人知道阿契美尼德刻文中"*Sakā*"一词究竟是什么意思，是散布在中亚的游牧族群的联盟，还是首领集团？需要注意的是"*Sakā*"一致被认为是汉代史料中记载的公元前 2 世纪上半叶活跃在天山北部的塞人，这使其历史图景更为丰富（或复杂化）。

考虑到史料记载（无论是波斯语、汉语还是希腊语）的模糊性，部分学者将某一考古遗址与文献中的族属进行直接对应往往是基于主观判断。由于古代欧亚草原地带（和中亚）游牧族群的考古遗存与史料记载的联系如此难以捉摸，因此某种意义上而言，考古研究是自我参照的，但它比文本更有启示意义。对墓葬形制、出土武器及其他随葬品的分析表明，生活在中亚的先民主要来自中国西部边境（根据汉文史料的相关记载）和欧亚大陆西部地区（无史料记载），即伏尔加河和黑海之间（今天俄罗斯境内）的萨尔玛提亚文化分布区。

阿姆河中游北部地区发现并发掘了许多游牧族群的墓地，如在塔吉克斯坦（比什肯特墓地、图尔哈尔墓地、阿鲁克陶墓地）、粟特的布哈拉绿洲（克孜尔特帕墓地、库余马扎尔墓地等）和撒马尔罕（科克特佩墓地、奥拉特墓地）。然而，最引人瞩目的发现是阿富汗北部的提利亚特佩，一处位于铁器时代神庙遗址之上的小型墓地（七座墓，其中六座已被发掘）。这些墓均未被盗，出土了极其丰富的贵金属文物（黄金制品的数量惊人）和半宝石制品：武器、

433

图 8-9　腰带残件 © Pugachenkova, Rtveladze, Kato eds. 1991, figs. 244-245

图 8-10　嵌绿松石黄金饰品
© Cambon ed. 2006, fig. 136

腰带（图 8-9）、装饰品（图 8-10）等，它们清晰地展示出公元 1 世纪（年代根据罗马皇帝提比略 [公元 14—37 年在位] 的一枚金币）巴克特里亚地区流通的奢侈品所包含的多元文化和艺术元素，然而，至少在这些迎合了游牧精英审美品味的器物中，我们仍无从得知他们的种族背景。

专栏 8-1：纳骨瓮

在前伊斯兰时代的中亚墓葬考古中，纳骨瓮被认为与伊朗文化传统最为密切。具体而言，纳骨瓮与琐罗亚斯德教经文中提倡的处理死者的方式有关：死者被抬到达克马（也称为寂静塔），等待秃鹫把肉吃掉后，骨头被收集起来放置在纳骨瓮中。纳骨瓮形制各异，最常见的类型是带盖的矩形盒状，装饰浮雕图案，表现多种题材和纹饰。除巴克特里亚地区，中亚其他地区都发现了不同类型、不同时代的纳骨瓮。

花剌子模出土了年代最早的纳骨瓮。科伊科里干卡拉以及其他遗址出土的纳骨瓮残片使考古学者能够复原出纳骨瓮的早期面貌。它们为男性或女性形象，类似于小型的空心陶塑像（图 8b-1-1）。它们代表的是死者，还是祖先，抑或是某些神话人物尚不清楚；此

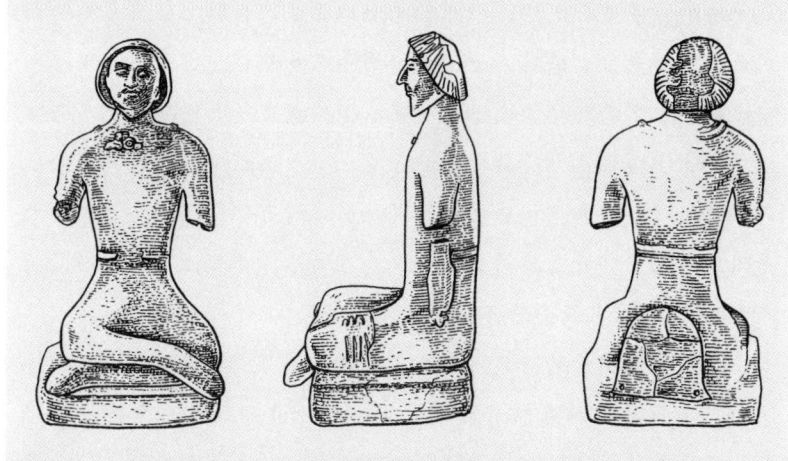

图 8b-1-1　科伊科里干卡拉出土的人形纳骨瓮 © Košelenko ed. 1985, pl. cx. 4

外，由于出土背景不甚明确，也无法究明这些早期纳骨瓮的可靠年代。科伊科里干卡拉遗址出土的残片可追溯至公元1—3世纪，且基本都是女性形象的纳骨瓮。遗址附近出土的纳骨瓮残块中，可复原出一件戴冠立姿女性形象纳骨瓮以及一件保存较好的坐在凳子上的男性形象纳骨瓮。

建筑造型纳骨瓮，因其形状类似于某种结构的建筑而得名，是迄今最常见的类型，花剌子模和马尔吉亚那地区的发现也可佐证。花剌子模奇皮克（今努库斯附近）的山顶上发现了一座椭圆形建筑，内部有呈辐射状分布的墙体，大多数学者认为它是一处达克马，即用于放置尸体的寂静塔。事实上，这种观点更多是受邻近地区墓地（以及当地传说）的启发，而非基于建筑结构的内在特征。

中亚纳骨瓮的主要发现地是粟特。除桑吉尔特佩出土的纳骨瓮可追溯至公元4世纪外，大部分粟特纳骨瓮的年代在公元6—8世纪之间。粟特地区的纳骨瓮可以划分为三类：1）矩形；2）大致椭圆形；3）壁面外凸的椭圆形。粟特纳骨瓮通常被存放在那乌斯（构成墓地的丧葬建筑）中，罐身三面或四面装饰人物形象。常见的形式是若干身着贵族服饰、手持象征物的人物站在一排并列的拱形龛中。撒马尔罕西北部的比亚·乃蛮（偶然发现）和伊斯廷罕（考古发掘出土）遗址也见有类似的纳骨瓮。关于拱形龛内的人物身份，存在"祭司"说和"神祇化身"说之别。还有部分纳骨瓮上描绘的是仪式场景，有时是祭司头戴面罩遮住嘴巴（琐罗亚斯德教祭司的典型特征），在火坛旁献祭。

赫曼特佩出土的一件纳骨瓮最引人注目且值得探讨（图8b-1-2）。瓮身上浮雕两名四臂神祇，分别位于并列的拱形龛内。手持日、月、权杖和棒的四臂神被认为是女神娜娜，而手持盾、箭、圆

图 8b-1-2　赫曼特佩出土的四臂神像纳骨瓮© Chuvin 2002, fig. 227

环(上立一只鸟)的四臂神很可能是提什特里雅,北部天空中最亮之星(即天狼星)。

绝大多数粟特纳骨瓮,包括那些受粟特文化影响地区(如古石国,今乌兹别克斯坦塔什干)出土的纳骨瓮,在外观和制作技术上都十分简单;装饰图案仅有举着手臂和(或)花朵的程式化人物。

最后值得注意的是,鉴于伊朗地区几乎没有出土纳骨瓮,中亚纳骨瓮可以说填补了伊朗宗教和葬俗考古的空白。

参考文献

关于中亚纳骨瓮:Rapoport 1971; Grenet 1984a, 1986, 2009; Pugačenkova 1985.

佛教的传播

佛教在中亚的传播始于贵霜王朝时期(见专栏 8-2)。贵霜王朝在佛教的域外传播过程中可能并没有发挥积极作用,但它为佛教的传播创造了条件。佛教向中亚地区的传播始于公元 1 世纪或 2 世纪，大约在公元 5 世纪，由于佛教在中国广受欢迎，从而得到了极大发展。

印度次大陆西北部（即广义上的犍陀罗地区）与克什米尔是对中亚佛教的教义、文学和语言面貌做出最重要贡献的地区。中亚佛教遗址是犍陀罗遗产的鲜明佐证：从窣堵波造型到寺院布局，以及塑像和绘画，更具体地说，如造像（最显著的是佛像）、壁画题材和装饰纹样。

佛教遗址和遗物的发现在中亚西部地区分布不均，集中于巴克特里亚（后贵霜时代被称为吐火罗斯坦）。佛教公元 1—8 世纪上半叶（直至伊斯兰征服）之间在巴克特里亚地区蓬勃发展，但也从未取代当地的宗教信仰（主要是伊朗琐罗亚斯德教）。大多数考古发现来自巴克特里亚北部（乌兹别克斯坦和塔吉克斯坦南部），这是苏联和后苏联时代进行的大量且系统的考古发掘的结果。出自巴克特里亚南部（今阿富汗北部）的资料较少。迄今为止仅在马尔吉亚那的乔尔卡拉（土库曼斯坦梅尔夫）遗址发现一座佛寺，这是伊朗文化和政治氛围浓厚之地的唯一发现。

由于花剌子模远离主要的贸易路线——这些路线也是印度、中亚和远东地区的文化和宗教交流之路——因此在该遗址内完全不见与佛教相关的考古发现并不令人惊讶。另一方面值得注意的是，在这些路线交错的枢纽之地——粟特，佛教遗存也极其稀少。费尔干纳（乌兹别克斯坦）和七河地区（吉尔吉斯斯坦）的东北部在公元 8—10 世纪见证了佛教的繁荣发展。

乌浒水以北的巴克特里亚地区最早的佛教遗存分布在铁尔梅兹绿洲及其邻近地区。此处发掘出两座重要的佛寺遗址——卡拉特佩和法耶兹特佩，并且出土了大量的佛教塑像及其他遗物。

卡拉特佩在20世纪60—80年代先后由斯塔维斯基和日本-乌兹别克考古队进行了系统调查和发掘。阿尔鲍姆在70年代调查过法耶兹特佩。卡拉特佩的发掘一直都有定期和详细的记录。然而除某些遗物被公布外，法耶兹特佩的绝大多数发掘没有记录，亦未见有发掘报告出版。

两处佛寺遗址内都发现了题刻铭文（俗语、梵语、大夏语），尤其是卡拉特佩所见铭文众多，此处似乎曾有规模较大的僧团组织。大多数铭文刻写在陶罐上，相当简短，内容为捐赠或简要的所有权说明。

已故的福斯曼对铭文进行了重新分析，断定其年代在公元1世纪左右至7世纪中期（法耶兹特佩，至公元450年左右）。两处佛寺都经历了兴盛和衰落，可能时间稍有不同。萨珊人的入侵（公元230年左右）对两座佛寺而言无疑是具有转折性的事件。两座佛寺早在公元4世纪就恢复了宗教活动，尽管政治氛围已经不同，但并不敌视佛教，可由遗物和图像证据推知。

卡拉特佩遗址包括三处遗迹（图8-11），分别位于三座山丘上：北丘、西丘和南丘（发掘范围有限）。北丘佛寺布局是典型的犍陀罗式：四周僧房围成方形僧院，僧房很可能是两层建筑；僧院旁是塔院，大窣堵波周围分布小型佛堂。

南丘佛寺布局完全不同，由开凿于岩体的洞窟和相邻的地面建筑结合而成。宗教性洞窟的开凿可能起源于印度，印度境内发现了公元前3世纪开凿的宗教洞窟，以及公元1—5世纪的多处佛教石窟寺，然而皆与卡拉特佩南丘佛寺所见洞窟不同。此处见有带一周甬道的小型洞窟以及长条形洞窟，后者见于塔里木盆地北缘，尤其

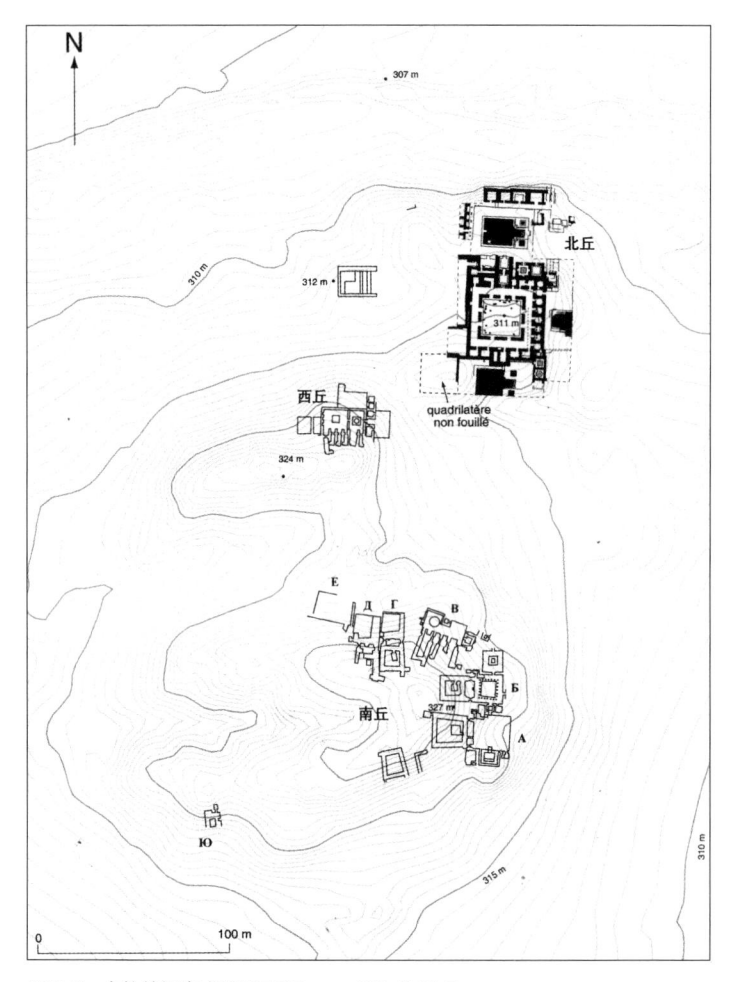

图 8-11　卡拉特佩遗址平面图 © Fussman 2011, I/2, PL. 7

是龟兹石窟中。这些洞窟的功能很可能与禅定修行有关。

南丘佛寺遗址还发现了壁画：一座洞窟的甬道壁上绘有结禅定印的焰肩佛，其所在画面并未得到完全理解，或许是基于不净观绘制的；在一处地面建筑中还发现有部分保存的初转法轮图。

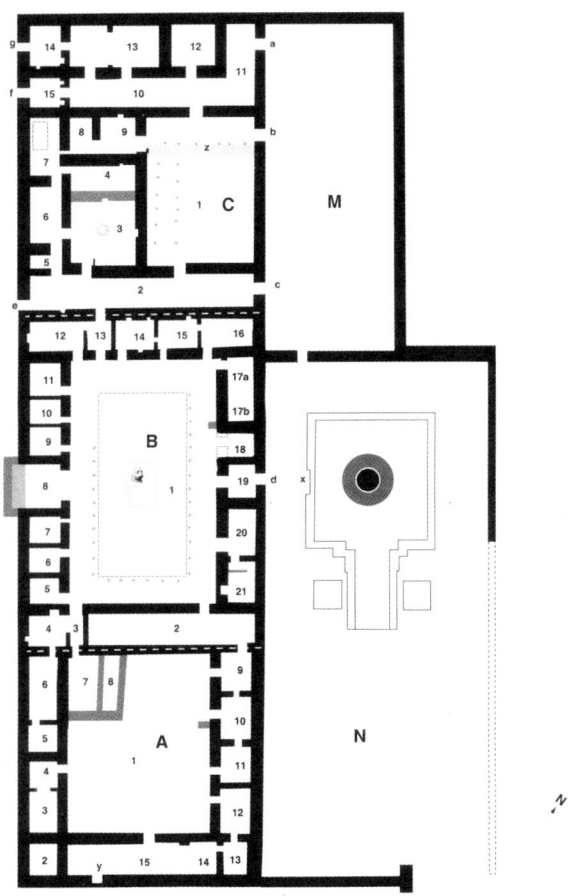

图 8-12 法耶兹特佩佛寺遗址平面图 © Fussman 2011, I/2, PL. 21

　　受犍陀罗（技术、图像和风格）影响的塑像残块遍布南区佛寺。大多数塑像由灰泥制作，外涂抹石膏，最后上色，某些情况下还会贴金。

　　如同卡拉特佩北丘佛寺，法耶兹特佩的规划同样遵循了犍陀罗模式（图 8-12）：三个相邻但功能不同的庭院排列在一条轴线上，东北侧还有两个相邻的庭院，靠南的庭院内有一尊大型窣堵波。主入口位于中部僧院的东北侧居中处，与大窣堵波相对，僧院内与主入口相对处是一间比四周僧房稍大的佛堂。佛堂内保存了引人注目的壁画遗存，主要表现的是礼佛图。佛堂内还出土了塑像残块以及一件雕刻精美的浮雕石刻，其上雕刻一尊结跏趺坐佛像，两侧胁侍二弟子，呈现出浓郁的犍陀罗图像和风格色彩。装饰佛堂壁面的壁画遗存只发表了部分资料。

与犍陀罗传统完美契合的还有铁尔梅兹遗址出土的部分石刻造像。

以上简要回顾了受犍陀罗影响深远的中亚佛教考古，此外还值得注意的，是数处较晚的佛寺和佛教建筑遗存。首先也是最重要的，是李特维斯基在1970年代发掘的阿吉纳特佩（塔吉克斯坦）佛寺遗址，这是当时（公元7世纪中期至8世纪中期）整个地区规模最大的佛寺遗址之一，其建筑和塑像明显受到犍陀罗晚期或后犍陀罗传统的影响。平面呈方形的两个庭院通过一段过道相连，位于北侧的庭院中心矗立一座大型"星形窣堵波"，是犍陀罗窣堵波的晚期变体，犍陀罗式窣堵波大量见于自阿富汗到塔里木盆地的广大地区。

阿吉纳特佩佛寺遗址（图8-13）有许多重要发现，其中一尊大型泥塑涅槃佛像（长12米）（图8-14），发现于北部庭院的东侧廊道，现藏于杜尚别国家博物馆（塔吉克斯坦）。北部庭院的四周廊道上还发现了大量精美的壁画残块；其中突出的有绘于青金石蓝色背景上的"千佛"，以及绘于红色背景上的两名跪姿供养人。

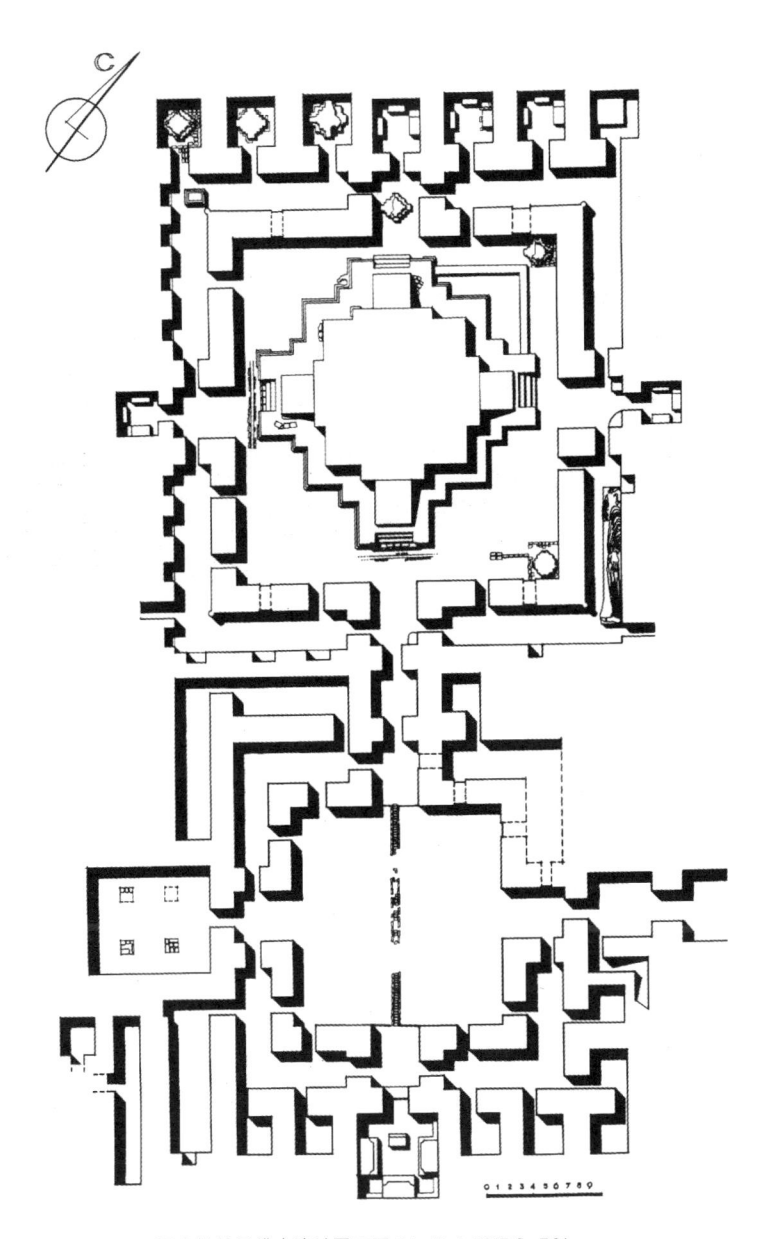

图 8-13　阿吉纳特佩佛寺遗址平面图 © Lo Muzio 2017, fig. 7.24

图 8-14　涅槃佛像局部 © Dushanbe, National Museum of Tajikistan

专栏 8-2：贵霜人

贵霜的统治可能始于公元前 2 世纪晚期至公元 1 世纪早期。根据汉文史料的相关记载可知，贵霜统治者的祖先是月氏五翕侯之一，因被入侵的匈奴人打败而从中国甘肃向西远迁，最终定居在巴克特里亚（或称大夏）北部。公元 1 世纪至 3 世纪上半叶之间，贵霜人建立起独立的帝国，占据着北印度的大部分地区以及中亚的南部地区，政治和文化中心是巴克特里亚。

目前我们对贵霜王朝的诸多方面已有相当深刻的认知，但仍有不少问题有待探索。统治者的世系以及年代似乎已被厘清，而帝国的政治结构仍相当模糊。贵霜王朝没有编年史料，汉文史料记载有限，西方和印度史料于事无补。石刻铭文和钱币成为重建贵霜王朝系谱及其领土扩张历史仅余的参考资料。除政治史上的空白，我们可以肯定贵霜的统治是南亚文化和宗教史上的突破性时期，见证了梵语文学的繁荣，佛教及其艺术的广泛传播。历史上首个偶像佛陀形象是贵霜时期的犍陀罗和秣菟罗创造的，随后扩散到整个印度次大陆，进入中亚和远东地区。

贵霜时期的石刻和钱币铭文使用了不同语言：希腊语、俗语（犍陀罗地区使用佉卢文字母书写；恒河平原地区则用婆罗迷字母书写）和巴克特里亚语（或大夏语，用改良的希腊字母写成）。铭文通常被刻在岩石或石板上，与佛教相关的文字则刻在舍利容器或各类器物上。只有少部分铭文包含年代信息，涉及了不同时代：臾那（或希腊）时代，始于公元前175或前174年；塞人时代（始于公元前47或前46年）；以及迦腻色伽统治时期，关于其统治年代长期聚讼不休，或始于公元127或128年。

现存篇幅最长、信息量最大的贵霜铭文是用大夏语写的，特别是SK4，年代在胡维色迦统治时期（公元2世纪下半叶），出自帝国的苏尔赫科塔尔神庙（图8b-2-1）。另外，罗巴塔克发现了迦腻色伽时代的铭文，可能出自另一座帝国神庙，但现已丢失。

贵霜钱币模仿自希腊钱币，但吸收了贵霜统治之前塞人和印度-帕提亚时代对希腊钱币做出的改变。阎膏珍（或译为维玛·伽德菲赛斯）统治时期贵霜钱币得以定型；阎膏珍钱币上的一类肖像被其之后的所有继任者采用：国王身体正面站立，头朝侧面，戴高冠，双脚分开，穿束腰外衣、长袍、长裤和靴子，向右侧的祭坛上放置祭品。阎膏珍的继任者迦腻色伽也使用这种形象表现自己。

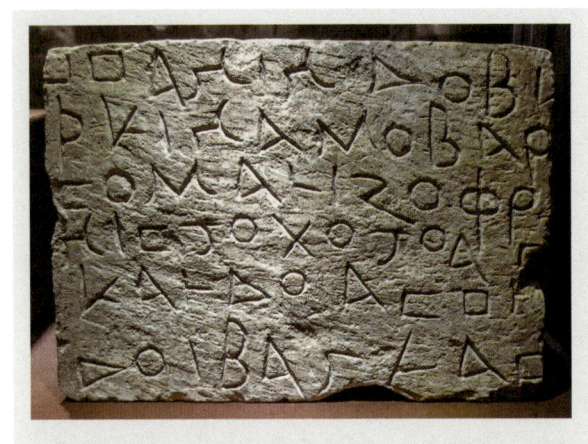

图 8b-2-1　贵霜时期苏尔赫科塔尔神庙出土的大夏语刻文石板局部 © Kabul, National Museum of Afghanistan (Kaisu Raasakka 摄)

图 8b-2-2　贵霜王迦腻色伽时期发行的金币 © New York, Metropolitan Museum of Art

迦腻色伽发行的钱币上（图 8b-2-2），铭文是用大夏语写的，正面国王像周围刻头衔和名字，背面为男神像或女神像，他们究竟是印度、希腊还是伊朗文化系统中的神祇引发了学界的激烈争论。最合理的认识是，这些神像并非统治者个人信仰的见证，而是关乎王朝统治的正统性与权威性。

参考文献

关于贵霜：Staviskij 1986（贵霜巴克特里亚）；Falk (Ed.) 2016（贵霜王朝历史）Rosenfield 1967（贵霜王朝图像）。

关于铭文：Fussman 1974; Sims-Williams & Cribb 1995–1996; Fussman 1998; MacDowall 2002; Sims-Williams & Falk 2014。

关于钱币：Jongeward & Cribb 2014; Sinisi 2017。

关于苏尔赫科塔尔神庙：Schlumberger, Le Berre & Fussman 1983; Verardi 1983; Olivieri & Sinisi 2021。

关于贵霜宗教政策：Grenet 1984; Gnoli 1989; Panaino 2009。

粟特壁画

中世纪早期是经济繁荣的时期，主要得益于农业的发展和国际商业贸易的繁荣。粟特人是"丝绸之路"贸易网络，尤其是东部地区的重要操盘手。他们在商业贸易中的角色见于汉文史料和粟特语相关记载，成就了中世纪早期粟特城市的富庶。

壁画是前伊斯兰时代粟特考古中最引人瞩目的成果。粟特壁画的成熟和鼎盛期出现在公元7—8世纪，而其形成期（公元4—6世纪）的面貌则不甚清晰。在瓦拉赫沙、阿夫拉西阿卜，尤其是塔吉克斯坦的片治肯特，都保存有大量精美的壁画。虽然仍存在着诸多有待澄清的问题，但我们对粟特壁画的来源、技术、风格、图像风尚和丰富的题材都有较为深入的了解。此外，尽管不同遗址的壁画各有其具体特征，但整体面貌表现出相当的一致性。

粟特中世纪早期壁画的首个重大发现是位于布哈拉绿洲（乌兹别克斯坦）北郊瓦拉赫沙的布哈尔胡达王朝统治者的宫殿。瓦拉赫沙是公元7世纪晚期阿拉伯人征服布哈拉城后，布哈拉胡达人迁入

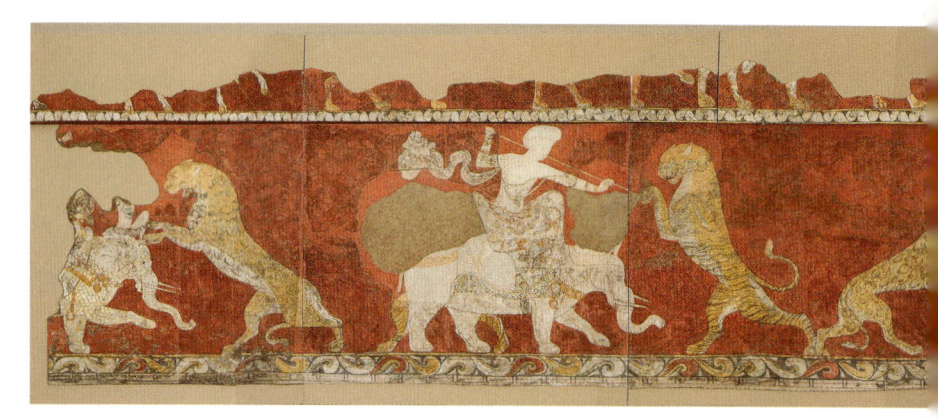

图 8-15　"红厅"壁画 © Saint Petersburg, Hermitage State Museum

的城市。宫殿中发现的壁画可以追溯到公元 8 世纪的前 30 年，显示出此地的前统治者仍可保留自己的传统和宗教信仰。这可在所谓的"蓝厅"壁画中找到佐证：画面中一群贵族，或可合理地推测为统治集团，围绕着火坛举行仪式。

邻近的"红厅"情况类似，其中一幅壁画展示的似乎描绘神话故事的构图不见于粟特、中亚其他地方以及伊朗：明显为印度男性形象的骑象者与虎、狮、格里芬搏斗的系列场景（图 8-15）。画面的上栏绘一排各类动物，现仅存腿部或足部；覆斗顶底部边缘画面表现的似乎是天界，"红厅"内的整体图像程序和设计内涵仍存争议。

较瓦拉赫沙壁画更具争议性的壁画见于撒马尔罕城北、曾为粟特首府的阿夫拉西阿卜遗址内的大型居民住宅建筑。1 号房间（11 × 11 米）发现了大量壁画残块，大部分仍在原处，该房间因其西墙上描绘会见场景而被称为"大使厅"（图 8-16）。尽管西壁上发现了长篇粟特铭文，但由于画面构图的各个部分有残缺，且相关的文

第八讲　中亚考古概况

图 8-16　"大使厅"壁画局部 © Afrasiab Museum of Samarkand

献记载也不一致，因此学界对画面内容的解读仍莫衷一是。大部分学者都认同 1 号房间的壁画构成了一个连贯的图像程序：包括会见不同国家来使（西壁），丧葬队伍（南壁），受中国（唐朝）影响的

449

图 8-17　可能与印度有关的壁画局部 © Saint Petersburg, Hermitage State Museum

画面（北壁），以及可能与印度有关的画面（图 8-17）。这些壁画首先被阿尔鲍姆发表在学术专著中，接下来的数十年大量学者对阿夫拉西阿卜的壁画进行了解读分析，观点各不相同甚至完全相反，尤其是关于会见场面的解读：负责接见之人有"粟特国王瓦尔克曼"说（可能最合理）、"粟特女神"说以及"突厥首长"说。

发现粟特壁画最多的地方是片治肯特（塔吉克斯坦），这是一座富庶的城市，由西边的城堡和东边的城区组成，被一条峡谷隔开。

片治肯特城内约三分之一的房屋内装饰有壁画。房间不同壁面图像题材的安排，以及每个房间合适题材的选取都遵循着相似的原则，壁面上所绘的场景分栏布局。

与中亚其他遗址所见壁画相似，片治肯特的壁画不是将颜料涂在未干的石膏层上的湿壁画，这样会吸收部分颜色，而是与此相反，将颜料涂在晾干的石膏层上，也就是先用水和染料调成颜料，然后涂在晾干的泥皮层上。大地色常见于年代较早的壁画（公元4—6世纪），各种深浅不一的黄、红、棕色，还有朱砂红色，以及从石膏中提取的白色、骨灰制成的黑色。随着时间的推移，特别是在成熟阶段（公元7世纪至8世纪早期），壁画色彩的种类增加，对比更加鲜明。其中显著增加的颜料是青金石，其使用极其广泛，尤其多用于壁画背景。青金石备受欢迎，且价格不菲，最昂贵的品种出自阿富汗东北部山区巴达赫尚的矿山。

粟特壁画体现的文化因素构成中，很可能包括萨珊人物像传统。在片治肯特壁画中，或更广泛地说，在粟特的人物像艺术中，神祇形象（男性和女性）模仿自萨珊时期岩刻浮雕和金属器皿中刻画的萨珊统治者。由于萨珊绘画资料罕见，尚无法评估它是否对粟特壁画产生了更大的影响。

印度元素在早期阶段已经出现，至公元7—8世纪变得更加显著，包括多臂神像以及可明确追溯到印度万神殿的神像，其中最常见的是受湿婆像影响的神像。

粟特壁画成熟时期最独特之处是对人物形象的刻画遵循着精确的准则：身材纤瘦，四肢细长，男性宽肩细腰。即使处于行进状态，人物身体也是从正面描绘，头部则从侧面或四分之三侧面来描绘。面部并非肖像式的刻画而是类型化的面容：椭圆形脸，小嘴和鼻子，细长且稍微斜视的眼睛。手势和姿势是程式化的；服装上描绘出丰富的装饰细节，一方面传递出富足之感，另一方面与男性佩戴的武器以及腰带上悬挂的其他饰品一起表明人物的身份和地位。

片治肯特壁画题材中最受欢迎的主题是宴饮。大多数情况下宴会的参与者是地位较高的男性，盘腿坐在前排，交谈或啜饮一杯

（或为来通杯）美酒。尽管这些场景弥漫着明显的享乐主义氛围，但考虑到偶与宗教主题的关联性，也可以合理地推测它们与某种仪式活动有关。

壁画、灰泥塑像和木雕像也揭示了片治肯特居民以及整个粟特地区宗教信仰的若干面向。其中部分元素表明了与农业、水资源以及火崇拜有关的信仰。备受瞩目的是壁画、塑像和木雕像中常见的大量各类神祇像。这提示我们在解释当地宗教现象时直接将之纳入琐罗亚斯德教的脉络来考虑应当慎之又慎。毫无疑问，这是多元化的宗教氛围，其中伊朗成分（更古老，或称前琐罗亚斯德教或其他名称）可能是主流，但同时掺杂着西亚、印度以及希腊化的因素。整个粟特，乃至中亚西部广大地区的宗教情形应作如是观。

片治肯特的壁画中表现了 20 多种不同的神祇形象。这些神像的身份并未被全部辨识出来，但其中大多数神祇可能是相关的，或至少属于整个地区共有的宗教传统，其他神祇可能是某些家庭或社会组织供奉的对象。神庙和私人住宅中所见的各类神像更加难以解释。

根据史诗而绘制的叙事故事画是粟特壁画的另一重要主题。片治肯特的一处大型住宅中，一间房的壁面上绘有大幅纪念伊朗英雄鲁斯塔姆的功绩图。鲁斯塔姆的故事见载于著名的史诗《列王纪》，此书由菲尔多西撰成于公元 10 世纪末至 11 世纪初。因此，片治肯特提供了更早（公元 8 世纪中期）的证据，证明此故事起源于中亚。法拉马兹（鲁斯塔姆之子）的故事同样如此，目前所见的文本史料始自公元 10 世纪（最著名的是《法拉马兹传》，约公元 1100 年），但相关图像已经见于片治肯特 8 世纪的房间壁画。

简要的几点结论

我们目前对中亚考古的认识建立在庞大且分层的文献材料上；数十年前出版的苏联中亚考古论著至今仍是不可绕开的起点。尽管结合最近的考古发现、研究理论与方法，苏联中亚考古论著中的历史解读、文化归属以及年代框架都需要重新审视，但它们仍是独一无二的参考资料。

就中亚考古与艺术的研究现状而言，既有重要的学术突破，亦有不少值得深入探索的议题。

在我看来，最近对中亚铁器时代的考古研究展示出最显著的进展：聚落模式、纪念碑性建筑、陶器以及欧亚青铜时代文化影响的相关研究，使得中亚考古长期以来的晦暗不明变得逐渐清晰。

阿伊哈努姆的发掘工作尽管在1979年被迫中断，但根据已经发掘出土的遗物和发表的考古记录，相关研究从未停止。我们对希腊征服中亚后所带来的文化变革有了更深刻的认知。巴克特里亚及周边地区在希腊统治结束后的数个世纪里，无论是钱币、建筑还是宗教依然保留有大量希腊元素，这无疑值得深入研究。

同样值得深思的时段是，自贵霜王朝覆灭（公元3世纪上半叶）至所谓的中世纪早期（公元6世纪），此时段内中亚先由贵霜（或贵霜-萨珊）统治，而后被据称是源于白匈奴部落的王朝或霸权集团统治，相关考古发现呈现出的图景仍十分模糊。

就佛教而言，值得深入考察的问题是佛教遗址（铁尔梅兹、达尔弗津特佩、梅尔夫）的年代框架和历史背景。此外，关注与塔里木盆地佛教遗存的关系将深化我们对佛教在这些国家和地区传播的整体认识。

最后，关于中世纪早期中亚艺术，尤其是粟特壁画已有颇多论述。尽管如此，对粟特及邻近地区发现的壁画进行系统全面、科学合理的汇编将会是此领域研究的显著进展。

参考文献

精选参考文献

Azarpay, G. 1981. *Sogdian Painting: The Pictorial Epic in Oriental Art*. California: University of California Press.

Cribb, J., Herrmann, G. & Academy, B. (Eds.) 2007. *After Alexander: Central Asia Before Islam*. New York: Oxford University Press.

Francfort, H.P. & Liger, J.C. 1984. *Fouilles d'Aï Khanoum III. Le sanctuaire du Temple à niches indentées, 2*. Paris: de Boccard.

La Vaissière, E. de 2005. *Sogdian Traders: A History*. Leiden: Brill.

Lo Muzio, C. 2008. Remarks on the Paintings from the Buddhist Monastery of Fayaz Tepe (Southern Uzbekistan). In C. A. Bromberg (Ed.), *Zoroastrianism and Mary Boyce with Other Studies* (Bulletin of the Asia Institute 2008, 22, pp. 189–206). Bloomfield Hills: Bulletin of the Asia Institute.

Lo Muzio, C. 2017. *Archeologia dell'Asia Centrale preislamica*. Milano: Mondadori Università.

Mairs, R. 2011. *The Archaeology of the Hellenistic Far East: A Survey*. Oxford: Archaeopress.

Matteo, C. & La Vaissière, E. de (Eds.) 2006. *Royal Naurūz in Samarkand. Proceedings of the Conference Held in Venice on the Pre-Islamic Paintings at Afrasiab*. Pisa: Accademia Editoriale.

Salvatori, S. 2000. Bactria and Margiana Seals: a New Assessment of Their Chronological Position and a Typological Survey. *East and West*, *50*(1/4), 97–145.

其他参考文献

正文概述仅涉及中亚考古的若干方面，接下来首先根据主题选择重要的相关论著（主要是俄文以外的西文），便于读者深入理解某一专题的同时阅读更多的参考资料。而后，胪列全文的参考文献。

关于中亚考古的近期综合性论述专著：Lo Muzio 2017（已译成中文版《西域考古：青铜时代至公元 9 世纪》，即将出版）。关于中亚古代农业的人工灌溉系统：Francfort & Lecomte 2002；关于中亚的伊朗信仰：Boyce & Grenet 1991; Grenet 2006; Shenkar 2014。关于苏联中亚考古：Kuzmin 2017（提供更多参考文献）。关于中亚 1980 至 1990 年代考古发掘的综述（俄文）：Koṧelenko (Ed.) 1985; Brykina (Ed.) 1999，分别涉及古代和中世纪早期。

关于青铜时代：Asimov et al. 1985; Hiebert & Lamberg-Karlovsky 1992; Hiebert 1994; Kohl 1984, 2007; Lamberg-Karlovsky 1994, 2013。关于马尔吉亚那考古发掘的研究综述：Salvatori 2003。关于城址，Francfort 1979。关于巴克特里亚 BMAC 遗址，Sarianidi 1977; Bernard & Francfort 1979。关于印章：Francfort 1994a, 1999; Salvatori 2000, 2008。关于巴克特里亚的考古调查：Gentelle 1989; Lyonnet 1997, pp. 41–81; Gardin (Ed.) 1999。关于从 BMAC 晚期到铁器时代的过渡：Bendezu-Sarmiento & Lhuillier 2013; Luneau 2014。

关于包括中亚在内的东方希腊化研究：Mairs 2011, 2014。关于希腊巴克特里亚地区的政治与宗教问题：Martinez-Sève 2010, 2012, 2014b, 2018。关于阿伊哈努姆的考古发掘报告由伯纳德（Bernard）于 1966–1972, 1976–1980 年发表在 *Comptes rendus de l'Académie des inscriptions et Belle-Lettres (CRAI)* ，1976 年和 1980 年与其他作者合作发表在 *Bulletin de l'École française d'ExtrêmeOrient (BEFEO)*。这些简报文章都可在 www.persee.fr 获取。Monogra 关于阿伊哈努姆和巴克特里亚的希腊人的研究专论：*Mémoires de la Délégation archéologique française en Afghanistan* (MDAFA)，见 Bernard 1973（关于 1965–1968 年的发掘）；Guillaume 1983（关于卫城山门）；Francfort 1984（关于"带凹龛的神庙"）；Bernard 1985a（关于钱币）；Leriche 1986（关于防御围墙及相关结构）；Veuve 1987（关于体育馆）；Rapin 1992（关于剧院）；Lecuyot (ed.) 2013（关于居住建筑）。也见 Rapin & Isamiddinov 1994（关于阿夫拉西阿卜的希腊化城堡）；Rapin 2002（关于中亚的希腊艺术）；Lyonnet 2006, 2012; Baratin & Martinez-

Sève 2012（关于阿夫拉西阿卜的希腊粮仓）。

关于中亚游牧考古研究：大量俄文论著如 Mandel´štam 1966; Litvinskij 1972（帕米尔地区）; Obel´čenko 1992。也见 Rapin 2007; Grenet 2021。关于提利亚特佩墓地：Sarianidi 1985; Pugachenkova & Rempel 1991; Cambon (Ed.) 2007, pp. 69–81（Véronique Schiltz 撰文）, pp. 164–213; Francfort 2011。

关于中亚的佛教：Pougatchenkova 1978; Litvinskij 1981; Abdullaev 2015; Muzio 1995, 2005, 2012; McRae & Nattier (Eds.) 2012; Litvinskij & Zeimal 2004; Karashima & Vorobyova-Desyatovskaya 2015; Brown 2000; Bulatova 1972; Pugachenkova 1990–1991; Turgunov 1992; Callieri 1995; Pugachenkova & Usmanova 1995; Silvi 1995; Salichov & Sultanov 2006; Compareti 2008; Filigenzi 2006; Fischer 1958; Fussman 2011; Neelis 2011; Zürcher 2012; Torgoev et al. 2013。

关于佛教：卡拉特佩佛教遗址，除发掘报告（俄文：Grek, Pčelina & Staviskij 1964; Staviskij (Ed.) 1969, 1972）外，见 Staviskij 1986, pp. 207–210; Fussman 2011。关于壁画：Staviskij 1980; Lo Muzio 2005。法耶兹特佩：Annaev & Annaev 2010a（附之前的参考书目）; Lo Muzio 2012（关于壁画）。巴克特里亚的佛教艺术，见 Abdullaev 2015。梅尔夫绿洲的佛教遗存：Pugachenkova & Usmanova 1995; Callieri 1995; Karashima & Vorobyova-Desyatovskaya 2015（关于佛教写卷）。阿吉纳特佩佛寺遗址：Litvinskij & Zeimal 2004。

关于粟特壁画：Azarpay 1981; Marshak 2002（都提供了大量参考书目）。关于早期粟特壁画：Berdimuradov & Samibaev 2001; Lo Muzio 2014。关于瓦拉赫沙：Šiškin 1963; Naymark 2003。关于阿夫拉西阿卜的"大使厅"：Compareti & La Vaissière (Eds.) 2006。关于片治肯特壁画研究的论著颇丰，除 Azarpay 1981; Marshak 2002 两部著作，马尔沙克（Maršak）的文章中关于此主题也提供了有用的参考文献：Compareti, Raffetta & Scarcia (Eds.) 2006。关于粟特人在丝绸之路国际贸易网络中所担任角色的专论：La Vaissière 2005a。

关于公元 4—6 世纪中亚白匈奴的起源研究：Grenet 2005; La Vaissière 2005b, 2016; Atwood 2012。

Al´baum & Lazar´ I. 1975. *Živopis´ Afrasiaba*. Taškent.
Atwood, C.P. 2012. Huns and Xiōngnú: New Thoughts on an Old Problem. In Brian, J. Boeck, B.J., Martin, R.E. & Rowland, D. (Eds.), *Dubitando: Studies in History*

and Culture in Honor of Donald Ostrowski (pp. 27-52). Bloomington: Slavica Publishers.

Baratin, C. & Martinez, S. L. 2012. Le grenier grec de Samarkand. In Julio Bendezu-Sarmiento (Eds.), *Archéologie française en Asie centrale post-soviétique. Un enjeu sociopolitique et culturel* (Cahiers d'Asie Centrale, 21-22). Paris: Édition-Diffusion de Boccard.

Bendezu-Sarmiento, J. & Lhuillier, J. 2015. Sine Sepulchro Cultural Complex of Transoxiana (Between 1500 and the Middle of the 1st Millennium BC): Funerary Practices of the Iron Age in Southern Central Asia: Recent Work, Old Data, and New Hypotheses. *Archäologische Mitteilungen aus Iran und Turan, 45*(2013), 283-317.

Berdimuradov, A. & Masud, S. 2001. Une nouvelle peinture murale sogdienne dans le temple de Džartepa II (avec des notes additionnelles par F. Grenet et B. Marshak). *Studia Iranica, 30*, 45-66.

Bernard, P. *et al*. 1973. Fouilles d'Aï Khanoum I (Campagnes 1965, 1966, 1967, 1968). In *Mémoires de la Délégation Archéologique Française en Afghanistan. Tome XXI.* Paris: de Boccard.

Boyce, M. & Grenet, F. 2015. *A History of Zoroastrianism, vol.3: Zoroastrianism under Macedonian and Roman Rule.* Leiden: Brill.

Brykina, G. A. 1999. Srednjaja Azija v rannem srednevekov'e. In G.A. Brykina (Ed.), *Archeologija: Srednjaja Azija i Dal'nij Vostok v èpochu srednevekov'ja.* Moskva: Nauka.

Fischer, T. 1988. *Fouilles d'Aï Khanoum, IV: Les monnaies hors trésors. Questions d'histoire gréco-bactrienne.* Paris: de Boccard.

Francfort, H. P. & Lecomte, O. 2002. Irrigation et société en Asie centrale des origines à l'époque achéménide. In *Annales. Histoire, Sciences Sociales* (Vol. 57, No. 3, pp. 625-663). UK: Cambridge University Press.

Guillaume, O. 1983. *Fouilles d'Aï Khanoum II: Les propylées de la rue principale.* Paris: de Boccard.

Grenet, F. 2006. Iranian Gods in Hindu Garb: The Zoroastrian Pantheon of the Bactrians and Sogdians, Second-Eighth Centuries. *Bulletin of the Asia Institute, 20*, 87-99.

Jarrige, J.F., Cambon, P. & Guimet, M. 2006. *Afghanistan: Les trésors retrouvés*. Paris: Musée national des arts asiatiques-Guimet.

Košelenko, G.A. (Ed.) 1985. *Drevnejšie gosudarstva Kavkaza i Srednej Azii*. Mosva: Nauka.

Kuzmin, Y. V. 2017. Theory and Practice in Russian and Soviet Archaeology: Retrospect and Prospect. *Antiquity*, *91*(360), 1652–1655.

La Vaissière, E. de 2005. Huns et Xiongnu. *Central Asiatic Journal*, *49*(1), 3–26.

Lo Muzio, C. 2005. On a Buddhist Subject in the Paintings of Kara Tepe (Old Termez). In Tigran K. Mkrtyčev & Elena, V. Antonova (Eds.), *Central′naja Azija. Istočniki, istorija, kul′tura* (pp. 477–496). Moskva: Vostočnaja literatura.

Lo Muzio, C. 2014. New Evidence on Sogdian Painting from Uch Kulakh (Bukhara Oasis-Uzbekistan). In Deborah Klimburg-Salter & Linda Lojda (Eds.), *South Asian Archaeology and Art, 1. Changing Forms and Cultural Identity: Religious and Secular Iconographies* (pp. 225–236). Turnhout: Brepols.

Luneau, É. 2014. *La fin de la civilisation de l'Oxus: Transformations et recompositions des sociétés de l'âge du Bronze final en Asie centrale méridionale, 1800–1500/1400 avant n.è.* Paris: Éditions de Boccard.

Lyonnet, B. 2006. D'Aï Khanoum à Koktepe. Questions sur la datation absolue de la ceramique hellénistique d'Asie Centrale. In Kazim Abdullaev (Eds.), *Tradicii Vostoka i Zapada v antičnoj kul′ture Srednej Azii. Sbornik statej v čest′ Polja Bernara*, Izdatel′stvo "Noshirlik yog'dusi" (pp. 141–153). Taškent.

Lyonnet, B. 2013. Recherches récentes sur les céramiques de Sogdiane (de la fin de l'âge du bronze à la conquête arabe). *Archéologie française en Asie centrale postsoviétique. Un enjeu sociopolitique et culturel* (Cahiers d'Asie Centrale 21–22, pp. 261–282). Paris: Édition-Diffusion de Boccard.

Lecuyot, G. 1993. Résidences hellénistiques en Bactriane, résidences parthes en Iran et en Mésopotamie: diffusion ou communauté d'origine. *Northern Akkad Project Reports*, *8*, 31–45.

Mairs, R. 2016. *The Hellenistic Far East: Archaeology, Language, and Identity in Greek Central Asia*. Oakland: University of California Press.

Martinez-Sève, L. 2010. Pouvoir et religion dans la Bactriane hellénistique. Recherches sur la politique religieuse des rois séleucides et greco-bactriens,

Chiron, *40*, 1–27.

Martinez-Sève, L. 2012. Les Grecs d'Extrême Orient: communautés grecques d'Asie Centrale et d'Iran, *Pallas*, *89*, 367–391.

Martinez-Sève, L. 2014. The Spatial Organization of Ai Khanoum, a Greek City in Afghanistan. *American Journal of Archaeology*, *118*(2), 267–283.

Martinez-Sève, L., 2018. Vie religieuse et imaginaire des habitants de la Bactriane hellénistique, une contribution. In Gondet, S. & Haerinck, E. (Eds.), *L'Orient est son jardin. Hommage à Rémy Boucharlat* (Acta Iranica, 58). Leuven: Peeters.

Naymark, A. 2003. Returning to Varakhsha. *The Silk Road Newsletter*, *1*(2), 9–22. http://www.silkroadfoundation.org/newsletter/december/varakhsha.htm

Rapin, C. & Isamiddinov, M. 1994. Fortifications hellénistiques de Samarcande (Samarkand-Afrasiab). *Topoi. Orient-Occident*, *4*(2), 547–565.

Rapin, C. 1992. *Fouilles d'Aï Khanoum VIII: La trésorerie du palais hellénistique d'Aï Khanoum: l'apogée et la chute du royaume grec de bactriane*. Paris: Diffusion de Boccard.

Rapin, C. 2002. Greece viii. Greek Art in Central Asia, Afghanistan, and Northwest India, *Encyclopaedia Iranica*, Vol. XI. (pp. 333–336) & Vol. XI. (pp. 337–339), from http://www.iranicaonline.org/articles/greece-viii.

Rapin, C. 2007. Nomads and the Shaping of Central Asia: from the Early Iron Age to the Kushan Period. In Joe Cribb & Georgina Herrmann (Eds.), *After Alexander. Central Asia before Islam* (pp. 29–72). Oxford: Oxford University Press.

Shenkar, M. 2014. *Intangible Spirits and Graven Images: The Iconography of Deities in the Pre-Islamic Iranian World* (Vol. 4). Leiden: Brill.

Šiškin, V. A. 1963. *Varachša*. Moscow: Izdatel´stvo Akad.

译名对照表

阿巴萨赫布-钦纳 Abbasaheb-china
阿比维尔 Abivard
阿波罗 Apollo
阿布加尔 Abgarid
阿布加尔七世 Abgar VII
阿布里 Abuli
阿达布卢尔 Adablur
阿德胡尔帕塔卡 Adhurpatakan
阿迪亚波纳 Adiabene
阿蒂克 Artik
阿尔鲍姆 L. Al'baum
阿尔茨阿克的提格兰纳克特 Tigranakert of Artsakh
阿尔达班一世 Artabanus I
《阿尔达希尔功绩书》 *Kārnāma gī Ardašīrī Pābagān*
阿尔达希尔·花拉城 Ardashir Khwarrah
阿尔丁特佩 Altıntepe
阿尔甘德河 Arghandab River
阿尔罕 Alkhan
阿尔吉什蒂尼尼利 Argištiḫinili
阿尔曼维尔 Armavir
阿尔塔克西 Artaxiad
阿尔塔薛西斯二世 Artaxerxes II
阿夫拉西阿卜 Afrasiab
《阿富汗古物》 *Ariana Antiqua*
阿哈尔-巴纳什 Ahar-Banas
阿哈尔卡拉基 Akhalkalaki
阿胡拉·马兹达 Ahura Mazda
阿吉纳特佩 Ajina Tepe
阿吉斯 Argišti
阿卡德 Akkadian
阿克拉 Akra
阿拉霍西亚 Arachosia
阿拉姆语 Aramaic
阿拉廷 Altin
阿拉瓦利山 Aravalli
阿雷尼 Areni
阿里安 Arianē
阿里奥斯河 Arios
阿里奇 Arich
阿里扎·阿斯卡里·查维尔迪 Alireza Askari Chaverdi
阿利格拉马 Aligrama
阿鲁克陶 Aruktau

译名对照表

阿马西亚 Amasia
阿玛拉瓦蒂 Amaravati
阿曼 Oman
阿米里 Amri
阿穆鲁克达拉 Amluk-dara
阿纳蒂斯 Anaitis
阿纳努里 Ananauri
阿纳塔 Anarta
阿纳希塔 Anahita
阿帕玛 Apama
阿帕米亚 Apamea
阿普尼 Apuni
阿契美尼德 Achaemenid
阿瑞塞莎 Arethusa
阿萨卡 Asaak
阿萨西斯 Arsaces
阿什哈巴德 Ashkhabad
阿斯科·帕尔波拉 Asko Parpola
阿斯兰特佩 Arslantepe
阿斯皮奥努斯 Aspionus
阿斯平扎 Aspindza
阿斯泰尔山脉 Astauene
阿斯提帕拉的奥内西克里图斯 Onesicritus of Astypalaea
阿塔里斯 Attalids
阿塔罗斯一世 Attalus I
阿塔沙特 Artashat
阿坦巴洛斯 Attambalos
阿特雷克山谷 Atrek Valley
阿特罗帕特斯 Atropates
阿提斯 Archïs

阿提利奥·雷吉奥 M. Atilio Regulo
阿提利乌斯·凯亚提努斯 A. Atilius Caiatinus
阿图尔·佩特罗斯扬 Artur Petrosyan
阿托克 Attock
阿瓦卡 Avaca
《阿维斯陀》 *Avesta*
阿希奥维特区 Aghiovit
阿耶迦 ayaka
阿伊哈努姆 Ai Khanum
阿伊加万-圣加维 Aygavan-Shengavit
阿伊利亚 Airiya
《阿育王譬喻》 *Aśokāvadāna*
阿泽兹-德里 Aziz-dheri
阿扎尔努什 M. Azarnoush
阿旃陀 Ajanta
埃德萨 Edessa
埃格拉 A. Eghra
埃克巴坦纳 Ecbatana
埃拉尔 Elar
埃拉尔-阿拉格茨 Elar-Aragats
埃拉伽巴路斯 Elagabalus
埃拉克莱阿 Eraclea
埃兰 Elam
埃里希·施密特 Erich F. Schmidt
埃利迈斯 Elymais
埃卢鲁 Eluru
埃斯纳沙里 A. Esnaashari
埃罗拉 Ellora
艾尔德曼 K. Erdmann
艾鲁姆-泰格特 Ayrum-Teghut

461

艾瑞布尼 Erebuni
艾提尼 Etiuni
爱好希腊之人 Philellene
安达曼 Andamanese
安得拉邦 Andhra Pradesh
安得里 Andheri
安德拉戈拉斯 Andragoras
安德烈亚斯·卢瑟 Andreas Luther
安尼 Ani
安提柯二世 Antigonos Gonatas
安提柯一世 Antigonos Monoftalmos
安提亚尔基达斯 Antialkidas
安条克·伊厄拉斯 Antiochus Hierax
安条克 Antiochus
安条克城 Antiochias
安条克一世 Antiochus I
安条尼丝 Antiochis
安息人或帕提亚人 Arsacids
安息王朝 Arsacid kingdom
安泽夫 Yukarı Anzaf
奥波拉左斯 Oborzos
奥德奈苏斯 Odaenathus
奥古斯都 Augustus
奥加内斯杨 K. Oganesjan
奥拉特 Orlat
奥兰加巴德区 Aurangabad District
奥勒良 Aurelian
奥里斯 Aureus
奥龙特斯 Orontids
奥伦特河 Orontes
奥兹居奇 Özgüç

巴巴·简特佩 Baba Jan Tepe
巴达赫尚 Badakhshan
巴达良 R. Badalyan
巴代珊 Bardaisan
巴德·内尚达 Bard-e Neshanda
巴尔胡特 Bharhut
巴戈扎德 F. Bagherzadeh
巴加斯拉 Bagasra
巴焦尔 Bajaur
巴克拉尔丘 Bakraur Mound
巴克特里亚 Bactria
巴坤特佩 Tall-e Bakun
巴拉 Bala
巴拉克特 Balakot
巴拉马 Barama
巴拉希撒 Bala Hisar
巴朗伯特 Balambat
巴里果德 Barikot
巴利赫河 Balikh
巴列维语 Pahlavi
巴林 Bahrein
巴鲁克 Baruch
巴伦 Barun
巴玛拉 Bhamala
巴纳瓦利 Banawali
巴斯塔姆 Bastam
巴特那城 Patna
巴特奈 Batnai
巴支喇 Bazira/Beira
白沙瓦 Peshawar
白匈奴 Hunic/Huna

柏迪达 Berdi-dar
班波尔 Banbhore
班德塔·赫瑞 Bandar Taheri
班迪扬 Bandiyan
班杰明 Benjamin
班努 Bannu
包尼 Pauni
鲍里斯·加斯帕杨 Boris Gasparyan
卑路斯 Peroz
北方邦 Uttar Pradesh
北天竺 Uttarāpatha
贝德尼 Bedeni
贝格拉姆 Begram
比尔巴尔·萨尼 Birbal Sahni
比尔丘 Bhir Mound
《比尔沙窣堵波》 *Bhilsa Topes*
比哈尔邦 Bihar Pradesh
《比丘尼毗奈耶》 *Bhiksunīvināya*
比沙布尔 Bishapur
比什肯特 Bishkent
比索通 Bisotun
比亚/乌拉尔图 Bia/Urartu
比亚·乃蛮 Biya Naiman
比亚斯 Beas
俾路支斯坦 Baluchistan
毕马河 Bhima
波杰布尔 Bhojpur
波利比乌斯 Polybius
波罗 Pala
波尼尼 Pāṇini
波斯波利斯 Persepolis

波斯人 Parsa, Persian
波西斯 Persis
波佐利 Pozzuoli
伯德里 Padri
伯纳德 Bernard
伯塔卡纳 Bertakana
博拉兹詹 Borazjan
博兰 Bolan
博伊斯 Boyce
布哈尔胡达 Bukhar Khuda
布哈拉 Bukhara
布拉辉 Brahui
布林迪西 Brandisium
布鲁诺·雅各布斯 Bruno Jacobs
布鲁夏斯基 Burushaski
布路沙布逻 Puruṣapura
布色羯罗伐底城 Puṣkalāvatī/Peukelaotis
布什尔 Bushehr
布特卡拉 Butkara
擦擦 tsatsas
查盖山脉 Chagai
查拉克斯·斯帕西努 Charax Spasinou
查拉克斯的伊西多尔 Isidorus of Charax
查拉塞尼 Characene
查拉图斯特拉 Zarathushtra
查拉图斯特拉教 Zarathushtrianism
查拉图斯特拉主义 Zarathushtricism
查谟和克什米尔 Jammu and Kashmir
查士丁 Justin
茨克亚-伽罗 Zikhia-gora

463

茨曼斯基 Zimansky
达弗涅 Daphne
达罕古莱曼 Dahane-ye Gholaman
达克马 Dakhma
达拉 Dara
达利亚里 Dariali
达罗毗荼 Dravidian
达马万德 Damavand
达麦克窣堵波 Dhamek stupa
达摩拉吉卡 Dharmarajika
达姆甘 Damghan
达契亚 Dacia
达施里 Dashli
达显 Darshan
大不里士 Tabriz
大流士 Darius
大益 Dahae
大众部 Mahāsāṃghikas
岱山河 Daysan
带尖帽的塞人 Sakā tigrakhaudā
戴尔斯 Dales
戴克里先皇帝 Diocletian
戴马巴德 Daimabad
戴马库斯 Deïmachus
戴维堤-布勒 Davti-bulr
丹布·萨达特 Damb Sadaat
丹恩·尼布尔 Dane C. Niebuhr
丹卡利 Dankhali
德·萨西 A.S. de Sacy
德本 Derbend
德干高原 Deccan

德黑兰大学 University of Tehran
德黑兰德国考古研究院 Deutsches Archäologisches Institut, Tehran
德兰吉亚纳 Drangiana
德米特里乌斯 Demetrius
德米特里·波立尔塞特司 Demetrius Poliorcetes
德莫达马斯 Demodamas
德维尼莫里 Devni Mori
狄奥多图斯 Diodotus
狄奥多西二世 Theodosius II
狄宇宙 Di Cosmo
迪尔 Dir
迪尔伯津 Dilberjin
迪尔穆恩 Dilmun
迪科普莱斯特斯 Cosmas Indikopleustes
迪玛尔格尔 Timargarha
迪特里希·胡夫 Dietrich Huff
底格里斯河 Tigris
地方化时期 Localisation Era
《地理杂志》 *Geographical Journal*
地中海与东方学国际研究协会 ISMEO
第一帕提亚军团 Legio I Parthica
蒂格拉纳森 Tigranashen
都灵大学 University of Turin
杜尔迦 Durga
杜兰特佩 Turang Tepe
杜派龙 Duperon
杜齐卡奇 Dučgagi
多拉维拉 Dholavira
厄尔布尔士 Elburz

厄尔布鲁士山 Mount Elbrus
厄立特里亚海 Erythraean Sea
《厄立特里亚航海记》 Periplus of the Erythrean Sea
厄尼·海林克 Ernie Haerinck
恩斯特·赫茨菲尔德 Ernst Herzfeld
伐卡塔卡 Vakaṭaka
法尔斯 Fars
法尔斯伊朗-意大利联合考古队 The Iranian-Italian Joint Archaeological Mission in Fars
法国驻阿富汗考古队 Délégation Archéologique Française en Afghanistan
法国驻波斯代表团 Délégation en Perse
法拉马兹 Faramarz
《法拉马兹传》 Farāmarznāme
法拉塔拉卡 Fratarakas
法耶兹特佩 Fayaz Tepe
丹城 Van
凡湖 Lake Van
范登·伯格 Vanden Berghe, L.
菲尔多西 Ferdousi
菲尔马纳 Firmana
菲利普 Philip
菲鲁扎巴德 Firuzabad
菲鲁兹花园 Bagh-e Firuzi
吠陀梵语 Vedic Sanskrit
费拉卡 Faylaka
冯·盖尔 H. von Gall
讽诵者 bhanaka

弗拉特 Forāt
弗拉特斯一世 Phraates I
弗里阿帕提乌斯 Phriapatios
弗洛里安·克瑙斯 Florian Knauss
佛果 praṇidhāna
佛罗伦萨大学 University of Florence
府库遗址 Treasury
富歇 Foucher
伽葛-哈克拉-萨拉斯瓦蒂 Hakra-Ghaggar-Saraswati
《伽萨》 Gâthâ
伽色尼王朝 Ghaznavids
伽耶帕拉提婆 Jayapāladeva
盖奇·贝格 Kechi Beg
甘瓦里阿 Ganwaria
甘瓦里瓦拉 Ganweriwala
冈比西斯 Cambyses
高班德 Ghorband
戈达瓦里河 Godavari
戈德·加夫米希 Gowd-e Gavmishi
戈丁特佩 Godin Tepe
戈尔迪安三世 Gordian III
戈尔甘 Gorgan
戈尔库特瑞 Gor Khuttree
戈尼奥 Gonio
戈塔尔泽斯二世 Gotarzes II
格德罗西亚 Gedrosia
格利乌斯 Aulus Gellius
格罗特芬德 W. Grotefend
格尼希卡兹罗 Gnishikadzor
格涅乌斯·庞培·马格努斯 Gnaeus

Pompeius Magnus
葛达尔 A. Godard
《根本说一切有部毗奈耶》
　　Mūlasarvāstivādavinaya
根特大学 University of Ghent
贡巴蒂 Gumbati
贡巴特 Gumbat
贡德特 S.Gondet
贡塔帕里 Guntupalle
贡土尔 Guntur
古达贝特卡 Gudabertka
《古代伊朗》 Iranica Antiqua
《古代伊朗考古学》 L'archéologie de l' Iran ancient
《古代伊朗考古学书目概要》
　　Bibliographie analytique de l' archéologie de l'Iran ancient
古尔王朝 Ghurids
古吉拉特 Gujarat
古鲁仁波切 Guru Rimpoche
古诺尔 Gonur
古什纳斯普圣火庙 Adur Gushnasp
哈德良 Hadrian
哈迪什 Hadish
哈蒂尔 Hathial
哈尔迪 Ḥaldi
哈尔基斯 Chalcis
哈杰斯坦 Hadjestan
哈克拉 Hakra
哈拉库堡 Qal'eh Halaqu
哈拉帕 Harappan

哈兰 Ḥarránu
哈里斯河 Halys
哈里亚纳 Haryana
哈马丹 Hamadan
哈蒙湖 Lake Hamun
哈桑卢 Hasanlu
哈特拉 Hatra
哈梯亚尔 Hathial
哈亚塔巴德 Hayatabad
哈扎拉 Hazara
罕萨 Hunza
汗特佩 Khan-Tepe
夯土结构 chineh
诃梨西那 Hariṣena
"河对岸"的塞人 Sakā tiaiy paradraya
赫尔曼德 Helmand
赫尔米亚斯 Hermias
赫卡尼亚 Hyrcania
赫卡通皮洛斯 Hecatompylos
赫拉克勒斯 Heracles
赫拉特 Herat
赫拉兹丹 Hrazdan
赫曼特佩 Hirman Tepe
赫特 Hit
赫瓦贾山 Kuh-e Khwaja
恒河-亚穆纳河盆地 Ganga-Yamuna basin
呼罗珊 Khorasan
胡夫 Huff
胡贾 Hujia
胡齐斯坦 Khuzestan

胡斯罗二世 Khusro II
胡维色迦 Huviṣka
花剌子模 Chorasmia / Khwarazmian
黄檀木 Dalbergia sissoo
惠勒 R.E.M. Wheeler
霍夫勒·戈拉 Khovle Gora
霍罗姆 Horom
霍梅尼革命 Khomeinist revolution
霍伊 Khoy
《基督教地志》 Christian Topography
基什 Kish
吉奥特佩 Geoy Tepe
吉德拉尔 Chitral
吉尔吉特-巴尔蒂斯坦 Gilgit-Baltistan
吉延特佩 Giyan Tepe
笈多 Gupta
寄多罗 Kidarites
加拉凯佩克特佩 Garakepek-Tepe
伽利埃努斯 Gallienus
加内什瓦尔 Ganeshwar
加尼 Garni
加沙 Gaza
加塔 Gata
加乌尔堡 Qal'eh Gavur
加兹尼 Ghazni
迦毕试 Kapiśa
迦勒底人 Chaldaeans
迦尼萨 Gaṇesha
迦腻色伽 Kaniṣka
迦腻色伽王大窣堵波 Shahji-ki-dheri
迦毗罗卫 Kapilavastu

贾尔库坦 Jarkutan
贾尔瑟达 Charsadda
贾玛里尕尔 Jamal-garhi
犍陀罗 Gandhara
犍陀罗人 Gandaroi
犍陀罗俗语 Gāndhārī Prakrit
焦里安 Jaulian
焦利斯坦 Cholistan
杰赫勒姆 Jhelum
杰拉瑞特 Jrarat
杰齐拉 Jazira
洁纳布 Chenab
金刚 vajra
浸礼派 Elchasaites
觐见大殿 Apadana
久纳尔 Junnar
救苦救难的观世音菩萨 Aṣṭamahābhaya Avalokiteśvara
剧院 odeion
喀奇 Kutch
卡比萨 Kapisa
卡布里斯坦 Kabulistan
卡尔马尼亚 Carmania
卡菲里 Kafiri
卡拉布拉吉区 Kalaburagi District
卡拉卡米尔利 Karačamirli
卡拉奇 Karachi
卡拉丘里 Kalacuri
卡拉沙姆 Karashamb
卡拉特佩 Kara Tepe
卡雷 Carrhae

467

卡里安达 Caryanda
卡里班根 Kalibangan
卡利耶·杜克塔 Qal'e-ye Dokhtar
卡伦河 Karun
卡曼尼亚 Carmania
卡米尔·贝德 Karmir Berd
卡米尔-布勒 Kamir-blur
卡姆皮尔特佩 Kampir Tepe
卡纳塔卡邦 Karnataka
卡努特-申加维特 Karnut-Shengavit
卡奇 Kacchi
卡恰科特 Kaccha-kot
卡山德 Cassandros
卡尚 Kashan
卡斯帕泰罗斯 Kaspaturos
卡提卡时代 Kathika Era
卡瓦 / 卡菲科特 Kharwar/Kafir Kot
卡维尔沙漠 Dasht-e Kavir
卡西 Khasi
卡延港 Kalyan
开伯尔河 Khyber
开伯尔-普赫图赫瓦 Khyber Pakhtunkhw
凯诺耶 Kenoyer
凯浦尔 Khairpur
凯扬王朝 Kayanian
坎大哈 Kandahar
坎德拉拉姆巴 Candralamba
坎黑里 Kanheri
坎加瓦尔 Kangavar
坎塔穆拉 Cantamula

康纳冈那哈里遗址 Kanaganahalli
《考古工作者田野发掘规程》 *Fieldwork Guidelines for Archaeology Officer*
《考古年报》 *Annual Reports*
科彼特达格 Kopet Dagh
科尔基斯 Colchis
科赫 Khorheh
科泰克 Kotayk
科克特佩 Kok Tepe
科伦坡 Colombo
科马基尼 Commagene
科米塞内 Comisene
科佩特山脉 Kopet Dagh
科什克 Kyoshk
科托底基 Kot Diji
科伊科里干卡拉 Koy Krilgan Kala
可塔达 Kotada
克尔迪尔 Kerdīr
克尔曼 Kerman
克尔曼沙阿 Kermanshah
克拉克区 Cuttack District
克拉苏 Crassus
克莱斯 W. Kleiss
克劳狄二世 Claudius Gothicus
克里什纳河 Krishna
克利尔库斯 Clearchus
克利亚尼·格拉 Grakliani Gora
克鲁格利科娃 Kruglikova
克罗 Kroll
克瓦茨克赫勒比 Kvatskhelebi
克孜尔特帕 Kizil Tepa

译名对照表

克孜尔万克 Kyzilvank
肯帕德 Khambhat
寇查 Qulḥa
库埃·拉赫马特 Kuh-e Rahmat
库德基河 Kudki
库尔干 Kurgan
库尔特佩 Kültepe/Kyultepe
库尔文 Khurvin
库夫京 Kuftin
库拉-阿拉克塞斯 Kura-Araxes
库勒图特 Qol-e Tut
库里 Kulli
库鲁克 Kurukh
库鲁佩迪安 Curupedion
库那河 Kura
库纳尔 Kunar
库思老一世 Khosraw I
库余马扎尔 Kuyu Mazar
奎达 Quetta
昆塔尼拉 Quintanilla
拉格曼 Laghman
拉格什 Lagash
拉合尔-木尔坦 Lahore-Multan
拉赫恩佐达罗 Lakheen-Jo-Daro
拉吉加西 Rakhigarhi
拉特纳吉里 Ratnagiri
拉瓦兹/科恩·沙哈尔 Ravaz/Köhne Shahar
拉维 Ravi
拉维阶段 Ravi Phase
赖沙尔 Rev Ardashir

兰恩 Rann
兰普萨库斯 Lampsacus
栏楯 vedikā
朗布尔 Rangpur
劳迪科战役 Laodikean War
劳伦兹·塔巴索 M. Laurenzi Tabasso
雷森区 Raisen
雷伊 Rayy
《梨俱吠陀》 *Rigveda*
李特文斯基 Litvinskij
里奥·弗尔松 Manlio Vulsone
《历史》 *Histories*
利西马科斯 Lisimachus
莲花生大师 Padmasambhava
《列王纪》 *Shāhnāme*
留西波斯 Lysippos
瘤牛 zebu
龙树菩萨 Nagarjuna
卢格尔省 Logar
卢库卢斯 Lucullus
卢特沙漠 Dasht-e Lut
鲁查申-茨特尔戈里 Lchashen-Tsitelgori
鲁查申-梅莎摩尔 Lchashen-Metsamor
鲁考宁 Lukonin
鲁斯塔姆 Rustam
鹿野苑 Sarnath
路奇乌斯·维鲁斯 Lucius Verus
路易斯·范登伯格 Louis Vanden Berghe
伦亚德里 Lenyadri
罗巴塔克 Rabatak
罗赫里 Rohri

469

罗林逊 Rawlinson
罗曼·吉斯曼 Roman Ghirshman
洛雷斯坦 Lorestan
洛塔 Lothal
马德亚迪沙 Madhydesha
马尔 Marr
马尔丹 Mardan
马尔吉亚那 Margiana
马尔里克 Marlik
马尔沙克 Marshak
马尔托 Malto
马尔瓦 Malwa
马干 Magan
马格尼西亚 Magnesia
马哈尔 Mahal
马哈拉施特拉 Maharashtra
马卡 Maka
马克尔·罗顿 Michael Rowton
马克兰 Makran
马纳 Mannean
马努 Ma'nū
马塞尔·狄拉福 Marcel Dieulafoy
马斯吉德·苏莱曼 Masjed-e Solayman
马西莫·维达莱 Massimo Vidale
玛特科比 Martkopi
迈赫达特斯 Meherdates
麦加斯提尼 Megasthenēs
麦金德 Halford John Mackinder
麦山 Maisan
曼利乌斯·托夸图斯·阿提库斯 Manlius Torquatus Atticus

曼莫迪 Manmodi
曼瑟拉 Manshera
梅恩特佩 Meyne-Tepe
梅尔夫 Merv
梅根 Magan
梅赫尔格尔 Mehrgarh
梅赫拉卓尔 Meghradzor
梅加拉亚 Meghalaya
梅鲁汉 Meluhhan
梅纳 Menar
梅瑞达特 Meredat
梅斯艾娜克 Mes Aynak
梅扎佩尔 D.M. Mezzapelle
美路哈 Meluhha
蒙达 Munda
蒙古伊利汗国 Mongol Ilkhanid kingdom
米底的阿特罗帕特尼 Media Atropatene
米尔得特斯 Meerdates
米勒 Miller
米努阿 Minua
米特里达梯 Mithridates
米西尼 Mesene
米扬瓦利 Mianwali
密特拉 Mithra
摩根蒂 Morganti
摩诃菩提寺 Mahabodhi
摩诃萨特拉普·鲁陀罗犀那 Mahakshatrapa Rudrasena
摩亨佐达罗 Mohenjo-Daro
摩萨台 Mossadegh
魔西沙 Mahisha

译名对照表

莫夫谢斯·达斯库兰特斯 Movses Daskhurantsi
莫夫谢斯·霍雷纳茨 Movses Khorenatsi
莫哈马里阿兰 Mohra Maliaran
莫赫罗特 Mokhrot
莫克拉布勒 Mokhrablur
穆罕默德·哈塔米 Mohammad Khatami
穆罕默德·礼萨·巴列维 Mohammad Reza Pahlavi
穆尔加布河 Murghab River
穆廷 Mutin
那迦 naga
那烂陀 Nalanda
那乌斯 nawwus
纳巴泰人 Nabataeans
纳布和贝尔神庙 Nabu and Bel
纳尔 Nal
纳骨瓮 astodan
纳哈帕纳 Nahapana
纳加尔朱纳康达 Nagarjunakonda
纳金·纳沃尔 Nerkin Naver
纳克什·鲁斯塔姆 Naqsh-e Rostam
纳塞赫 Narseh
纳伊班德 Nâyband
纳西切万 Makhichevan
娜娜女神 Nana
奈阿尔科斯 Nearchos
奈里 Nairi
奈纳杰特 Nanaghat

南亚语系 Austroasiatic group
瑙莎罗 Nausharo
内哈万德 Nehavand
内沙普尔 Nishapur
内扎克 Nezak
能加哈 Nangahar
尼阿斯神庙 Kineas' temenos
尼加班 Negahban
尼卡诺 Nicanor
尼科巴 Nicobarese
尼诺茨明达 Ninotsminda
尼普尔 Nippur
尼萨 Nisa
尼西比斯 Nisibis
宁道瑞 Nindowari
牛耕式书写法 bustrophedon
农牧神 Faun
努里斯坦 Nuristani
努什·简 Nush-I Jan
诺里 Gherardo Gnoli
诺斯底 gnostic
欧克拉提德一世 Eucratides I
欧兰·卡拉 Oğlan Qala
欧西德莫斯 Euthydemus
欧洲文化遗产奖 European Heritage Award
帕尔米拉 Palmyrene
帕尔萨–帕萨尔加德 Parsa-Pasargad
帕加马 Pergamon
帕科罗斯二世 Pacorus II
帕拉科帕斯 Pallakopas

帕拉帕米萨斯 Paropamisades
帕尼 Parni
帕萨尔加德 Pasargadae
帕萨瓦 Parthava
帕塔玛斯帕特斯 Parthamaspathes
帕提亚长官 praefectus Parthorum
帕沃斯托斯·布赞德 P'awstos Buzand
帕西人 Parsis
庞培·特罗古斯 Pompeius Trogus
旁遮普 Punjab
佩罗兹 Pērōz
喷赤河 Panj
皮聪达角 Pitsunda Cape
皮腊克 Pirak
皮普拉瓦镇 Piprahwa
皮塔尔科拉 Pitalkhora
皮土里 Pitiunt
毗湿奴教 Vaishnavite
片治肯特 Penjikent
婆卢羯车港 Barygaza
婆罗迷字母 Brāhmī
菩提伽耶 Bodhgaya
普加琴科娃 Pugachenkova
普利斯特曼 Priestman
普里埃内 Priene
普那区 Pune District
七河地区 Semirečʹe
奇尔萨 Chirsa
奇美拉 Chimaera
奇皮克 Chilpik
乞力古尔·穆罕默德 Kili Gul Muhammad
恰赫里-伊·贡迪 Chakhili-i-Ghoundi
恰武什特佩 Çavuştep
乔尔卡拉 Gyaur Kala
乔治·康特纳 Georges Contenau
丘就却 Kujula Kadphises
区域化时期 Regionalisation Era
佉卢文 Kharoṣṭhī
让·佩罗 Jean Perrot
热那亚 Genova
日本保护文化财产免遭分散委员会 Japanese Committee for the Protection from Dispersement of Cultural Properties
撒马尔罕 Samarkand
萨达 Sada
萨达拉 Satdhara
萨杜里二世 Sarduri II
萨尔贡二世 King Sargon II
萨尔依巴赫洛 Sahr-I Bahlol
萨卡斯坦 Sakastan
萨拉斯瓦蒂河 Sarasvati
萨拉万 Sarawan
萨莱科拉 Sarai Khola
萨利特佩 Sari Tepe
萨马德洛 Samadlo
萨莫萨塔 Samosata
萨默斯 Summers
萨姆城堡 Qal'a-ye Sam
萨姆茨赫-扎瓦赫季 Samtskhe-Javakheti
萨姆纳 Sumner
萨纳特鲁斯 Sanatruces

萨帕里特佩 Sapalli Tepe
萨瑞阿尼迪 Viktor. I. Sarianidi
萨塔吉底亚 Sattagydia
萨塔迦尼王 Satakarni
萨塔瓦哈纳王朝 Satavahanas
萨特拉普 Kshatrapa
萨特那区 Satna
萨提尔 Satyr
塞杜沙里夫 Saidu Sharif
塞凡湖 Lake Sevan
塞凡-乌泽里克 Sevan-Uzerlik
塞勒斯 Seiles
塞琉古 Seleucus
塞琉西亚 Seleucia
塞诺狄阿科 Sinodiarc
塞普蒂米乌斯·塞维鲁 Septimius Severus
塞人 Sakas
桑吉尔特佩 Sangir Tepe
桑纳蒂 Sannathi
色那瓦尔摩 Senavarma
森布罗尼 Sembroni
沙阿特佩 Shah Tepe
沙格拉玛 Shaglama
沙赫尔·古尔 Shahr-e Gur
沙赫尔·库姆斯 Shahr-e Qomes
沙赫尔·苏赫特 Shahr-e Sokhte
沙米 Shami
沙泊斯伽梨 Shahbazgarhi
沙普尔一世 Shabuhr I
沙希王朝 Shahi

绍利 Shaori
蛇-龙 mushkhushshu
舍瓦基窣堵波 Shewaki Stupa
什列斯-莫克拉布鲁尔 Shresh-Mokhrablur
神 Yazatas
胜父堡 Qasr-e Abu Nasr
圣火殿 chahâr tâq
尸罗夫 Siraf
施龙姆伯格 Daniel Schlumberger
施普曼 Klaus Schippmann
《湿婆法论》 Śivadharmaśāstra
湿婆教派 Shaiva
什列斯·莫克拉布鲁尔 Shresh-Mokhrablur
十六雄国 Mahājanapadas
石国 Chach
石桥遗址 Taşköprü
炻器 Stoneware
食物生产时期 Food-Producing Era
士麦那 Smyrna
释迦比丘 śākyabhikṣu
贵霜或贵霜-萨珊沙 Kushanshah
斯基泰人 Scythians
斯坦潘纳万 Stepanavan
斯特拉博 Strabo
斯特拉托尼斯 Stratonice
斯特罗那克 Stronach
斯瓦比 Swabi
斯万德/博尔瓦河 Sivand/Polvar
四城镇 Tetrapolis

苏丹尼耶城 Soltaniyeh
苏尔汉河 Surkhan Darya
苏尔赫科塔尔 Surkh Kotal
苏尔可塔达 Surkotada
苏库尔 Sukkur
苏美尔 Sumerian
苏摩或豪麻 soma/haom
苏萨 Susa
苏特莱杰 Sutlej
苏锡安那 Susiana
粟特 Sogdia
"粟特之外"的塞人 Sakā tiaiy para Sugudam
索蒂-西斯瓦尔 Sothi-Siswal
索格底亚那 Sogdiana
索科特拉 Socotra
索拉克 Solak
索纳里 Sonari
索诺里 Sanauli
索普拉 Sopara
索斯土丘 Sos Höyük
琐罗亚斯德教 Zoroastrianism
塔尔沙漠 Thar desert
塔赫·内什 Takht-e Neshin
塔赫特·苏莱曼 Takht-e Solayma
塔赫特-伊·桑金 Takht-i Sangin
塔科尔 Takhal
塔克特依巴依 Tatkh-i Bahi
塔克西拉 Taksasila/Taxila
塔克·波斯坦 Taq-e Bostan
塔拉 Tara

塔拉迪丘 Taradih Mound
塔勒·塔克 Tall-e Takht
塔列班 M.H. Talebian
塔米斯赫 Tammīsheh
塔帕萨达尔 Tapa Sardar
塔帕绍托尔 Tapa Shotor
唐·波拉吉 Tang-e Bolaghi
泰德穆尔 Tadmor
泰瑞顿 Teredon
泰西封 Ctesiphon
陶瓷热解技术 pyrotechnology
特尔镇 Ter
特里姆耶 Trémouille
特里帕拉迪苏斯 Triparadeisos
特里亚特-梵纳德佐尔 Trialeti-Vanadzor
特利阿勒梯5号墓 Trialeti's Kurgan V
特佩马朗查 Tepe Maranjan
特佩纳伦吉 Tepe Narenj
特普达拉窣堵波 Top Dara Stupa
提比略 Tiberius
提尔巴 Tirbal
提格拉特帕拉沙尔三世 Tiglatpileser III
提格特 Tghit
提利亚 G. Tilia
提利亚特佩 Tillya Tepe
提什特里雅 Tishtrya
天狼星 Sirius
铁尔梅兹 Termez
突厥沙希 Turki-Śāhi
图尔哈尔 Tulkhar
图尔贾勒纳 Tulja Lena

图里瓦 Turiva
图伦特佩 Tureng Tepe
图玛沙克 W. Tomaschek
图什帕 Ṭušpa
土库曼苏维埃社会主义共和国 Soviet Republic of Turkmenia
吐火罗斯坦 Tokharestan
托尔·阿佐里 Tol-e Ajori
托尔斯托夫 Tolstov
托高 Togau
托勒密 Ptolomy
托罗斯 Taurus
瓦巴拉特 Waballat
瓦尔达涅斯一世 Vardanes I
瓦尔克曼 Varkhuman
瓦格拉河 Waghora
瓦赫唐·利切利 Vakhtang Licheli
瓦胡波兹 Vahuberz
瓦拉赫沙 Varakhsha
瓦拉纳西 Varanasi
瓦莱里安 Valerian
瓦萨克 Varsak
瓦约茨佐尔 Vayots Dzor
完者都陵 Oljeitu Mausoleum
威廉·洛夫特斯爵士 Sir William Kennet Loftus
韦雷斯拉格纳 Verethraghna
韦苏提婆 Vasudeva
维迪沙 Vidisha
维贾普里 Vijapuri
维克多·李伯曼 Victor Liberman

维瑟霍夫 Joseph Wiesehöfer
维什纳维 Veshnaveh
伟大的迦腻色伽王寺 Kanika mahārāja vihāra
文化遗产保护研究中心 Research Centre for Conservation for Cultural Relics
文化遗产和旅游研究所 Research Institute for Cultural Heritage and Tourism
沃尔特·费尔塞维斯 Walter Fairservis
沃洛加西斯一世 Vologases
沃洛加西亚 Vologasias
乌德格兰 Udegram
乌迪 Odi
乌尔王陵 Royal Cemetery of Ur
乌浒水 Oxus
乌贾因 Ujjain
乌玛 Umma
乌拉阿特里 Uruaṭri
乌拉尔图 Urartu
乌鲁克 Uruk
乌鲁米耶湖 Lake Orumiyeh
乌斯儒涅 Osrhoene
乌伊茨 Uyts
西布莉 Cybele
西达尔斯纳加尔区 Siddarthnagar
西拉克斯 Skylax
西敏特佩 Cimin Tepe
西西里的狄奥多洛斯 Diodorus of Sicily
希波达米亚城 Hippodamian

475

希尔贝特·凯拉克陶器 Khirbet Kerak Ware
希夫内里 Shivneri
希拉卡万 Shirakavan
希拉克 Shirak
希腊化 Hellenism
希腊引 plethron
希萨尔特佩 Tepe Hissar
锡尔卡普 Sirkap
锡金 Sikkim
锡斯坦 Sistan
锡亚尔克特佩 Siyalk Tepe
席林堡 Qasr-e Shirin
夏拉达文 Śāradā
贤劫佛 bhadrakalpa
相思子 Abrus precatorius
香室 gandhakuṭī
肖姆特佩 Shomu-Tepe
谢汗代里 Shaikhan-dheri
师（狮）子商主本生 Sinhalāvadana
辛加拉 Singara
辛梅里安人 Chimmerians
新年庆典 Akitū
信德省 Sindh
星期五清真寺 Friday Mosque
幸军王 Sophagasenos
许斯鲍希尼斯 Hyspaosines
叙利亚-赫梯 Syro-Hittites
血亲之间的婚姻 khwedodah
巽伽王朝时期 Shunga
雅典娜 Athena

雅克·德摩尔干 Jacques de Morgan
雅利安人的领土 ērānšahr
雅亚特佩 Tepe Yahya
亚伯拉罕 Abraham
亚拉拉特山 Mount Ararat
亚拉姆 Aramu
亚历山大·坎宁安 Alexander Cunningham
亚历山大城 Alexandrias
亚历山大·维鲁斯 Severus Alexander
亚美尼亚西部次要行省 Western Minor Satrapy Armina
亚美尼亚中央次要行省 Central Minor Satrapy Armina
亚尼克特佩 Yanik Tepe
亚撒克城 Asaac
亚瑟·珀普 Arthur U. Pope
亚述古城 Assur
亚洲协会 Asiatic Society
盐岭 Salt Range
阎膏珍 Vima Kadphises
耶尔品 Yelpin
夜叉 yakas
嚈哒 Hephthalites
伊克什瓦库 Ikshvaku
伊拉克尔·阿亚米 Iraq-e Ajami
伊兰·卡拉 Ilan Qara
《伊朗百科全书》 Encyclopaedia Iranica
《伊朗的岩石浮雕》 Iranische Felsreliefs
伊朗法国考古代表团 Délégation Archéologique Française en Iran

译名对照表

Mitteilungen aus Iran und Turan
《伊朗考古学通讯-新系列》
　　Archäologische Mitteilungen aus
　　Iran. Neue Folge
伊朗考古研究中心 Iranian Centre for
　　Archaeological Research
伊朗文化遗产、工艺品和旅游组织
　　Iranian Cultural Heritage, Handicrafts
　　and Tourism Organisation
伊朗研究促进会 Association pour
　　l'avancement des études iraniennes
伊利亚·格舍维奇 Ilya Gershevitch
伊普苏斯 Ipsos
伊塞克湖 Issyk Kul
伊什普伊尼 Išpuini
伊什塔克尔 Estakhr
伊斯法罕 Esfahan
伊斯兰教科文组织 ISESCO
伊斯廷罕 Ishtikhan
伊万 ivan
意大利非洲和东方研究所 IsIAO
意大利那不勒斯东方大学 Istituto
　　Universitario Orientale of Naples
意大利中东和远东研究所 Italian
　　Institute for the Middle and Far East
　　(IsMEO)
因陀罗菩提 Indrabhuti
《印度碑文集》Epigraphia Indica
印度考古调查局 Archaeological Survey
　　of India
《印度考古概要》Indian Archaeology-
　　A Review
印度沙希 Hindu-Śāhi
英国波斯研究所 British Institute for
　　Persian Studies
英国考古学报告国际系列 BAR
　　International Series
英属印度考古调查局 British
　　Archaeological Survey of India
尤利安 Julian
臾那 Yavana/yauna
与苏摩或豪麻仪式有关的塞人 Sakā
　　haumavargā
泽拉夫善 Zaravshan
泽利克特佩 Uzerlik Tepe
泽纳基特佩 Zernaki Tepe
梅赫门 Meher Kapısı
泽乌玛 Zeugma
扎尔代里 Zar-dheri
扎格罗斯山脉 Zagros Mountain
扎兰卡 Zranka
札格塞塔克 Dzhagatsatekh
札里沙特 Zarishat
札里亚斯普 Zariaspa
旃符达罗 Chanhu-Daro
詹博德/阿拉加索特 Dzyanberd/
　　Aragatsotn
詹尼·马尔凯西 Gianni Marchesi
哲斯梅耶·阿里 Cheshme-ye Ali
赭色陶器 Ochre Coloured Pottery
珍迪尔 Jandial
整合化时期 Integration Era

477

芝诺比亚 Zenobia
支提窟 cetiyaghara
《中部》 *Majjhima Nikāya*
中央邦 Madhya Pradesh
宙斯 Zeus

朱利安 Jukhar
朱塞佩·图奇 Giuseppe Tucci
《庄严宝王经》 *Kārandavyūha*
自在天派 Pāśupata
祖先 ahenagan

作者简介

托马索·格诺里（Tommaso Gnoli）

意大利博洛尼亚大学教授。主要讲授罗马文物及风俗、罗马历史和罗马历史编纂学。研究重点为罗马帝国到古典时代晚期的东方行省，塞琉古王国时期的地中海东部、近东和中东，从希腊化时代到朱利亚-克劳狄王朝的塞琉西王国。研究兴趣包括罗马行政管理、军事史、宗教、经济、社会、罗马舰队，以及地中海的航海和海上贸易史。近期著作包括 *Aspetti di Tarda antichità: Storici, storia e documenti del IV secolo d.C* (Bologna: Pátron editore, 2019), *Le Identità Regionali Nell'impero Tardoantico* (Milano: Jouvence, 2019)。

马西莫·维达莱（Massimo Vidale）

意大利帕多瓦大学教授。主要讲授考古学方法、调查和发掘技术、生产过程考古学、近东考古学，以及中亚、伊朗和印度河流域的青铜时代考古学。自1976年以来，在意大利、伊朗、伊拉克、科威特、巴基斯坦、土库曼斯坦、印度、尼泊尔、印度尼西亚、突尼斯和厄立特里亚等多地陆续开展考古和民族考古工作。已出版 8 部学术论著,包括 Che cos'è l'etnoarcheologia (Roma:Carocci, 2004), Lapis Lazuli Bead Making at Shahr-i Sokhta (Treviso: Antilia, 2016), Archeologia. Teorie, metodi, strumenti (Roma: Carocci Editore, 2022)。

皮艾·布兰卡乔(Pia Brancaccio)

美国费城德雷塞尔大学艺术和艺术史系教授。研究重点为南亚的早期佛教艺术和远距离交流,主要研究领域是古代犍陀罗(巴基斯坦)和德干高原(印度)的视觉文化。在西德干的佛教石窟方面发表了大量文章,包括专著 The Buddhist Caves at Aurangabad: Transformation in Art and Religion (Leiden: Brill Publishers, 2010), Living Rock. Buddhist, Hindu and Jain Cave Temples in the Western Deccan (Mumbai: Marg Publications, 2013)。

卢卡·M. 奥里威利(Luca M. Olivieri)

自 1987 年以来一直随意大利考古团在巴基斯坦进行发掘。2011 年任考古团领队,开展考古学、社区、旅游(ACT)、田野实习等项目(2011—2016 年)。在巴基斯坦、印度和阿富汗进行了多年发掘和研究工作。主要研究斯瓦特的石刻艺术,曾主持并领导了贡巴特、阿穆鲁克达拉、塞杜沙里夫 I 期和巴里果德等佛教遗址的发掘工作。发表了近 200 篇论文、专著和发掘报告,其中包括 Digging up: Fieldwork Guidelines for Archaeology Students (Lahore: Sang-e-Meel Publication,

2013), *Sir Aurel Stein and the 'Lords of the Marches': New Archival Materials* (Lahore: Sang-e-Meel Publications, 2015), *Stoneyards and Artists in Gandhara: the Buddhist Stupa of Saidu Sharif I, Swat (c. 50 CE)* (Venezia: Edizioni Ca' Foscari, 2022)。

安娜·菲利真齐（Anna Filigenzi）

意大利那不勒斯东方大学的印度考古学和艺术史教授。自 2004 年起担任意大利驻阿富汗考古团团长，1984 年起成为意大利驻巴基斯坦考古团成员，是意大利及国际若干科学机构的成员，也是 *East and West* 国际编辑委员会的成员，撰写了许多论著，大多关于横跨印度次大陆西北部、喜马拉雅地区和中亚地区的艺术史和考古学。包括《犍陀罗石刻术语分类汇编》（上海：上海古籍出版社，2014 年），*Art and Landscape: Buddhist Rock Sculptures of Late Antique Swat/Uḍḍiyāna* (Wien: Verlag der Österreichischen Akademie der Wissenschaften, 2015)。

罗伯托·丹（Roberto Dan）

考古学家，意大利地中海与东方学国际研究协会成员。主要研究领域为乌拉尔人和赫梯人考古。专长于近东和南高加索地区的建筑、历史和景观考古学研究，铁器时代考古学，乌拉尔图考古学（主要研究对象为公元前 1 千纪的乌拉尔图、阿契美尼德帝国）。主持多项南高加索地区，以及土耳其和伊朗的田野考古工作。出版有 *From the Armenian Highland to Iran: A Study on Relations between the Kingdom of Urartu and the Achaemenid Empire*

(Roma: Scienze e lettere, 2015), *A Study of the Toponyms of the Kingdom of Bia/Urarṭu* (Roma: Scienze e lettere, 2020)。

皮耶尔弗朗切斯科·卡列宁（Pierfrancesco Callieri）

意大利博洛尼亚大学文化遗产系教授，意大利地中海与东方学国际研究协会成员。主要兴趣是伊斯兰时代前的伊朗和中亚考古学，从阿契美尼时期到萨珊时期，特别强调希腊与伊朗和印度世界之间的文化接触。开展实地工作的地区是印度-巴基斯坦次大陆的西北部（1977—2006 年）和法尔斯（伊朗南部），自 2005 年以来，是伊朗-意大利联合考古团的意大利方负责人，曾发掘唐·波拉吉、帕萨尔加德和波斯波利斯西部/托尔·阿佐里等遗址。*Architecture et Représentations dans l'Iran Sassanide* (Paris: Association pour L'avancement des études Iraniennes, 2014),《犍陀罗艺术探源》(上海：上海古籍出版社，2015 年)。

罗慕齐（Ciro Lo Muzio）

罗马第一大学副教授，罗马第一大学意大利东方研究学院博士课程、东方语言和文明课程负责人，研究兴趣为中亚及印度次大陆西北部的考古及艺术史，主要关注宗教图像学。主持"于阗绿洲的形象艺术：年代的修正"研究课题。长期担任意大利驻乌兹别克斯坦考古团成员（1995—2010 年）。主要著作有 *Archeologia dell'Asia Centrale Preislamica: Dall'età del Bronzo al IX secolo d.C.* (Milano: Mondadori Università, 2017)。